作者简介

杜宇

现任复旦大学法学院院长，教授，博士生导师。兼任全国法律专业学位研究生教育指导委员会委员、上海市法学会副会长与学术委员会副主任、中国刑法学研究会常务理事、中国法学教育研究会常务理事、上海市法治研究会副会长等职。

长期专注于刑法方法论、刑法与刑事诉讼法的互动、刑事和解、刑事习惯法的研究。已在法律出版社、北京大学出版社、中国政法大学出版社等出版个人学术专著4本。主持国家社会科学基金重大项目、重点项目与上海市科技创新重大项目（人文社科类）等课题。在《中国社会科学》（中、英文版）《中国法学》《法学研究》等刊物发表论文约70篇。据统计（见《中国法学的实力格局》），在刑法学界中青年学者中，论文被CSSCI引证数居全国前列（第5位）。入选中国哲学社会科学最有影响力学者的法学学科排行榜（2017、2020）。获教育部第九届高等学校科学研究优秀成果奖（二等奖，2024）、上海市法学优秀成果奖（一等奖，2017）、上海市哲学社会科学优秀成果奖（二等奖，2014、2023）等省部级学术奖励8次。主持全国法律硕士专业学位精品案例课堂（2024）。入选中美富布赖特访问学者（斯坦福大学，2014—2015）、上海市曙光学者（2013）、上海市优秀中青年法学家（2016）。相关资政成果获中央主要领导、政治局委员正面批示。

The Boundary of Criminal Jurisprudence

刑法学的边沿

杜宇/著

北京大学出版社
PEKING UNIVERSITY PRESS

目 录

第一编 渊 源

第一章 民刑领域习惯法演进的比较观察 …… 003
 一、习惯法的起源与早期调控 …… 003
 二、民事领域中习惯法的近现代展开 …… 006
 三、刑事领域中习惯法的近现代展开 …… 011
 四、合流与分化：习惯法沿革的比较观察 …… 014

第二章 中国刑事立法中的习惯法 …… 018
 一、研究方法 …… 018
 二、检索结果 …… 019
 三、阐释分析 …… 021
 四、效度强化 …… 024

第三章 中国刑事司法中的习惯法 …… 027
 一、问题与方法 …… 027
 二、地方习惯法的生机 …… 030
 三、民族习惯法的活力 …… 044
 四、习惯法实践的类型化整理 …… 067

第四章 习惯法的刑法机能释放 …… 074
 一、习惯法的机能释放与罪刑法定主义框架 …… 075
 二、间接法源 …… 077
 三、构成要件解释的参照 …… 083
 四、违法性判断的参照 …… 093
 五、有责性判断的参照 …… 104
 六、量刑的参照 …… 111

第二编 体 系

第五章 构成要件与违法性的阶层关系 …… 123
- 一、构成要件与违法性的一体化趋向 …… 123
- 二、构成要件与违法性区分的必要性 …… 128
- 三、余论:构成要件与违法性关系处理中残留的问题 …… 140

第六章 法益修复与功能违法论 …… 142
- 一、法益修复在违法论中的内化 …… 143
- 二、功能违法论的提出 …… 149
- 三、功能违法论的内部脉络 …… 157
- 四、功能违法论的外部关联 …… 161
- 五、结论 …… 169

第七章 犯罪构成体系与刑事诉讼证明 …… 171
- 一、犯罪构成的功能拓展 …… 171
- 二、犯罪构成与待证对象的形成 …… 174
- 三、犯罪构成与证明责任的分配 …… 179
- 四、犯罪构成与举证顺序的确定 …… 192
- 五、犯罪构成与证明标准的区分 …… 194
- 六、结语 …… 197

第八章 刑事和解与传统刑事责任理论 …… 199
- 一、传统刑事责任论的危机与转机 …… 199
- 二、刑事责任的另一种理解:刑事和解的责任观 …… 201
- 三、刑事责任方式的扩展:从刑罚、保安处分到刑事和解 …… 205
- 四、刑事责任目的的重塑:从惩罚、预防到恢复 …… 216
- 五、结语:迈向多元而能动的刑事责任观 …… 220

第九章 恢复性司法与传统刑事司法的比较 …… 222
- 一、何谓司法？ …… 222
- 二、司法观的"交战":八组关系的互动显现 …… 223
- 三、结语:比较研究是一种错误？ …… 249

第十章　刑事和解与刑事诉讼体制的关系 ………………………… 251
一、决定与合意:刑事诉讼与刑事和解的不同性格 ……………… 251
二、替代、平行抑或整合:两种机制间的结构性安排 …………… 256
三、排异与统合:整合中的双重困境 …………………………… 260
四、孰主孰次:整合中的角色定位 ……………………………… 263

第三编　方　法

第十一章　作为刑法之独立思维形式的类型 …………………… 269
一、类型作为独立的讨论客体 …………………………………… 269
二、类型的语义发展 ……………………………………………… 272
三、类型的思维特征 ……………………………………………… 274
四、类型的逻辑结构 ……………………………………………… 289
五、类型与概念的基本关系 ……………………………………… 293

第十二章　刑法规范的形成机理 ………………………………… 309
一、为什么要关注刑法规范的形成? …………………………… 309
二、为什么要以类型建构为视角? ……………………………… 311
三、事实类型的发现 ……………………………………………… 312
四、规范类型的构建 ……………………………………………… 318
五、规范类型的补充 ……………………………………………… 324
六、规范类型的检验 ……………………………………………… 327

第十三章　基于类型思维的刑法解释 …………………………… 331
一、概念式的涵摄思路 …………………………………………… 332
二、类型式的归类思路 …………………………………………… 340
三、"合类型性解释"的基本原理 ………………………………… 349

第十四章　刑法上"类推禁止"的反思 …………………………… 372
一、问题的提出:"类推禁止"如何可能? ……………………… 372
二、"可能的文义范围":不可能完成的任务 …………………… 374
三、解释与类推的交织:对几种法律解释方法的追问 ………… 385
四、问题的重新提出:"允许的类推"与"禁止的类推" ………… 396

五、界限的难题：取道于"犯罪类型"与法律论证 ………… 400
第十五章　刑事政策与刑法的目的论解释 ………… 408
　　一、背景与问题 ………… 408
　　二、以目的论解释为管道的政策考量 ………… 409
　　三、刑事政策对目的论解释的影响 ………… 412
　　四、以刑事政策为导向的目的论解释的控制 ………… 422

后　记 ………… 435

# 第一编 渊源

The Boundary of Criminal Jurisprudence

第一章
民刑领域习惯法演进的比较观察[*]

历史是习惯法的创造者。对习惯法的历史演进做出沿革上的细致梳理,便显得极其重要。更为关键的是,透过此种历史演进的观察,不但可以使我们清晰地体察到其背后巨大的观念更迭,而且对于我们深刻理解习惯法在当下法治中的功能,也将助益良多。

仅仅依靠直觉就可发现,习惯法在刑事领域扮演的角色明显不同于民事领域。民法中习惯法地位的演进,为我们考察刑法中习惯法的发展提供了一种重要参照。因此,我们在考察习惯法起源的基础上,将对近现代民事领域中习惯法的演进进行分析,以此为铺垫,进而对刑事领域中习惯法的沿革进行梳理。最后,我们将对习惯法在民、刑领域中的功能与角色进行比较性观察。当然,真正具有学理意味,亦最能激起智识挑战的工作,还是对此种角色与功能的分殊,进行哪怕是初步的、尝试性的解释与说明。

一、习惯法的起源与早期调控

孟德斯鸠(Montesquieu)指出:"法律应该和国家的自然状态有关系;和寒、热、温的气候有关系,和土地的质量、形势与面积有关系;和农、猎、牧各种人民的生活方式有关系。法律应该和政制所能容忍的自由程度有关系;和居民的家教、性癖、财富、人口、贸易、风俗、习惯相适应。最后,法律和法律之间也有关系,法律和它们的渊源,和立法者的目的,以及和作为法律建立的基础的事物的秩序也有关系。应该从

---

[*] 原题为《合流与分化——民、刑领域习惯法演进的比较观察》,载《比较法研究》2007年第4期,略有修改。

所有这些观点去考察法律。"[1]

这段话对我们了解习惯法的起源极具启发意义。毕竟,习惯法原本就是人民生活方式的一部分,它不但和各个地方的自然状态有关,而且常常孕育于这种自然状态。一方面,习惯法并非出于立法者的意志和理性,而是在人们的日常生活中自然形成;另一方面,在发生学意义上看,习惯法受到"自然"的巨大塑造,山川风物、民俗人情等无不对之施以影响。也正是基于这样的考虑,梁治平先生率直地指出:"习惯法出于自然。"[2]

法史学家和人类学家基本上赞同,原始法律在很大程度上是以习惯规则为基础的,并且这些规则并未得到立法者的颁布,或未得到受过职业训练的法官以书面形式进行阐述。[3] 然而,这种非成文的习惯规则如何完成了向"法"的飞跃与提升,这一过程却并不清楚。一种颇简化的观点认为,在立法机关或法官赋予习惯、惯例以法律效力以前,它应被视为是一种实在的道德规则(a rule of positive morality)。[4] 这便意味着,是否获得国家的承认与认可,是判断习惯是否具有法的性格的唯一标准。这种国家主义的立场,在今天受到了激烈批评。越来越多的意见趋向于认为,一旦群体成员开始普遍而持续地遵守某些被认为具有强制力的习惯与惯例时,习惯法便已经产生。按照这一观点,在习惯法的生成过程中,根本无须一个更高权威对习惯和惯例作出正式认可或强制执行。最为重要的反而是,公众对习惯规则的正当性和应然性取得某种共识和确信。因此,习惯到习惯法的进化,正代表着一种进步力量,它是符合社会条件的"大众认同"的直接表现。

在早期社会的法律调控中,习惯法地位显赫。无论在民事抑或刑

---

[1] [法]孟德斯鸠:《论法的精神(上册)》,张雁深译,商务印书馆1961年版,第7页。
[2] 梁治平:《清代习惯法:社会与国家》,中国政法大学出版社1996年版,第53页。
[3] See Theodore.F.T.Plucknett, A Concise History of the Common Law, Little, Brown and Company, 1956, pp.307-308.
[4] See John Austin, The Province of Jurisprudence Determined, The Noonday Press, 1954, pp. 30-33, 163-164.

事上,这段时期都可被看作是"习惯法权威"的年代。由于其判例法制度,英美的普通法传统极其强调对习惯法的遵从。英国的"普通法大部分是以接受一般化的、全国的或广泛流行的习惯为基础的"[1];而在美国,"先例的背后是一些基本的司法审判概念……而更后面的则是生活习惯、社会制度……通过一个互动过程,这些概念又反过来修改着这些习惯和制度"。整体状况是,"在英美法中……法官从习惯做法中……制定出普通法"[2]。

而在大陆法系,情况也颇为相似,习惯法在社会生活的诸方面享有权威地位。譬如,以父系家长特权为中心的宗法制度,作为一种全社会各阶层普遍接受的习惯法,在古罗马极为盛行。在这方面,中国古代以"亲亲""尊尊"为特征的礼制,与被称作"原始父权之典型"的古罗马"家父权"之间,并没有本质区别。[3] 根据中国的礼制要求,应遵循"父子无狱""亲亲容隐"[4],而在古罗马,父亲和父权下各子之间也不能提起控诉。[5]此外,在罗马帝国废墟上建立起来的日耳曼各国,在相当长的一段时间内,主要适用的仍是各部落的习惯法。就此而言,在中世纪习惯法占据着主导地位,而罗马法只是将罗马人的现存习惯表述于文字之中而已。[6]

习惯法在古代中国的地位亦非常突出。昂格尔(Unger)教授着眼于法律与社会形态的关系,提出了三种法律概念,即习惯法、官僚法、法律秩序。[7] 其中,昂格尔把他据以透视中国古代社会形态的法律称之为习惯法。毋庸讳言,这一习惯法就是"礼"。在昂格尔看来,"礼"非人定,它不过是社会中活生生的自发形成的秩序,是那种人们

---

[1] [英]戴维·M. 沃克:《牛津法律大辞典》,北京社会与科技发展研究所译,光明日报出版社1988年版,第518页。
[2] Richard A. Posner, The Problems of Jurisprudence, Harvard University Press, 1993, pp.215, 355-356.
[3] 参见武树臣等:《中国传统法律文化》,北京大学出版社1994年版,第110—111页。
[4] 《国语·周语中》。
[5] 参见[英]梅因:《古代法》,沈景一译,商务印书馆2023年版,第96页。
[6] 参见[英]梅因:《古代法》,沈景一译,商务印书馆2023年版,第12页。
[7] 参见[美]昂格尔:《现代社会中的法律》,吴玉章、周汉华译,中国政法大学出版社1994年版,第42—46页。

虽能破坏但却不能创造的秩序。这种秩序最明显的特点在于,它绝对地相信习惯法,以至于不知成文规则为何物,它同时也对统治者的自由裁量权施以最严格的限制。[1]

然而,昂格尔关于中国古代习惯法——"礼"的描述,固然符合其理论框架,却在一定程度上偏离了历史真实。根据梁治平先生的研究,一方面,统治者的裁量虽有时也参照习惯法,但并非完全受习惯法的严格限制;另一方面,在其关于礼的论述中,昂格尔认为礼的有效性全赖于社会价值与观念的牢固共识。这完全无视了刑的存在,看不到礼在相当程度上是靠刑来支持的,不能不说是一大缺憾。[2] 事实上,中国传统法文化可归结为一种"礼法文化"。在这一系统中,礼与刑相互融合,互为表里。礼被奉为最高的评判标准,凡礼所认可的,即是实定法所赞同的;反之,礼之所去,即是法之所禁,刑之所取。这样,礼治秩序与刑事处罚相结合,构成了一张包罗万象的大网。其中,无所谓民事与刑事,私生活与公共生活,只有事之大小,刑之轻重。[3] 礼的统合控制与刑的全面泛化统一为一个过程,刑罚异化为推行礼制的器械、维护道德的工具。作为习惯法的礼在实质上置换了作为制定法的律令典章,成为社会生活的最高圭臬。

总之,无论是在刑事领域还是民事领域,习惯法在古代社会中的作用均十分突出。这固然是因为,习惯法贴近现实生活,能便宜地得以遵行。但更为重要的是,形式理性的价值在彼时尚未得以发掘与彰显。及至近代启蒙运动以来,形式理性开始抬头,逐渐发展成法律理性的重要支柱。以此为契机,习惯法在民、刑领域的地位与功能发生了始料不及的重大分化。

二、民事领域中习惯法的近现代展开

卡西尔(Cassirer)在总结18世纪启蒙运动时指出:"当18世纪想

---

[1] 参见〔美〕昂格尔:《现代社会中的法律》,吴玉章、周汉华译,中国政法大学出版社1994年版,第83—86页。
[2] 参见梁治平:《清代习惯法:社会与国家》,中国政法大学出版社1996年版,第53页。
[3] 参见梁治平:《寻求自然秩序中的和谐:中国传统法律文化研究》,中国政法大学出版社1991年版,第249页。

用一个词来表述这种力量特征时,就称之为'理性'。'理性'成了18世纪的汇聚点和中心,它表达了该世纪所追求并为之奋斗的一切,表达了该世纪所取得的一切成就。"[1]恩格斯(Engels)也有类似评价:"在法国为行将到来的革命启发过人们头脑的那些伟大人物,本身都是非常革命的。……一切都必须在理性的法庭面前为自己的存在作辩护或者放弃存在的权利。思维着的悟性成了衡量的唯一尺度。"[2]

强调18世纪的理性特征,并非无的放矢,实在是因为理性——这一时代的最强音,对19世纪欧洲的法典编纂运动起着强烈的推动作用。通说认为,近代民法肇始于欧洲资产阶级革命胜利后制定的民法典,尤以1804年的《法国民法典》和1896年的《德国民法典》为代表。总体而言,在近代欧陆民法典中,民事习惯法的地位迅速走向衰落。史尚宽先生认为,近代民法典的圭臬——《法国民法典》,即有否认民事习惯效力的倾向,《奥地利民法典》亦如此。[3]《德国民法典》对习惯法的效力未作一般性规定,仅在第157条和第242条规定,解释契约和履行契约应顾及交易上之习惯。应留意的是,尽管民法典对民事习惯法的态度或是忽视或是暧昧,但习惯法在民法典的制定过程中,仍然起到了重要作用。法国的15世纪至18世纪的习惯法学,尤其是布尔琼(Bourjon)和朴蒂埃(R. J. Pothier)的著作,对《法国民法典》的制定产生了巨大影响。[4] 同时,在制定民法典时,立法者亦极其注意成文法与习惯法之间理智的平衡,并在其家庭法和继承法中广泛吸纳了民事习惯,尤其是巴黎的地方习惯。[5] 然而,在法典制定完成后,立法者对习惯法的拒斥情绪却异常明显。法国革命纪年风月30日(1804年3月21日)通过的一项法律规定便清晰地显现了这种情绪:自现今各法律适用之日起,罗马法规、国王敕令、一般习惯和地方

---

[1] [德]E. 卡西勒:《启蒙哲学》,顾伟铭等译,山东人民出版社1988年版,第3—4页。
[2] 中共中央马克思 恩格斯 列宁 斯大林著作编译局编:《马克思恩格斯选集》(第三卷),人民出版社1972年版,第404—405页。
[3] 参见史尚宽:《民法总论》,中国政法大学出版社2000年版,第114页。
[4] 参见何勤华:《西方法学史》(第二版),中国政法大学出版社1996年版,第114页。
[5] 参见[德]茨威格特、[德]克茨:《比较法总论(上)》,潘汉典等译,中国法制出版社2017年版,第166—167页。

习惯均失去一般法律和专门法律的效力。

现代意义的民法是指20世纪以来的民法,尤其是第二次世界大战以后的民法。整体来看,习惯法在民法中的地位有巨大提升。最为显著的表征是,现代民法对民事习惯法的效力作出了一般性规定。1911年的《瑞士民法典》率先规定了民事习惯法具有补充法律的效力。其后,《意大利民法典》《泰国民法典》等均作出了类似规定。我国台湾地区"民法"的第1条即开宗明义:"民事,法律所未规定者,依习惯,无习惯者,依法理。"另外,其中还有大量关于习惯法优先适用的条款。[1] 在德国,"人们力图把法律和习惯看成处于平等地位的两个法源"。[2] 由此可见,与近代民法相比,现代民法更为重视习惯法。

制度变迁的背后往往有着深刻的思想根源和社会缘由。回顾近代民法中习惯法的迅速衰落,让人不禁追问,这一变化的动因何在?在我们看来,以下三个方面的原因是不可忽视的:

其一,绝对理性主义的膨胀。正如前述,启蒙运动的最大成就,就在于对理性的发掘与解放。然而,物极必反,理性的抬头使对理性的尊崇达到几近痴妄的地步。人们普遍相信,理性的力量是绝对且无穷的,只要运用人的理性力量,就能够建构出普遍有效和绝对完善的法律制度及其所有的精微细节。于是,一场波澜壮阔的"法典化"运动随之展开。法国大革命后的革命理想和激情,要求制定一部简单的、民主的、适用于每一个公民的法典,且这部法典只能来源于理性。《德国民法典》本身就是理性主义的经典体现:在形式上,它采用了一种完全职业化的、与社会生活相疏离的法律技术语言,体系复杂、精巧;在内容上,它囊括了立法者所能预想的全部可能事项,力图圆满封闭、周密无缺。可以想见,在这种狂热的法典化浪潮中,习惯法只能托蔽在制定法的光芒之下,几乎没有容身之地。

其二,法制统一的诉求。19世纪欧陆法典编纂运动是资产阶级革命的产物,亦是民族统一的产物。革命胜利后,为巩固政权统一,"有

---

[1] 例如我国台湾地区"民法"的第68、314、372、537条等。
[2] 〔法〕勒内·达维德:《当代主要法律体系》,漆竹生译,上海译文出版社1984年版,第121页。

一种统一杂乱的法律制度并且以此形成一个坚如磐石的民族国家的任务"[1]。而习惯法则是人们在社会生活中自发生成的规则,且多存于一定的社会关系网络之中。在这一网络中,人们面临相同或近似的问题,并由此分享共同的知识传统。从某种意义出发,习惯法构成了一种特殊的"地方性知识"。[2] 虽然习惯法也具有一定的普遍性,但全国性的统一习惯法却殊难形成。于是,法制的统一性诉求与习惯法强烈的地方性特色之间便产生了激烈矛盾与冲突。由此,为追求法制的统一性,忽视或是贬抑习惯法的立法取向便不可避免。

其三,对国家权威的迷信。在当时的社会政治背景下,以法国、德国为代表的大陆法系国家普遍持有一种全能主义的、积极的国家观。它们坚信:国家权力的触角可以无限延伸,无所不及而又无坚不摧,国家具有无限的能量。同时,国家始终扮演着一种积极的角色,始终代表着社会的正义力量,不可能危害社会与民众。国家赋予法律以崇高的道德使命,并深信如此美好的法律一定能被公众广泛认同并一体遵行。国家完全有能力在全国建立统一的司法体系,并以其"沉重的手"推进法律,实现法律的强制性变迁。而习惯法作为传统的遗物,则或多或少被视为是"野蛮的"、"未开化的",从而被认为是与社会文明进程相悖的落后之物,于是其被驱逐、被改造的命运就不可避免。

我们同时注意到,在现代民法中,习惯法的地位有了明显的提升。促成这种变化的根源在于,近代民法赖以否认、拒斥习惯法的理论基础已经动摇。

首先,绝对理性主义的动摇。理性是人把握知识的能力。它是有界的,一旦逾越了自身的界限,即会陷入幽暗与困顿之中。这种理性有限论的思潮波及到法学,概念法学被批判,利益法学、目的法学等流派迅速崛起。[3] 从此,成文法的局限性逐步被人们所认识。那种认

---

[1] 〔美〕H. W. 埃尔曼:《比较法律文化》,贺卫方等译,生活·读书·新知三联书店1990年版,第53页。
[2] 参见〔美〕克利福德·吉尔兹:《地方性知识:事实与法律的比较透视》,邓正来译,载梁治平编:《法律的文化解释》,生活·读书·新知三联书店1994年版,第130页。
[3] 参见梁慧星:《从近代民法到现代民法——二十世纪民法回顾》,载《中外法学》1997年第2期,第26页。

为仅仅依靠少数人的理性,即能制定一劳永逸、巨细无遗的完美法典的想法,被波普尔(Popper)斥为"天真的理性主义",遭到了前所未有的批判和反思。

其次,法制统一观的松动。自20世纪60年代以来,以利奥塔(Lyotard)、德里达(Derrida)、福柯(Foucault)等为代表的后现代主义思潮开始兴起,直至发展成为一场"哥白尼式"的泛文化革命。在相当意义上,后现代方法对主流社会科学的几乎所有基本方面都提出了诘难,从而形成了一股不容忽视的理论逆流。它促使我们从根本意义上对周遭世界进行广泛的重新思考。由于后现代主义是在反思现代性的困境和问题中产生的,因而其在思想观点上便表现为现代性的反面,即对囊括一切的世界观、价值观提出挑战并致力于消解传统权威的合法性,倾向于强调差异、零碎和多元,且拒绝总体性的理论和普遍主义。[1] 作为一种"横截式"的泛文化思潮,后现代主义亦给法学带来了深刻影响。从此,"大写的法治观"不断被诘问和质疑,法律是一种"地方性知识"的观点则受到广泛认同。人们越来越倾向于认为,法制的统一性极可能抹杀个案的具体情形和地方特色,即使在法制统一的背景下,实质妥当性价值仍然值得被尊重。如果法律"粗暴地干涉地方习惯和传统制裁,可能造成法律现代化过程中的机能失调,在地方和地区一级适当地缓和官方的法律有助于而不是有碍于整个现代化进程中的灵活性"。[2]

最后,国家全能主义的破产。在国家强制推行法律的过程中,其能力的局限性逐步暴露出来。一方面,国家的司法资源是有限的。面对不断衍化的社会关系,面对不断增长的人际纠纷,要将全部争端都纳入国家正式司法途径加以解决,显然是不现实的。某些西方国家讼案堆积如山的窘境,就恰到好处地说明了此点。另一方面,习惯法具有强大的生命力。由于民事习惯法植根于现实,因而它有着确立行为

---

[1] 参见〔美〕波林·玛丽·罗斯诺:《后现代主义与社会科学》,张国清译,上海译文出版社1998年版,第5页。
[2] 〔美〕H. W. 埃尔曼:《比较法律文化》,贺卫方等译,生活·读书·新知三联书店1990年版,第281页。

预期、维护个体间合作、捍卫群众价值和信念等重要功能。[1] 此外,习惯法较制定法更易传习,[2]也更符合地方特色,因此其在相当多的情况下顽固地阻碍着国家制定法的强制推行。于是,"法律不能改变习惯"成了西方法律社会学家坚信不疑的基本命题。[3]

三、刑事领域中习惯法的近现代展开

反观近代以降习惯法在刑事领域的演进,却是另有一番景象。如前所述,在18、19世纪的欧洲大陆,理性主义哲学成为横扫一切的文化浪潮,法典编纂运动亦随之席卷了从大西洋到乌拉尔山之间的几乎所有地区。在这样一场法典的狂飙突进运动中,罪刑法定原则开始粉墨登场,并发展成为现代刑事法治中最不可动摇的底线。如仔细梳理其间的演进轨迹,我们可以发现,罪刑法定原则经历了从理论到实定、从程序到实体、从形式到实质、从绝对到相对的路向转变。而其中最可注意者,无疑是从形式到实质、从绝对到相对的发展。

通说认为,罪刑法定原则是在"心理强制说"和三权分立思想的基础上发展起来的。[4] 传统刑法理论将罪刑法定原则的内容归纳为四个方面,即成文法主义、禁止类推解释、禁止事后法、禁止绝对不定期刑,这被称为罪刑法定主义"形式的侧面"。[5]

根据成文法主义,在刑法上,保障国民对犯罪与刑罚的预测可能性被认为是不能忽视的。而为了保障国民对犯罪与刑罚的预测可能性,便必须要求刑法是用文字写下来的、成文的制定法。正所谓:"没有成文的法律就没有刑罚。"(Nulla poena sine lege scripta)[6] 于是,文字成了立法机关表达其立法意图的唯一工具。也惟其如此,习惯法因

---

[1] 参见[美]昂格尔:《现代社会中的法律》,吴玉章、周汉华译,中国政法大学出版社1994年版,第224页。
[2] 参见[英]G. M. 霍奇逊:《现代制度主义经济学宣言》,向以斌等译,北京大学出版社1993年版,第150页。
[3] 参见朱景文:《现代西方法社会学》,法律出版社1994年版,第153页。
[4] 参见张明楷:《外国刑法纲要》(第三版),法律出版社2020年版,第16页。
[5] 参见张明楷:《刑法格言的展开》(第二版),法律出版社2013年版,第48页。
[6] 参见张明楷:《刑法格言的展开》(第二版),法律出版社2013年版,第49页。

为缺乏稳定的成文法形态,难以保障国民准确预测自己行为的性质与法律后果,必须在刑法范围内对其严加禁止。

其后,罪刑法定主义的内容进一步扩充。也即,不能简单地、形式化地认为,"只要有法律的规定,对什么样的行为都可以科处刑罚"。是否有必要动用刑罚(刑罚的必要性与合理性),以及对犯罪施加的刑罚是否与犯罪相均衡(刑罚的适度性),都成为罪刑法定原则必须考虑的内容。这便是从所谓"实体的正当程序"角度来强调罪刑法定的意义,被认为是罪刑法定主义"实质的侧面"。[1] 这一实质侧面包含两个下位原则,即明确性原则和刑罚法规适正原则。[2]

明确性原则是成文法主义的进一步限缩。这一原则不但要求刑法必须具备成文的载体形式,同时进一步要求,刑法规范必须尽量清晰、明确,以便"从最伟大的哲学家到最普通的公民都能一眼看明白"。经由判例的正面承认,明确性原则已经成为罪刑法定最为重要的内核。这不仅是因为,对罪刑法定原则的真正危险主要源于不明确的刑法规定,而且是因为,明确性原则已成为沟通刑法与宪法的一座重要桥梁。刑法规范的内容是否符合明确性原则,不仅是检视立法是否符合宪法要求的技术标准,也是立法者制定刑法时必须遵循的宪法义务。

从明确性原则的立场出发予以审视,习惯法无论在载体形式、规范用语还是实体内容等各方面都难以满足其基本要求。首先,在载体形式上,虽然习惯法偶尔也被成文化,但作为常态,习惯法主要是不成文的法律规范,通过口耳相传相沿成习,缺乏稳固的成文载体形式;其次,在规范用语上,习惯法源于生活,多是以浓缩、简练的日常生活用语加以构筑,其相比职业化的法律技术语言而言,不仅模糊多义,而且变动不居,二者在语词的明确性、规范性和可操作性上都难以相提并论;最后,在实体内容上,习惯法更是与明确性原则的要求相距甚远。明确性原则的核心在于,"对犯罪的描述必须明确,使人能够准确地划

---

[1] 参见〔日〕野村稔:《刑法总论》,全理其、何力译,法律出版社2001年版,第46页。
[2] 参见张明楷:《外国刑法纲要》(第三版),法律出版社2020年版,第18页。

分罪与非罪的界限",以至于有学者干脆将明确性原则称为"构成要件明确性原则"。[1] 如果从更为开放的视野出发,明确性原则实质上是对全部刑法内容的要求。其不仅体现为构成要件的明确,而且在基本原则、效力范围、量刑情节等方面也有类似要求。习惯法显然难以满足这样的衡量标准。习惯法上虽然也可能设置一些罪刑规范,但对罪的理解却极为简单粗疏,缺乏对之进行要件分解和逻辑整序的"构成式思维",更缺乏明确具体的立法规定。因此,在罪与非罪、此罪与彼罪的区分上难以形成清晰的界限。

综合观之,习惯法无论在载体形式、规范用语还是实体内容上,都难以满足明确性原则的基本要求,更无法实现其明确立法意图、有效划分刑罚权界限、保障理性预期的旨趣,最终导致罪刑法定主义的人权保障机能受挫。明确性原则作为成文法主义的进一步发展,虽没有在实体内容和推论上明确排斥习惯法,但其禁止习惯法的态度和立场却与成文法主义一脉相承甚至更趋严厉。

刑罚法规适正原则是罪刑法定原则之实质侧面的另一重要内容。这一原则不但要求禁止处罚不当罚的行为,而且要求禁止残虐的、不均衡的刑罚。所谓禁止处罚不当罚的行为,一方面是不得违反人权保障规定处罚行为,或者说,不得对符合宪法规定的权利行为进行处罚;另一方面则是不得处罚不值得处罚的行为,或者说,不得处罚轻微危害行为。[2] 禁止残虐的刑罚,即禁止以不必要的精神的、肉体的痛苦为内容,在人道上被认为是残酷的刑罚。[3] 同时,也有学者认为,宪法对残虐刑的禁止,就包含了罪刑均衡的旨趣。因为,过量的刑罚对犯罪人而言无疑也是一种残酷。[4]

从刑罚法规适正原则的立场出发,习惯法规范在刑罚发动的必要性及适度性等方面均存在缺陷。首先,习惯法在刑罚的发动上往往缺乏合理性与必要性。例如,在相当多的少数民族习惯法中,如壮族、回

---

[1] 参见陈忠林:《意大利刑法纲要》,中国人民大学出版社1999年版,第26页。
[2] 参见张明楷:《外国刑法纲要》(第三版),法律出版社2020年版,第26页。
[3] 参见张明楷:《外国刑法纲要》(第三版),法律出版社2020年版,第26页。
[4] 参见张明楷:《外国刑法纲要》(第三版),法律出版社2020年版,第27页。

族、侗族、景颇族等,甚至包括普通地方习惯法,都将通奸视为是一项严重的罪行,施以非常严厉的处罚。[1] 然而,刑罚发动的正当根据在于,行为造成了法益的侵害或威胁,而不是仅仅违反了伦理规范。不能因为行为在伦理上是恶的,就将其作为犯罪处理。[2] 通奸行为是基于合意的双方自愿性行为,虽然在道德上标示为"恶",但却不存在对法益的侵害和威胁,不应当成为刑罚处罚的对象。其次,从刑罚的适度性方面考量,习惯法上的处罚往往相当残酷,明显超出犯罪的危害程度。比如,肉刑大量存在,且行刑方法极端残忍。无论是从罪刑相适应还是刑法人道的立场出发,这样的处罚都显然违背了"禁止残虐刑罚"的宪法要求。

不难发现,罪刑法定主义虽经历了从形式侧面到实质侧面的发展,但其排斥习惯法的立场却可谓一以贯之。另一方面,20世纪以来,罪刑法定原则另一值得注意的演进是,绝对罪刑法定主义有所松动,代之以严格规则和自由裁量相结合的相对罪刑法定主义。其主要表征是,从完全取消司法裁量到限制司法裁量;从完全否定类推到容许有限制的类推适用,即在有利于被告的场合容许类推适用;从完全禁止事后法到从旧兼从轻,即在新法为轻的情况下刑法具有溯及力等。[3] 可以发现,上述调整几乎涵盖了形式侧面中的所有内容,唯独不触及成文法主义。换言之,禁止类推解释、禁止事后法、禁止不定期刑都在一定程度上可以软化,唯独成文法主义不可突破。正是在此意义上,成文法主义仍构成罪刑法定主义的核心,是刑法底线中的底线。由此,习惯法在刑法上仍然只能是被驱逐和拒斥的对象。

四、合流与分化:习惯法沿革的比较观察

行文至此,有必要作一简单小结。以上,我们对习惯法的发生和沿革进行了粗略梳理,尤其对民、刑领域的历史演进予以关注。不难发现,习惯法成形于乡村,盛行于民间,在起源上受到地理与自然的巨

---

[1] 参见高其才:《中国习惯法论》(第三版),社会科学文献出版社2018年版,第359—363页。
[2] 参见张明楷:《刑法格言的展开》(第三版),法律出版社2013年版,第169页。
[3] 参见陈兴良:《刑法的价值构造》(第三版),中国人民大学出版社2017年版,第436页。

大塑造。因其植根于现实、服务于地方,且极易传习,故在早期社会中地位显赫。甚至可以认为,在整个古代社会,无论在民事上抑或刑事上,习惯法都处于一种实质权威的地位,在相当程度上支配甚至置换了制定法的实施。此可谓合流阶段。及至近代启蒙运动以来,习惯法在民、刑领域的地位与功能,发生了令人瞩目的重大分化。其在民事领域的地位先落后起,近代民法普遍忽视、拒斥习惯法,习惯法的地位迅速衰落,现代民法则大力提升了它的地位。而在刑法领域中,尽管罪刑法定原则经历了从形式到实质、从绝对到相对的发展,但在成文法主义和明确性原则的高压钳制下,排斥、拒绝习惯法的态度却一以贯之。

仔细辨析习惯法在民、刑领域的功能和角色,可以发现以下重大差异:其一,民法相当重视在立法上吸纳和借鉴习惯法资源,甚至直接将其视为正式法源;刑法则在立法中漠视习惯法的意义与价值,不注重对其吸收、借鉴,更不可能将其确立为正式法源;其二,民法上明确肯定,在法律存在漏洞时,习惯法具有补充法律漏洞的作用。亦即,当民事制定法没有明确规范时,依习惯法处理。刑法上则基于成文法主义和禁止类推原则,不承认习惯法有补充法律漏洞的作用;其三,民法上突出强调,民事规范的解释要参照习惯法,习惯法在民法解释中是一种非常重要的解释论资源。而刑法上则普遍忽视习惯法的解释论功用和价值。

那么,造成这些差异的原因何在?以下三点尤为关键:

首先,刑法更注重形式理性,而民法则更注重实质理性。详言之,刑罚关涉人的生杀予夺,是一种不得已的恶。用之得当,个人与社会两受其益,用之不当,个人与社会两受其害。因此,对于刑罚权可能的扩张和滥用,必须保持足够警惕。为了保障人权,限制权力的恣意与任性,必须使刑法具备较高程度的形式理性,即刑法规范应当明确、具体,由专业化和技术化的职业术语构筑,并能提供给国民清晰、稳定的理性预期。相比刑法而言,民法关涉的法益价值相对轻微,其可能导致的权利损害程度相对较小,因而在形式理性程度上要求较低。不过,民法更为关注纠纷的具体化解,关注个案实质正义的最终达成,这是其不同于刑法的特点。从这样的立场出发,考虑到刑罚之于权利剥夺的重大性,刑法无疑应具有更高程度的形式理性,应采取更为清晰、确定的成文法形态;民法则更为关注个案实质正义的达成,在形式理性上要求相对较低,不妨采纳一些虽不具备稳定的成文载体,但却能妥善解决纠纷的习惯法规范。

其次,刑法更强调"权力专享",民法则允许"权力下放"。申言之,刑法体现了政治国家的公共权威,刑罚权构成了和平时期政治国家手握的最强大威慑力。由此,刑法集中扮演了威权行使的核心角色,除国家及其制定法外,再也不能允许其他主体、其他规范拥有配置和发动刑罚的权力。这种"权力专享"的要求,使习惯法法源意义上的功能与价值遭受了巨大扼杀和遏制。相比而言,在民事领域中,我们很容易发现制定法与习惯法之间的分工与配合。国家鼓励民事调处的政策,以及国家对于民间各种交易习惯的放任,都很清晰地显示了此点。这种分工配合格局的形成,部分是因为习惯法力量的真实与强大,但更多是因为国家积极地下放权力,主动地退出一定的民事领域与阵地,从而能集中更多的精力与资源去处理更为重大的民事纠纷,以及不可放弃的刑事纠纷。

最后,刑法以道义性惩罚为基本调整手段,民法则以功利性补偿为主要调控方式。[1] 调控手段和方式的差异,使两者在调整范围的伸缩上呈现出不同特点。易言之,刑法以道义性惩罚为主要威慑,基于刑罚的重大痛苦性,刑法在调整范围上体现出内敛和收缩的特性,讲究刑法干预的最后手段性和谦抑性。罪刑法定原则作为刑法的"铁律",也主要是以一种收缩或制约机制的形式而存在,防止刑罚权的扩张和恣意发动。而民法则是以功利性补偿为主要调控手段,强调社会关系的恢复和平衡。这样,民法在调控范围上呈现出扩张和包容的态势,尽可能调动各种方式与资源,将更广泛的社会关系纳入自己

---

[1] 根据孙笑侠教授的研究,公法责任以道义性惩罚为主要特征,私法责任则以功利性补偿为主要特征。我们认为,这不仅是公、私法责任形式的区别,而且是公、私法调整手段的区别。参见孙笑侠:《公、私法责任分析——论功利性补偿与道义性惩罚》,载《法学研究》1994年第6期,第31页。

的调控范围。民法中的诚实信用、公序良俗等基本原则便具有突破成文法局限、扩张调整范围的巨大功用。[1] 习惯法作为一种重要的法律渊源,对民事制定法所不及与不足的领域,也起着重大的弥补与填充作用。在民事领域,依循"成文法——习惯法——条理"这样的先后次序来考虑审判依据与法律适用,可谓是近代以来的一般性常识。

综上所述,习惯法在民、刑领域扮演的角色明显不同。近代以来,习惯法在刑法中基本是被禁止和排斥的对象,而在民法中则发挥着补充成文法不足的重要机能。这不仅是因为,刑法关涉人的生杀予夺,相比民法而言,其法益价值的重大性促使其追求更高程度的形式理性,从而极大地限制了习惯法作用的发挥,也不仅仅是因为,刑法集中承担了政治国家威权行使的核心角色,其"权力专享"的浓厚色彩使习惯法法源意义上的功能与价值遭受了极大压制。民法则更多地体现了一种市民社会自生自发的内部秩序,习惯法无疑在根底里暗合了这种秩序并由此获得了广阔的生存空间;更为重要的是因为,刑法以道义性惩罚而非功利性补偿为基本调整手段,这使刑法在调整范围上表现出内敛和收缩的自控性品格,习惯法的补充性调控机能根本无由发挥。而民法则在调整范围上呈现出扩张和包容的态势,习惯法突破成文法局限、补充成文法不足的价值,藉此获得了极大的理论空间与操作可能。

---

[1] 参见徐国栋:《民法基本原则解释:诚信原则的历史、实务、法理研究》(重构版),中国法制出版社 2023 年版,第 267—272 页。

第二章
中国刑事立法中的习惯法[*]

一、研究方法

一般说来,在当代刑法理论中占支配地位的知识话语,无论具体是什么,总会以不同方式有意无意地反映在立法中。不仅将反映在具体的法律条文中,更为重要的是,也将反映在立法的总体格局上。之所以得出这样的判断,主要是因为,立法者生活在一个巨大的文化结构当中,其在知识与意识上不可超越地受到主流话语的支配。惟其如此,当代刑法理论中的强势话语——罪刑法定原则及由此而来的各项具体推定,也势必在立法中有所显现。于是,有关习惯法的"合法性叙事",即罪刑法定排斥或禁止习惯法,也极有可能映射到刑事制定法的整体格局与具体条文之上。

当然,这仅仅是我们进入制定法的文本研究之前的一种前见。[2]实际情形是否当真如此,还需要进一步地深入研究加以检验。我们采取的研究方法是文本分析,即借助天宇资讯提供的 CGRS 全文检索系统,对中国现行的刑事法律法规进行分析。该系统的数据库《中国法律法规大全》被划分为国家法、行政法、民法、刑法、经济法、国际法及诉讼法 7 类。尽管难以断定这一法规数据库是否完整,而且也难以断定被废除的制定法对我们的研究完全没有价值,但就本研究的基本目

---

[*] 原题为《刑事制定法视域中的习惯法——一种被压制的知识传统》,载《法商研究》2004 年第 6 期,略有修改。
[2] 在伽达默尔看来,前见规定着诠释的基本处境,构成理解的当下视域与基本出发点。参见[德]汉斯-格奥尔格·伽达默尔:《诠释学(Ⅰ):真理与方法——哲学诠释学的基本特征》,洪汉鼎译,商务印书馆 2007 年版,第 416 页。

标(考察现行刑事制定法对习惯法的整体态度)而言,这一数据库已足以满足我们的研究需要。

我们采用的具体方法是,选择与习惯法有关的关键词,包括"习惯""惯例""风俗""习惯法"等等,对上述法律、法规汇编中的所有刑事法律规范进行检索,寻找包含了这些关键词的所有刑事制定法条文,然后仔细分析这些条文,并透过这些条文观察现行刑事制定法对于习惯法的整体态度和立场。

当然,这一研究可能存在疑问。即通过这些关键词的检索,是否足以表明习惯法在当代中国刑事制定法中的实际地位?制定法是否重视习惯法,未必便与习惯法在其中出现的频率有必然关联。一个非常重视习惯法的制定法,很可能习惯法这一字眼在其中很少出现,甚至完全不出现,而只是其立法者在立法过程中注重了调查、研究和吸收习惯法。这一怀疑具有相当的合理性。然而,联系到中国的当代语境,却并不存在这样的可能性。这主要是因为,考虑到当代中国刑法理论的知识传统,尚缺乏一种专门研究习惯法的研究群体,因而缺乏一种关于习惯法的说明性学理。而这一套有关习惯法的公共知识话语的缺位,又必然导致习惯法绝难进入刑事法律的立法者的视野,因而不可能出现在立法过程中重视习惯法但却在立法内容上无从体现的情况。

之所以将关键词的搜索范围扩展到习惯法之外的其他近似词语,如"习惯""惯例""风俗"等,主要是试图使检索的范围尽量周延,唯恐有所遗漏。因为,立法者并不一定能非常清楚地对这些范畴加以分辨和使用。此外,由于习惯法与上述范畴属于种属关系,从逻辑上讲,制定法对于属概念的态度和立场,也基本体现了其对于种概念的态度和立场。因此,上述关键词范围的确定,具有一定的有效性与合理性。

二、检索结果

下面是我们的检索结果。在《中国法律法规大全》收集的所有刑事法律规范中,包含有"习惯法"的法律条文数为0,提及了"习惯"的法律条文数为9,提及了"风俗"的法律条文数为5,提及了"惯例"的法律条文数为1。仔细考察搜索的结果,可进一步发现其中巨大的"水分":提及"习惯"的刑事法律条文中,其中有3条内容重复,实际只余7条,提及"风俗"的法律条文中有3条内容重复,实际只余3条;并且,上述提及"习惯"的法律条文与提及"风俗"的法律条文之间又有3条内容重复。故除去"水分",实际剩下的"干货"是,在所有刑事法律规范中,涉"习惯"的有7条,其中又有3条内容同时提及了"风俗"与"习惯";此外,另有1条刑事法律规范提及了"惯例"。下面将以表格形式将这一检索结果予以集中展现:

表一:提及"习惯"的刑事法律规范

文件名	条文具体内容
1.《中华人民共和国刑法》(第251条)	"国家机关工作人员非法剥夺公民的宗教信仰自由和侵犯少数民族风俗习惯,情节严重的,处二年以下有期徒刑或者拘役。"
2.《最高人民法院关于执行〈中华人民共和国刑法〉确定罪名的规定》	"第251条,非法剥夺公民宗教信仰自由罪 侵犯少数民族风俗习惯罪"
3.《最高人民检察院关于适用刑法分则规定的犯罪的罪名的意见》	"174.侵犯少数民族风俗习惯罪(第251条)"
4.《最高人民法院研究室关于如何认定被告人犯罪时年龄问题的电话答复》中所附粤法刑一(1991)9号《广东省高级人民法院关于如何认定被告人犯罪时年龄问题的请示》	"……一审法院根据被告人出生地以农历计算出生日期的习惯推算出甘桂荣是1971年3月26日出生……"
5.《最高人民法院、最高人民检察院、公安部关于反革命挂钩案件的罪名罪证问题的通知》	"一、对反革命挂钩案中如何确定罪名的问题。公安、司法机关对于那些以反革命为目的,向蒋帮特务电台广播的海外通讯联络地址写信挂钩的案件,习惯称为反革命挂钩案件……"
6.《福建省人民政府关于进一步开展严禁鸦片烟毒工作的通知》	"……同时,由于有些地方注、种毒品的历史习惯较长,因此反复性很大,以致注、种毒品没有彻底禁绝,继续危害社会。"

(续表)

文件名	条文具体内容
7.《最高人民法院办公厅关于宋北新盗窃案应如何处理问题的批复》	"……这主要是由于其家长教育不好和旧社会坏习气的影响,以致养成一种行窃习惯。"

表二:提及"风俗"的刑事法律规范

文件名	条文具体内容
1.《中华人民共和国刑法》(第251条)	"国家机关工作人员非法剥夺公民的宗教信仰自由和侵犯少数民族风俗习惯,情节严重的,处二年以下有期徒刑或者拘役。"
2.《最高人民法院关于执行〈中华人民共和国刑法〉确定罪名的规定》	"第251条 非法剥夺公民宗教信仰自由罪、侵犯少数民族风俗习惯罪"
3.《最高人民检察院关于适用刑法分则规定的犯罪的罪名的意见》	"174. 侵犯少数民族风俗习惯罪(第251条)"

表三:提及"惯例"的刑事法律规范

文件名	条文具体内容
《八省市法院审判贪污、受贿、走私案件情况座谈会纪要》(已失效,下同)	"外商和港澳商人按照惯例,在经济贸易活动中给国家工作人员以回扣和佣金,国家工作人员应按规定交公;不交公,构成犯罪的,就应以受贿罪追究其刑事责任。但对外商、港澳商人,如果没有谋取到非法利益,在一般情况下可不以行贿对待。"

三、阐释分析

必须指出,尽管出现在制定法的文本中,但并非每次出现的"习惯"都具有法律上的意义。例如,在《最高人民法院、最高人民检察院、公安部关于反革命挂钩案件的罪名罪证问题的通知》(已失效)中,"习惯"一词是作为副词使用的,其含义相当于"通常""一般"。这在刑法中没有实体性的规范意义。此外,在《最高人民法院办公厅关于宋北新盗窃案应如何处理问题的批复》中,以及《福建省人民政府关于进一步开展严禁鸦片烟毒工作的通知》中,"习惯"一词的使用,更多地意指一种日常生活作风,它仅仅只是一种生活的常规化、行为的模式化而已,并没有关涉稳定的权利义务关系,因而也不具有特别的规范意义。

另一个不可忽视的问题是,有些条文中"习惯"的使用虽具有一定的法律意义,但却与我们的研究主旨无关。比如,在《广东省高级人民法院关于如何认定被告人犯罪时年龄问题的请示》中,虽表现出对当地农历计算出生日期这一习惯的重视,但是,这仅仅体现了司法机关在刑事司法操作中对于习惯法的某种认同和采纳,并不一定表明甚至完全不能表明,立法者在刑事制定法上也会对习惯法予以同样的认可和尊重。因此,它与我们的研究目标没有直接关联。

抛开这些干扰之后,问题的焦点便开始凸显出来。不难发现,在这些刑事制定法中,最具有法律意义的习惯往往涉及中国少数民族的习惯(含习惯法)与国际惯例,并且往往是风俗、习惯连用。在上述的检索结果中,涉及少数民族风俗习惯的有3条,涉及国际惯例的有1条。因此,在当代中国的刑事制定法上,除了涉及国内少数民族和对外关系的问题上,一般是轻视习惯法的。这也在相当程度上印证了我们的理论前见,即罪刑法定原则作为当前的强势话语,其排斥、禁止习惯法的态度也必然在知识和意识上对立法者产生支配性力量,从而延伸和映射到制定法之于习惯法的基本立场之上。[1]

如果仅仅满足于对当代中国刑事制定法之于习惯法的整体态度的观察,上面的分析已经大致实现了这一目的。然而,真正具有学术意味,从而能激起智识挑战的问题是,如何对上述结论进行哪怕是初步的阐释与解析。我们将试图说明,为什么在当代中国刑事制定法普遍轻视甚至贬抑习惯法的基本背景之下,少数民族习惯法和国际惯例却仍然能在一定程度上受到重视? 它们是基于一种怎样的理由而被重视? 是基

---

[1] 苏力教授在他的研究中,也得出了相似结论。参见苏力:《当代中国法律中的习惯——一个制定法的透视》,载《法学评论》2001年第3期,第22—25页。

于习惯法自身的规范力量还是基于其他另有隐情的政治与文化策略?

上述3条涉及"风俗习惯"的刑事法律规范集中在《刑法》第251条及其罪名确定之上。根据该条规定,国家机关工作人员非法侵犯少数民族风俗习惯,情节严重的,处二年以下有期徒刑或者拘役。由此可以判断,侵犯少数民族风俗习惯罪的主体是特殊主体,即国家机关工作人员;客体则是少数民族保持自己风俗的法益。按照基本常识,国家机关工作人员是国家的代理人,据此,该条间接反映出国家对于少数民族风俗习惯的尊重和保护义务。不止于此,我们还能从刑法典中的其他规定上印证此点。例如,《刑法》第90条规定,民族自治地方不能全部适用本法规定的,可以由自治区或者省的人民代表大会根据当地民族的政治、经济、文化的特点和本法规定的基本原则,制定变通或者补充的规定,报请全国人民代表大会常务委员会批准施行。《刑法》第90条的规定,折射出刑法对于民族文化的认可甚至是某种意义上的妥协,而民族文化又显然包含了少数民族特有的习惯法文化。由此可以确证,现行《刑法》对于少数民族习惯法还是表达了一定程度的尊重。

那么,刑事制定法为何单单重视少数民族习惯法呢?这部分是因为,在少数民族地区习惯法相对保存完好,相比汉族地区,其习惯法更加受到民众的支持与信赖,因而更加顽强有力;也可能是因为,重视少数民族习惯法乃是一种政治技术策略,它构成政治上某种不得已的迁就。历史上,以特殊的法律政令区别性对待诸边疆民族,乃是中央政府惯常的做法。[1] 中国历代统治集团向来重视民族和睦与团结,在维护政权统一的前提下,不妨采取一些"合纵连横"之术,以振兴国力、保持大局。因此,中国当代刑事制定法表现出来的对少数民族习惯法的尊重,更多地具有一种战略选择的意味,其目的就在于以某种尊重和妥协来维护民族关系,以保证中华民族整体的团结统一。

《八省市法院审判贪污、受贿、走私案件情况座谈会纪要》中的有

---

[1] 参见梁治平:《中国法律史上的民间法——兼论中国古代法律的多元格局》,载《中国文化》1997年第Z1期,第88页。

关内容，表达了对国际惯例的一些考虑。且不论这样的非正式规则在层次和效力上的局限性，以至于难以概括刑事制定法对待国际惯例的一般态度；它浓厚的政治战略色彩同样难以被忽视。更为紧要的是，即使假定这样的立场和态度具有普遍性，在我们看来，它也更多地是为了保证一种良好的对外关系，以维护中国的国际经济和政治安全。

正是基于上述思考，我们以为，尽管当代中国的刑事制定法在少数民族习惯和国际惯例问题上，表现出对习惯法的某些考虑和尊重，但其真正动因与目的何在，殊值进一步的追问。应当承认，这些考虑与尊重包含了强烈的政治动机和治理策略意味，而绝不仅仅是对习惯法规范效力的认同与承认，甚至主要不是基于这样的考虑。习惯法可能具有的理论机能与现实能量，在相当意义上仍无法进入立法者的视域，构成了整个立法过程的盲区。当然，这样的境况不能完全归咎为立法者的短视与无知。主流的刑法学研究漠视习惯法这一久远的知识传统，不注重挖掘其潜含的理论意义与价值，从而无由形成一套系统的说明性学理和公共话语，是导致这一状况的主要原因。在某种意义上，刑事制定法对于习惯法的轻视与贬抑，正是立法者与刑法学家"合谋"的结果。

四、效度强化

以上，是就当代中国刑事制定法对习惯法的立场与态度的考察。不轻信的研究者很自然会对结论的有效性提出质疑：中国的经验能代表世界的普遍情况吗？当然，我们无法以完全归纳的方式，对世界上每一个国家的刑事立法进行类似研究，但通过下面的研究，却可能进一步在概率和结论上强化前文的分析。我们将撷取英美法系和大陆法系的代表性国家，即美国、英国、德国和日本，并对其刑事立法进行类似的检索。由于在语言、资料等方面的限制，对美国、英国的检察将以 lexis 提供的数据库为准，而对德国、日本的研究，则只能以其法典的中译本为准，进行原始化的手工操作。

在法律专业检索系统 lexis 提供的数据库中，我们对美国和英国的刑事制定法进行了检索研究。首先是对美国法的检索。在 Legal〉Area of Law-by topic〉Criminal Law〉Statues & Legislative Materials〉Federal 的路径引导下,输入"Customary Law"这一关键词,得到的法律条文数为 0;输入"Custom",得到的法律条文数仍然为 0;输入"Usage",检索到两条非正式的制定法。[1] 对英国法的检索,也得到了大致相仿的结果:在"Statues and Statutory Instruments of England and Wales"这一检索范围中键入关键词"Customary Law",得到两条非刑事法规;[2] 在"Statues of Scotland"这一检索范围中键入关键词"Customary Law",得到的记录数为 0,在"Statutory Instruments of Scotland"这一检索范围中键入关键词"Customary Law",得到的记录数仍然为 0。

对德国和日本的刑事立法的检索,由于资料的局限,只能以国内翻译出版的《德国刑法典》(徐久生、庄敬华译,中国法制出版社 2000 年版)和《日本刑法典》(张明楷译,法律出版社 1998 年版)为蓝本,进行人工查阅。经过三次详细的阅读和检索,在《日本刑法典》中没有发现任何条文包含了上述的关键词,而《德国刑法典》则仅有三条规范涉及这些关键词。下面,同样以表格的形式将这一结果加以呈现:

表四:德国刑法典中提及"风俗"的条文

文件名	条文具体内容
《德国刑法典》(1998 年 11 月 13 日颁布,1999 年 1 月 1 日起生效)	第 228 条(被害人同意之伤害)被害人同意之伤害行为不处罚,但以行为不违背良好之风俗为限。

---

[1] 分别为:Report of the Committee to Review the Criminal Justice Act; Response of the Committee on Defender Services to the Interim Report of the Criminal Justice Act Review Committee。
[2] 分别为:A United Nations (international tribunals)(former yugosLavia and Rwanda)(jersey) Order 1997, SI 283, S.15; b.Insolvency act 1986 (Guernsey)order 1989, SI 2409, Sch。

表五:德国刑法典中提及"习惯"的条文

文件名	条文具体内容
《德国刑法典》(1998年11月13日颁布,1999年1月1日起生效)	第104条(对外国国旗和国徽的毁损)将外国依法律或习惯悬挂的国旗,或被承认的外国代表公开使用的国徽,予以拆除、毁弃、损坏或使其无法辨认或对其进行侮辱的,处2年以下自由刑或罚金。 第166条(对宗教和信仰团体的侮辱)公然或散发文书(第11条第3款),以扰乱公共安宁的方式侮辱国内教会或其它宗教信仰团体及其设置和习惯的,处与前款相同之刑罚。

对以上条文稍加分析,很容易发现,《德国刑法典》第104条之规定,表达了其对于外国政治习惯的理解和尊重。在国际交往日益频繁的今天,此种尊重不但是国家间友好共处的前提,而且也构成拉近彼此距离、协调相互关系的重要政治技巧。第166条则明确体现了国家对于宗教习俗的承认和保护。在宗教问题不断激化的背景下,此种明确的法律表态不能不说具有极为紧要的政治功能,它以某种对宗教文化的妥协,换来了国家整体的政权统一和安定团结。可以这样认为,不论是对于外国政治习惯的尊重,还是对本国宗教习俗的保护,无不带有强烈的政治选择意味,其于习惯规则本身的文化价值殊少考量。如果将德国的情况与上述中国的情形加以简单对比,就会更加清晰地显现出这种一致倾向,即宗教、民族与国际交往中的习惯,始终构成刑法关注的中心,而其他习惯规则则极少进入立法者的视野。这也再次印证了我们的判断,即刑法之于习惯法的保护,基本出于对政治因素的考量,而对习惯法本身的理论机能、现实作用和文化价值则缺乏理解和考虑。当然,《德国刑法典》第228条的规定,反映出其对风俗的文化价值的一定尊重。但这一规定,远不能改变刑事制定法之于习惯法的一般态度和整体格局。

综合以上考察,可以毫不夸张地讲,除去对政治策略因素的考量,习惯法在刑事制定法中基本处于被漠视与压制的状态。而此种状态的产生,不得不归因于罪刑法定主义——这一主导意识形态的辐射性影响。换言之,罪刑法定主义作为占支配性地位的强势话语,其于习惯法的理论态度,势必延伸和映射到制定法的基本格局之上。

第三章
中国刑事司法中的习惯法[*]

一、问题与方法

尽管当代刑法理论界普遍轻视习惯法,尽管习惯法在制定法上亦受到严重贬抑,但是,由于近代以来普遍存在的词与物的分离,在任何国家,习惯法在理论与制定法中的"法定"地位,都并不必定等于它在司法运作中的实际地位。因此,有理由进一步追问,在当代中国的刑事司法实践中,习惯法是否确实如同立法者和刑法学家所期待的那样,为制定法所替代?习惯法的命运究竟怎样?在司法操作中,它是否仍然具有生命力?如果有,是通过怎样的方式和渠道发挥作用?又是在怎样的程度和范围内表现自己?同时,尽管习惯法仍可能具有生命力,但并不等于习惯法就不受制定法的影响。制定法在受到习惯法的挤压甚至被置换之际,习惯法本身也将受到制定法的反制性影响。因此,我们要问,在当代中国的刑事司法实践中,制定法与习惯法是以怎样的机制和方式真实地发生互动?又是如何地塑造与反塑造?总之,在研究理路上,本章将从理论转向实践,由思辨回归观察,期待对当代中国刑法实践中的习惯法进行真实地在场考察。

我们的研究对象将集中在地方习惯法和民族习惯法两个方面,[1] 研究重点则是中国基层刑事司法实务中的习惯法适用。之所

---

[*] 原题为《当代刑法实践中的习惯法———一种真实而有力的存在》,载《中外法学》2005年第1期,略有修改。
[1] 习惯法有广义与狭义之分。广义习惯法与民间法概念大致相仿,其外延包括了地方习惯法、少数民族习惯法、行会法、帮会法、宗族法、宗教法等,狭义习惯法则仅指地方习惯法与民族习惯法。

以研究中国，一方面是因为资料获取的方便，另一方面更是因为研究中国问题在当下具有学术正当性。之所以选择基层，则是基于这样的考虑：首先，无论从处理案件的数量还是从法官的数量上看，基层法院都是中国法院的重头。因而研究中国的基层司法，在统计意义上具有代表性；其次，制定法与习惯法之间错综复杂的关系，往往在基层司法中有最直接、生动和鲜明的显现。基层社会对于包括习惯法在内的传统保持得较为完整，同时，它又构成了现代刑事法治志在必得的战略要塞。于是，两种法律传统在这里短兵相接，相互竞争和博弈。可以说，刑事制定法与习惯法之间原生状态的遭遇，主要发生在基层。两种类型的法律在这种遭遇中，无时无刻不在接受生活的检验，接受最普通的基层民众以他们的实际行动作出的选择。这时，当事人的利益需求、法律救济的制度供给、需求与供给之间的沟通渠道便成为突出重要的问题，并在实质上制约和规定了当事人的选择。

  我们的主要研究方法是实证研究。为了获得第一手材料，笔者于2003年7月中旬至8月上旬到云南进行调研考察。在昆明，主要走访了云南大学法学院、云南省高级人民法院、云南省公安厅等单位，与相关法学研究人员、法官和公安侦查人员进行了访谈。其后，我们将考察重点锁定在思茅地区，并与思茅地区中级人民法院、思茅地区澜沧拉祜族自治县人民法院、孟连傣族拉祜族佤族自治县人民法院的法官进行了深度访谈。其间，也与当地人民检察院、公安局的有关业务人员进行了交流。调研材料将集中地反映在这部分的研究成果之中。此外，为了研究的需要，本部分也将使用一些二手材料，以弥补一手材料的不足。

  我们试图通过对个案的解剖，去逐步逼近习惯法在刑事司法中的真实角色与功能。难以否认，任何个案分析都容易受到结论有效性方面的挑战。亦即，如何能保证个案具有代表性？如何能保证从中得出的结论不是以偏概全、管中窥豹？确实，这样的质疑很有道理，也极难回应。然而，首先，任何研究都难免不是一种基于特定研究对象的"不完全归纳"，因而任何研究都难以完全保证结论百分之百无误。其次，我们所分析的个案并不是以"猎奇"的心态去搜集和发现的,毋宁说,它们都是日常生活中极为普遍和常见的事例,读者完全可以调动自己的生活经验和常识储备加以印证和检验。最后,我们试图通过案例群的处理方式,尽量减少可能的偏私,尽量做到点面结合。总之,我们在分析中将尽可能保持客观和公允,并力图在整个研究过程中始终贯彻此种理论自觉,以求呈现习惯法在刑事司法运作中的真实状态。

此外,我们还将尽量保持一种开放的理论视野,将习惯法纳入整个刑事纠纷的解决过程之中予以考察。这样,我们不仅将关注纠纷进入正式司法系统之后习惯法可能具有的影响,而且还将视域扩大和拉长,对尚未进入正式司法系统的刑事纠纷进行观察,特别是对此间习惯法可能具有的影响予以剖析。因此,这里的刑事司法应被理解为一种宏观意义上的"大司法",一种法社会学意义上的刑事纠纷的整体解决过程。

研究将显示,尽管当代刑法理论和制定法对习惯法采取了某种贬抑甚至是明确拒绝的态度,但在司法实践中,习惯法仍然会以这样或那样的方式顽强地表现自己。习惯法的功能与作用可以概括为以下几个方面:(1)从过程看,习惯法的作用体现在刑事纠纷进入正式司法系统之前的调解、公安机关的立案、检察院的起诉及法院的审判等各个阶段,可谓是贯彻整个刑事纠纷解决程序的始终。(2)从范围看,地方习惯法在通奸、闹人命、大义灭亲、婚内强奸等领域表现得异常活跃,民族习惯法则在自力救济、婚姻家庭、"除魔驱鬼"、赔偿命价等领域表现得极其有力。(3)从结果看,主要体现为习惯法对正式刑法规则施加或显或隐的重要影响,甚至在实际上置换和改写了制定法。习惯法不但在刑罚量定上举足轻重,有时甚至对犯罪的成立也产生关键影响。(4)从方向看,在定罪上,习惯法主要是沿着出罪化的方向施加影响。换言之,习惯法上的合理性往往成为一种正当理由,逼迫和挤压严格的制定法逻辑,使一起本来意义上的制定法犯罪被转化为非罪处理。当然,问题有时也会呈现出相反面向,即制定法也可能迫于习惯法的压力,对于根本不构成犯罪的行为予以犯罪化处理。此时的习惯法,则呈现出一种入罪化的作用方向。在量刑上,习惯法基本是作为一种酌情从轻、减轻处罚的事由而存在。换言之,习惯法主要是沿着削减刑罚的方向发挥机能。(5)从作用机制和方式看,由"刑转民调解""不立案侦查""不起诉"(免予起诉)到"判断伪饰""双重司法",形式多样,不一而足。作为正式制度与非正式制度的连结点,地方干部、公安人员、检察官及法官起到了重要的制度沟通和交流作用。

二、地方习惯法的生机

下面,我们将有关的经验素材整理为三组案例,希望对地方习惯法在定罪与量刑中的影响进行真实地在场考察。

(一)通奸及闹人命:出罪与入罪

案例一

某村一位妇女 Q 的丈夫 M 长年在城里打工,在同村的另一位男子 W 的引诱下,妇女 Q 同 W 发生了历时一年多的两性关系(Q 称是强奸后通奸),其丈夫 M 回来得知此事后非常愤怒,声称自己"没脸在这个村子里活下去了",多次打骂 W,并威胁 W 及其家人特别是其儿子的生命安全。村委会出面调解,W 表示愿意向 M 支付 7000 元人民币作为精神和名誉损害赔偿。但是,W 要求 M 保证,事了之后不再威胁自己和两个儿子的安全。M 拒绝了这一出价,继续纠缠威胁 W。W 感到自己和孩子的人身安全都受到威胁,为要求保护,将此事反映给本村书记,书记建议他向当地人民法院提出诉讼,要求被告 M 停止对 W 的人身威胁和财产侵害。面对 W 的起诉,M 异常愤怒并提出反诉,认为原告的行为对自己造成精神和名誉损失,请求法院判决原告赔偿自己人民币 10000 元。法院既没有接受 W 的诉讼请求,也没有拒绝 M 的诉讼请求,而是进行了调解。在调解过程中,法院一方面通过劝说,使 W 接受了对他实行拘留的决定;另一方面,法院又用这种拘留作为交换条件之一,要求 M 做出让步。经法院同双方做工作,和解协议终于达成。协议规定:1、W 赔偿 M 精神和名誉损害赔偿费 8000 元;2、本案诉讼费 600 元,W 承担 400 元,M 承担 200 元。协议达成的当天,在"班房"里莫名其妙地待了 12 天的 W 被释放了。W 对自己遭遇没有半点抱怨,相反,一个劲地感谢主持调解此案的法官。而 M 则很快携带自己的妻子离村到城里打工去了。[1]

案例二

杨远军发现妻子肖元香与同村同族的年轻长辈杨锡鹊通奸,甚为愤怒,便向杨锡鹊索要"保证书",以绝其往来。1995 年春,杨远军再次向杨锡鹊索要"保证书",后者不与,遂生争执。其间,杨远军用匕首刺伤杨锡鹊的大腿。然而,自通奸事发后,肖元香即被认为"勾引长辈,败坏门风",而不断遭受村中人指责和谩骂。杨远军刺伤杨锡鹊后,两家怨恨愈炽,肖元香不堪忍受而自杀。肖元香死后,村中舆论转而谴责杨锡鹊,后者迫于压力,与杨远军达成书面协议,同意出火葬费 2800 元,并于当天付了 1200 元。同年 2 月 27 日,杨锡鹊以杨远军刺伤其大腿为由,向法院提起刑事附带民事诉讼,同时否认与肖元香有染,要求杨远军退还被其"勒索"的 1200 元。法院考虑到杨锡鹊的过错责任、杨远军的激愤心理状态,裁定驳回其诉讼请求。杨锡鹊不服裁定,提出上诉,二审维持原裁定。[2]

案例三

朱国珍与吴立妹因故发生口角和扭打,朱国珍受伤,用去医疗费 252 元。朱国珍要求吴立妹承担医疗费,吴立妹不肯,村调解主任调解数次,未果。后,朱国珍服毒,并去吴家寻死。朱国珍死后,其家属结伙前往吴家问罪,并将吴家砸毁。乡、村干部及派出所警员到场制止、劝说,皆无效。死者家属扬言,如果得不到合理解决,将抬尸游行。为平息事态,当地法院派出法官前去解决纠纷,经与双方多次接触,最后由法官提出的调解方案获得接受。该协议内容包括:(1)常家(即朱国珍夫家)自愿不再要求吴家就朱国珍之死承担经济责任;(2)吴家自愿不再要求常家就房屋损坏承担任何经济责任;(3)双方争执到 1996 年 5 月 27 日止,不再向对方提出任何要求;(4)吴立妹在调解协

---

[1] 参见苏力:《送法下乡——中国基层司法制度研究》(第三版),北京大学出版社 2022 年版,第 196—197 页。
[2] 参见田建民:《芙蓉溪的悲剧》,载《人民法院报》1996 年 8 月 15 日,第四版。

议生效后立即付朱国珍生前医疗费 252 元,以示歉意,等等。[1]

案例四

被告人孙金根,男,被捕前家住浙江省象山县下沈乡下沈村。孙金根与本厂雇工、有夫之妇赖某存在通奸关系。1993 年 5 月 4 日晚,孙金根与赖某调情时被其妻张某发现,张某上前责骂赖某,将其脸部抓破,并扬言要将此事告知赖的丈夫。赖某自感羞愧,于次日凌晨服毒自杀。同月 7 日,经乡政府调解,孙金根赔偿死者赖某的家属人民币 25000 元。但赖某家属以赖某系孙金根谋杀为由,聚众到孙家闹事,当地公安机关遂以涉嫌强奸罪为由将孙金根收审,后因查无实据转为取保候审,致死者家属以为公安机关偏袒孙金根,并再次聚众到孙家闹事,其间还侮辱孙妻及妻妹,并殴打前去平息事态的警员多人。之后,象山县人民检察院对被告人孙金根以妨害婚姻家庭罪,向象山县人民法院提起公诉。经审理,该院依照 1979 年《刑法》第 79 条,比照第 179 条之规定作出判决:被告人孙金根构成妨害婚姻家庭罪,判处有期徒刑 2 年。宣判后,被告人没有提出上诉。该院将此案依法报送宁波市中级人民法院审核。该院裁定,同意象山县人民法院所作的判决,并报请浙江省高级人民法院审核。后者亦同意象山县人民法院判决,并报请最高人民法院核准。最高人民法院经审核后认为,被告人孙金根对赖某死亡后果不负刑事责任,原审人民法院对孙金根类推定罪、量刑均不当。经审判委员会讨论,撤销前案判决和裁定,宣告被告人孙金根无罪。[2]

案例一是一个在中国农村具有普遍意义的事件。尽管此案的结局在绝大多数中国人看来都合情合理,然而,仔细观察可以发现,它实际上已经严重脱离了制定法的轨道。M 的愤怒是完全可以理解的,但是,他的一系列报复行动和诉求却没有任何法律根据。从制定法上

---

[1] 参见梁治平:《乡土社会中的法律与秩序》,载王铭铭、王斯福主编:《乡土社会的秩序、公正与权威》,中国政法大学出版社 1997 年版,第 444—445 页。
[2] 参见最高人民法院中国应用法学研究所编:《人民法院案例选》总第 15 辑,人民法院出版社 1996 年版,第 51—53 页。

看,通奸不是犯罪,[1]甚至也没有任何法律对其加以明确规制。因此,虽然通奸行为严重违背了道德,但在刑法上或是其他任何法律上,都不构成可以进行私力报复(包括威胁、骚扰、攻击等等)的正当化理由。相反,如果进行私力报复,即使是事出有因,也完全可能构成犯罪。在本案中,M 多次打骂 W,并威胁 W 及其家人的生命安全,在村委会出面调解之后,M 仍不悔改,继续纠缠和威胁 W,并索要钱财,以致 W 觉得自己和孩子的人身安全都受到了严重的挟制。从这样的情节判断,M 的行为已经构成了刑法上的故意伤害罪、敲诈勒索罪。然而,该案中双方当事人从来就没有这样的预期,会认为 M 的行为构成了刑事制定法上的犯罪。在 M 看来,自己是这个案件的真正受害者,因而有权利,即使是通过甚为激烈的言行,去挽回某种道德上的不公;在 W 看来,自己做了亏心事,因而处处退让和隐忍。只是在 M 逼人太甚以至于自己及家人的人身安全都受到严重威胁的情况下,W 才提起民事诉讼,要求 M 停止其威胁与侵害。即便如此,W 也从没有想过要对 M 的行为(包括殴打和敲诈勒索)提出刑事追诉;最有意思的还是法官的态度和行为。他对于 M 威胁和实际侵害人身安全的行为,表现出太多的宽容和理解,他甚至还对第三者 W 处以惩罚性的拘留措施,以此抚慰和平息 M 的愤怒。然而,所有这些行为都并不是建立在对于 M 行为的刑法意义完全无知的情况下,甚至可以认为法官是有意回避和遮掩了这一案件的真正性质。[2] 正是双方当事人与法官之间某种社会学意义上的"合谋",使这一明显具备刑事制定法意义、构成制定法上犯罪的行为被转化为一起民事案件加以处理,本来应该以刑事判决方式加以裁处的案件,变成以似是而非的民事调解的方式结案。这样的结果,在严格的刑事制定法逻辑那里,实在是一个

---

[1] 在今天的中国,通奸不是一种法定犯罪,但这并不意味着在所有国家都是如此。美国约 1/3 的州的法律仍规定通奸为轻罪。See Richard A. Posner, An Affair of State, the Investigation, Impeachment, and Trial of President Clinton, Harvard University Press, 1999, P.35.
[2] 在法官与 M 的谈话中便多次显露了此点,"你要立刻停止对 W 的无理侵害";"再有过激言行,法律会依法惩处"。参见苏力:《送法下乡——中国基层司法制度研究》(第三版),北京大学出版社 2022 年版,第 197—198 页。

天大的滑稽。

那么,是什么样的知识和规则促成了这样一种处理结果?又是什么使双方当事人都乐于接受这样的结果?实际上,本案涉及的所有人都在不同程度上认同和实践着一种不成文的习惯法。也即,当一位男子与一位已婚妇女发生性关系时,就对这位妇女的丈夫构成了某种伤害。这种伤害不但是一种道德上的不公,而且也给丈夫的精神造成现实压迫和损伤,由此丈夫便获得了一种进行自力救济的正当理由。受伤害的配偶有权提出各种形式的权利主张,如运用某种私刑,打一顿留个记性;或者要求对方赔偿一定的金钱以弥补自己的精神损害。只要这些主张不是特别夸张和过分,一般在当地社区都能得到支持和认可。[1]

上面的分析有理由促使我们得出结论:习惯法在以某种隐蔽的方式真实地发挥着作用。在具体个案中,它甚至完全可能置换和代替刑事制定法的规则和逻辑。案例一揭示出习惯法发挥作用的一种渠道,即通过调解,使一种本来意义上的刑事案件转化为一种民事案件,而在调解过程中,实际上有一个基本的习惯法规则作为支撑和指导。所有案件的参与者都在不同程度上接受和实践着这一"游戏规则"。最终结果就是,刑事制定法的规则遭受扭曲,整个案件明显偏离了刑事制定法预设的轨道和逻辑。

但是,仅仅认识到这一点仍然不够。如果再深入一些会发现,尽管习惯法对于刑事制定法的实施具有深刻的影响,但并不等于制定法便完全不发挥作用。制定法在受到习惯法的影响之际,习惯法本身也受到制定法的挤压和反作用。这一点在案例一中也有明显体现:当第三者 W 发现自己无法满足 M 根据习惯法提出的要求,且自己及家人的人身安全亦受到严重威胁之时,便毅然选择了制定法的救济方式;又比如,如果严格按照习惯法规则,M 的行为将会被视为正当且情有可原,但法官最终仍然对其人身威胁行为断然制止,且在最后的调解

---

[1] 参见苏力:《送法下乡——中国基层司法制度研究》(第三版),北京大学出版社 2022 年版,第 199 页。

协议中明确规定 M 停止威胁和骚扰 W 及其家人。这里，制定法的逻辑显然也在一定程度上得以呈现并发挥影响，并迫使习惯法规则进行适度调整和妥协。

案例二与案例一在情节上极其类似，都涉及通奸案发后的故意伤害和敲诈勒索行为。正如前述，按照严格的刑事制定法逻辑，杨远军的行为无疑已经成立犯罪。然而，当杨锡鹊提起刑事附带民事诉讼之时，法院竟然裁定驳回杨锡鹊的诉讼请求。更令人吃惊的是，当杨锡鹊不服裁定提出上诉之时，二审人民法院竟维持了一审裁定。在一个严格的实定法主义者眼中，杨锡鹊的诉讼请求完全符合制定法逻辑，理应得到法院的支持。甚至有可能认为，法院的裁定本身就是违法的。然而，这场可能为法条主义者视为"无法无天"的案件处理中，实际上也有着一种基本的习惯法规则在进行支持和指导。可以看到，杨锡鹊的诉讼请求之所以被驳回，不单是因为他有道德上的过错，而且也是因为法院考虑到杨远军的"激愤状态"。这里，法院在实质上是采纳了习惯法的逻辑和规则：一方面，发生通奸行为后，第三者在道德上具有严重过错，他必须承担由此而来的一种过错责任；另一方面，受伤害的丈夫有权利采用一定的私力报复方式，以挽回自己的名誉和精神损失，在此种"激愤状态"下造成的第三者的损害，只要不是特别过分，第三者都有义务承受，受伤害的配偶也无须为此承担法律责任。

有必要特别指出的是，虽然案例一和案例二中的法官在内心里真正接受和认同的都是习惯法逻辑，但是他们在司法处理的技巧上却采取了截然不同的形式。在案例一中，法官在对 M 行为的刑法意义有所省觉的情况下，有意回避甚至是遮掩了这一案件的真正性质，通过某种似是而非的调解，将一起刑事案件转化为一起民事案件进行处理。而在案例二中，法官并不是以"刑转民调解"的方式结案，而是直接进行裁定。并且，在裁定中非常明确地引用了习惯法上的规则和知识。

案例三同样反映出习惯法规则的真实有力。这一案件涉及妇女自杀情事。在中国农村，这类情况层出不穷，且经常引发家庭或家族之间的纷争甚至械斗，往往酿成非常严重的治安问题。在民众意识当中，人命关天，一旦出现了自杀情事，死者家人即可以理直气壮地向相关人士兴师问罪。这就是习惯法上的一种重要规则——"闹人命"。在这一逻辑中，人们并不关心导致自杀事件的真实原因及其在法律上的可归咎性。他们只是根据朴素的正义观念和直观情感觉得，必须有人为冤屈的生命消逝负责。[1] 因此，只要有人自杀，不管相关当事人主观上是否存在过错，也不管当事人的行为是否与自杀有必然因果联系，他都必须承担责任。然而，根据国家制定法的逻辑，要追究一个人的刑事责任，特别是当一个人要为另一个人的生命负责时，必须要求其符合刑法所设定的归属条件。这样，便能清晰体察到两种制度与规则之间强烈的冲突与紧张。

"闹人命"是一项古老的民间规则。然而，由于这种民间诉求常常在制定法上得不到承认和伸张，因此，人们往往将正式法搁置一旁，依靠传统的"老规矩"来解决问题。"被害人"（自杀人）家动辄几人甚至几十人到"责任人"家里吃、住、拿、要，要求对方赔礼道歉。如果要求得不到满足，则采取极端手段，从抬尸游街、砸毁财物到行凶伤人，不一而足。然而，问题是，这些民间视为理所当然的做法，在制定法上却恰好不具有正当性，甚者完全可能构成治安处罚行为或刑事犯罪。[2] 但是，只要不是以一种外科医生般的冷酷来进行分析和解剖，只要调动哪怕是最起码的生活体验和常识储备，都必须承认，要简单地去阻止和惩戒这些"闹人命"行为，会是多么地牵犯众怒，又是如何的不合情理。这也正是基层司法机关在处理类似案件时最经常遭遇的棘手难题。

在案例三中，朱国珍要求吴立妹承担医疗费，吴立妹不肯。村委会调解数次未果后，朱国珍服毒前往吴家寻死。这一行动显然是以自杀为手段来宣泄对对方的极端不满情绪，甚至还带有惩罚和报复对方的意味。正是在这一前提性的自杀事件的催化下，朱国珍的家属理直气壮地前往吴家兴师问罪，并将吴家彻底砸毁。甚至，连村干部及派

---

[1] 参见梁治平：《乡土社会中的法律与秩序》，载王铭铭、王斯福主编：《乡土社会的秩序、公正与权威》，中国政法大学出版社1997年版，第446页。

[2] 参见2012年《治安管理处罚法》第40、42、43、49条，1997年《刑法》第275、234条等。

出所警员的到场制止都不听从。如果严格按照刑事制定法的规则,派出所警员完全可以马上拘捕在场的肇事者,并提请检察院以故意毁坏财物罪提起公诉。然而,这样的情景非但没有出现,反而当地法院还主动派出法官前去调解纠纷。这里,制定法的逻辑显然无法被乡民理解和接受,习惯法知识倒是人们真正从内心接纳和信奉的规则。不但涉案当事人的行为凸显了这一传统,甚至法官也以实际行动表达了对这一传统的尊重和支持。难以认为,法官连当事人毁坏财物这样的基本事实都不清楚,也难以相信法官连毁坏财物的刑法性质和意义都没有觉察。那么,又是什么因素导致法官对此无动于衷,视而不见?可能的解释只能是,法官也生活在乡土社会的基本背景之下,作为这个社会的成员之一,他也不可避免地被锁定在一个巨大的文化结构之中,从而必定深受习惯法传统的熏陶;同时,基于生存需要、前途考虑以及更为宽泛的利益权衡,他也必须对乡间传统和民众意向予以适度认可和采纳。这样,法官对民间的习惯法传统便必然表现为一种自觉不自觉地认同和分享。

当然,从本案最终的调解结果看,法官也并没有完全采纳习惯法的逻辑和规则。换言之,它也并非是一个纯粹的习惯法造物。这便意味着,习惯法传统在对制定法规则加以作用时,制定法也会对习惯法产生深刻的反作用。调解协议中的第一项内容,也即常家(朱国珍夫家)不再要求吴家就朱国珍之死承担经济责任,便明显遵循和表达了制定法的规则和要求,因为朱国珍之死与吴立妹的行为并没有刑法上的归属关系;调解协议中的第二项内容,即吴家自愿不再要求常家赔偿房屋损坏,以及第四项内容,即吴立妹支付给常家朱国珍生前的医疗费 252 元,则明显迁就了习惯法规则与常识。按照这一知识传统,必须有人为"屈死"的生命负责。因此,到"责任人"家里喝拿索要甚至打砸抢杀都是理所当然的正当行为,哪须承担什么经济、法律责任。同时,也只有责任人主动对受害人家属承担一定的精神、财产赔偿,才能抚慰其心理创伤。由此可见,虽然难以否认习惯法在基层司法运作中的真实影响,但也不能将此种影响盲目放大。事实上,习惯法与制定法之间并不是单方面地发生作用,而毋宁是相互地塑造与互动。而这种互动的结果,既不是简单的制定法规则的适用,也不是纯粹的习惯法逻辑的演绎,而是以当事人利益的竞争、博弈为导向,不断选择性地或交叉性地适用习惯法和制定法规则,最终形成一种"模糊的法律产品"。[1] 在这一法律产品中,习惯法传统和制定法规则都得以不同程度地显现。

此外,案例三中另一值得注意的问题是,法院(法官)并没有接到当事人的诉讼请求,而是主动干预到案件处理之中。这一做法显然违背了"不告不理"的被动主义原则。我们无法准确揣测出这一举动可能包含的动机,也许这其中蕴藏着法院(法官)深切的社会责任感,也许还隐藏着法院(法官)完成一年"指标性任务"的无奈或是冲动,也不能排除"反正是自己的事,迟管不如早管"的心理作怪。但是,不管是基于哪种动机,法院(法官)的这一提前介入行为,都绝不是制定法逻辑和原理的应然产物。同时,这一行为更提醒我们,法官在制定法与习惯法之间来回穿梭之时,有可能采纳一种更为直截了当的方式,即通过提前介入的方式,在纠纷进入正式刑事司法程序之前,便对其进行"刑转民调解",直接予以消化。而这一方式显然又与前两个案例中法官被动介入纠纷,在正式司法程序中进行调解或裁决的方式多少有着区别。

案例四带给我们多重思考与启发。如果案例一到案例三主要表明了制定法迫于习惯法的压力,对已经构成犯罪的行为予以出罪化处理,那么案例四则更多地显示了问题的另一方面。这一案例颇具戏剧意味,孙金根与赖某系通奸关系,其老底被孙金根之妻张某发现后,竟引起赖某羞愧自杀,由此引发了一场"闹人命"纠纷。耐人寻味的是,孙金根与赖某完全系自愿发生性行为,公安机关竟以涉嫌强奸将孙收审。孙金根与赖某系常见的通奸关系,也未见孙有任何暴力行为,象山县人民法院竟将其行为比照 1979 年《刑法》第 179 条"暴力干涉婚姻自由罪"予以定罪量刑。更令人震惊的是,如此荒谬的附会,竟然被两级上级法院所采信,而被告人也不上诉并表示"服罪"。我们不

---

[1] 参见杨柳:《模糊的法律产品——对两起基层法院调解案件的考察》,载《北大法律评论》第 2 卷·第 1 辑,法律出版社 1999 年版,第 222 页。

相信公安机关的刑事强制措施、法院的有罪判决是出于法律素养的低下或事实判断的失误,我们更愿意认为,这是迫于民间习惯规则的压力,基于制定法以外的考虑而有意与民间秩序达成的一种"合谋"。因为,正如前述,按照一种建立在直观情感上的逻辑和规则,必须有人为"屈死"的生命负责。因此,不管孙某的行为与赖某的自杀有没有法律上的客观归属关系,也不论孙某对于赖某的自杀主观上有没有过错,他都必须承担责任。于是,死者家属理直气壮地到孙家闹事,在公安机关进行强制措施变更之时,又再次聚众滋事。毋庸讳言,这些民间的知识与行动给司法机关造成了强大压力,它迫使制定法"软化"相关范畴和规则的严格性,以某种积极姿态来审视甚至迎合民间需求,以最终获得民众的认可和支持。如果说,案例一到案例三主要说明了制定法迫于习惯法的压力,对于已经构成犯罪的行为予以出罪化处理,那么案例四则清楚地展示了问题的另一侧面,即制定法迫于习惯法的压力,对根本不构成犯罪的行为予以入罪化处理。

当然,对于案例四的解析也可以是多角度的。事实上,案例四也印证了上面三个案例的主要结论。我们看到,赖某家属数次到孙家聚众闹事,当公安机关派出警员前去平息事态时,他们甚至殴打执行公务的警员数人。从刑事制定法的逻辑出发,其行为已经完全构成了"妨害公务罪"。然而,我们不难想象,如果法院以此为理由去简单地惩戒民众,将是如何地干犯众怒?又是如何地不近情理?因此,基于多种复杂考虑,更多的是基于习惯法规则的强大压力,正式司法机关对这些罪行视而不见,而对孙某的悖德行为倒是小心对待。

(二)大义灭亲:酌情从轻与减轻

案例五

被告人文丽贤、陈贺其、陈建成,均系广东省宝安县沙井镇(现为广东省深圳省宝安区沙井镇)人。一日,被告人陈建成驾驶小四轮机动车到沙井镇载客,被其兄陈灿光截住,向其要钱买白粉。其姐陈玉娥、姐夫陈贺其劝他不要给陈灿光钱。陈灿光索钱不成,便用衣服盖住陈玉娥头部打了一拳,随后又殴打陈贺其。回家后,陈灿光又向其父母要钱,要他们交出购买的小四轮车价钱的一半,即1300元给他,并扬言,"如果不给就将车砸烂";"今晚陈贺其不给钱的话,我不砍死你,别人都会砍死你"。其母文丽贤等人极端气愤之下,用红色尼龙绳将陈光灿勒死。案发后,当地领导及群众联名请求司法机关从轻、减轻处理文丽贤等人,并认为死者家属文丽贤的行为是大义灭亲之举。宝安县人民法院判决文丽贤等人构成故意杀人罪。但鉴于本案事出有因,案情特殊,对被告人可以减轻处罚。最后判处文丽贤有期徒刑三年,缓刑四年;陈贺其有期徒刑二年,缓刑三年;陈建成有期徒刑一年,缓刑二年。[1]

案例五显示了一个主题:"大义灭亲"。在中国久远的历史长河中,大义灭亲不但不是一种罪过,而且一直是受人嘉许的品德高尚之举。儒家礼俗中相当重视家父权,在这一权利话语中,直系尊亲属对子孙有教养扑责的权利,不成立殴杀罪。如果因为子孙不孝或是违犯教令,而将子孙杀死,法律上的处分也极为轻微,甚至可予以非罪化处理。[2] 其后,法律理念和制度均有了极大的发展与变化,国家再也不能容忍将生杀大权委系于普通国民之手,家父权的范围有了相当程度的萎缩。父祖对儿孙的生杀大权被剥夺,并逐渐演化为一种请求政府代为惩罚的"送惩权"。[3] 今天,国家当然不可承认所谓"家法",刑罚权只能由国家独占和专享,绝不容私人置喙。然而,不能由此断定,"大义灭亲"作为一种历史遗物,已经从今天的社会生活中绝迹了。事实上,这样的事例在现下仍在所多有。更为关键的是,在民众的观念中,尊亲属仍然保留着对子女一定程度的惩戒权,特别是当子女品行不端、为祸乡里之时尤其如此。在他们的心目中,这样的人乃是一方"祸害",他们的生命与其他"好人"的生命相比绝非等价。更何况,除"害"者不是别人,而是其最亲近的家属。因此,一旦出现"大义灭亲"的壮举,往往会得到民众及基层干部的广泛同情和大力声援,他

---

[1] 参见中国高级法官培训中心、中国人民大学法学院编:《中国审判案例要览》(1992年综合本),中国人民公安大学出版社1992年版,第122—125页。
[2] 参见瞿同祖:《中国法律与中国社会》,中华书局1981年版,第5—27页。
[3] 参见瞿同祖:《中国法律与中国社会》,中华书局1981年版,第10页。

们以自发或群体的形式向政府及司法机构施加压力,迫使后者在作出判决时从轻甚至减轻处罚。并且,这样的努力通常能取得相当效果,因为在不牺牲法制统一性和稳定性的前提下,"民意"与"社会效果"都是法官不可忽视的重要考虑因素。

案例五清晰地显示了习惯法规则在量刑方面的巨大影响力。我们看到,个案中被告人的行为事实清楚,证据充分,构成故意杀人罪毫无疑问。按照该罪的法定刑,应判处死刑、无期徒刑或十年以上有期徒刑,情节较轻的,则应处三年以上十年以下有期徒刑。然而,比照这一刑罚规定,被告人显然获得了减轻处罚的处理。同时,导致这一减轻处罚的理由非常清楚,即法官主动或被动地考虑了上述的民间规则和知识,这一点在判决理由中有相当肯定和直接的陈述。当然,法官对习惯法因素的考量和实质性采纳,并不必定意味着在判决书中便会直接出现"习惯法"这样的字眼,相反,他们常常会在"案情特殊""事出有因"等概念的包装下暗度陈仓。此外可以发现,法官在吸收和采纳民间规则时会异常精明地施展不同的策略。一方面,在出罪和入罪问题上考虑习惯法规则时,法官们通常会小心翼翼、如履薄冰地绕过制定法概念或制度,或者对正式规则予以软化和包装,但通常不会直截了当、明目张胆地放弃制定法立场。另一方面,在刑罚裁定问题上接纳习惯法时,法官们更倾向于放下包袱、轻装上阵,用相对明确和清晰的语言在判决书中直抒胸臆,当然也不排除用"民意""事出有因""案情特殊"等模糊语言予以伪装和掩护。之所以法官们会针对不同问题采取不同策略,主要是因为,毕竟"出入人罪"仍是大是大非的原则问题,法官们不得不格外小心谨慎,制定法的尊严至少这一底线上容不得"台面化"的冲击和挑战。而量刑问题则多少处于法官的裁量范围之内,并且在这一问题上也很难确定足够精确的评价标准,以至于法官拥有更大程度的回旋和活动空间。

(三)婚内强奸:综合考察

案例六

甲女与乙男均系农村青年,经人介绍成立婚约关系。两人约定,男方先向女方支付1万元,婚前再支付1万元后立即完婚。甲女在婚约订立后到城里打工,对乙男渐生不满,但并未提出解除婚约。当乙男催促结婚时,甲女从城里回到家中,接受了乙男支付的另1万元后,在约定的成婚日,乘坐婚车,来到乙男家中,按照当地的风俗习惯举行了隆重婚礼。在婚礼过程中,因向男方再次索要金钱遭到拒绝而生气,当晚及此后数日内坚决拒绝同乙男同房。在家人的策划支持下,乙男实施暴力强行与甲女发生了性关系。事后,甲女从乙男家中出走,直接到县公安局报案。公安局最初并未立案,但甲女拒绝再回乙男家,坚持继续告状。乙男见婚姻无法继续,遂向法院起诉,要求解除同居关系,甲女返还彩礼。法院判决乙男胜诉,女方退回部分彩礼。此后,在甲女的坚持下,县公安局立案侦查,检察院以强奸罪提起公诉。当地舆论哗然,认为双方已经结婚,夫妻之间理应同房,不存在强奸问题。法院经审理认为,甲女与乙男虽然举行了婚礼,但并未进行结婚登记。因此,双方不存在合法夫妻关系。乙男违背女方意志,通过暴力实施性行为,符合强奸罪的构成要件,判乙男有期徒刑3年,乙男上诉亦被驳回。[1]

案例六涉及"婚内强奸"问题。我们无意于对这一问题给出全面解说,结合本案的具体案情,我们关心的仅仅在于:在婚内强奸成立与否的判断上,习惯法规则是否仍然具有影响力?我们应如何考虑传统习俗在这一领域可能具有的微妙作用?

迄今为止,婚姻既是人类繁衍的一种方式,也是男女建立合法伴侣关系、行使性权利的基本场域。毋庸讳言,婚姻从一开端就承载着人类性冲动的制度性满足的基本功能。诚如苏力所言,如果一定要较真,婚姻制度可能从一开始反倒是为了阻止和规制人的性冲动和感情。[2] 在一定程度上,每个人都有原始的性冲动,并且这种冲动必须得到持续而稳定的满足。可以说,在婚姻制度的发生学机制中,无疑涵摄了这一制度性功能。如果没有婚姻,人类的性本能便不能得到预

---

[1] 参见范愉:《试论民间社会规范与国家法的统一适用》,载谢晖、陈金钊主编:《民间法》第一卷,山东人民出版社2002年版,第88—89页。
[2] 参见苏力:《制度是如何形成的》(第三版),北京大学出版社2022年版,第5页。

期的、稳定的满足,人们势必频繁地寻求性伴侣,乱交、滥交及随之而来的疾病蔓延势必难以避免,由此可能导致整个人类的生存危机。所以,性的持续性满足可以说是婚姻制度的应有之义。

在这一生物基础上,婚姻制度逐渐演化出其他形形色色的社会机能。但是,婚姻的这一生物基础始终不应忽视。并且,在这一生物基础上,伴随着配偶双方性的持续性满足,逐渐生发出一种"配偶权"的基本观念,即配偶双方有相互爱护、扶助包括性满足的义务。[1] 可以说,这种义务逐渐成为一种人们广泛认同的习惯规则,以至于民众普遍认为,婚姻关系其实就是一种契约。双方当事人从缔结婚姻的那一刻开始,就相互承诺在婚姻存续期间,持续而稳定地给予爱、帮助和性。因此,夫妻之间既然存在这样一种习惯法上的性义务,便不可能存在所谓的婚内强奸,因为妻子对丈夫性冲动的满足完全是在"尽义务",而义务的履行又的确是强制性的。

另一方面,从语言使用的习惯性规则和刑事立法的传统来观察,也能得到其他佐证。根据《辞源》的解释,"奸即犯"。而夫妻在性关系上是"合礼"的,根本不存在"犯"的问题;另按照《辞海》的解释,在中文语词中,"强奸"是与"通奸""和奸""诱奸"等词并用的,而后三者都用于非夫妻的当事人之间。所以,可以这样总结,从中文词语使用的习惯性规则来看,"奸"的本质特征是夫妻之外的男女关系,"奸"的使用本身即将丈夫排除在外。此外,从立法史的角度观察,通过"奸"将丈夫排除在外,而在法律条文中不再明确排除丈夫,几乎是几千年的立法惯例。中国历来以"礼"和合夫妻,在"礼"这一中国最为久远的习惯法传统中,夫妻之外的性关系被严禁。至于夫妻间的性行为,则非但不被禁止,反而被视为妻的义务。在男帅女从的制度下,妻子必须遵从丈夫的任何意愿,如妻子不愿与丈夫性交,那是妻"不贤"的表现,丈夫完全可以实施性强暴,责任在妻而不在夫。[2] 为此,夫妻之间的性义务已经在"人伦礼俗"中明确限定,在制定法条文

---

[1] 关于配偶权的分析,参见马强:《配偶权研究》,载《法律适用》2000年第8期,第28页;高洪宾:《配偶权初探》,载《法律适用》2000年第8期,第32页。
[2] 参见周永坤:《婚内强奸罪的法理学分析》,载《法学》2000年第10期,第13页。

中便不再明确规定丈夫之于强奸的豁免权。并且,中国几千年的刑法史中也几乎未出现过婚内强奸的事例。

以上,我们从传统习惯规则的角度切入,通过婚姻的习惯性观念、语词使用的惯例及刑事立法的习惯传统等几个方面,凸显了民间传统在婚内强奸问题上的可能影响。在某种意义上,婚内强奸更像是一个文化论题,而绝不仅仅是一个规范适用问题。它承载了深厚的传统习俗和文化观念,也背负了人们对于婚姻和配偶的制度认同和角色期待,民间传统和习惯法则在这里意义深远。我们当然不希望家庭内性暴力的繁衍和蔓延,我们也非常赞同法律对于暴力行为本身的责任追究。这里只是想强调,法律不能超越社会现实,不能跟民众的常识和传统习惯相违背,因为它深刻关联到几乎每一个人的价值观和行为方式。

在案例六中,法官利用精巧的司法技术,巧妙地回避了婚内强奸是否成立的难题。亦即,从否定婚姻关系开始,将婚内转为婚外,将本案变成了一个普通的强奸案。由于司法人员的这种回避和迂回策略,使我们无从观察在本案定罪上习惯法可能施加的影响。然而,案情中的两个细节仍然引起了我们的注意:其一,当甲女从乙男家中出走,直接到县公安局报案时,公安局最初并未立案。这至少在一定程度上反映出,当地公安局可能考虑到婚内强奸能否成立的问题,并且执法者的常识和生活经验告诉他们,甲女的这一告诉很难获得支持。这在一定程度上表明了,执法人员作为乡土社会中的法律人,虽然接受了正式制定法的反复训练和长期实践,但仍然会不可避免地、下意识地分享和认同民间规则。其二,被告人虽然最终被判处强奸罪,但在量刑上显然获得了从轻处罚,仅仅为有期徒刑三年。这清楚地传达了一个信息,即虽然法官采用迂回政策回避了婚内强奸的定性问题,但却绝对回避不了在量刑上对风俗民情的考虑。因此,尽管间接、辗转甚至是打了折扣,习惯规则仍然在这一案件中发挥了力量。

三、民族习惯法的活力

考虑到少数民族地区特有的历史、文化背景,同时考虑到民族地区施行着多少具有特殊性的政策法令,刑事制定法与民族习惯法之间的互动便很可能会呈现不同样态,也极可能由此拓展和深化我们已经达致的认识。因此,在这一部分中,我们将考察的重点转至民族习惯法,探讨民族习惯法在当代中国刑法实践中的真实地位与角色。这样,不仅能将地方习惯法与民族习惯法的表现相互印证,而且能够更进一步获得关于习惯法实践状态的整体认识。

当然,细心的读者不但将察觉到本部分与前文之间隐含的传承关系,而且更将看到一种研究资料、路径的深化和拓展:

首先,本部分将运用更多的一手材料。笔者于2003年7月至8月到云南进行调研和考察,调研材料将集中地反映在这部分的研究成果之中。

其次,本部分的研究中心将明显深化。如果说,在地方习惯法的考察中,我们关注的焦点主要是习惯法作用的领域及其对定罪量刑的宏观影响,那么在这一部分的研究中,除了继续关注民族习惯法的作用范围,还将重点分析民族习惯法发挥作用的机制,凸显其进入正式司法的渠道与方式。我们注意到,少数民族地区的刑事司法实践,既要照顾国家法制的统一,又要照顾所谓的民族特点,这便多多少少意味着存在法律上灵活处置的空间。这个空间的范围,一方面依赖于国家正式法律制度自我收缩和控制的程度,另一方面则取决于民族习惯法本身的力量及其施加给正式法律制度的压力。当然,仅仅存在这样一种迂回和腾挪的空间还远远不够,重要的是,司法人员必须敏锐地意识到这样一种余地的存在,并灵活地加以运用。从一些实际案例来看,基层的司法实务人员凭借其多年实践所积累的经验和法感,不但敏锐地觉察到这样一种空间的存在,而且发展出了适应这一制度空间的各种微妙技巧,使民族习惯法得以便利、安全地进入刑事司法并切实地影响司法。在这一部分中,我们的核心任务便是揭示这些重要的隐秘。

下面,就从"自力救济""重婚早婚""除魔驱鬼"及"赔命价"等几组素材入手,对民族习惯法在刑事司法中的作用进行素描。

(一)自力救济:刑转民调解

案例七

吴世华(时年16)与同村女子王亨桂(时年14)由父母安排按侗族习俗订婚,以后两家经常往来。1982年王父病故,吴世华按当地习俗送礼祭奠,并在农忙时到王家帮忙干活。1983年,吴世华又依当地习俗给王家送彩礼。1985年后,王亨桂与本县杨某恋爱,之后,又通过中间人石某到杨家"看屋"。1986年,王亨桂自愿到杨家与杨某同居。吴世华得知王亨桂出走后,曾先后三次去王家问其去向,王母均假称不知。后吴世华邀集本村40多人去找王母交出王亨桂,王母仍说不知,吴世华等便将黄牛一头、猪二头拉走,并扬言捆吊王母。王母见状害怕,便说去问石某。吴世华等即随王母涌入石家,以石某拐卖妇女为由,将石某的一头猪杀死,并撬锁入室取食,走时还牵走水牛一头。次日,吴某又邀约10余人到石家挑走稻谷200余斤。

该案发生后,王亨桂即向县法院提出控告。经调解,双方达成如下协议:(1)王亨桂退还被告人吴世华订婚后所花费的钱财900元;(2)吴世华就其打坏的王家板壁赔偿15元;(3)吴世华赔偿王家两头猪款139元;(4)吴世华退还王家小黄牛一头,并出大米100斤给王母作营养补偿。

关于吴世华邀人至石家杀猪拉牛所造成的纠纷,法庭召集双方进行调解,终因双方各持己见而失败。之后,该案被转至双方当事人所在的乡政府进行调解,吴世华对乡政府调解亦不服,乡政府遂将该案移送司法机关处理。县公安机关根据乡政府移送的材料立案侦查后,以吴世华涉嫌非法侵入他人住宅罪和抢劫罪为由向县检察院呈捕。检察院认为,王亨桂在未解除婚约且未经登记结婚之前即与他人同居,其行为已经违法。被告吴世华得知王亨桂与他人同居后,邀约族人去牵牛杀猪、毁坏他人财物,是由于当地少数民族旧的风俗习惯而引起的违法行为,不应作犯罪处理,因此不批准逮捕。[1]

---

[1] 参见贵州省人民检察院研究室编:《少数民族特殊案例分析》,未刊稿。

案例八

原告人李进,男,1956年生,哈尼族农民,家住澜沧县东朗乡。被告人胡小,男,1971年生,拉祜族农民,家住澜沧县东朗乡。2002年,被告人的妻子离家出走,被告人胡小怀疑是原告拐卖其出走的妻子,于是便纠集众人来到原告家中,不顾原告劝告和阻挡,强行将原告的三头耕牛拉走,价值约2500元。其后,被告又将耕牛卖出,得价款1000元。原告到派出所报案,派出所书面通知被告前来解决此事,并要求被告将耕牛退回给原告,但被告不予理睬。于是原告要求派出所立案侦查,但派出所不予立案。原告无奈,只得诉至法院。法官在调查清案情后,指出双方当事人的错误,并主持双方当事人达成调解协议:由被告卖出的两头牛价值1000元,价款不再退还原告;被告胡小拉回的尚未卖出的一头耕牛退还原告,诉讼费300元各自分担。法庭不再制作调解书,由双方自行执行协议。[1]

案例七和案例八涉及相似的问题。即在少数民族习惯法中,自力救济是一种非常普遍的正当化行为。然而,这些在习惯法上被视为正当的行为,却恰恰可能构成了制定法上的犯罪。在案例七中,涉及侗族传统的婚姻习俗。侗族民众在婚姻问题上大多"从俗不从法",男女青年只要按当地民族习俗确定了婚姻关系之后,双方都不能反悔,倘有一方后悔,另一方根据习惯法即可聚众到对方家中牵牛杀猪、毁坏财物,皆被视为理所当然。根据我们的调查,澜沧县的拉祜族、哈尼族都有这样的习俗,即当发现自己家的女儿、妻子不见时,如果怀疑被别人拐卖,即可以纠集众人到嫌疑人家里抄、拿、抢、砸。[2] 而这样的行为不但在当地民族习惯法中得到允许,甚至更被认为是一种正当权利。通过与澜沧县糯福乡政府助理李旭畅(化名)进行深度访谈,我们了解到,在澜沧县拐卖妇女的案件非常猖獗,当地拉祜族、哈尼族人民在长年的生活实践中逐渐形成了一种私力救济的习惯规则,并且,这一规则对于抑制拐卖妇女案效果显著。

---

[1] 本案系我们在云南省澜沧县调查时获取的真实案例。基于法官本人的意愿,此处不公开其在编案号。
[2] 澜沧县糯福乡政府助理李旭畅(化名)、澜沧县法院刑二庭庭长李旭英(化名)口述。

然而,问题是,这些习惯法视为理所当然的权利行使行为,却恰恰不能被制定法所接受。按照正式法的逻辑,对于违法犯罪行为必须以公力救济作为一般手段。这是因为,如果广泛地允许私刑,便势必会削弱国家的权力,并且必将危及社会秩序、造成社会动乱。诚如瞿同祖先生所言,"法律机构发达以后,生杀予夺之权被国家收回,私人便不再有擅自杀人的权利,杀人便成为犯罪的行为,须受国法的制裁。在这种情形之下,复仇自与国法不相容,而逐渐被禁止了"。[1] 事实上,不仅杀人的权利被国家收回,而且一般意义上的报复和惩罚权利也再不容私人置喙。[2] 私力救济行为非但不是一种正当权利,而且反而可能构成一种非常严重的犯罪。然而,乡民们却秉持着另一套完全不同的知识。在他们的理解中,妻子和女儿都是自己"财产"的一部分,"你拿了我的东西,我当然就可以拿你的东西"。[3] 在这里,以暴制暴成为一种天经地义的常识,自力救济也成为遭受违法行为之后的本能反应。于是,我们看到了两种制度逻辑之间巨大的断裂与冲突。

案例七中,吴世华得知王亨桂出走之后,邀集本村 40 多人一起去王家,并强行拉走黄牛一头、猪两头。当得知石某可能知道王亨桂下落时,吴世华又以拐卖妇女为由,涌入石家并将石家一头猪杀死,还牵走水牛一头,挑走稻谷 200 余斤。从吴世华的行为表现看,我们完全赞同公安机关的定性,即构成了非法侵入他人住宅罪和抢劫罪。然而,制定法上确定无疑的结论,到了检察院那里竟然连逮捕都不批准,这不由使人诧异。再来看看不批准逮捕的理由,则更加令人费解。检察院认为,王亨桂在未解除婚约且未经登记之前即与他人同居,其行为已经违法。这样的判断简直荒唐。未经登记便仍然还是单身,与人同居乃是其不可剥夺的人身自由权。我们完全不理解这是违反了

---

[1] 瞿同祖:《中国法律与中国社会》,中华书局 1981 年版,第 70 页。
[2] 参见陈兴良:《刑法适用总论》(上卷)(第三版),中国人民大学出版社 2017 年版,第 270—272 页。
[3] 据云南省思茅地区中级人民法院审监庭时任副庭长吕垠松介绍,澜沧县和西盟县的拐卖少女案件特别突出。在当地农民的心目中,女儿是自己最为重要的财产之一。有一次,吕副庭长与当地农民交谈,问:"现在这么穷,你们种些什么东西好呢?"农民回答说:"种女儿。"

什么法律,也完全找不到任何一条禁止"婚前同居"的制定法规定。难道检察院连这样的基本法律常识都不具备?难道检察院连吴世华如此简单明了的犯罪事实都不能辨别?这不禁令人疑惑陡生。然而,如果进一步研读检察院的理由,便豁然开朗。原来,检察院考虑到吴世华邀约族人牵牛杀猪、毁坏财物的行为,是基于当地少数民族风俗习惯而引起的,便认为其不应作为犯罪处理。这显然是迫于习惯法的压力而放弃了制定法的逻辑。并且,习惯法规则在这里完全置换了制定法规则,其效力上的优先性得到了充分彰显。再反过头来,我们顿然省悟,原来检察院前面所说的"违法",并不是信口雌黄,而是指王亨桂未解除婚约即与杨某同居的行为,违反了习惯法,而非制定法。因为根据侗族的习惯法,男女青年只要按当地习俗订婚之后,就不能再反悔。一方反悔且与第三人同居,绝对是非常严重的违法(习惯法)行为。这样,我们清楚地看到,检察官在内心里真正认同的那个"法",并不是什么国家制定法,而只不过是乡土社会中人们普通信仰和接受的习惯法。

另一值得注意的现象是,本案中的程序走向极为混乱。发生纠纷之后,区法庭主动召集吴世华和石某进行调解。因双方各持己见而失败后,该案又转至乡政府进行调解。最后,由于吴世华对乡政府调解的结果不服,才被移送至公安机关进行处理。本案的程序轨迹可整理为:法院调解——乡政府调解——公安机关立案侦查。这显然不符合制定法上的程序规定。它给我们的一个明显印象是,无论是双方当事人还是正式官方组织(法院、乡政府),都非常倾向于以调解方式结案。他们似乎并不愿意案件最后进入公诉程序。这里,合议性的纠纷解决方式显然更受青睐,而决定性的纠纷解决机制则只是作为一种补充。[1] 诉讼程序的介入,是因为其他解纷方式的失灵,它的选择和采用带有明显的被迫意味。从当事人的角度出发,他们更宁愿选择调解,因为这更符合他们的常识,即纠纷向来都是如此解决的。另一方

---

[1] 合议性纠纷解决机制与决定性纠纷解决机制是棚濑孝雄教授所作的经典区分。参见〔日〕棚濑孝雄:《纠纷的解决与审判制度》,王亚新译,中国政法大学出版社 2004 年版,第 7—8 页。

面,这也更为符合他们的利益,即成本更低廉;更充分地表达和满足自己的需要;更加有利于缓和矛盾,有利于乡间人际关系的维持和发展。从国家正式组织的立场考虑,他们也更愿意纠纷在正式诉讼之外即被消化,因为调解程序的手段灵活且极富弹性;在时间和精力上省时省力;同时调解能取得更好的"社会效果",有利于双方当事人矛盾的充分化解和社会的长治久安。所有这些,反过来又作为官方政绩和效率的体现,对其切身利益进行加持。正是基于上述的各种考虑,我们看到,无论是普通乡民还是正式官方组织,都更趋向于以调解方式作为日常纠纷的化解手段,而无论这种纠纷是民事性质抑或刑事性质。国家正式司法在相当情形下都成为一种备而不用的手段,或者,仅仅成为非正式程序的一种救济程序。

事实上,采取这种民事方法来解决刑事案件的,绝不仅仅如案例七显示的那样,只限于有义务维护正式法律制度的国家司法机构。甚至可以说,一种由民间组织和人士主持的"刑转民调解"才是更为多见的常态。在实际生活中,相当多的刑事纠纷就是以这种形式消化在民间,而在调解过程中更多地也是依赖和服从于习惯法这一游戏规则。对于民间组织和乡民而言,在所谓民事、刑事和治安管理之间所作的区分常常是令人费解的。而且,人们即使具备了这样的意识,也绝不容易掌握其中复杂而微妙的区分界限,因而常常不自觉地陷入混淆。同时,尽管《村民委员会组织法》和《人民调解委员会组织条例》规定,调解时必须依据法律、法规、规章、政策及(无明确规定时依照)社会公德。但实际上,经由这类组织所达成的调解往往依循习惯法则,违反国家正式法律的事例也在所多有。

案例八是云南省澜沧县的一个真实案例。在本案中,被告人胡小因怀疑原告人李进拐卖自己的妻子,便纠集众人来到原告家中,不顾原告劝告和阻挡,强行拉走原告的耕牛三头,共值2500元。从胡小的行为表现看,其完全构成了刑法上的抢劫罪。然而,当原告要求派出所立案时,派出所却不予立案。更值得玩味的是,法官在向双方当事人调查案情时,也了解到派出所不予立案的情节。我们与本案法官进行了深度访谈,并询问该法官"您是否清楚这一案件的性质"?他非常迅速地回答:"这个案件可能涉及刑事。"我们进一步追问:"那为什么您又以民事调解的方式来处理这个案件呢?"他提出了两个理由:"我曾经询问公安局为什么不予立案,但公安局仍坚持己见;另外,我觉得这样的案件非常常见,以民事调解方式结案双方都满意。"

为核实公安机关的这一做法,我们专门走访了沧澜县公安局的有关领导。据时任的一位郑副局长介绍,当地公安机关对这类案件的通常做法是,以教育为主,辅以行政处罚,如果行为造成了恶劣后果,就可能予以刑事立案侦查。当我们进一步追问为什么这样处理时,该副局长明确承认是基于对少数民族风俗习惯的考虑。仅凭一己之见,笔者仍不能确信这一做法。然而,澜沧县公安局前任局长朱某的观点再次印证了这一做法:"我们认为,拉牛行为肯定构成了犯罪,但考虑到边疆的风俗习惯,能少捕就少捕。"

可以发现,这场可能为实证法论者视为无法无天的案件处理,实际是有一套严格的习惯法规则作为支撑和指导的。公安机关和法官在这里分享的是同样的规则和知识,只是这种规则和知识并非来自国家正式法律制度,而是来自民间的非正式法律。并且,公安人员和法官之间存在着一种难以言说的默契。公安机关通过不立案的方式,在实质上容纳了对习惯法的考量,并巧妙地避开了制定法与习惯法的正面冲突。法官在明知案件的制定法性质之后,并没有给予任何司法建议,也没有退回公安局补充侦查,而是以民事调解的方式匆匆结案。显然,无论是公安还是法官,他们内心中真正信奉的还是习惯法规则。在某种意义上讲,正是他们的"合谋",导致了这起本来意义上的刑事案件被消化为一起民事案件。

(二) 重婚早婚:不立案侦查

案例九

松桃苗族自治县古丈村村民贺祥春因其妻龙季姐不能生育,将已婚妇女龙玉女带回家中同居。此后,贺祥春渐渐疏远其妻,且对其有虐待行为。龙季姐向法院提起诉讼,贺祥春被判有期徒刑 2 年,龙玉女被判有期徒刑 2 年,缓刑 2 年。

贺祥春劳改期间,龙玉女回娘家居住,并为贺祥春生下一子。贺祥春刑满释放后,龙玉女遂携子重回贺家,又与贺祥春以夫妻关系共同生活。龙季姐见此,即诉请法院与贺祥春离婚,龙玉女之夫石某亦诉于法院,要求以累犯从重处罚贺祥春。该法院在充分听取原、被告双方的陈述和辩解后,经反复研究,决定不以犯罪论处。经调解,石某撤回起诉,并与龙玉女离婚;龙季姐亦与贺祥春离婚。贺祥春与龙玉女则补办了结婚手续。[1]

案例十

云南省金平苗族瑶族傣族自治县人民法院审理了云南省金平苗族瑶族傣族自治县人民检察院指控被告人何某某犯奸淫幼女罪一案。被告人何某某与被害人马某某(1988年9月3日出生)均生活在该县少数民族聚居的边远偏僻的山区农村,该村有早婚的旧习俗。2001年10月初,两人以夫妻名义同居在一起。2001年12月18日,该县检察院指控何某以谈恋爱为由,将马某带到自己家中同居,并多次发生性关系,构成奸淫幼女罪。何某某对指控事实供认不讳。人民法院通过审理认为,被告人何某某的行为已构成奸淫幼女罪,但犯罪情节轻微,作出免予刑事处罚的判决。[2]

这组案例涉及民族地区的婚姻家庭犯罪和性犯罪问题。如果说,随着国家"强制性变迁"的推进,民族地区其他领域的风俗习惯已发生巨大变迁的话,婚姻、家庭领域的习惯法则仍然相当顽固地坚守着自己的阵地。这一领域实际上是传统习惯保留得最为完整也是正式法律最难征服的领地。在一些少数民族如藏族,还存在着一妻多夫的现象。[3] 结婚和离婚的传统仪式也始终被一以贯之地遵守和实践。拉祜族、傣族结婚时一般都不领取结婚证,只是举行民族结婚仪式。离婚时,许多民族也根本没有注销结婚登记的意识,他们还是倾向于按自己的"老规矩"处理。苗族人离婚时,一般由坚持离异者赔偿

---

[1] 参见贵州省人民检察院研究室编:《少数民族特殊案例分析》,未刊稿。
[2] 参见云南省高级人民法院刑事审判第二庭编:《民族地区量刑情节的特点及法律适用》,未刊稿。
[3] 参见高其才:《中国习惯法论》(第三版),社会科学文献出版社2018年版,第263—264页。

对方结婚时的费用,赔礼时还必须支付寨老的酬金和费用。条件谈妥后,即以两拇指粗、长约3—4寸的竹筒,两端刻划横纹为凭,由寨老将竹筒劈为两片,男女各执1片为证,便视为离婚,不得反悔。[1] 按照这样的传统仪式离婚后,当事人便成为自由身,可以再次结婚。然而,没有履行离婚登记又再次结婚,这在制定法上是严重的重婚行为。在这里能明显地感受到两种制度和知识之间的巨大分歧和紧张。

在案例九中,当地苗人以多子为老天的恩赐,视无后为失德。因此,无子家庭在当地颜面尽失,受到民众的歧视。也正是基于此点,当妻子不能生育时,丈夫便往往另辟蹊径,寻找自己的第二片天空。当地重婚现象由此蔚然成风。事实上,类似习俗不仅存在于松桃苗族,贵州水族和布依族中也普遍存在。如在关岭县布依族聚居区,"女方婚后未生男孩或无生育能力,不管原妻是否同意,男方讨小老婆都被视为是天经地义的,甚至有的妻子主动介绍,促成纳妾;家族亲属积极撮合重婚。重婚行为在这里不仅不受谴责,反而得到支持,有的还大办酒席明媒正娶。又据三都水族自治县水龙区统计,自1978年至1982年,该区发现重婚148起,其中有的是原妻不育,有的是没有男孩,有的是把生活困难或者残疾、生活能力弱的妇女接到家中同吃同住,有的重婚甚至是原妻出面给丈夫找的"。[2]

在本案中,一开始,龙季姐对贺祥春的纳妾行为并不反对,只是在贺祥春对自己有虐待行为后才进行控告。法院对贺祥春的重婚行为也前后态度迥异,第一次按照制定法规则判以重婚罪,第二次则又完全放弃了制定法的立场。法院态度变化的原因虽没有在台面上被交代,但是结论却是不言而喻的。习惯法规则在其中起着不可忽视的作用。事实上,该案例收集者在评论中率直指出,该案第一次处理时量刑甚重,似乎更多考虑法律的统一性,对特殊性照顾不够;第二次处理时本应从严,但却只作调解处理,又有迁就被告人累犯行为之虞。畸

---

[1] 参见高其才:《中国习惯法论》(第三版),社会科学文献出版社2018年版,第265页。
[2] 参见梁治平:《乡土社会中的法律与秩序》,载王铭铭、王斯福主编:《乡土社会的秩序、公正与权威》,中国政法大学出版社1997年版,第472页。

轻畸重,未尽妥当。[1]

不仅在贵州省这样案例非常多见,云南省的情况也极为类似。来自云南省高级人民法院的一份调研材料表明,在云南民族地区,由于残存着旧的婚姻习俗,早婚、私婚现象相当普遍,而重婚问题则尤为突出。根据对红河州红河县哈尼族支系叶车人的调查,全县共有叶车人3467户,15612人,分布在4个区、9个乡聚居,其中叶车人聚居的车浦乡,共有477个叶车人,重婚的便有48人,超过10%。[2]该材料同时指出,在当前的司法实践中,边远少数民族地区实际执行的是"告诉才处理"的原则,因此极大部分不告诉的重婚实际上处于被放任状态。少数告诉到法院的,如果不是情节恶劣、在当地造成极坏影响的,一般虽认定为构成重婚罪,但以教育为主,不追究刑事责任。[3]我们在澜沧县调查时,刑一庭刘庭长也大致透露了相同的信息。他介绍,澜沧县拉祜族、傣族重婚现象非常普遍,告诉到法院后,法院一般都认定构成重婚并作有罪判决,但在刑罚量定上则尽量轻微,通常免于刑事处分或者判处缓刑。

在国家政权逐步深入基层的今天,尽管政府曾经并仍在不遗余力地宣传和推行《婚姻法》(已失效),民族地区的婚姻事务依然在很大程度上受制于传统习惯而非正式法律。在许多乡民的意识中,仅履行了法律手续并不足以使婚姻生效,只有经过民间习惯规则所认可的程序的婚姻才能为他们所接受。同样的道理,在婚姻解除问题上,传统的习惯规则也仍然具有优位于制定法规定的效力。公民的生育行为,尤其是他们对于子嗣的渴望,无疑包含了强烈的传宗接代的动机。[4]而这种动机又显然将直接关系到公民对于婚姻和家庭的再次安排。整体而言,乡民关于婚姻嫁娶自有一套规范性知识,合乎这套

---

[1] 参见贵州省人民检察院研究室编:《少数民族特殊案例分析》,未刊稿。
[2] 参见云南省高级人民法院刑事审判第二庭编:《民族地区量刑情节的特点及法律适用》,未刊稿。
[3] 参见云南省高级人民法院刑事审判第二庭编:《民族地区量刑情节的特点及法律适用》,未刊稿。
[4] 参见李银河:《生育与村落文化》,中国社会科学出版社1994年版,第121—140页。

规范性知识的行为,在他们那里才具有正当性,反之,则不具有正当性。尽管国家制定法体系的引入,从一开始就包含有浓厚的改造民间传统的冲动,但至少就目前的情况而言,这种改造还远未获得成功。更为紧要的是,这种民间传统不但在乡间得以顽强保留和延续,它们甚至更进一步对国家正式法律施以强有力的影响和挤压,迫使后者在相当程度上作出妥协和让步。本案中法官最终作出"无罪调解",以及其他案件中的"从宽处理",很好地显示了这种压力。

案例十与少数民族的早婚习惯有关。相当多的少数民族,如苗族、拉祜族等,均有早婚早恋的习俗,13、14岁的少男少女就在一起"搭小屋""住公房""串姑娘""摇马郎""串寨"等等。在这些活动中,往往伴随着性行为的发生,有的更造成未成年女子怀孕的严重后果。据调查,红河州红河县叶车人聚居的车浦乡中,15岁以下早婚的有142人,占477位叶车人的29.8%。在我们调查的澜沧、孟连两县,拉祜族早婚的情况也是司空见惯。然而,这些习惯法上视为正常的行为,却恰恰构成了刑事制定法上的奸淫幼女罪。于是,传统习惯规则与制定法在这一问题上又形成了正面交锋。

在对这一案件的处理中,法院认为被告人何某的行为已构成奸淫幼女罪,但犯罪情节轻微,免予刑事处罚。该案的评析者认为:"法院根据案中的具体情况作出的判决是恰当的。从该案的实际情况看,被告人与被害人均生活在少数民族聚居的边远山区,受该民族早婚及婚姻自由思想的影响,并不了解国家关于结婚年龄的限制及结婚手续的办理,双方一开始又是自愿同居在一起的。"[1]显然,法院对于该案的从宽处理主要是考虑了习惯因素。

事实上,真正进入法院予以司法裁判的类似案件,仅仅只是沧海一粟,大量案件都早在法院大门之外,便以另外一种极为隐秘的方式予以消化。对此种司法技巧的发掘,是我们在云南调研时的一大意外收获。据时任澜沧县检察院公诉科李科长介绍,澜沧的拉祜族有早婚

---

[1] 参见云南省高级人民法院刑事审判第二庭编:《民族地区量刑情节的特点及法律适用》,未刊稿。

习俗,不满 14 周岁就结婚。男方在明知对方年龄的情况下与之发生性行为,完全可能构成强奸罪(当时是奸淫幼女罪)。但是,当地公安机关和检察机关一般都会尊重民族习俗,不予以立案侦查。其后,我们又专门走访了沧澜县公安局的有关领导。据时任的一位郑副局长介绍,当地公安机关对于这类案件的通常做法是,以教育为主,辅以行政处罚,一般不予以立案侦查。如果行为造成了恶劣后果,就可能予以刑事立案侦查。当我们进一步追问为什么这样处理时,该副局长明确承认这是基于对少数民族风俗习惯的考虑。与澜沧县公安局前任局长朱某的交谈再次印证了这一判断。据他介绍,在其任职期间,公安机关曾屡次发现这类奸淫幼女案,但一般都不进行立案处理,而仅仅解除了非法婚姻。看来,无论是公安还是检察,在这一问题上都充分考虑到习惯规则的影响,他们不约而同地选择了一种"不立案"的方式,将案件予以妥善化解。

事实上,在婚姻家庭领域和性领域中,两种制度和知识的正面冲突还在所多有,绝不是上面两个案例所能简单涵盖的。受宗法观念的影响,出嫁女不能参加继承,寡妇再嫁不能带走夫家财产。更有甚者,寡妇改嫁还遭到夫家的阻挠。江西三江村近年来仍保持着这样的习俗,寡妇再嫁须经子女同意,报大家长及房宗商议,同时取消其对亡夫财产的继承权。[1] 如果在此过程中妇女稍有反抗,夫家常不惜采用暴力手段镇压。这种在民间看来再正当不过的行为,却恰恰构成了制定法上的暴力干涉婚姻自由罪。此外,在有些少数民族中,还存在着抢婚习惯,抢婚过程中经常伴随着一定程度的暴力强制,女方在此过程中也经常表现出一定的反抗。虽然不能排除女方内心同意、表面反抗的可能,但也不能完全排除构成强奸罪的可能。

(三)"除魔驱鬼":免予起诉与判断伪饰

案例十一

台江县巫梭村苗族妇女李格略长期被当地村民认为"不干净,有

---

[1] 参见王沪宁:《当代中国村落家族文化——对中国社会现代化的一项探索》,上海人民出版社 1991 年版,第 576 页。

酿鬼"(即具有某种致人生病的魔力)。寨上家禽家畜瘟死、小孩得病都被认为是其"放鬼"所致。1986年3月6日,村民李王耶因其子病重,怀疑系李格略"放酿鬼"所致,邀人闯入李家,毁坏其财物,并将其强拉至自己家中为病人"收鬼"。其间,李王耶将李格略的头巾、木梳丢进火坑烧毁,并殴打李格略致其数次昏迷。恰在此时,病人死亡,李王耶更加气愤,遂带领村民多人将李格略两间房屋及室内家具全部砸毁,抢走鸡10只,并将李家4个小孩赶出家门。

台江县公安局接到乡政府报告后,即派员前去传讯李王耶。然而,公务人员到达巫梭村时却遭到200多个村民的围攻。众村民皆相信小孩子生病系李格略"放鬼"所致,因此并不认为毁坏其房屋有罪。村干部也建议先勿抓人,"如果政府把人抓走,以后张光林(李格略之夫)家在这里更住不安"。鉴于上述情况,县委派出县乡联合工作组深入该村开展工作。经过5天的说服和宣传工作,李王耶等主动向受害人赔礼道歉。工作组又组织村民将被毁房屋修复一新。最后,双方摆酒和好。[1]

案例十二

拉祜族相信一种魔鬼的存在。被告人李扎体,男,1966年12月1日生,拉祜族,农民,家住澜沧县竹塘乡甘河村。1999年12月9日一天凌晨,被告人李扎体起来到室外解小便时,感觉身后有东西跟着。他认为是魔鬼,要来害自己,便从柴堆上拿起一根木棒转身即打,其妻李娜妹闻声到室外呼叫,李扎体才知道背后跟着的是自己的儿子。一直到打死其儿子,李扎体始终都认为自己是在除魔。检察院以过失致人死亡罪提起公诉,法院对这一定性予以确认,但鉴于被告人李扎体认罪态度较好,确有悔罪表现,对其从轻处罚。最后法院判决被告人李扎体犯过失致人死亡罪,判处有期徒刑三年。[2]

案例十三

被告人阿作,男,43岁,爱尼族,云南省孟连县人,农民。被告人布初,女,34岁,爱尼族,云南省孟连县人,农民。被告人阿作、布初于

---

[1] 参见贵州省人民检察院研究室编:《少数民族特殊案例分析》,未刊稿。
[2] 参见澜沧县人民法院(2000)澜刑初字第49号判决书。

1984年10月结婚。婚前布初带有一个与原夫生育的右脚六趾和因病而聋哑、左眼失明的残疾男孩阿爬(10岁)。由于本地爱尼族受封建习俗的影响,将"六趾人"视为"扑死鬼"。因此,被告人阿作、布初全家及其家属,在当地均遭到本民族的严重歧视。为此,两被告婚后逐渐产生了杀死其子阿爬的恶念。1985年11月15日晚,两被告以残忍手段杀死了其子。法院认为,两被告的行为构成故意杀人罪。并且,被告人手段残酷,情节严重,本应从重惩处。但考虑到两被告人是因其子的六趾而遭当地民族严重歧视的情况下,才杀死其子,根据边疆民族地区的特殊情况,可酌情判处。最后判处阿作有期徒刑十年,布初有期徒刑五年。[1]

这组案例显示了一个共同的话题:"除魔驱鬼"。应该说,"除魔驱鬼"的最早源头可能是民族禁忌。初民社会中的人们对大自然充满了神秘、崇拜和畏惧。他们对世间的许多奇妙现象无法作出合理解释,于是想象出很多具有超自然力的神鬼妖魔。在生存本能的驱使下,不少民族为了避免灾难、保全自己,便对自身行为作出许多限制,以祈求通过自我约束来回避可能不期而至的灾祸。在其后的发展过程中,人们逐渐对妖魔鬼怪产生了更复杂的看法,认为它们是人类许多灾难和厄运的制造者,不仅应该回避和惧怕它,而且更多的时候应该奋起反抗,人类有"除魔卫道"的义务。

案例十一反映了苗族传统的禁忌规则。在苗族人民看来,如果本村群众集体染病,甚至连家禽家畜也无法幸免时,便极有可能是某人"放鬼"所致。一旦出现了这样的事情,被害人及其家属便可理直气壮地前去兴师问罪。动辄邀约数十人,到"放鬼人"家砸毁财物、行凶伤人,手段无所不用其极,其目的只有一个:逼迫"放鬼人"为病人"收鬼"。在习惯法上,只要能达到这样的目的,上述所有手段都被认为是合理正当的。事实上,并非只有苗族才有这样的习惯法规则。在我们调查的云南省傣族地区,也有"驱逐琵琶鬼"的传统习惯。据思茅地区中级人民法院刑二庭朱副庭长介绍,傣族村寨如果暴发流行病,便通

---

[1] 参见孟连县人民法院(1986)孟法刑判字第6号判决书。

常会怀疑有"琵琶鬼"在"放鬼"。被指控"放鬼"的人,往往因此被抄家并逐出村寨,甚至被伤害致死。

问题是,这类被村民视为合法正当的驱鬼行为,却恰恰构成了制定法上的严重犯罪。从行为的综合表现看,他们的行为已完全该当了故意伤害罪、非法侵入他人住宅罪甚至故意杀人罪的构成要件。然而,要简单阻止和惩罚这种行为,要"依法追究"行为人的刑事责任,不但会显得不合情理,甚至还会干犯众怒,遇到意想不到的巨大阻碍。本案中,台江县公安局接到乡政府报告后,便派员前去传讯李王耶。然而,公务人员却遭到村民200余人的围攻。众村民都相信小孩子生病是李格略"放鬼"所致,因此烧屋驱鬼就是绝对正当的行为,他们不能理解这与"犯罪"有何牵连。更具戏剧意味的是,就连村干部,这些多少具备正统法律知识的基层干部,都建议公安人员先别抓人。由此可以看到,在国家权力逐渐深入基层的今天,制定法上的许多逻辑和规则还根本无法被乡民所理解,更勿谈内化为他们的信念和行为。相反,流淌在他们血液里的,还是那挥之不去的"传统情结",他们仍然以自己的行动去承继和实践着民间习惯规则。

在这里,县委工作组显然放弃了制定法的基本立场。他们没有简单地去"依法追究"被告人的刑事责任,而是通过说服教育,使当事人主动向受害人赔礼道歉、赔偿损失。这一方面使双方当事人的矛盾有所化解,另一方面则增进了本地区的和睦与团结。然而,这样的结局也并非毫无代价。事实上,我们清楚地看到,制定法在这里显然软化甚至背弃了自己的基本规则和逻辑,主动寻求与民间习惯法的妥协和合作。当然,习惯法规则也迫于制定法的压力,在一定程度上放弃了自己的诉求。最终的结果体现为两种制度和知识的折中与混和:既没有单纯地追究李王耶的刑事责任,又使他主动向受害人赔礼道歉并赔偿损失。两种制度都没有完全贯彻自己的主张,又都没有完全舍弃自己的诉求。于是,一种"模糊的法律产品"随之产生。

可以设想,如果县委工作组一意孤行,坚决要将李王耶"法办",结局将是如何?可预料的后果首先是,这样的举措定会激起极大的民愤。这不但将使判决的执行遭受巨大阻力,而且即使判决得以执行,也起不到预期的社会效果。更为严重地讲,这样的处理将使民众彻底丧失对正式法律制度的尊重,而一部丧失了民众信赖的刑事制定法,即使其规则再严格再符合理性,即使其背后有再强大的国家威权加以支撑,也注定得不到贯彻和施行,注定要被历史所抛弃。另一方面,从当事人的角度考虑,如果李王耶被政府追究刑事责任,作为受害人的李格略一家的处境可能更为窘迫。尽管他们在制定法的场域获得了胜利,其代价却可能是惨痛的。他们一家都将在当地社区中声誉扫地,各种各样的歧视和冷遇也将接踵而至。在一个彼此熟识的社会中,一旦遭受社会舆论的强大压迫,甚至在社会交往中被孤立起来,那将是一种可怕的惩罚。李格略一家都将为制定法上的胜利付出高昂成本,以至于很难继续生存在当地社区。难怪村干部要阻止公安机关抓人,也难怪有这样的感慨:"如果政府把人抓走,以后张光林(李格略之夫)家在这里就更住不安。"

案例十一节选自贵州省人民检察院研究室编写的《少数民族特殊案例分析》。这里,案例编撰者的"评析"也非常值得注意。该"评析"认为,本案中李王耶的行为确实触犯了刑律,因此,如果能在认定被告人犯罪的基础上再行从宽,更为符合"坚持法制的统一性和兼顾民族地区的特殊性这一基本原则"。[1] 从技术上讲,这里所谓的"认定犯罪"主要是指当时刑事诉讼法所规定的"免予起诉"措施。实际上,《少数民族特殊案例分析》收集的许多其他案例也正是这样处理的。所谓免予起诉,是指人民检察院对依照刑法规定不需要判处刑罚或者可以免除刑罚的被告人,决定不向人民法院起诉的一种处理。其实质是认为被告人构成犯罪但不予追诉,其效力与人民法院认定犯罪但免除刑罚的判决类似。虽然这种由检察机关而不是由审判机关定罪的做法已被1996年《刑事诉讼法》所废除,而被部分吸收至不起诉制度之中,但在当时来看,它显然对维护法制统一性与民族特殊性之间的平衡起到了突出作用。

案例十二是笔者在澜沧进行实证调查时遇到的真实案例。拉祜

---

[1] 参见贵州省人民检察院研究室编:《少数民族特殊案例分析》,未刊稿。

族相信一种"魔鬼"的存在,而这种"魔鬼"可附着于任何人身上。一旦遭遇这种"人魔一体"的情况,族人便有"除魔卫道"的义务。本案中,被告人李扎体起来解小便,误将跟在其身后的儿子打死。李扎体从始至终都认为,自己是在"除魔"而不是在杀人,"除魔"是自己的义务。可见,传统习惯规则对当地拉祜族人民仍然有至深影响。

在与本案主审法官的交谈中,我们强烈感受到其对民族习惯法因素的关注。并且,从本案的处理结果看,被告人李扎体也确实获得了轻判。然而,问题是,从判决书上看,被告人获得从轻处罚的理由却并不是基于对习惯法的考虑。让我们看看判决书中的表述:"公诉机关指控被告人李扎体犯过失致人死亡罪的事实清楚,证据确实充分,本院予以确认。鉴于被告人李扎体认罪态度较好,确有悔罪表现,本院予以从轻处罚。"显然,在这里,"台面上"的轻判理由是"认罪态度较好,确有悔罪表现",而不是什么习惯规则的因素。

然而,当我们就此问题进一步追问主审法官时,"玄机"便开始显露。这位法官数次强调,他们在本案合议中确实曾经考虑习惯法因素。当我们进一步询问为什么这一考虑没有在判决中体现时,她回答说,"我们找不到法律上的明确规定","我们只能在认罪态度较好这一因素中考虑"。我们马上追问:"李扎体最终得到有期徒刑三年的从轻判处,到底是考虑了哪些因素?"她的回答简明而直接:"对认罪态度好有考虑,对民族习惯因素也有考虑,单单考虑认罪态度不会判这么轻。"

如要事实果真如此,这一案例便显然展示了民族地区刑事司法的另一重要隐秘。基层法官们一方面要面对传统习惯规则的巨大压力,另一方面又无法找到对这种习惯规则予以正面承认的制定法依据。于是,在长年的司法实践中,他们逐渐摸索出一套方便且安全的操作技巧:即将这些对民间规则的考虑,尽量用制定法上的概念、规则包装起来。我们将这种技巧称作"判断伪饰"。

这样的分析充分显示了民族地区基层法院的艰难。我们并不认为,法官们不希望在制定法上找到直接对应和一劳永逸的解决方案。然而,不可否认的是,中国今天的刑事制定法体系主要还是一种全面移植的结果,其面对的背景仍然主要是城市社会、工商社会、陌生人社会和汉族社会。[1] 这便决定了民间社会尤其是少数民族社会的境况和需求较少进入制定法的视野,国家制定法与少数民族地区的社会生活及利益诉求之间存在相当大的文化隔阂。一方面,制定法不能提供对路的法律产品,对民间习惯规则的采纳和认可明显不够;另一方面,习惯法规则在当代中国之根基依然深厚,其顽强有力要远远超出我们的想象。面对这样的双重压力,基层法院的法官们只能无奈地游走在两种制度的边缘,凭借自己的经验和精明,尽力在制度罅隙中找到迂回空间。

如果说个案分析可能陷于片面,那么,我们在接下来的调查中尽量降低这种片面的概率。我们走访了思茅地区中级人民法院刑二庭的朱副庭长,与她的交流再次印证了上述结论。据她介绍,在少数民族地区,人们普遍诚实敦厚,少数民族罪犯一旦被抓获,对自己的罪行都绝少隐瞒、欺诈,通常会诚恳如实地交代。因此,"认罪态度好"几乎成了少数民族罪犯普遍的共同特征。又由于处在民族地区,法官不可能回避民族风俗和习惯的强大压力,因此,法官们便经常用"认罪态度好"这一制定法依据,来涵盖其对民族习惯法因素的实质考虑。我们随后又走访了孟连县人民法院,该法院刑一庭阮庭长、李法官的观点与上述看法如出一辙。他们均提到,在边疆少数民族地区,对民族罪犯的量刑一般都会考虑习惯法因素,对罪犯酌情从轻处理。但是,这种考虑不会直接反映在判决当中,而只会以"认罪态度好"等表述加以呈现。如果说个案的结论还可能带有偶然性,那么这些访谈显然摧毁了这种偶然性。据此可认为,民族地方的基层司法实务人员已经敏锐地意识到制定法上存在一个灵活处置的空间,并且也逐步发展出一些技巧,对这一空间加以最大程度地利用。他们擅长于将一个习惯法的判断伪饰成一个制定法的判断,将对习惯法的实质性采纳包装成一个制定法上的正当根据。在对少数民族地区罪犯的量刑中,他们通常会

---

[1] 参见苏力:《送法下乡——中国基层司法制度研究》(第三版),北京大学出版社 2022 年版,第 226 页。

在"认罪态度好"这一制定法依据下考虑习惯法的作用。并且,地方司法机构也试图在可能范围内将这一实践原则化和制度化。

案例十三也是我们在孟连县调查时遇到的真实个案。孟连县是傣族、拉祜族和佤族三个民族共同聚居的民族自治县,但本案是发生在爱尼族村寨之内。爱尼族是哈尼族的一个支系。爱尼族有一古老传统,即对出生的子女如果觉得有缺陷或畸形,就要将其处死。例如,西双版纳勐海县的哈尼族习惯法规定:如果孪生子女出生后,要当场用灶灰、粗糠堵住其鼻孔和嘴巴,让其窒息而死。[1] 如果出生时小孩是残疾,如兔唇、六指或是耳朵上长有肉瘤等,便一定要将小孩溺死,否则,会遭到习惯法的惩罚。

本案中,阿作与布初于1984年10月结婚,婚前布初还带有一个与前夫生育的残疾男孩。该男孩又聋又哑又瞎,而且右脚还长有六趾。爱尼族长期受封建迷信思想的严重影响,把长有六个脚趾的人视为是"扑死鬼",而"扑死鬼"必须用水溺死。本案中,两被告起初并不想把孩子溺死,但却受到当地社区施加的巨大压力。在与本案法官的访谈中我们了解到,自从让孩子生存下来后,社会对于这个家庭的歧视便从未停止且愈演愈烈。从最初看电影要远离人群,婚丧嫁娶等大型仪式不得参加,发展到亲妹子无人敢娶,甚至连走路都得避让邻人。在一个彼此熟识的较为封闭的边疆小寨,这样的社会压力显然是强有力的精神制约。当所有村民都断绝与这个家庭的往来,并且对其成员不理不睬之时,社会孤立和歧视便成为一种相当可怕的惩罚。社会声誉严重被贬低,社会交往严重受阻的压力,对于一个农村家庭而言,足以逼使他们走上绝路。

本案法官对民族习惯法因素始终保持着相当的敏感。并且,我们看到,法官对这一因素的考量和认同也直接反映在判决书中:"被告人阿作、布初用残酷手段杀死其子,本应从重惩处。但由于两被告人是因其子的六趾而遭当地本民族的严重歧视下方杀死其儿,根据边疆民族地区的特殊情况,可酌情判处。"最后,两被告人分别获得了有期徒刑十年和有期徒刑五年的从轻处罚。值得注意的是,相比上面案件的

---

[1] 参见高其才:《中国习惯法论》(第三版),社会科学文献出版社2018年版,第449页。

主审法官而言,本案法官的风格显然更为直接大胆,旗帜鲜明地对民族习惯因素予以正面承认。相比其他判决相对隐晦、稳健的行事风格而言,本案的处理作风多少显得异类。

(四)赔偿命价:双重司法

案例十四

被告人才夫旦,男,藏族,16岁,青海省海南自治州共和县牧民。

被告人才夫旦于1982年农历正月某夜,在16岁的女牧民尕毛吉的帐房里吃了包子后,欲同尕毛吉发生性关系,遭其拒绝。事后,两人发生厮打。其间,被告人用石块猛砸尕毛吉面部、头部和胸部等处,致其当场死亡。被告人才夫旦被依法逮捕后,被害人的父亲、亲属以及部落群众20余人,联名写信给有关部门,要求释放才夫旦,并按当地习惯以赔命价方式处理此案。信中说:"认识到部落和睦平安的需要,被害人家的愿望以及部落内众人的心愿,郑重声明,请求宽大处理、释放才夫旦。"同时,经村里老人调解,被告人才夫旦家先后赔偿被害人家牛39头、马3匹。其后,海南藏族自治州中级人民法院以故意杀人罪从轻判处被告人才夫旦有期徒刑10年。该判决执行后,州、县检察院在调查中了解到,被害人亲属以及当地牧民和基层干部普遍认为,按照风俗习惯处理,赔偿了命价,就消除了矛盾,今后不会世代结冤,因此仍要求释放才夫旦。[1]

案例十五

被告人闹者,男,26岁,青海省果洛藏族自治州甘德县青珍公社牧民。被告人闹者于1978年10月16日被生产队派遣看守草山。当日,闹者与另一牧民才秀因牲畜吃草问题发生争执。其间,才秀用木棒击打闹者头部,闹者则以刀刺中才秀左肩及胸,致其伤重死亡。案发后,被告人闹者投案自首。经再审,甘德县人民法院以故意伤害罪(致人死亡)判处闹者有期徒刑3年。1981年2月25日,闹者获假释出狱。被害人亲属(3人)闻讯后携刀前往县城,见到闹者即持刀追

---

[1] 参见张济民主编:《渊源流近——藏族部落习惯法法规及案例辑录》,青海人民出版社2002年版,第152—153页。

杀,致闹者逃回县公安局看守所,不敢出门。后来请宗教人士和原部落头人的后裔出面调解,并赔偿"命价"6000元,被害人亲属方才罢休。[1]

第四组案例与藏族古老的"赔命价"习俗有关。按照这一习惯法规则,在发生杀人案件后,受害方家属可以向致害人及其家属索要一定的金钱和财物,而一旦满足了受害家属的经济要求,事情便算了结。

"杀人"可以说是刑事制定法中最明白无误的犯罪,也应当最无可争辩地纳入国家制定法的管辖范围。然而,即便是在核心刑法领域,仍然存在着相当不同的正义观念,以及相应地,不同的救济方法和秩序维护机制。藏族是一个有着深厚宗教背景的民族,全民信仰佛教。受佛教的深刻影响,藏民对"生死轮回"无不忠诚信奉。正因为生命是轮回的,是循环再生的,所以生命的消逝很难说是一种极度的惩罚,它更可能带有重获新生的宗教意蕴。由此,在藏区甚至不存在最为朴素的"杀人偿命"观念。相反,在社会资源严重稀缺的藏族地区,一定的金钱和物质惩罚倒是相当严厉的。不但如此,从藏民朴素的功利观出发,亲人既然已经远去,与其剥杀对方的生命,倒不如获取一定的金钱赔偿,使生者的生存状况有所改善。看来,即使是被认为最确定无疑的犯罪和最天经地义的处罚,也可能存在完全不同的理解。

第四组案例展示了两种制度和知识的短兵相接。在案例十四中,被告人才夫旦被捕之后,当地群众联名写信要求释放才夫旦,并按当地习惯以赔命价方式解决。令人惊奇的是,竟然连被害人的家属都参与了此活动。在其他案例中,由政府部门牵头,州县乡各级领导、司法机关和活佛联合组成的协调斡旋小组也在所多有。[2] 能够看到,包括普通群众、被告人家属、被害人家属、政府机关在内的所有

---

[1] 参见张济民主编:《渊源流近——藏族部落习惯法法规及案例辑录》,青海人民出版社2002年版,第184—185页。
[2] 参见张济民主编:《渊源流近——藏族部落习惯法法规及案例辑录》,青海人民出版社2002年版,第155—156页。

人,似乎都在竭力维护和实践着"赔命价"这一传统解纷机制。虽然这套民间机制从没有获得国家的正式认可,但它的强大和有力已远远超出了我们的自以为是,并现实地左右着法院审判。在上述两案中,法院对于被告人的故意杀人都予以了从轻处罚,这不能不说是基于民间规则的巨大压力。

在制定法与习惯法这一场无声的遭遇中,习惯法显然占了上风。一方面,它迫使制定法作出一定的妥协,另一方面,制定法却无法让它作出根本性的让步。在案例十四中,"赔命价"习惯毫无折损地得到了施行。而在案例十五中,尽管被告人闹者已经受到正式制定法的惩罚,但由于没有赔偿"命价",一出狱便遭到被害人亲属的追杀。直到赔偿了"命价",被害人家属方才善罢甘休。类似的例子在所多有。在另一起故意伤害致人死亡的案例中,原加害人隆巴在刑满7年释放后又为原被害人的兄弟项秀所杀,而在后者刑满(12年)释放后,隆巴家族又欲复仇,致项秀流浪异乡,直到后来该地区活佛出面以宗教形式调解此案之后,项秀一家才得以回到原地居住。[1] 看来,国家对于犯罪人的依法处罚,并不能令当事人感到满意。除非获得合理的"命价",受害方往往会寻仇不已。换言之,在被害人那里,被告人服不服刑,如何判刑都在其次,赔偿命价才是解决问题的根本!

习惯规则毫不妥协的姿态,使"双重司法"成为突出问题。亦即,一方面是制定法上的定罪量刑,尽管可能是从轻处罚;另一方面则是习惯法上的赔偿命价,往往罚得当事人家破人亡。并且,判归判,赔归赔,国家制裁与民间制裁并行不悖。这样,便出现了针对同一案件存在两套制裁的奇怪局面,这无疑严重背离了"一事不再罚"原则。

"赔命价"与国家制定法之间的紧张关系还表现在其他方面。其一,由于"命价"经常便意味着"天价",大多数被告人根本无力承担,赔命价一般都由其家庭成员及亲友共同分担。这就在实质上形成了"一人犯罪、众人株连"的现象,违反了制定法上的罪责自负原则;其

---

[1] 参见张济民主编:《渊源流近——藏族部落习惯法法规及案例辑录》,青海人民出版社2002年版,第182—183页。

二,"命价"赔偿数额的多少,取决于双方势力的大小,如果被害一方人强势大,命价就高,反之,命价则低。这在实质上是"同人不同命",与正式法上的法律面前人人平等原则渐行渐远;其三,在藏民心目中,只有杀人行为与死亡结果之间的自然联系,他们根本无法理解什么"主观罪过""正当防卫""紧急避险"之类的奇异概念。只要有死亡的结果,便必须有人为"屈死"的生命负责。这与制定法上相关概念或制度的冲突可见一斑。

此外,必须突出强调的是,赔命价还引起了相当严重的治安问题。藏民普遍认为,"杀人赔命价乃天经地义",因此达不到目的而"出兵讨伐"也是天经地义,政府不能干涉。有时,被害人家庭仗着人口众多、宗教势力强大,以杀死被告人及其亲属为要挟,强行索要赔命价。此外,被告人杀人后,不仅要赔偿命价,有的还要从原先居住的村庄迁出,不仅自己的家庭要迁出,而且有关系的家庭也要迁出,即"赶出村庄、扫地出门"。真是一人犯罪,殃及池鱼。一定不想迁出者,就必须用钱来"赎居"。以上种种行为,从严格的制定法逻辑判断,无不构成相当严重的犯罪。然而,司法机关迫于民族习惯法的压力,却只能对其视而不见。民族地区的特殊性在这里得到了突出强调,以至于制定法的让步和妥协被视为理所当然、见怪不怪。

"赔命价"所导致的"双重司法"及其他理论与实践问题,已不是单方面地妥协与让步所能化解。一味姑息纵容,只能导致事态更为恶性地蔓延与发展;但一味禁止镇压,也容易引发激烈的民族冲突,并促使这一习惯规则畸形地在地下展开。一种明智而务实的态度是,既坚持国家制定法的基本底线,又适当考虑这一习惯法的历史惯性和现实力量,将藏区的"赔命价"习惯通过地方性立法予以变通规定,在刑事附带民事诉讼这一制度空间内将其消化和部分吸收。惟其如此,才能从根本上解决这两种制度和知识之间激烈的对抗与冲突。

四、习惯法实践的类型化整理

以上,我们以实证个案为切入点,对习惯法在中国基层刑事司法操作中的真实作用予以了在场观察。不可否认,个案分析的优点在于小切口、深挖掘,通过个案的充分阐释,去放大性地显示其蕴含的分析价值和学理意义。同样不可否认的是,个案分析存在只见树木、不见森林的理论风险,不易给人以整体和宏观印象。为了弥补个案分析的这一缺陷,我们试图在以下的篇幅中,对以上个案分析予以类型化整理,同时结合其他一些书面材料,使读者对习惯法的实践面目以尽可能完整、全面的把握。

(一) 习惯法的作用领域

在刑法范围内,习惯法的作用领域主要集中在以下四个方面:(1)婚姻家庭领域;(2)精神信仰领域;(3)生产生活领域;(4)纠纷救济领域。

具体而言,在婚姻家庭领域中,习惯法的作用非常突出,它仍然相当顽固地坚守着这块传统阵地。其中,重婚、早婚、抢婚、公房制等习惯规则表现得尤为活跃。藏族、怒族、傣族等民族都不同程度地存在着一妻多夫或一夫多妻现象,这些习俗与现代刑法的重婚罪规定有着相当激烈的冲突;拉祜族、哈尼族、傣族等民族广泛延续着早婚传统,而伴随着早婚中的性行为,则极有可能触犯制定法上的奸淫幼女罪;有些民族至今仍存在着抢婚习惯,而抢婚过程中则经常附随着一定程度的暴力强制,女方也往往表现出不同形式的反抗。虽然不能排除女方内心同意、表面反抗的可能,但是也不能完全排除构成强奸罪的可能;景颇族等民族盛行"公房制""串姑娘"等习俗,性关系较为混乱。以交友为名,同时与数名异性保持性关系是司空见惯之事。这些行为显然与1979年《刑法》中的流氓罪严重抵牾。

在精神信仰领域,目前主要活跃着两种重要的习惯法制度。一种是"除魔驱鬼"的习惯。在苗族、傣族人民的心目中,一旦出现群众集体染病的情事,被害人及其家属便可以理直气壮地前去"放鬼人"家兴师问罪。轻则砸毁财物、强行关押,重则放火烧屋、行凶伤人甚至索拿人命。这些在民间看来合理正当的手段,却恰恰可能构成正式法上的严重犯罪。从非法侵入他人住宅罪、故意毁坏财物罪到非法拘禁罪、放火罪甚至故意伤害罪、故意杀人罪等,皆有成立之余地。另一种则是所谓的禁忌犯。习惯法对破坏民族禁忌的人,往往给予相当严重的惩罚。然而,此种习惯法上的"私刑",却恰恰构成制定法上的重大罪行。

在生产生活领域,"毁林开荒、刀耕火种"的原始生产方式,至今仍在为数不少的民族中沿袭。然而,此种在习惯法上被视为再自然不过的行为,却往往导致毁坏林木、滥伐森林、放火烧荒等严重后果。因此,这些行为便有可能构成滥伐林木罪、放火罪等制定法上的罪行。

在纠纷救济领域,习惯法表现得异常活跃和有力。按照正式法的逻辑,对于纠纷的化解,特别是对犯罪的处理,一般必须以公力作为救济手段。然而,在乡民的头脑中,却存在着另外一套完全不同的知识。在这里,以暴制暴成为一种天经地义的常识,自力救济也构成遭受违法行为之后的本能反应和通常救济手段。但问题是,这些习惯法上视为理所当然的正当行为,却恰恰难以被制定法所允许,甚至可能构成非常严重的犯罪。在通奸、拐卖妇女、大义灭亲、闹人命及赔命价等几类案件中,我们可以清晰地看到两种制度的冲突与交战。

(二)习惯法的作用阶段

应当承认,正式司法程序构成了研究习惯法实践的重要背景。然而,习惯法活生生的实践面目表明,其影响早已超出了正式司法机构和正式司法程序,而扩展到民间组织及民间解纷程序之中。可以说,相当一部分的刑事纠纷,早在进入正式司法程序之前,便以调解等传统解纷程序在民间化解。正是在这种调解过程中,习惯法起到了相当关键的作用。它不但构成了整个调解活动的规则框架,而且构成了双方当事人讨价还价的基本依据和重要砝码。

当然,习惯法不但在正式司法程序的前置程序——民间调解中举足轻重,而且在正式司法程序的运作中亦作用显著。可以说,从公安机关的立案侦查到检察机关的批准逮捕、审查起诉再到审判机关的刑事审判,无不贯穿着习惯法规则的重要影响。在立案侦查、批准逮捕及审查起诉等环节,习惯法因素始终构成左右司法官员判断的关键因素。他们基于对习惯法规则的考虑和实质性采纳,作出不立案、不批逮或是不起诉(免予起诉)的决定,从而回避了制定法与习惯法的正面冲突。在刑事审判环节,法官也常常以制定法上的含混概念,来包装其对习惯法因素的内在考量,继而作出从轻、减轻处罚的决定。

总之,在我们看来,无论是在正式解纷程序中还是在非正式解纷程序中,习惯法均扮演着重要角色。从一种开放的法社会学视野观察,习惯法的影响可谓是贯穿于整个刑事纠纷解决过程的始终。

(三) 习惯法的作用方式

在习惯法发挥作用的渠道和方式上,以下几点值得高度注意:

其一,刑转民调解。通过对习惯法实践的在场观察,我们获得了一个相当突出的印象,即无论是双方当事人还是正式官方组织,都非常倾向于以调解方式——这种本来意义上的民事解纷方法,来化解刑事案件。尽管现行法律将刑事案件排除在民事调解的范围之外,但对于乡民而言,民刑之间的武断划分是令人费解的。而且,以调解方式来解决纠纷也构成他们一贯的常识,同时也更为符合他们的利益诉求;对于国家正式组织而言,调解能取得极佳的社会效果,在时间、精力上亦颇多节省,未尝不是一种更为简洁有效的解纷手段。因此,无论是普通乡民还是正式官方组织,都不约而同地表达出对调解手段的强烈偏好。然而,殊不知,正是通过调解活动,习惯法得以对那些本来意义上的刑事案件施以重要影响。一方面,在整个调解过程中,习惯法规则始终作为一种基本的规则框架而存在,并支撑和指导着双方当事人的具体行动。所有当事人都在相当程度上接受和实践着这一游戏规则,并在其规则逻辑内确定权利义务、展开利益争辩。另一方面,更为重要的是,此种游戏的最终结果,将导致制定法规则被扭曲甚至被置换,整个案件明显偏离了制定法所预设的轨道和逻辑,本来意义上的刑事犯罪被转化为民事纠纷予以消解。正是在此种转化之中,习惯法的出罪机能得以完整实现。

其二,不立案侦查。一旦民间解纷程序失灵,正式司法程序便极可能被迫发动。问题是,即使案件被提交到公安机关,习惯法的压力仍然存在,公安机关仍会在可能的限度内迁就此种压力。司法人员在常年的实践操作中敏锐地意识到,如果将一种习惯法上的正当行为纳入正式程序予以立案侦查,势必会导致制定法与习惯法的正面交战。一旦如此,不但将激化两种制度的冲突和对立,导致化解这一紧张关系的成本急剧上升;而且也很难在制定法上找到台面化的正当理由,支撑其在正式司法程序中对习惯法的同情和采纳。与其如此,倒不如变被动为主动,将两种制度的可能冲突遏制在萌芽状态。于是,他们通过"不立案"的方式,将习惯法上正当但却触犯了制定法的行为,拦截在正式司法程序的入口,使其根本无由真正进入刑事审判。这样的一种技巧和策略,不但巧妙地隐藏了其对习惯法的实质考量,而且也在正式制度的边缘软化了相关知识的紧张,将两种制度可能的冲突化解于润物无声之中,避免了冲突的升级和激化。也正是通过这种方式,习惯法上的知识得以隐秘地影响和干预正式司法,并在实质上替代了制定法的逻辑。由此,制定法上确定无疑的犯罪被巧妙地予以出罪化处理。

其三,免予起诉(不起诉)。免予起诉是1979年《刑事诉讼法》中的一项制度设计,其相当多的内容已被1996年《刑事诉讼法》吸收,而成为酌定不起诉制度的重要内容。值得指出的是,由于经常性地面对刑事制定法与习惯法的双重压力,基层司法实务人员利用自己对人情事理的通达及对国家法规则的熟稔,逐渐发展出一套精巧的司法技术。亦即,通过利用"免予起诉"这一制度空间,既达致了制定法与习惯法之间的大体平衡,又巧妙回避了两种制度和知识的正面冲突。一方面,免予起诉是对行为予以实体定罪,从而在基本面上坚守了制定法的逻辑,维护了制定法的底线;另一方面,免予起诉又表达出对民间正当行为的体谅与同情,没有给予正面、有形的处罚和打击。尽管"免予起诉"在制定法上造成了罪与非罪的重大区别,但在当事人的认知中,这种区别可能根本无从体会。于是,不仅制定法的基本规则和逻辑被得以维护,而且习惯法上的正当诉求也尽可能地被含蓄考量。两种制度与知识之间的短兵相接和正面交锋被化于无形。当然,也应当看到,"免予起诉"是对严格制定法规则和严格习惯法逻辑的平衡与折中,其最终的处理结果往往是一种"模糊的法律产品"。制定法背景和习惯法传统都在这最后的法律产品中得以不同程度地浮现,任何一种知识都无法成为绝对获胜的一方。

其四,判断伪饰。在刑事审判阶段,习惯法得以隐秘、安全地进入正式司法,还有赖于另一重要渠道或方式——判断伪饰。一方面,习惯法规则在当代中国之根基依然深厚,另一方面,法官们又无法找到制定法上的正式依据,来支撑其对于习惯法的采纳和同情。于是,在常年的司法实践中,他们逐渐摸索出一套方便且实用的操作技巧,即将对习惯法规则的考量,尽量用制定法上的概念话语和范畴体系予以包装,使它们能在这个合法的规则体系中找到自己的家园。法官们经常借用的这些制定法话语,通常都是模糊而抽象的,这一方面使它们具有极大的包容力,完全能够容纳法官对习惯法规则的考量和实质性采纳;另一方面,也正是基于此种模糊性和抽象性,使法官能够获得足够的安全感,确保自己在业务上和仕途上不受不利影响。法官们凭借自己的经验和精明,逐渐发展出此种偷梁换柱的技巧,将习惯法上的判断伪装成制定法上的判断,并在这种面具化的判断下偷运自己的主张。

其五,双重司法。在制定法与习惯法的遭遇战中,习惯法有时会占据上风。这表现为,它迫使制定法做出一定的妥协,然而,制定法却无法使它做出根本性的让步。习惯法规则毫不妥协的姿态,使问题呈现出复杂局面,一方面,习惯法规则必须毫不折损地实施;另一方面,习惯法虽然迫使制定法做出让步,但毕竟也只是从轻处罚的问题,制定法并未完全放弃自己的立场。这样,便会出现针对同一案件同时存在两套不同制裁的奇怪局面。此种情形在赔命价案件中得到了最突出的反映,一边是制定法上的定罪量刑,尽管可能是从轻处罚;另一边则是习惯法上的赔偿命价,分文不少。并且,判归判,赔归赔,国家制裁与民间制裁并行不悖。正式法既不愿意放弃自己的管辖权,同时又无力将习惯法完全压制和禁绝。于是,犯罪人便不得不承受双重的制裁才能脱身。这无疑背离了"一事不再罚"原则,不但对犯罪人极度不公,对于国家权威也未尝不是一种践踏。

(四)习惯法的作用方向

习惯法在司法实践中的作用,主要体现在定罪与量刑两个方面。根据绝大部分的案例显示,在定罪上,习惯法主要是沿着出罪化的方向发挥影响。换言之,习惯法上的合理性往往成为一种正当理由,逼迫和挤压严格的制定法逻辑,使一起本来意义上的制定法犯罪被转化为非犯罪处理。当然,问题有时也会呈现出相反的面向(如案例四),即制定法也可能迫于习惯法的压力,对根本不构成犯罪的行为予以犯罪化处理。此时的习惯法,则呈现出一种入罪化的作用方向。

在量刑上,根据现有的材料显示,习惯法基本是作为一种酌情从轻、减轻处罚的事由而存在。一种制定法上的犯罪,如果在习惯法上具有足够的正当性,便极有可能成为法官谨慎考量的对象,并在实质上迫使法官作出从轻或减轻处罚的处理。

第四章
习惯法的刑法机能释放*

在当代中国的刑法理论中,习惯法的地位无疑非常尴尬。尽管一般通论性著述都会用百来字的篇幅简要讨论习惯法,但得出的结论毫无二致:刑事法治排斥习惯法。[1] 究其原因,无非是因为,罪刑法定原则已成为刑法现代化进程中最不可动摇的"宏大叙事",而这一原则从形式的侧面出发,又必然得出排斥习惯法的基本推论。[2] 于是,在这样的理论背景下,习惯法在整个刑法学理论体系中的位置便自然是等而下之了。其相比罪刑法定这样的强势知识话语而言,只能构成一种边缘化的知识形态。

然而,殊不知,正是在对习惯法予以不经意地"理论放逐"的同时,这一特殊知识传统的诸多可能贡献与价值亦被遮蔽。虽然"排斥习惯法"是一种惯常的合法性叙事,然而,仔细分析便可发现,这一叙事存在相当的问题:是一概地排斥习惯法?还是在直接法源上排斥习惯法?抑或在解释上排斥习惯法?是在入罪加刑上排斥习惯法?还是在除罪去刑上排斥习惯法?这些都没有得到澄清。实际上,上述问题的正本清源,将对习惯法理论功能的发掘极具助益。我们的理论旨趣是,关注刑法理论中的边缘问题,开辟和释放出习惯法应有的理论空间和操作可能,这样的努力在刑法学界尚未可见。

---

* 本章中间接法源部分的内容,原题为《作为间接法源的习惯法——刑法视域下习惯法立法机能之开辟》,载《现代法学》2004年第6期,略有修改。
[1] 参见马克昌:《比较刑法原理——外国刑法学总论》,武汉大学出版社2002年版,第68页。
[2] 参见马克昌:《比较刑法原理——外国刑法学总论》,武汉大学出版社2002年版,第68页;张明楷:《外国刑法纲要》(第三版),法律出版社2020年版,第19页。

一、习惯法的机能释放与罪刑法定主义框架

要想挖掘习惯法的理论机能,便必须正确处理其与罪刑法定原则的关系。可能的思路只有两条:要么,突破罪刑法定主义的理论框架,在罪刑法定主义之外寻求理论空间;要么,坚守罪刑法定主义的底线,在罪刑法定主义的框架内发掘理论潜能。

第一条路径意味着高度的理论风险。无论罪刑法定主义在其发展过程中如何修正,其作为刑法"帝王原则"的地位却始终不容挑战。一旦突破这一刑法的基本底线,非但不易被主流学者认同和采纳,且极易面临正当性的质疑与诘难。在上一章的实践考察中,我们发现,习惯法在刑事司法实践中起着非常关键的作用。它不但可能使已经在制定法上构成犯罪的行为出罪化,而且可能使不构成制定法上犯罪的行为入罪化。在后一情形中,习惯法突破了罪刑法定主义的框架,不能不说隐含着侵犯人权的重大危险。司法实践虽然在某种意义上引导我们重新思考现行理论,但这并不意味着理论建构便必须一味地迁就实践状态。至少在人权保护的意义上,罪刑法定主义仍然是值得尊重的刑法底线,习惯法作用的发挥也仍需坚守这一底线。

于是,第二条道路就成为我们的必然选择。也即,一方面坚守罪刑法定原则,另一方面则在罪刑法定主义允许的范围内开辟习惯法的作用空间。这便意味着,罪刑法定必须是具有一定包容力的理论框架,以至于能够提供这样的活动空间。那么,情况是否果真如此呢?

在我们看来,结论是肯定的。正如上一章提到的,尽管"排斥习惯法"是罪刑法定主义的基本推论,但是,仔细辨析便可发现,这一推论存在相当的问题:首先,这一判断缺乏作用方向的限定。如前所述,到底是在入罪加刑上排斥习惯法?还是在除罪去刑上排斥习惯法?其次,这一判断缺乏作用范围的限定。换言之,究竟是一概地排斥习惯法?还是在渊源上排斥习惯法?抑或在解释上排斥习惯法?这些都没有得到澄清。可以说,"排斥习惯法"这一判断看起来明确、清晰,实际上却是一种极为模糊和混乱的表述。

一种混乱的叙述方式,极有可能掩盖问题的诸多意义与价值。因

此,"排斥习惯法"这一判断势必会存在一定的修正空间,也正是在这种修正中,习惯法将获得一定的理论空间。申言之,我们认为,所谓"排斥习惯法",并不是一味排斥习惯法,而只是在入罪加刑上排斥习惯法。也即,禁止将习惯法作为刑法的直接渊源,禁止直接根据习惯法将一种行为定罪处刑。刑事法治并不整体地、笼统地排斥习惯法。事实上,习惯法在刑事立法中将起到极为重要的间接法源作用,在刑事司法上也将作为构成要件解释、违法性判断、责任判断和刑罚量定的重要参照而持续发挥影响。因此,完全有必要对"排斥习惯法"的惯常叙事予以修正,将其限定为"在直接法源上排斥习惯法""在入罪加刑上排斥习惯法"。正是在这种对传统叙事的限缩中,习惯法获得了相当广阔的活动空间。

罪刑法定原则经历了从形式到实质、从绝对到相对的转变。从绝对禁止类推到容许有利于被告人的类推,从绝对不溯及既往到允许有利于被告人的溯及既往,是这种转变的基本内容。然而,我们注意到,这种转变中唯一遗漏的对象便是习惯法。"排斥习惯法"一直构成罪刑法定原则不可动摇的推论,尽管其他推论都已不同程度地软化和松动。由此,我们不仅疑问,既然有利于被告人的类推和溯及既往可得允许,有利于被告人的习惯法适用又何尝不能允许呢？一方面,在逻辑形式上,这样的习惯法适用并没有突破罪刑法定主义的框架;另一方面,在价值取向上,这样的习惯法适用强调刑法的人道主义关怀,与罪刑法定主义的理论旨趣不谋而合。因此,罪刑法定主义的框架完全可以容纳有利于被告人的习惯法适用,即完全可以将习惯法作为一种超法规的违法阻却事由或责任阻却事由,排除行为的实质违法性或阻却责任。

"排斥习惯法"的惯常提法,在不经意间完成了对习惯法的理论放逐。在这样的边缘化过程中,习惯法这一特殊知识传统的诸多价值和功能亦被遮蔽。在下文中,我们试图在恰当处理习惯法与罪刑法定原则关系的基础上,重新挖掘习惯法在刑法领域中的重要理论机能。我们的研究将表明,习惯法在刑法上具有全局性作用,贯穿在从刑事立法到刑事司法的整个过程。在刑事立法上,其主要是作为一种间接法源而存在;在刑事司法中,它则扮演着为构成要件解释、违法与责任判断及量刑提供参照等诸多重要角色。尤其是,习惯法的引入,还将对社会相当性、社会危害性及违法性意识等理论模型产生相当大的触动和启发,并构成这些理论范畴重要的发展契机。

二、间接法源

不可否认,刑事制定法仍然构成当下最为重要的刑法渊源。然而,对这样一种事实的承认,绝不能由此产生极端主义的误会,认为刑事制定法便是唯一的刑法渊源。以往,法律一般被理解为特定国家机构制定、颁布的自上而下实施的规范,刑法则更是如此。结果,一个更为广大的领域被忽略了。事实上,制定法在任何社会中都不是唯一的和全部的法律,无论其作用如何重要,它都只能是法律秩序和渊源的一部分。在其之下及之外还有其他类型的法(如习惯法),它们不但填补了国家制定法遗留的空隙,甚至还构成了制定法的基础。刑法亦是如此。刑事制定法从来都不是自主自足之物,它必然要受到包括习惯法在内的其他知识传统和社会规则的深刻影响。在刑事制定法的订立过程中,尤其需要对习惯法的有益成分在一定程度上予以认可、消化和吸纳。

在刑事立法中,习惯法是一种非常重要的间接法源。当然,其作用也仅止于间接法源,而不是直接法源。根据我国法理学界的主流学说,直接法源又称为正式渊源或法定渊源,是指国家机关制定的各类规范性法律文件。间接法源,又称为非正式渊源或非法定渊源,是指各种习惯、判例、宗教规则、法理学说,道德原则和规范等。[1] 从这样的分类出发,习惯法并不是一种正式的、法定的规范性法律文件,而只是一种非正式的、非法定的民间规范资源。我们不可能在刑事司法实践/务中直接将习惯法作为一种定罪量刑的明文依据,而只能在刑事立法的过程中,始终将习惯法作为一种不可忽视的民间智慧与经验共识,加以合理而谨慎地吸收与采纳。

---

[1] 参见沈宗灵主编:《法理学》,北京大学出版社2001年版,第302—303页。

(一) 习惯法进入刑事立法的必要性

第二章的研究已充分地表明,在当代中国的刑事制定法上,习惯法完全没有地位。习惯法绝少进入立法者和刑法学家的视野,因而在制定法上基本无从体现和考虑。然而,从一种更为宏观的历史性视野出发,我们发现,习惯法在立法(包括刑事立法)中的地位和功能,早已被许多先觉之士予以精到阐发。普赫塔(Puchta)曾强调:法分为三个阶段,即习惯法、立法和法典。习惯法是民族精神的直接产物,立法、法典是在其基础上发展起来的,习惯法高于立法,立法高于法典,立法只有在它体现着普遍作用的民族习惯和惯例时才是有用的;[1]萨维尼(Savigny)也极富教益地指出,法律绝不是那种应当由立法者以专断刻意的方式制定的东西,法律应该是"那些内在地、默默地起作用的力量"的产物。它深深植根于一个民族的历史当中,其真正的源泉乃是普遍的信念、习惯和"民族的共同意识"。[2] 在习惯与立法的关系上,卡特(Carter)的意见更为极端。在他看来,习惯和惯例提供了调整人们行为的规则,而司法先例只不过是"被赋予了权威性的惯例"罢了。法院并不制定法律,而只是从一些既存的事实——即得到社会承认的惯例——中发现和探寻法律。卡特认为,所有的法律都是习惯,但所有的习惯未必都是法律。[3] 显然,卡特的观点尽管深刻,但过于极端。他把法律视为对社会习惯的承认,把立法简化为对惯例的探寻。但事实上,法律的构成是复杂的,其既有自生自发的内容,也有建构性的成分。在这一点上,伯尔曼(Berman)的意见显然更为公允:法律既是从整个社会的结构和习惯自下而上发展起来,又是从社会统治者们的政策和价值中自上而下移动。[4]

可见,作为一种古老的知识传统,习惯法在法律的形成中起着举

---

[1] 参见王学辉:《从禁忌习惯到法起源运动》,法律出版社1998年版,第5页。

[2] [美]E. 博登海默:《法理学——法律哲学与法律方法》,邓正来译,中国政法大学出版社1998年版,第88页。

[3] 参见[美]E. 博登海默:《法理学——法律哲学与法律方法》,邓正来译,中国政法大学出版社1998年版,第93~94页。

[4] 参见[美]哈罗德·J. 伯尔曼:《法律与革命——西方法律传统的形成》,贺卫方等译,中国大百科全书出版社1993年版,第665页。

足轻重的作用。尽管上面的论述并不是完全针对刑事立法,但其在思维上的启发价值不可小视。进一步地,以下两点论辩将有力强化此种正当性与必要性:

其一,从话语机制的相互对抗和制衡出发,应当在刑事立法中适当引入习惯法资源。在刑事立法的场域中,存在着非常严重的"精英话语"霸权。法律职业团体利用自己知识上的优势地位,总是试图扩张自己的话语权力并极力排斥"他者"的知识。在一种不断复杂化、技术化和职业化的立法趋势中,刑事法律势必与大众生活、常识常理渐行渐远。为了应对这种精英话语的霸权压迫,必须在刑事法律的制定中全面释放"大众语话"机制,将群众的体验、民众的视点和大众的利益诉求最大程度地呈现在刑事立法之中。唯此,方能有效抵御精英话语的霸权扩张,达到一种精英话语与大众话语之间的有效平衡。

其二,从法律效果的相互补充和支撑考量,也势必在刑事立法中适当吸纳习惯法资源。刑事制定法讲究形式理性,力求以专业、精细的职业化语言和技巧,构建出一个结构严谨、逻辑周延、层次清晰的完美法典,以实现稳定性、明确性和可预测性等刑事法治的基本理念。可以说,刑事制定法最能充分地展现法律教义学上的有效性。然而,如果一种法律仅仅具有单一维度的有效性,其法律效果必将大打折扣。应当说,社会学意义上的有效性也是法律效力中极为重要的一环,它将在相当程度上决定着刑事法律的实际社会效果。诚如霍姆斯所言,任何时代的法律,只要其运作,其实际内容就几乎完全取决于是否符合当时人们理解的便利;但是其形式和布局,以及它在多大程度上能获得所欲求的结果,则在很大程度上取决于其传统。[1] 的确,法律的最终目的是服务社会治理,何种法律能及时有效地回应民众需求,何种法律才会被人们以自己的实际行动加以接受。也正是在这种意义上,刑事法律应切实关注自己的制度功能与实际效果,而不是所谓的"出身"或是"名分"。也因此,为了增强刑事立法社会学意

---

[1] 参见〔美〕奥利弗·温德尔·霍姆斯:《普通法》,明辉译,北京大学出版社 2023 年版,第 2 页。

义上的实效，达致与法律教义学有效性的相互补充，就应当在刑事立法中妥善吸收和借鉴习惯法资源。

(二) 习惯法进入刑事立法的可行性

在我们看来，习惯法要真正被吸纳入刑事立法之中，取决于一系列的现实制约条件。其中最为重要的，莫过于习惯法必须进入立法者的视野。我们不能总是寄望于司法的调适功能，而是必须在立法中对习惯法加以规制和整合。而要实现这一目标，关键是要使习惯法引起立法者的尊重和关注，要使习惯法真正进入立法者的考量范围。

毋庸讳言，刑事制定法与习惯法这两种知识传统，在当下存在着巨大的文化隔阂，缺乏一种内在的、有机的文化联系。其表现于知识传统，是缺乏一种关于刑事习惯法的说明性学理，从而缺乏一种沟通制定法传统与习惯法传统的公共知识话语；其表现于知识阶层，则是缺少一个专门从事于这种探究和说明工作的群体，缺乏一个刑事习惯法的职业研究团队。这两个方面之间，又存在着深刻关联。正是由于缺乏一个专门研究刑事习惯法的职业群体，因而无法形成一种有关刑事习惯法的系统性学理。而正是基于习惯法学理的缺位，因而难以在习惯法与制定法之间建立起知识联系，理论壁垒难以被打破，习惯法便难以真正进入立法者的视野和考量范围。

值得指出的是，公共知识的缺位不但造成了习惯法难以进入刑事立法，而且也造成了刑事司法的极度困难。刑事习惯法没有全面、系统的记录、整理和阐述，也缺乏一个职业法学家阶层。于是，在整个社会中便无法形成一种强大有力的外在约束，促使法官在刑事司法中真正尊重和妥善考虑习惯法。法官尽管在具体案例中可能实质性地采纳了习惯法规则，或向习惯法规则作出妥协，但是，整体而言，他们仍然采取了一种消极的、轻视的态度，并不以"习惯法"为"法"。可以说，无论是一般社会群体还是职业法律阶层，没有人真正关心和竭力保证将这样一种知识传统贯彻到刑事诉讼活动之中。公共知识和话语的缺位，一方面令习惯法无法被系统化地激活，从而无法形成一种有力的外在约束；另一方面则使它不可能为法官处理刑事案件提供全面、有效的指导。

制约习惯法进入刑事立法的另一重要因素在于，无论是官方还是学界，都尚未展开系统整理、编撰刑事习惯法文献的工作，材料上的缺乏极大地阻碍了立法者对这一资源的妥善利用。在这一方面，民事领域对习惯法资料的系统整理为我们提供了最可注意的参照。20世纪前期，两次席卷全国的民商事习惯调查，意义至深且巨。其价值正如当时的大理院正卿张仁黼所言："凡民法商法修订之始，皆广为调查各省民情风俗所习为故常，而与法律不相违悖，且为法律所许者，即前条所谓不成文法，用以根据，加以制裁，而后能便民。此则编纂法典之要义也。"[1]这一奏折十分明确地将民间习惯视为不成文法，并将民商事习惯调查视为编撰民商法典之首要环节。从现有史料分析，20世纪前期全国性范围的民商事习惯调查实有两次，一次是清末的民商事习惯调查，始于光绪三十三年（1907年）。清末习惯调查虽然规模巨大，但在历行约4年之后却因清廷被废而中止。民国时期重开第二次民商事习惯调查，其发轫乃在1917年冬。

关于清末民商事习惯调查的具体运作情况，因有据可查的史料极少，故难得其详。但从现存资料可看出，当时之调查组织严密、规模巨大且收获颇丰。从组织机构看，其在中央由修订法律馆总其事，在各省则成立"调查局"，在各府县设调查法制科；从运作方式看，主要有两种形式。其一，由朝廷根据需要，委派修订法律馆专职人员分赴各地调查，随时报告；其二，更主要的方式，是"由修订法律馆拟定调查问题，颁发各省调查局及各县，然后各省县调查人员依据拟定的问题搜集各地习惯，将答复清册报送修订法律馆。从调查规则和文件格式上看，当时至少部分省的调查局制定了相当详细的调查规则和文件格式，对调查的人员、方法、时限、用纸、文件及调查的问题等均详加规定"[2]。

民国时期的习惯调查，其运作更是相当规范。在组织机构方

---

[1] 故宫博物院明清档案部编：《清末筹备立宪档案史料》（下册），中华书局1979年版，第836页。
[2] 李贵连编著：《沈家本年谱长编》，山东人民出版社2010年版，第260—298页。

面,中央由司法部总负责,其附设之法律修订馆专门负责调查一事。各省区则在高等审判厅内设"民商事习惯调查会"为专门机构;在运作规程方面,各省区调查会几乎都制定了专门的"会章""调查规则"和"编纂规则",对有关习惯调查的各种事项均详加规定。[1]

有学者指出,无论是在清末还是民国时期,进行民商事习惯调查的目的主要有二:一是为立法做准备,二是供司法执法参考,其中尤以前者最为突出。客观地评价,20世纪上半叶的中国法制建设,尤其是立法,对于本国习惯法的重视,的确远非下半叶可比。尽管如此,当人们反思清末立法之得失时,依然认为其重大失误和教训之一,还是对于本国的习惯或惯例未能给予足够的重视。[2]

先贤们的高瞻远瞩,理应唤醒世人对本国习惯法资源的关注。然而,在刑事领域中,我们还远未看到立法对于习惯法的应有考虑和尊重,这不能不引起警醒。尽管刑事立法与民商事立法有着诸多差异,但对于民间智慧与生活共识的有效吸收和谨慎认同,却是任何立法活动的基本共识。一百年前席卷全国的民商事习惯调查对于民间规则、传统资源的认真整理和谨慎尊重的态度,应值得仔细反思与借鉴。其中,两次调查运动的机构设置、运作方式及调查规则等方面的具体经验,也值得我们认真学习和吸纳。

综上所述,习惯法要进入刑事制定法的生成和创制过程,关键是要进入立法者的视野。而这又进一步取决于以下两个现实条件:其一,要冲破刑事制定法与习惯法之间深刻而持久的文化阻隔,必须形成一种有利于两者沟通的公共知识。当下的关键在于,在人员层面,应形成一个专门从事刑事习惯法研究和探讨的学术群体;在知识层面,则应努力构建一整套关于刑事习惯法的说明性学理。其二,要促进刑事制定法与习惯法之间的良性沟通,还有赖于材料上的足够准备。因此,全面、系统、深入地展开对刑事习惯法的调查、整理和编纂

---

[1] 参见胡旭晟:《20世纪前期中国之民商事习惯调查及其意义》,载《湘潭大学学报(哲学社会科学版)》1999年第2期,第5页。

[2] 参见胡旭晟:《20世纪前期中国之民商事习惯调查及其意义》,载《湘潭大学学报(哲学社会科学版)》1999年第2期,第7页。

工作，便显得异常迫切和紧要。以上两个重要条件，现实地制约着习惯法进入刑事立法的可能性及其进程。

应该看到，制定法从来都不是自给自足之物，它必然要受到包括习惯法在内的其他知识传统的深刻影响。刑事制定法能否发挥实效，取决于其行为规则在社会中能否得到一定程度的合作与支持。与一个社会的正当观念和实际要求相抵触的制定法，很可能因为社会成员的消极抵制或是监督、约束方面的困难而丧失其效力。因而，刑事制定法应当考虑和尊重习惯法的内在要求。就此而言，伯尔曼的箴言直到今天也仍有教益："法律不失为一个规则体，也是一个过程和一种事业。在这种过程与事业中，规则只有在制度、程序、价值和思想方式的具体关系中才具有意义。从这种广阔的前景出发，法律渊源不仅包括立法者的意志，而且还包括公众的理性与良心，以及他们的习俗与惯例。"[1]

三、构成要件解释的参照

达致刑法与民众需求兼容的最好方式，是在刑事立法中认可和吸纳习惯法的有益资源。这是一种防止法律与生活脱节的根本办法。然而，我们无法保证，立法者一定会妥善遵从民意和吸纳习惯。并且，法律具有稳定性，其一旦制定完成又不可能在短时期内再行更改。因此，作为一种救济，通过对刑法不断重述并赋予它传统的、习惯的内容，以保持其与道德和民俗的同步发展，便不失为一种恰当的补充机制。而这，正是法律解释的力量。

博登海默（Bodenheimer）指出："由国家确立的法制度，必然是不完整的、支离破碎的，且到处是模糊不清的含义……如果没有非正式渊源的理论，那么在固定的实在法令的范围以外，除了法官个人的独断专行，就什么也不存在了。"[2]确实，成文法包括刑法，必然具有不

---

[1] ［美］哈罗德·J. 伯尔曼：《法律与革命——西方法律传统的形成》，贺卫方等译，中国大百科全书出版社1993年版，第481页。
[2] ［美］E. 博登海默：《法理学——法律哲学与法律方法》，邓正来译，中国政法大学出版社1998年版，第445页。

可避免的局限性,因而需要法律解释。成文法是以文字来规定构成要件的,但文字却不可避免地具有多义性、流变性及边缘意义的模糊性等特征,这些都导致在司法过程中必须对构成要件加以解释,以确定其规范目的与真实意旨。习惯法即是进行构成要件解释时的重要参照之一。

(一)习惯法与解释立场

以往,在刑事法律的解释过程中,精英话语占据着主导地位。在展开解释时,法官们总是首先思考法律的文字规定,进而探求法律规定的目的与精神。其内在出发点在于,确信法律本身便具有极为重要的追寻意义,刑事法律的解释应该严格遵循法律的内在价值。当然,这样一种解释立场也并不是完全忽略法律的外在价值,只是尤为强调其内在价值。特别是,当解释中出现法律的规定与外在的社会价值对立冲突时,便会坚决地维护法律的内在价值。由此可见,这样一种精英化的解释具有一种对法律观念的保守心态,倾向于维护现行制定法的价值设定与内在逻辑。

然而,诚如卡多佐(Cardozo)所言,有时"我们已不再必须从理性推理出来的文本或体系之中,而是从社会效用中,从某些后果会追随某些假定而来的必然性中寻找法律的渊源"。[1]确实,实体法本身并不存在不言自明的正当性,它必须时时刻刻接受生活和经验的挑战,接受民众的检阅。社会需要、民众欲求是法律的出发点和落脚点,所谓法律,只不过是社会需要、民众欲求的集中表述而已。因此,在刑法解释的过程中,不是必须固守所谓的法律逻辑和推理,盲目机械地维护所谓法律的内在价值。相反,有时需强调对制定法更为宽松、开放的理解,尽量复归到"情理""习惯"等更为本源的外在价值。这便是在刑法解释中开掘和释放一种大众话语,并谋求法律适用真正的价值回归。这些价值是实体法规定的根基所在,也是实定法所竭力实现的目标。当然,对这些外在价值的探寻,仍然需要以实体法为根据和界限展开,不能无视实定法的文义边界并随意突破。

---

[1] [美]本杰明·卡多佐:《司法过程的性质》,苏力译,商务印书馆1998年版,第75—76页。

实际上,不仅在大众化解释的立场上应重视习惯法的渊源价值,在实质解释的立场上,也有着同样的要求。"当年,语词的精确是至高无上的法宝,每一次失足都可能丧命。而如今,法律已经走过了它形式主义的初级阶段。"[1]同样,实质的解释论已经成为刑法学界的有力学说。在这一解释立场看来,构成要件的解释绝不能仅仅从条文的文字规定出发予以形式解释,而必须以实质性的观点予以解释,即只能将值得处罚的法益侵害行为解释为符合构成要件的行为。这一学说在日本得到前田雅英等著名学者的支持,在中国则为张明楷等教授所主张。[2]应当说,实质的构成要件解释论突破了传统的所谓构成要件仅仅是中性、无色的行为类型的观点,在构成要件的解释上注入了规范的、价值判断的内容。正是在这一点上,习惯法作为一种民间价值的共识和载体,成为在构成要件解释时应加以考虑的重要参照。

(二)习惯法与解释方法

习惯法不但与刑法解释的立场间具有内在勾连,而且与刑法解释的具体方法存在紧密联系。一般认为,法律解释方法包括了文义解释和论理解释。后者又包括历史解释、体系性解释、目的性解释、社会学解释和比较法解释五种。[3] 其中,文义解释、历史解释及社会学解释与习惯法关联密切。

进行文义解释时,应根据语言习惯上通常被了解的含义来进行。在刑法规范的表述中,存在大量的生活用语,也存在不少专业的法律术语。首先存在这样的假定,即当立法者想表达些什么时,通常会以一般能够理解的方式来运用词语。之所以如此,是因为他面向国民立法,希望国民可以了解法律。如果法律解释符合一般语言习惯,就可保证法律含义不超过一般国民的理性预期范围,从而能实现明确性、可预测性等形式理性的基本价值。另一方面,立法者还会在刑法规范

---

[1] 〔美〕本杰明·卡多佐:《司法过程的性质》,苏力译,商务印书馆1998年版,第61页。
[2] 参见张明楷:《刑法的基本立场》(修订版),商务印书馆2019年版,第134页以下。
[3] 参见〔德〕卡尔·拉伦茨:《法学方法论(全本·第六版)》,黄家镇译,商务印书馆2020年版,第403—437页;梁慧星:《民法解释学》,中国政法大学出版社1995年版,第213页以下。

中运用一些专业的法律术语。借助这些法律术语,立法者可以完成相对精确的法律表述,亦可免去很多烦琐的说明。值得指出的是,法律术语虽然是一般语言的特例,但却绝不是与后者完全脱离的语言符号。毋宁说,这些术语也是以一般语言为基础的。刑法与生活联系紧密,刑事法律秩序只是生活秩序中的一部分,这样的一种内在勾连,决定了刑事法律的用语不可能像符号语言那样,完全脱离和独立于一般语言的用法之外。在这里,符合一般语言习惯仍然是一种必需。可见,在文义解释中,解释者应当谨慎尊重语词的习惯性含义和文言表述的习惯性规则。

历史解释是通过对法律规范制定时的历史背景材料的研究,或者通过将某一法律规范与历史上同类法律规范进行比较,以便理解和阐明法律规范的含义。这种解释便于更准确、更深刻地把握立法者所制定的法律规范的精神实质,同时也能够更好地理解法律的情势、文化内涵及价值取向的发展变迁。[1] 在对某一规范或法律术语作历史探究时,习惯法无疑将起到重要的参照作用。这是因为,当围绕某一规范,在历史上形成了某种相对一致的习俗或惯例时,这种习惯法上固定的制度内涵,便对人们今天确定这一规范的意蕴,起着极为关键的限定作用。对于这一制度或规范的当下解释不能太过超越和脱离于这一相对稳定的历史习惯。退而言之,即使围绕某一规范在历史上没有形成相对稳定的习惯性理解,但是,透过此种规范的沿革与流变,仍可能从中透视其制度性内涵的发展与变迁轨迹,从而为当下意义的确定提供参照与借鉴。惟其如此,萨维尼总是愿意将法律理解为一个沉寂的生长过程,理解为一个民族的历史及其生活习惯的结果。卡多佐同样强调,法律确实是历史的衍生物,因为它是习惯性道德的表现。法官在塑造法律规则时必须注意他所处时代的习俗。[2]

社会学解释着重于对社会效果的预测和社会利益的衡量,并以之为据进行法律解释。社会学解释不仅有利于深刻理解法律的社会任

---

[1] 参见孙国华、朱景文主编:《法理学》,中国人民大学出版社 2001 年版,第 343 页。
[2] 参见[美]本杰明·卡多佐:《司法过程的性质》,苏力译,商务印书馆 1998 年版,第 64 页。

务,更好地发挥其社会功能,而且可以适应社会的发展变化,在法的实施中作出符合社会要求的政策性调整。[1] 社会学解释方法的运用,一般以文义解释为基础。也即,当人们进行构成要件解释时,首先应在可能的文义范围内进行理解,在文义解释有复数解释结果存在之可能时,才能进行社会学解释。应该说,文义解释中出现的复数结果,只要其不超出法条文义,就都是合法解释。但是,究竟以何种解释为妥,除依靠习惯性用语规则加以确定外,还须考量社会效果和社会功能。也即,哪一种解释结果能取得更好的社会效益,更好地发挥法律的社会功能,它便应该获得优先考虑。作为乡民在日常活动中日积月累而达致的生活共识,习惯法尊重日常感受,贴近实际生活,符合普通民众的利益取向和生活常识,因而在社会效益上有上乘表现。正是在这个意义上,如欲确定一种符合社会学解释的方案,便需仔细考量习惯规则,并选择一种更为贴近习惯规则的解释方案。

(三)习惯法与特定构成要件的解释

构成要件可分为开放性构成要件与封闭性构成要件,又可分为规范性构成要件和描述性构成要件。其中,开放性构成要件与规范性构成要件的解释与习惯法关系密切。

1. 习惯法与开放性构成要件的解释

开放性构成要件是相对于封闭性构成要件而言的,这一重要分类由德国刑法大师韦尔策尔(Welzel)首倡。封闭性构成要件,是指刑罚法规在构成要件的规定上已经将犯罪的所有要素完全地表示出来。开放性构成要件,也称为需要补充的构成要件,是指刑罚法规只论述了犯罪要素的一部分,其他部分需要法官在适用时进行补充。[2]

开放性构成要件的基础,是建立在刑法规范不一定具有完整性这一根本理念之上的。当构成要件在禁止内容的描述上存在遗漏时,便需要法官在司法适用时予以解释性的补充。这种补充并不是毫无根据的创造性司法,而是有着相当严格的限定和参照。习惯法便在其中

---

[1] 参见孙国华、朱景文主编:《法理学》,中国人民大学出版社2001年版,第343页。
[2] 参见张明楷:《外国刑法纲要》(第三版),法律出版社2020年版,第66页。

起着极为重要的作用。

不真正不作为犯是最为典型的开放性构成要件。通常,刑法对真正不作为犯有明确的规定,所以对真正不作为犯的认定一般没有疑问。与真正不作为犯相比,不真正不作为犯的根本难题在于,刑法规范根本没有规定行为人的作为义务及其具体内容。正是在此种作为义务根据的补充与解释上,习惯法扮演着重要的角色。

在早期的学说史上,形式的作为义务论占据了主流地位。日本刑法学者一般将作为义务的来源分为:(1)法令情形;(2)法律行为(契约、事务管理);(3)从公共秩序、良好习俗出发的作为义务。其中第三种情形又细分为:习惯上的义务、管理者的防止义务、紧急救助义务、基于先行行为的防止义务等。[1] 我国台湾地区学者则将作为义务的来源分为:(1)以法律或法令明文规定者;(2)基于契约或其他之法律行为者;(3)法令或契约虽无该作为义务之根据,但依习惯、条理以及公序良俗之观念,或依交易上之诚实信用原则而应发生一定之作为义务者。其中第三种情形又具体包括:诚实信用上之义务、习惯上之保护义务、基于先行行为之防止义务、管理或监护者之防止义务、紧急救助之义务等。[2] 而在德国刑法学上,早期学说将作为义务局限于形式上的法律义务,后来则发展为具体法规、习惯法、契约等三大重要来源。19世纪以来,德国判例更是将基于先行行为的防止义务,视为习惯法的一部分,而将之解释为当然属于作为义务的内容。

尽管德、日学者在作为义务的来源上还存在诸多分歧,但都认为,习惯是除法律规定和法律行为(主要指契约)外的重要来源。如果进一步深入,对各种作为义务的发生根据作一种相互关系上的探微,便不难发现,三种作为义务的来源实际上有着极为紧密的关联。可以说,作为义务的根本旨趣在于对社会利益的必要注意和保护,这种注意和保护又根植于一种社会共同体的内在需要。在长期的共同生活中,社会共同体逐渐形成了一种相互信赖,即将对社会利益的保

---

[1] 参见〔日〕木村龟二主编:《刑法学词典》,顾肖荣等译,上海翻译出版公司1991年版,第143—144页。
[2] 参见洪福增:《刑法理论之基础》,刑事法杂志社1977年版,第168页以下。

护托付给处在具体情境之中并具有相应能力的共同体成员。此种托付与信赖,在长期反复的实践中,逐渐演变为一种习惯法上的义务,即在某一情境下,当特定利益的保护排他性地依赖于某一成员时,这一成员必须积极行动,以保障特定利益不受损害,否则他便违背和辜负了社会共同体的信赖。立法正是将习惯法上的此种信赖关系加以抽象和定型化,并规定在正式法律之中。但问题是,立法不可能将此种信赖关系予以完整、穷尽地列举,只能将其中的一部分留待当事人之间相互约定(契约),剩余的部分则交由社会生活上的习惯规则予以具体处理。这便是将公序良俗原则作为堵截性的、一般化的作为义务根据和来源。在1938年的一份判决中,日本大审院便相当明确地指出了习惯规则在确定作为义务来源时的重要意义:凡作为不作为犯成立条件的违反义务,不只限于违反各法规上明确规定的义务。按照公共秩序、善良风俗,未采取社会一般的共同观点上理应采取的一定措施,也可认定为如上所说的违反义务。[1]

过失犯亦是重要的开放性构成要件之典型。正如陈朴生所言:"近代刑法学上过失犯之理论,大致作为违反一定之注意义务,并以注意义务之概念,为过失犯之中心要素。"[2]然而,注意义务之内容相当复杂,实践中如何判断行为人是否具备注意义务也相当困难。学界普遍认为,注意义务的内容应该由法官就各个具体情形加以补充,因而构成一种开放性的构成要件类型。

注意义务的来源或根据究竟为何,理论上存在争论。目前,基本形成了二分法、三分法、四分法、五分法等几种意见。二分法将注意义务概括为两类:(1)依据法律、法令的规定所明示的义务;(2)依据习惯或条理所产生的注意义务。相当多的日本学者持此意见。[3] 三分法为我国部分学者所主张,其将注意义务的来源概括为三类:(1)由法律(包括法令、法规、制度、命令、合同等)规定的注意义务;(2)常识和

---

[1] 参见〔日〕日高义博:《不作为犯的理论》,王树平译,中国人民公安大学出版社1992年版,第47页。
[2] 陈朴生:《刑法专题研究》(第四版),三民书局1988年版,第306页。
[3] 参见周光权:《注意义务研究》,中国政法大学出版社1998年版,第50页。

习惯所要求的注意义务;(3)基于先行行为所产生的注意义务。[1] 部分台湾学者将注意义务的来源概括为四类:(1)依据法律(包括法令、规则)或契约产生的注意义务;(2)依据习惯或条理产生的注意义务;(3)基于先行行为的注意义务;(4)其他日常生活上基于尊重他人法益而产生的注意义务。[2] 我国还有学者提出了五分法,认为注意义务的根据有五类:(1)刑法强行要求主体承担的法律义务;(2)其他行政或业务管理法规规定的义务;(3)职务或业务上所要求的义务;(4)接受委托或契约的义务;(5)普通常识和习惯要求的义务。[3]

以上诸种见解其实并无实质差异,而多属排列组合上的不同。如果从根底里观察,注意义务的渊源具有极大的统一性,它们都源于社会生活的秩序要求。无论是法律法规明确规定的注意义务还是其他习惯、条理上蕴含的注意义务,都是为实现社会生活秩序的一般要求,它们之间绝不是彼此对立而毋宁是相互统一的。只是,法律将注意义务中相对明确、容易查明和易于接受的义务类型加以定型化处理,以使社会生活中的常见危险能在法律上得到规制。另一方面,正如西原春夫正确指出的,对导致犯罪发生的过失态度在法律上予以完全的类型化又是不可能的。因此,是否具有注意义务以及注意义务的范围,最终还得根据一般的道德习惯等社会规范来加以认定。[4] 习惯和条理都在社会生活中自然形成,它们在某种意义上构成了社会共同体的基本生活准则。此种共同生活的准则,乃是共同体成员能普遍认识,并能够妥善遵守的一般规则。同时,遵循这些共同生活的准则,又是维持成员间相互信赖及保障共同体生活秩序的一种必需。在法律上没有被明确规定的注意义务,在习惯和条理上通常都能找到其相应的根据和渊源。正是在此意义上,习惯和条理是注意义务的一般

---

[1] 参见姜伟:《犯罪故意与犯罪过失》,群众出版社1992年版,第289页。
[2] 参见洪福增:《刑法理论之基础》,刑事法杂志社1977年版,第275—292页。
[3] 参见李靖选:《过失犯罪若干问题浅论》,载甘雨沛主编:《刑法学专论》,北京大学出版社1989年版,第93—95页。
[4] 参见[日]西原春夫:《过失认定的标准》,载[日]西原春夫主编:《日本刑事法的形成与特色》,李海东等译,法律出版社、成文堂1997年版,第257页。

渊源,是除却法律明文规定之外的其他注意义务的堵截性来源。

因此,习惯与条理在注意义务的补充解释上可谓意义重大。它在法律明定的注意义务之外设置了一道屏障,使可能危害社会共同生活秩序的其他不谨慎行为,在惩罚上有据可依。然而,值得指出的是,习惯规则和条理所要求的注意义务,乃是社会生活的基本观念或常识所要求的"相当之注意",其与法律明文规定之注意义务相比,内容极不明确,外延也相对宽泛,需要结合案件的具体情况作出符合社会情理的具体判断。正是在此意义上,日本学者大塚仁主张:"以习惯和条理为根据论定注意义务,就是要考虑在具体社会中遇到具体事态的人进行什么样的行为才是必要的、相当的,必须从这种观点,进行合理的判断……对法律没有特别了解的人,也自然应该懂得按照社会常识,在实施具体行为的时候,自己该作出怎样的注意。所以,以习惯和条理为根据的注意义务,能够与依照社会常识所认识的注意义务相一致。在德意志正在被使用的'社会生活上必要的注意'(in Verkehr erforderliche Sorgfalt)的观念明显地表明了这种关系。"[1]

总之,在不真正不作为犯的作为义务和过失犯的注意义务上,尽管立法者可在一定限度内将典型的义务来源予以明确类型化,但其理性总是有限的,超出其技术和能力限度的那一部分,便只能由法官根据习惯规则和社会通念予以补充解释。由此,习惯规则不但为法官的解释提供了社会准则上的支撑和参照,而且为刑事法网设置了一道法律规定以外的屏障,使其他可能危及共同生活秩序的不谨慎行为在惩罚上有据可循。

2. 习惯法与规范性构成要件的解释

事实上,习惯法不但在开放性构成要件的补充和解释上作用显著,而且在规范性构成要件的解释上亦具有非常突出的影响。规范的构成要件要素是相对于描述的或记述的构成要件要素而言的。对于构成要件要素是否存在的判断,只需要法官的认识活动即可的,是记

---

[1] 〔日〕大塚仁:《犯罪论的基本问题》,冯军译,中国政法大学出版社1993年版,第234页。

述的构成要件要素;如果还需要法官进行规范评价的,则是规范的构成要件要素。[1] 以往,贝林(Beling)将构成要件的内容仅限于客观的、记述的构成要件要素。麦耶(Mayer)则率先发现了规范性构成要件要素,并在实质上动摇了构成要件价值无涉论的基础。在他看来,通常的构成要件都是经由人的感官可以感知的,但有些要件,诸如"他人的财物""危险性""一个姑娘的品行"等等,则不具有直观的可感知性,需要经过法官的评价才能认识。麦耶把这类需要经过法官评价才能判断的要素归之于规范性构成要件要素。麦兹格(Mezger)提出了比麦耶所预想的更广泛的规范性构成要件要素。根据这些要素判决的尺度是源于法律规则、文化观点还是主观性的法官判断,麦兹格将规范性构成要件要素概括为法律的、文化的、主观裁决的三大类别。沃尔夫(Wolff)则更是将规范性构成要件要素的观念推向了极致。在他看来,纯粹的描述性概念是不存在的,即使如"事物""人"这类看起来似乎是很纯粹的描述性概念,也不能不经由法官的审查来加以确定。因此,可以说所有的构成要件都是规范性的。这样,贝林以来的纯描述性的构成要件观念便被彻底颠覆。

  沃尔夫的观点也许过于极端了,但无论如何,我们难以否认规范性构成要件要素的存在。这种要素已经脱离了纯粹感官认识的领域,而必须经由法官的评价才能正确判断。但问题是,法官的审查与评价绝非无的放矢,而必须有所参照和依凭。事实上,作为一种文化观念和生活共识的重要载体,习惯法规则在法官的这种评价与解释中发挥着重要的参考价值。麦兹格也正是看到了这一点,才将规范性构成要件要素概括为法律的、文化的和主观裁决的三大类别,并特别突出了文化价值观念在其中的参照意义。比如,在对"猥亵"的理解上,就必须参照当时当地的社会风俗与习惯规则而加以确定。猥亵是一种对社会健全的性风俗习惯的侵犯,因此损害了普通人正常的性羞耻心,并违背了公允的性道德观念。然而,何为猥亵,不同时期、不同地域、不同民族可能会有相当悬殊的理解。公然接吻的行为在现代西

---

[1] 参见张明楷:《外国刑法纲要》(第三版),法律出版社2020年版,第69页。

方国家和我国汉族地区一般都不被认为是猥亵行为,然而在有些少数民族地区,如藏族地区,便是一种伤害风化的猥亵行为。女性露出乳房、裸体表演(脱衣舞)等行为,在不同国家、不同文化群落也会存在相当不同的理解,其是否构成猥亵,则具体地依赖于当时当地的性文化习俗与习惯规则。再比如,在传播淫秽物品罪的理解上,何谓"淫秽",在不同民族、不同地域也可能存在迥异解释,应当参照各自的性文化习惯而加以确定。又比如,《德国刑法典》第226条a款规定,被害人同意之伤害不处罚,但以不违背善良风俗为限。显然,这里的"善良风俗"含义极不确定,是一个需要由法官予以审查和评价的规范性构成要件要素。何谓"不违背善良风俗",取决于对当地风俗习惯的具体理解和把握。还比如,在对《德国刑法典》第292条规定的"可猎捕动物"的理解上,习惯法规则也起到了相当重要的作用。在1934年《帝国狩猎法》第2条实施以前,对"可猎捕动物"的判断一方面受到执法的影响,另一方面则深受习惯法规则的限制。[1] 与此类似,根据日本大审院昭和4年6月3日的刑事判决,在对《日本刑法典》第123条"妨害水利罪"的理解上,尤其是对其"水利权"的理解上,应该紧密参照习惯法规则来确定。[2]

四、违法性判断的参照

(一)收缩的实质违法性与习惯法

传统观点认为,习惯法是由民众发展起来的法,比形式上的制定法更符合国民意志,因而可以根据它来定罪处罚。在英美国家,即使在制定法上没有被规定为犯罪的行为,法院也可根据不成文的普通法来认定犯罪并施加刑罚。[3] 然而,正如前述,在罪刑法定主义的"法律主义"要求之下,形式正义被突出强调。单纯根据习惯法对行为进行定罪处罚,无疑违背了形式正义的要求,并隐含着侵犯人权的危

---

[1] 参见〔德〕汉斯·海因里希·耶赛克、〔德〕托马斯·魏根特:《德国刑法教科书(上)》,徐久生译,中国法制出版社2017年版,第184页。
[2] 参见〔日〕野村稔:《刑法总论》,全理其、何力译,法律出版社2001年版,第55页。
[3] 参见张明楷:《外国刑法纲要》(第三版),法律出版社2020年版,第19页。

险，因而被绝对禁止。近年来，英美国家在习惯法问题的态度上亦发生了令人瞩目的转向。美国的《模范刑法典》便明确规定，依普通法认定犯罪侵害了国民的权利，应当禁止。由此可以发现，在形式理性框架之内，习惯法的刑法机能不可能定位于扩张的、积极的侧面，而只能局限于收缩的、消极的侧面。另一方面，面对19世纪后期以实证主义为基础的主观主义刑法理论的挑战，罪刑法定原则作出了相当大的自我修正。从绝对到相对是这种转变的基本路向。然而，我们注意到，此种转变唯一遗漏的对象便是习惯法，习惯法仍然是被绝对排斥的对象。我们不禁疑问：既然有利于被告人的类推和溯及既往可以允许，那么有利于被告人的习惯法适用何尝不能允许呢？

问题由此呈现出两个侧面：一方面，我们不能将习惯法的机能定位为一种扩张的实质理性，即不能对刑事制定法上没有规定为犯罪的行为，仅仅依据习惯法定罪处刑；另一方面，罪刑法定原则的变迁，为我们提供了尽管间接但却是相当明确的信息。即习惯法在刑法中的运用，必须朝着有利于被告人的方向来发展。这两个侧面的耦合，实际上指向同一个方向，即可以尝试将习惯法作为一种违法阻却事由来把握，根据习惯法上的正当性来排除行为的实质违法性进而阻却犯罪的成立。这样的一种机能定位，一方面并不是根据习惯法入罪加刑，而仅仅是根据习惯法除罪去刑，因此完全没有突破罪刑法定主义的形式框架；另一方面，这样的习惯法适用，在价值取向上强调保障人权，特别是对被告人利益的保障，因而与罪刑法定主义的发展路向不谋而合。

事实上，从形式理性与实质理性的关系着眼，也会得出同样结论。形式理性与实质理性构成理性的两个侧面，它们存在激烈的冲突和对抗关系。具体到刑法领域中，此种对抗主要表现为收缩的形式理性与扩张的实质理性之间的紧张，以及扩张的形式理性与收缩的实质理性之间的抵牾。这两种情形在刑事制定法与习惯法的关系模式中均能得到很好体现，一种情形是，制定法上没有规定为犯罪的行为，但在习惯法上却规定为犯罪；另一种情形是，制定法上规定为犯罪的行为，习惯法上却并不视为是犯罪。前一种情形体现了收缩的形式理性与扩张的实质理性之间的对抗,后一种情形则凸显了扩张的形式理性与收缩的实质理性之间的对抗。在前一种情形下,应当坚持收缩的形式理性优先,不得仅仅根据习惯法上的规定将行为定罪处刑。这是因为,收缩的形式理性凸显了人权保障的基本理念,并极好地限制了刑罚权可能的恣意。而在后一种情形下,应当坚持收缩的实质理性优先,根据习惯法的规定排除行为的实质违法性,从而阻却犯罪的成立。这是因为,收缩的实质理性不但与刑法谦抑精神一脉相通,而且极好地张扬了刑法的具体妥当性价值,防止了机械、僵化的刑法适用。由此观之,从收缩的实质理性与扩张的形式理性之间的相互牵制角度考虑,从刑事制定法与习惯法的良性互动关系考虑,都应该允许将习惯法作为一种违法阻却事由来适用。

(二)社会相当性与习惯法

若要将习惯法作为一种违法阻却事由来运用,便必须考察其是否符合违法阻却事由的理论本质。违法阻却事由的理论本质应如何理解?学界存在激烈聚讼。其中,法益衡量说、目的说及社会相当性说是最为有力的三种学说。

法益衡量说与实质违法性理论中的法益侵害说相对,并以结果无价值论为基础。这一理论认为,牺牲价值较低的法益来保护价值更高的法益就是正当的,所有的违法阻却事由都可以用法益衡量原理来加以说明。然而,该学说遭到了一些学者的批判。因为,有时仅用结果无价值的观点来说明违法阻却事由是非常勉强的,比如正当防卫的情形。

目的说与实质违法性理论中的规范违反说相联系,并以行为无价值论为基础。这一学说认为,如果行为是为了达到国家承认的共同生活目的而采取的适当手段,就是正当的。所有的违法阻却事由都可以说是符合这一共同生活目的的适当手段。目的说招致了相当激烈的批评:一方面,仅仅用行为无价值去说明所有的违法阻却事由,在标准上相当模糊。什么是"为了共同生活目的而采取的适当手段",这是极为不明确的问题;另一方面,目的说更将"共同生活的目的"罩上了

"国家承认"的头箍,这便极易导致以国家意志来限制社会生活的本来目的。

社会相当性理论由韦尔策尔首倡。1939年,韦尔策尔立足于"人的不法观",将行为无价值论与结果无价值论、目的说与利益衡量说加以综合考虑,提出了社会相当性的概念。根据韦尔策尔的观点,行为是否违法,必须考察该行为是否立足于历史地形成的社会生活道德的范围内,也即是否具备社会相当性。如果具备,则不构成违法;反之,则构成违法。在他看来,所有的违法阻却事由都处于历史地形成的社会伦理秩序的范围之内,是被这种秩序所允许的行为,因而是正当的行为。

韦尔策尔也赞成形式违法性与实质违法性的双重违法性论,他认为违法性不仅是在形式上违反了法规范,而且在实质上也违法。但是,关于实质违法性的内容,他并不赞成李斯特(Liszt)的法益侵害说,认为法益侵害说只重视对法益的侵害和威胁,是基于行为结果的结果无价值考虑,而不是根植于对行为人的行为本身意义的考察,不仅以偏概全,而且不能充分说明违法性的本质。行为是否在实质上违法,除了要考虑法益侵害的结果,还要考虑行为的方式,考虑行为本身的伦理意义,即行为无价值。只有将结果无价值与行为无价值综合考虑,才能获得违法性的本质。由此,韦尔策尔提出,应于历史所形成的国民共同秩序内,将具有机能作用的行为排除于不法概念之外,并将此种不脱逸社会生活上常规的行为,称为社会相当行为。[1] 违法阻却事由,就是具有这种社会相当性的行为。社会相当性理论也由此被视为违法阻却事由统一的理论基础。

然而,何谓社会相当性,学者们对此仍存在不同看法。韦尔策尔认为,社会相当性指在历史地形成的社会伦理的共同生活秩序的范围内得到允许;团藤重光则认为,社会相当性乃得到了作为法秩序基底的社会伦理规范的允许;[2] 大塚仁却强调,只说是"历史地形成的社

---

[1] 参见黄丁全:《社会相当性理论研究》,载陈兴良主编:《刑事法评论》第5卷,中国政法大学出版社2000年版,第321页。

[2] 参见张明楷:《外国刑法纲要》(第三版),法律出版社2020年版,第117—118页。

会"是不正确的,应该把这种社会解释为"现实的国家性社会"。因此,社会相当性是指得到了现实的国家社会中形成的社会伦理秩序的允许。[1]

那么,如果将习惯法作为一种违法阻却事由,是否符合违法阻却事由的一般原理呢?换言之,是否具有社会相当性呢?在我们看来,结论是肯定的。习惯法乃是这样一套地方性规范,它在乡民长期的生活和劳作中逐渐形成,并且被用来分配乡民之间的权利、义务,调整他们之间的利益冲突。可以说,习惯法成形于乡里,盛行于民间,乃是乡民长期劳作和生活中逐渐积累而成的"生活共识",甚至构成一种不断试错、日积月累而艰难获致的文明成就。可以说,习惯法规则已经深深浸入民众的心灵和血脉,已成为民众生活的一部分,人们从内心深处信奉和分享着这些规则,并以自己的实际行动贯彻和实践着这些规则。行为一旦符合习惯法,就会自然地被人们所期待和认同,成为一种顺应生活逻辑和社会观念的正确选择,正当性和合理性也由此毋庸质疑的产生。反之,行为一旦违背了习惯法规则,便自然遭到人们内心的抵触,并在行动上表现为谴责和对抗。所以,可以不夸张地认为,习惯法体现了民众的愿望和欲求,征表了一个社会的生活伦理和经验共识。行为符合习惯法规则,就是应合了这个社会的生活秩序,就是该当了这个社会的生活伦理,就是一种具备社会相当性的行为。正是在此意义上,韦尔策尔才坦承,社会相当性正是一种习惯法上的正当事由。[2]

进一步地,透过习惯法与社会相当性的此种沟通,社会相当性也获得了理论内涵上极大的发展契机。正如上述,在社会相当性的判断标准这一问题上,学者之间存在激烈争论。究其实质,分歧主要在于对社会相当性中的"社会"应如何理解。即到底应将社会理解为某种历史形成的社会?还是现实的、当下的社会?还是某种从历史到当下

---

[1] 参见〔日〕大塚仁:《犯罪论的基本问题》,冯军译,中国政法大学出版社1993年版,第137页。
[2] 参见刘艳红:《开放的犯罪构成要件理论研究》(第二版),中国人民大学出版社2022年版,第95页。

再到未来的社会连续体？很容易发现，这种争执主要纠缠于社会的时间脉络，即争辩社会这一范畴在纵向的发展轨迹上的时间定位问题。尽管不能否认这一讨论的重要意义，但仅仅局限于这样一个角度的考察却是远远不够的。毕竟，时间之维只是事物发生、发展的一个面向，从逻辑的角度分析，空间之维也是确定事物坐标的一个不可或缺的维度。因此，不仅应该从时间维度对这一范畴展开纵向分析，而且应该从空间维度展开横向分析。由此，可能会加深我们对于社会范畴的理解，也极大拓展社会相当性这一框架的理论内涵。

我们愿意将习惯法的引入，看成是丰富和扩展社会相当性这一范畴之理论内涵的一个重要契机。当人们讲一种行为符合习惯法规则从而具有社会相当性时，固然是说这一行为符合历史地形成的传统生活秩序，因而具有社会相当性，但却绝非仅仅如此。毋宁说，人们更侧重于这样一种层面的解说，即这一行为符合习惯法规则，因而这一行为在这一地域和社区中具有社会相当性。易言之，习惯法虽然也是一种历史和传统的进化产物，具有时间维度的意义，但是，习惯法却更是一种"地方性"知识，是一种地域性的规则体系和生活传统。一方面，习惯法规则是人们适应环境的产物。在习惯法的产生和发展上，它受到包括自然、地理在内的生存环境的巨大塑造。"十里不同风，百里不同俗"，便是此种地域性的绝佳写照。另一方面，习惯法规则多存在于一定的社会关系网络之中，在这一网络之中人们面临相同的问题，分享共同的生活经验和知识传统。习惯法的这一特性也决定了它往往是地方性的，全国性的习惯法因人们难以建立理解共同体而殊难形成。正是基于习惯法极强的"地域性"特征，当我们讲一种行为符合习惯法规则从而具有相当性时，我们的意旨相当明确，即这种行为是一种在具体的、地域性的社会中具备相当性的行为。由此，我们对社会相当性的理解，达致了一种更为开放和广阔的境域。我们不再仅仅纠缠于社会相当性的时间之维，即到底是一种历史的、现实的还是延续发展的社会相当性，而是更加注重社会相当性的空间之维，即社会相当性不仅可能是一种全局的、统一的社会相当性，它更可能是一种具体的、地域性的社会相当性。社会相当性的理论内涵由此获得了极大拓展。

(三)社会危害性与习惯法

事实上,习惯法作为一种违法阻却事由的引入,不仅将扩展对社会相当性理论的理解,而且将触动社会危害性理论的内核。

伴随着罪刑法定原则在我国刑法中的确立,学界对社会危害性理论展开了深刻反思和尖锐批判。有学者强调:"只要承认罪刑法定原则,就必须承认犯罪概念的法律属性即依法应受惩罚性是犯罪的本质属性。社会危害性和依法应受惩罚性是决定犯罪这一事物的不可分割的两个本质属性。"[1]然而,在同一犯罪概念之中,竟然存在两个本质特征,这是令人极端费解的,在逻辑上显然也存在重大缺陷。于是,有学者主张,要把社会危害性概念逐出注释刑法学领域。在他看来,社会危害性与刑事违法性的冲突,实际上是实质合理性与形式合理性的冲突。在两者发生冲突时,应当坚持刑事违法性即形式合理性优先的标准。[2]

批判必然面临着反批判。有学者基于"立法者那里的社会危害性"和"司法者那里的社会危害性"之区分,认为我国犯罪概念对社会危害性的强调,不仅没有违背罪刑法定主义的基本精神,反而凭借社会危害性对制刑权的制约机能,有利于罪刑法定更为彻底的贯彻。[3]有学者以我国《刑法》第13条但书为切入点,通过具体分析我国刑法但书的内容、渊源、功能及其与犯罪概念的关系,论证了但书与罪刑法定原则在价值和功能上的一致性,并认为"我国现行刑法中不存在社会危害性标准""社会危害性与罪刑法定原则并不冲突",因而极力主张"善待社会危害性"。[4]

学界的种种争辩充分地显示出社会危害性理论的不同侧面。在

---

[1] 何秉松主编:《刑法教科书》,中国法制出版社1997年版,第142—145页。
[2] 参见陈兴良主编:《刑事法评论》第4卷,中国政法大学出版社1999年版,第3—4页,主编絮语部分。
[3] 参见李立众、李晓龙:《罪刑法定与社会危害性的统一——与樊文先生商榷》,载《政法论丛》1998年第6期,第6页;李立众、柯赛龙:《为现行犯罪概念辩护》,载《法律科学》1999年第2期,第61页。
[4] 参见储槐植、张永红:《善待社会危害性观念——从我国刑法第13条但书说起》,载《法学研究》2002年第3期,第94—95页。

我们看来,社会危害性作为一种曾具有重大理论贡献的刑法学范畴,其是非功过理应得到理性对待。以往的社会危害性理论,立足于这一概念的社会政治意义,且倾心于其积极扩张的入罪机能,不能不说有重大缺失。我们赞成对社会危害性的机能作一分为二地看待,即区分为立法与司法两大层面:在立法层面,社会危害性无疑是创设罪名的实体基础,同时构成了立法的正当根据所在;在司法层面,则应当将社会危害性的机能定位于一种消极的、收缩的侧面,而不能作相反的考虑,将其异化为突破成文法框架的积极扩张的入罪根据。换言之,在刑事司法的过程中,社会危害性将作为收缩的实质理性发挥作用,在成文法的框架之中设置一个出口,将形式上符合构成要件但却并不具备严重社会危害性的行为予以出罪化。我们不能期望,所有具备严重社会危害性从而需要入罪的行为都会进入立法者的视野。这时唯一能做的,便是在司法上坚守罪刑法定原则,坚守形式理性的优先价值,并在立法上考虑可能的改进;同样,我们也不能确保,所有在刑法中明确规定的犯罪都具备恒定的社会危害性。这时必须做的,就是将那些在形式上触犯刑法法条,但却在实质上契合善良风俗从而不具备严重社会危险性的所谓"犯罪",在司法中坚决地排斥出犯罪圈。

正是在这个意义上,我们认为,社会危害性理论并非明日黄花,只要经过恰当的理论改造,它就完全可能重新焕发理论魅力。实际上,我国的社会危害性理论与大陆法系的实质违法性理论存在紧密勾连,大有可沟通之处。在我国刑法学上,没有将违法性单独设置为犯罪构成要件。然而,这是否意味着我国刑法之中便不存在实质的违法性判断呢?结论显然是否定的。实质的违法性判断在我国刑法中同样存在,只是,这种实质的违法性判断与形式的违法性判断没有分殊成两个不同层面。在我国刑法中,对构成要件的解释既是形式的,又是实质的,解释者不仅要判断行为在形式上是否该当构成要件,而且还要以社会危害性为核心来实质地解释犯罪构成要件。在这里,基于社会危害性的实质解释与实质违法性的判断承担着类似功能。当然,两者也存在区别:一是,实体内涵上存在差异。实质违法性的判断主要着眼于法益侵害或规范违反,而基于社会危险性的实质判断可能更强调行为的社会意义与政治意义;二是,大陆法系的实质违法性判断被统一为一个独立的评价流程,而基于社会危险性的实质解释,则消融在各个构成要件的判断之中。

经验表明,人类面对相同问题可能得出大致相同的结论。尽管在称谓上可能不尽一致、在具体制度设置上可能有所不同,但制度的实际功能与效果却往往殊途同归。人们往往注意到社会危害性理论与法益侵害说的紧密关联,却看不到社会危害性理论与社会相当性理论实际上有着更为紧密的勾连。其一,从理论称谓上观察,一为"社会危害性",一为"社会相当性",显然都是从社会价值上对行为作出评判。大陆法系违法阻却事由的基础原理是社会相当性理论,即行为具备社会相当性因而阻却违法。我国犯罪阻却事由的理论基础则是社会危害性理论,即行为不具备社会危害性因而阻却犯罪的成立。仔细分析即可发现,两组原理在形式逻辑上的联系不禁呼之欲出:"社会危害性"即为不具备"社会相当性","社会相当性"也即不具备"社会危害性"。两者实属相互对应的范畴。其二,从理论内涵上观察,所谓社会相当性乃是指在社会伦理的共同生活秩序范畴内得到允许,而社会危害性则是指从社会的见地出发,行为在后果及性质上不利于社会的整体利益,破坏了社会的共同秩序。[1] 仔细地辨别两者的理论内涵,可以发现,两者具有诸多相似之处:首先,从内容上看,两者都表现为对行为事实及行为性质的结合评价,即不仅观察行为事实表象,而且对行为的属性与意义进行深度审查;其次,从标准上看,两者虽然在具体评价标准上各有侧重,如社会危害性侧重于从社会政治意义的角度对行为予以评判,而社会相当性则倾向于从社会伦理意义的立场进行考量,但两者在实质上却存在紧密关联。因为,社会政治的标准往往是从伦理道义的标准出发,并以后者为基底和正当化根据的。最后,从向度上看,两者的评判方向恰好一正一反,社会相当性是从行为是否符合社会整体利益的立场上进行评判,而社会危害性则是从行为是否

---

[1] 关于社会危害性的概念,存在"事实说""侵犯关系说""属性说"等诸种学说。我们认为社会危害性既是一种危害事实,也是一种社会评价。参见高铭暄主编:《刑法学原理》(第一卷),中国人民大学出版社1993年版,第383页以下。

侵犯社会整体利益的立场上进行审查。判断方向上的对应性,使两种考察向度能很好地结合起来并加以相互印证。

总之,社会相当性理论与社会危害性理论间存在紧密勾连,让我们不能不惊叹人类智慧如此心有灵犀。进一步思考便可发现,习惯法作为一种违法阻却事由的引入,不仅将极大扩展对社会相当性理论的理解,而且将深刻触动社会危害性理论的内核。正如上述,习惯法作为一种违法阻却事由的运用,使我们对社会这一范畴的横向理解和空间理解达致新的境域。由此,我们开始关注一种具体的、地域性的社会相当。事实上,不仅社会相当性可能是局部的、地域化的,社会危害性同样可能是具体的、地方性的,从而需要我们尽可能同情地对待。客观地讲,学界从一开始便注意到社会危害性的可能流变。例如,有学者指出,行为的社会危害性不是固定不变的,它随着社会条件的变化而变化。[1] 这样的理解往往将社会危害性的流变局限于时间维度,即认为一种行为以前不具有社会危害性,但随着社会条件的变迁,今天便可能具有了社会危害性;同样,一种行为以前具有社会危害性,但随着时间的流逝,其社会危害性也可能逐渐消失。应当说,这样的理解虽没有错误,却不够周全。事实上,社会危害性不仅因时而异,而且也因地而变。我们不但要关注社会危害性的时间维度,而且要关注其空间维度。一个直接而明显的例子是,在这个国家被认为是犯罪的行为,在另一个国家可能完全不被认为是犯罪。同样的道理,即使在同一个国家内的不同地区,其对行为性质的社会评价也可能千差万别。一个比较极端的例子是,在藏族地区甚至没有杀人偿命的观念,故意杀害他人仅仅需要金钱赔偿即可了结。在他们的观念中,生命是轮回的,死亡的结果并不是最坏的归宿,对行为人处以死刑也并不一定就是通常理解的最为严重的"极刑"。于是,什么构成危害,什么又构成制裁,危害的程度与制裁的程度如何,在不同地区并不总是一样,甚至还可能存在重大的理解分歧。在乡村地区,某些符合习惯规则的行为可能与现代观念不符,与城市生态不容,但这些行为

---

[1] 参见高铭暄主编:《刑法学原理》(第一卷),中国人民大学出版社1993年版,第388页。

在当地的具体社会情境之下,却可能完全不具有社会危害性,相反的情况也在所多有。于是,所谓的"社会危害性"概念就必须是被再阐释的。

确实,我们有理由对大写的"社会危害性"理论表达疑虑。普适的社会危害性尽管可能存在,却并非常态。大多数情况毋宁是,对社会危害性应当予以尽可能同情式地审查,在具体的时空条件下予以具体化地看待。社会危害性不仅是指一定时点上的行为属性,而且是指一定地域内的行为评价,应关注一种具体的、地域性的社会危害性审查。实际上,当我们将习惯法作为一种违法阻却事由加以运用时,便是在考察具体的、地方性的社会危害,并根据此种危害的缺乏而将行为予以出罪化处理。

(四)作为超法规违法阻却事由的习惯法

将习惯法作为一种违法阻却事由,在现行刑事制定法上恐怕找不到明确规定。所以,它应当构成一种超法规的违法阻却事由。事实上,若想对所有的违法阻却事由在立法中无一遗漏地加以列举,也是不可能的。首先,立法者的理性是有限的,我们不可能期望他对所有的正当化情形都作出周全考虑与细致规划;其次,即便能做到此点,也没必要。从社会发展的规律看,社会情境及价值观的可变性一定会导致新的合法化事由不断产生,过去存在的合法化事由也可能被否定。因此,有理由在保持法律稳定性的前提下,尽可能保证合法化事由的开放,尽可能宽泛地理解合法化事由。同时,承认超法规的违法阻却事由,也并不会妨碍刑法的保障机能。因为,这里涉及的是对可罚性的限制而非扩大。正是在此意义上,我们同意耶赛克(Jescheck)教授的见解:从根本上看,作为允许规范的源泉,除了制定法,还应当考虑到国际法、习惯法以及社会的最高价值观所指向的超实定法。[1]

事实上,习惯法上的某些行为已经被类型化,并在超法规的违法阻却事由中占有一席之地。例如,正当业务行为通常被认为是一种超

---

[1] 参见〔德〕汉斯·海因里希·耶赛克、〔德〕托马斯·魏根特:《德国刑法教科书(上)》,徐久生译,中国法制出版社2017年版,第439页。

法规的违法阻却事由。此类行为是基于特定的行业或职业特征而继续、反复进行的事务,如外科手术、体育竞技等。外科手术等医疗行为和拳击等体育竞技行为,虽然在行为的外在特征上该当了犯罪的构成要件,但却在一定程度上符合共同生活的目的,在社会观念上被认为是正当的,因而具有社会相当性。这是对正当业务行为阻却违法的通常解释。其实,我们也可以从习惯法的角度对此类行为进行补充说明。可以认为,医疗行为是一种在长期的医事实践中反复实施的习惯性操作,此种操作符合医疗行业的行业习惯。而体育竞技行为只要符合通常的体育竞技规则,也可以说是符合职业习惯法的相关规范。因此,在这些特定的行业和职业范围内,行为符合习惯法规则,便通常符合社会的一般期待和民众普遍的法感情,具有具体的社会相当性,因而阻却违法。

五、有责性判断的参照

在大陆法系的犯罪论体系中,行为具备了构成要件该当性与违法性之后,还必须进行有责性的判断,才能认定行为是否最终构成犯罪。违法性判断所需要解决的问题是,一个行为是否在实质上与法秩序发生了冲突;而有责性则是就行为对行为人进行非难可能性的判断。在有责性的评价流程中,判断的重点明显从行为转移到了行为人本身。

习惯法具有违法阻却的重要机能。但在某些情况下,符合习惯法规则的行为并不能完全阻却其实质违法性,但却可能阻却责任。申言之,我们虽然主张对行为的社会危害进行具体的、地域性的考量,但这并不意味着对符合习惯法的行为一味妥协和迁就,也不意味着符合习惯法规则的行为就必然不具有具体的社会危害。事实上,一些符合习惯法规则的行为不但将该当构成要件,而且也将具有实质的、具体的社会危害。进而,需要就行为的有责性予以衡量。此时,就法律的价值判断而言,仍属具备社会危害的行为,是非法的、不正当的、破坏整体法秩序的行为。然而,当我们就此行为对行为人进行责任非难时,却可能发现,习惯法规定已成为一种责任评价上的宽恕事由,使我们难以对行为人予以主观的、伦理性的非难。

显然,紧要的问题在于,习惯法规则何以成为一种责任阻却事由?质言之,凭借什么对符合习惯法的行为予以宽恕从而阻却责任?对这一问题的解答,有赖于我们对违法性意识、期待可能性与习惯法的关系予以进一步探微。

(一)违法性意识与习惯法

传统的格言是,"不知法律不能免除责任"(ignorantia iuris non excusat)。这一观点的成立,有赖于以下两个方面理由的支撑:其一,法律一经公布,便被推定为所有公民均知晓,这是维护公共政策的必需;其二,司法机关往往很难查明行为人主观上是否实际知晓法律,如果被告人主张不知法律就可免责,刑法就难以有效实施。因此,从保障刑法有效实施的必要性上考量,也必须坚守这一原则。然而,随着社会生活的发展和刑法研究的推进,许多学者开始对这一原则进行深刻反省和检讨,并提出了非常有力的批评。如马修斯(Matthews)指出,不知法律不免责原则的理由,是所有人都知道法律或维护公共政策的必要,这在以往或许是成立的。但在重视责任主义、法律又相当复杂的现代,上述理由并不成立。[1] 的确,由于社会生活的复杂化,各种法律、行政法规层出不穷。如果说普通公民对于自然犯尚存在朴素的法认识,对于不断涌现的各种法定犯则很难有所了解。不要说普通公民无法了解,就是专业人士的涉猎范围也往往极为有限,对超出自己专业范围的法律规定亦很难有清晰的认识。同时,公共政策的维持固然重要,但也绝不能基于公共政策的理由而损坏责任主义的根基。责任主义与行为人对法律价值观念的认知及维护法律秩序的意识相关,而在观念多元化的开放社会中,由于行为人法律价值观念的分歧,难免造成各种违法性错误的发生。对于违法性认识错误的发生确属不可避免的情形,应给予特别的体恤和同情,以谋求情理之均衡及人权之保障。此时,若再对行为人予以强行非难,势必会动摇责任非难的伦理和道义根基。正是基于上述考虑,美国在进入20

---

[1] 参见张明楷:《刑法格言的展开》(第三版),法律出版社2013年版,第381—382页。

世纪以来,逐渐承认"不知法律不免责"原则存在例外。[1] 大陆法系各国更是在立法上直接设置了各种免责事由。例如,《德国刑法典》第17条规定,"行为人于行为之际,欠缺为违法行为之认识,且此认识错误系不可避免者,其行为无责任。如系可避免者,得依第四十九条第一项减轻其刑";《瑞士刑法典》《日本刑法典》等也有类似规定。

习惯法因素的介入与违法性意识的变化密切关联。请看一则案例。在贵州省天柱县的苗族聚居区,当地苗民历来就有备枪狩猎、看护庄稼的习惯。在1984年的"严打"中,公安机关对当地铁匠杨汉礼以非法制造枪支罪呈捕。但经县检察院审查,考虑到当地的民族习惯,对被告人的行为不以犯罪论处。[2] 该案中,铁匠杨汉礼从始至终都不知道自己的行为触犯国家法律。其实,个中缘由相当容易理解。在该县苗族聚居区,当地苗民历来就有备枪狩猎、看护庄稼的传统习惯,当地铁匠也一直是这些枪支的"法定"制造者和提供者。并且,政府对这种传统习俗也向来给予尊重,在一定程度上放任自流。因此,村民们很自然地相信,自己的行为合法且正当。不仅普通乡民如此,甚至连当地的国家干部亦是如此。在该案的调查中发现,相当多的当地国家干部根本不清楚私自制造枪支是违背国家法律的行为。[3] 这里所说的"合法""正当",不仅是指乡民的行为符合传统的民间习惯规则因而合法且正当,而且是指当事人同样认为自己的行为合乎国家的正式法律。正是长期以来习惯规则的惯性作用,使他们获得了强大的观念支撑,在"合法性"上毫无疑虑。在这里,可以清楚地看到,习惯法上的法确信自然延伸、映射到乡民们对于制定法的认知和观念之上。甚至可以说,正是习惯法上的合法性确信遮蔽了其对于制定法的正确认识,从而产生了违法性认识的重大错误。

在社会生活急剧变化、法律规范层出不穷的今天,每个人都会面临主观认识与客观实际相悖的尴尬。以往,在对待违法性认识错误的

---

[1] 参见张明楷:《刑法格言的展开》(第三版),法律出版社2013年版,第380—381页。
[2] 参见贵州省人民检察院研究室编:《少数民族特殊案例选》,未刊稿。
[3] 参见贵州省人民检察院研究室编:《少数民族特殊案例选》,未刊稿。

问题上,国家表现出某种严格甚至是苛刻的立场,但在今天,此种立场已开始松动和软化。人们逐渐认识到,在欠缺违法性意识的情况下,行为人可能缺乏刻意挑战法秩序的敌对心态,不能进行完整意义上的责任非难。特别是,在某些情况下,行为人陷于一种法律上的认识错误甚至是无法避免的,如果对其强加非难,则显然违背了伦理道义的基本底线,也脱离了责任非难的本来旨趣。此时,刑法应对这样的违法性意识欠缺表达适当同情与理解,阻却对行为人的责任追究。这样的处理方式,一方面表达了对人性弱点的体恤和理解,另一方面更是对刑事归责道义基础的尊重。

应当承认,当行为人基于对习惯法的信赖而行为时,也可能出现这种难以避免的违法性认识错误。可以设想,当我们面对的是一个现代法律几乎无从进入之地,面对的是一个生活在穷乡僻壤的蛮荒边民,同时,顽强的传统习俗又是如此牢固地控制着他的每一根神经,浸润在他的每一滴血液之中的时候,可能很难奢望他能清楚、明确地理解自己行为的制定法意义,并据此来约束和控制自己的行为。虽然完全可以假定每一位公民都知晓国家颁布的所有法律,尽管可以扛起公共政策的大旗捍卫自己强加非难的正当权力,但请不要忘记:法律推定只有在符合经验事实的基础上方能成立,否则便只能是揣测和臆想;公共政策也只有在道义和公正的边界内方能推行,否则便会异化为强人所难、侵犯人权的工具。

在特定情况下,当村民根据传统习惯规则而行事时,由于民间规则长时间的统合和支配,行为人就仿佛是一个习惯法上的"确信犯"。他确信自己在道德和法律上拥有无可置疑的合法性与正确性,并由此不可避免地陷入了一种制定法上的错误认识。[1] 长年的生活经验和周围社区的广泛实践都告诉他,这样做是完全符合行动规则和社会期待的。习惯法的顽强有力和惯性作用,使他获得了信念上的足够支撑。也正是此种对习惯法的熟悉与信赖,使他不自觉地用习惯法上的

---

[1] 关于确信犯的违法性意识及刑事责任问题存在争论。参见〔德〕汉斯·海因里希·耶赛克、〔德〕托马斯·魏根特:《德国刑法教科书(上)》,徐久生译,中国法制出版社2017年版,第678页以下。

规则去偷换制定法上的规则,以习惯法上的法确信去替代制定法上的法确信。更进一步来讲,习惯法的力量是如此强大,以至于只要赢得了习惯法上的正当性,他便不会再考虑什么制定法上的合法性;或者说,习惯法上的"合法性"意识已经完全遮蔽和覆盖了制定法上的法意识。此时,要期待行为人不陷于违法性认识的错误,几乎是不可能的事情。同时,行为人依照习惯法而行事,也根本没有刻意破坏法秩序的心态。毋宁说,他还是本着某种守法心理而行动。对他而言,不期而至的刑罚不但是难以理解的,而且是极端残酷的。

(二)期待可能性与习惯法

所谓期待可能性,是指根据具体情况,期待行为人不实施违法行为而实施其他适法行为的可能性。期待可能性理论认为,如果不能期待行为人实施其他适法行为,就不能对行为人的行为进行非难,因而可以阻却行为人的责任;反之,如果可以期待行为人实施其他适法行为,就能够对行为人进行归责。

毋庸讳言,期待可能性理论极为抽象。如果将其作为一种超法规的解释工具,一般司法实务人员恐怕很难透彻理解,更难以准确运用。因此,极有必要对欠缺或减少期待可能性的典型情形,予以尽可能明确、具体的类型化处理,以有效指导司法操作。但是,一方面,现有的期待可能性类型还有许多值得改进之处,另一方面,更需要补充许多新的类型,以尽可能全面、具体地指导刑事司法操作。而在我们看来,习惯法上的正当行为便是这样一种有待补充的、欠缺期待可能性的基本类型。

习惯法乃是乡间长期盛行且被民众广泛拥戴的知识传统。在某种意义上,习惯法乃是贴近基层的社会生活同时最为符合民众的利益需求的制度形式。人们眼见它被实施,同时也以自己的行动去实践和传承着这种文化传统,并亲身投入到它的维护和改造之中。应当承认,对基层民众而言,习惯法的力量是真实而强大的。人们在长期实践中已牢固地树立起对它的信赖和尊重。在此种情况下,当行为人基于对习惯法的确信而行事时,习惯法是如此有力地控制和笼罩着行为人的认识与观念,以至于行为人完全认为自己是在从事一种合法且正当的行为。此情此景之下,很难再去期待行为人会对其他规则和知识保持足够的警醒,再去考虑自己的行为在另一种制度和规则之中的意义和性质,更何况此种制度和规则,对他们而言又是如此陌生和难以理解。因此,可以说,当行为人基于对习惯法的真诚信赖,而从事了制度法上的犯罪行为时,我们很难期待行为人在这一违法行为之外,再去从事制定法上的适法行为,行为人欠缺作出适法行为的期待可能性。另一方面,也可以说,当行为人不可避免地陷入一种违法性认识错误时,他也就同时不可避免地陷入了一种制定法上的犯罪行为。

正是基于这样的考虑,习惯法上的正当行为可作为一种责任阻却事由而存在。从违法性意识的角度衡量,它构成一种不可避免的违法性认识错误;从期待可能性的立场考察,则构成一种欠缺期待可能性的类型化事由。

(三)作为情、理、法协调机制和超法规责任阻却事由的习惯法

情、理与法的关系是一个亘古常新的话题。我们当然无意也无力对这一宏大主题予以详尽阐发。我们所关心的毋宁是,在刑法评价中,情、理与法是否存在冲突?如果存在,又当以怎样的方式予以化解或缓和?

我国古代刑法向来强调人情、天理与国法的贯通与融合。学者们也素来有一种以情理为基准来理解和评价刑法的情愫。明人刘惟谦等在《进明律表》中云:"陛下圣虑渊深,上稽天理,下揆人情,成此百代之准绳。"[1]这无疑是以天理、人情为标准,极力颂扬朱元璋钦定之明律;及至西学东渐以来,深谙国法的沈家本,在比较了中西法律、法学之后,率直地指明:无论旧学、新学,大要总不外情理二字,不能舍情理而别为法也。[2] 看来,国人总是倾向于认为,刑法的制定与实施不能无所依凭,情与理应当构成刑事法律的正当根据。刑事法律唯有合

---

[1] 霍存福:《中国传统法文化的文化性状与文化追寻——情理法的发生、发展及其命运》,载《法制与社会发展》2001年第3期,第1页。
[2] 参见沈家本:《历代刑法考》(第四册),中华书局1985年版,第2240页。

乎情理,方能具备至公、至正的优良品质。

事实上,我们虽不能否认刑法与情理在基本面上的融贯,但不得不承认的是,两者在少数情形下也存在着激烈的冲突和对抗。此种刑法与情理的冲突,可被归纳为一种双面冲突:第一种冲突是"合法不合理",也即一种行为在刑法上不被视为是犯罪,但在情理上却被认为是一种重大的悖理和罪恶;第二种冲突则是"合理不合法",也即一行为在情理上正当或甚少可得宽恕,但却触犯了刑法,在刑法上被视为是犯罪。

面对第一种冲突,可能的化解途径在于,坚守罪刑法定主义的基本底线,将此种行为排除在刑事追究的范围之外,转化为一种道德伦理上的谴责和制裁。刑法同时具有保护社会与保障人权的双重机能,但在权利观念日益炽盛的今天,坚持罪刑法定主义与人权保障显然是一种不可抗拒的时代大潮。仅仅因为行为严重悖理,就突破罪刑法定主义的界限,极易滋长刑罚权的横暴与恣意,使刑罚异化为一种推行伦理的工具。

面对第二种冲突,对那些坚决捍卫刑法规范确定性的人而言,只要行为触犯了刑法,便要求机械适用刑法。事实上,情理是刑法制定的根基所在,它在相当程度上被认为是理解刑法的标尺。正所谓:"法者缘人情而制,非设罪以陷人也。"[1]刑法的归责应当符合民众广泛认同的事理,而不应背离这一基础。在具体情境和个案之中,当机械适用刑法严重背离事理之时,可基于对事理人情的尊重和体恤,而放弃刑法的僵化适用。

习惯法作为超法规责任阻却事由的适用,可被理解为刑法中妥善处理情、理、法冲突的协调机制之一。期待可能性理论生成与发展的原动力,正在于它对事理人情的尊重,从而恰当地缓和了刑法严酷与人情脆弱之间的紧张对立。类似地,习惯法作为一种超法规责任阻却事由的运用,也是基于对刑法与情理恰当平衡的考虑。当行为人出于对习惯法的信赖,而从事了他确信为正当合理的行为之

---

[1] 《盐铁论》,陈桐生译注,中华书局2015年版,第519页。

时,若强行对行为人加以非难,可能有悖于"法律不强人所难"的根本旨趣,亦背离了法律对人情事理应有的尊重,只会徒然在民众与法律之间增加摩擦、制造仇隙。长此以往,刑法将必定与公众的感受渐行渐远,逐渐失去国民的信任与拥戴。正是在这个意义上,我们可以把习惯法作为超法规责任阻却事由的适用,看成是一种"制度活塞",一种在刑法机械适用与尊重人情事理之间发挥调整性机能的"缓冲装置"。

"法合人情则兴,法逆人情则竭。情入于法,使法与伦理结合,易于为人所接受。法顺人情,冲淡了法的僵硬与冷酷的外貌,更易于推行。"[1]应当说,要妥善处理情理与刑法的冲突和矛盾,最为根本和彻底的途径,就是在刑事法律的制定中尽量顺应和吸纳民意与情理。当然,"法有限,而情无穷",我们不可能通过上述方式将所有情理与法的冲突尽数化解。这时,通过司法适用实现个案的正义和具体的妥当性价值,便是一种重要的补救方式。在刑事司法中,尊重和体恤情理应当成为司法人员的一种立场和态度,而绝不应仅停留在司法技术的浅层。习惯法作为一种超法规责任阻却事由的运用,为法官在司法中妥善化解刑法与情理的冲突,提供了一种极为重要的渠道和途径。它一方面打破了刑法的僵化和机械适用,另一方面更使刑事司法运作不至于太过违背情理,从而在具体的刑法适用与普遍的人情事理之间达致了一种弹性均衡,在法律效果与社会效果间实现了一种动态协调。

六、量刑的参照

以上,我们从构成要件解释、违法性判断及责任判断三个方面,展示了习惯法在刑事司法定罪中的重要机能。应该说,习惯法在刑事司法操作中的价值,并非仅局限于定罪这一个维度,而是贯穿于定罪和量刑的始终。在这一部分中,我们将着力探讨习惯法在刑罚裁量中的重要作用。

---

[1] 张晋藩:《中国法律的传统与近代转型》(第四版),法律出版社2019年版,第284页。

(一) 司法表现

事实上,在当代中国的刑事司法操作中,习惯法对于量刑的影响尤为显著。在第三章的实证研究中,我们已相当清楚地看到了此点。一方面,如果说在出入罪的问题上,法官们对习惯法因素的考量通常会极为谨慎,且在技术处理上会更为间接隐晦,那么,在刑罚裁定问题上接纳习惯法规则时,法官们则更倾向于放下包袱、轻装上阵,处理上也显得更为直接和大胆。另一方面,同样是量刑问题,少数民族地区的刑事司法则无疑比汉族地区拥有更大的活动空间。因为,从原则上讲,少数民族地区的刑事司法实践,既要照顾国家法制的统一,又要照顾所谓"民族特点",这便多少意味着一个更大的灵活处置空间。

具体而言,此种灵活性可从两个方面来理解:其一,在刑事立法上,正式制定法已为民族习惯法在量刑上的作用发挥预留了一定的制度空间,这可以从《宪法》和《刑法》的某些条文中观察得出。《宪法》第116条明确规定:"民族自治地方的人民代表大会有权依照当地民族的政治、经济和文化的特点,制定自治条例和单行条例……"《刑法》第90条也明确规定:"民族自治地方不能全部适用本法规定的,可以由自治区或者省的人民代表大会根据当地民族的政治、经济、文化的特点和本法规定的基本原则,制定变通或者补充的规定,报请全国人民代表大会常务委员会批准施行。"这些规定清晰地显示出,国家对于少数民族地区量刑问题的区别态度和灵活立场。但遗憾的是,尽管立法已经为民族习惯法在量刑上的作用发挥预留了相当的制度空间,但很多民族地区却未能有效地利用这一空间,在量刑上缺乏变通性法规的及时跟进。其二,在刑事政策上,中央政府对于民族地区的量刑也一直实行区别对待。其中,最值得注意的乃是1984年提出的"两少一宽"政策:"对于少数民族的犯罪分子,要坚持少捕少杀,处理上一般要从宽。"坦率地讲,这一政策对于民族地区的量刑活动显然提供了重要指导,法官在司法实务处理中也最大程度地贯彻了这一原则。这也部分地解释了,少数民族地区量刑上的变通规定迟迟不能出台的真正原因。事实上,应该看到,政策虽然具有灵活性和便宜性的优势,但政策毕竟只是政策,它们不可能作为正式的法律适用根据,对量刑上的倾斜给予台面化的支撑。更紧要的是,由于缺乏明确的可操作标准,即使这些政策具有一定的指导功能,这种指导也只能是模糊和概括的。

问题是,为什么一种习惯法上的正当行为可以在正式法上获得从轻或减轻处罚?其刑法机理上的真实原因何在?以往,法官在面临具体个案时,往往会凭借自己的法意识,同时迫于习惯法的压力,作出从轻或减轻处罚的决定。然而,他们却绝少展开理论上的自觉,即追问为什么必须在量刑中酌情考量习惯法的因素?习惯法是通过怎样的机理对犯罪人的刑事责任产生影响的?它们是如何作用于报应与功利两个层面,从而在整体上降低了对行为人的非难程度?另一方面,"两少一宽"刑事政策固然是一种追求法制统一与照顾民族特点之间的有效折中,但是,以往的解释往往局限于对其政治策略和文化因素的考量,却绝少注意从规范角度为其提供正当化论证与说明。所有这些,都是当代中国的刑事司法实践提供给理论研究的重要课题。

(二) 理论解说

在对待习惯法的问题上,以往的刑法学者陷入了一种"主观主义"的失误。他们往往只注重理论上的完美推导和无懈演绎,看不到习惯法在司法实际运作中特别是量刑上的重要影响。这无疑是以应然的论证来盲目取代实然的分析。但另一方面,我们又不能从"主观主义"的极端走向"客观主义"的另一极端。也即,不能仅仅满足于对司法实践的客观面貌作出概括与临摹,更不能对习惯法在量刑实践中的作用一味承认或迁就。质言之,我们有责任进一步用主观主义的眼光来思考客观主义的问题,即努力尝试对习惯法在量刑中的机能和作用,作出理论上的论证与解说,并通过理论力量去导引和观照司法实践。

量刑问题突出地反映了学派之争,可谓是整个刑法学理论的一个缩影。古典学派站在报应刑论的立场上,强调刑罚裁量要以犯罪本身的危害程度为根据,实证学派则站在目的刑论的立场上,主张刑罚裁量应以预防犯罪的需要为基准。现在的通说是对这两种理论的折中与调和,即相对的报应刑理论。在这种理论看来,量刑一方面要考虑报应犯罪的需要,另一方面也要考虑预防犯罪的需要。但是,在这两种需要之间,量刑首先要以报应的需要为基准,其次再考虑一般预防与特殊预防的需要。换言之,相对报应刑论是在报应刑的基础上,对报应与预防需求的整合与折中。

根据报应的要求,刑罚应与犯罪本身的严重程度保持一致,而犯罪本身的严重程度,即是指责任程度。责任主义是当代刑法的基本原则之一,其包含了两种层面的意义:其一,消极的责任主义,也即"无责任则无刑罚",此处的责任具有决定能否科处刑罚的界限机能;其二,积极的责任主义,即"责任的程度决定刑罚的程度",这里的责任具有决定刑罚量的量刑基准功能。消极意义上的责任,实质上是指犯罪论体系中的有责性这一范畴,是狭义的责任概念;而积极意义上的责任,是指涉犯罪本身的严重程度,是违法性大小与有责性大小的相乘,是广义的责任概念。[1] 作为量刑基准的责任,是广义的责任,是对违法性程度与有责性程度的综合评价,它直接体现了报应的要求。

除了以责任为基础,量刑还应在责任范围内考量预防的需要。预防犯罪包括了一般预防与特殊预防两个方面的内容。其中,一般预防需考虑以下因素:(1)量刑应与社会治安形势的状况相适应。(2)量刑应与犯罪发案率的升降相适应。(3)量刑应与民愤的大小相适应。而从特殊预防角度考量,以下因素具有重要影响:(1)犯罪人的个人情况,包括犯罪人的年龄、性别、家庭情况、教育背景、人格、个性等。(2)犯罪人的表现情况,即犯罪人是否有前科及犯罪前后的一贯表现。(3)犯罪后的态度,即犯罪人犯罪之后的悔罪表现,如是否有自首、立功表现等。[2]

正如上述,相对报应刑论是报应与预防的整合,但又是以报应为基底。于是,刑罚量的基本幅度应该由违法性大小与有责性大小来综合决定,在这一幅度范围之内再考量预防犯罪的需要。正是在这个意

---

[1] 参见张明楷:《外国刑法纲要》(第三版),法律出版社2020年版,第370页。
[2] 参见陈兴良:《本体刑法学》(第三版),中国人民大学出版社2017年版,第601—602页。

义上讲,违法性大小与有责性大小的变化,会直接导致整个刑罚基准量的变化,而对预防犯罪的考量,则只是以刑罚基础量为界限的微调。其关系正如价格由价值来决定,但价格又会基于供求关系的影响而围绕价值上下波动。刑罚量亦是由责任(违法性与有责性的乘积)来决定,但又会基于预防犯罪的影响,而在责任基础的区间内上下浮动和调整。明确了这一关系,就为以下的讨论提供了知识上的准备。在我们看来,一种习惯法上的正当行为,在刑罚裁量上可以获得酌情从轻或减轻的处理。以下,尝试从责任与预防这两个维度切入,对习惯法在量刑中的作用展开学理解说。

1. 责任程度与习惯法

一种在制定法上的被认为是犯罪的行为,如果在习惯法上是正当的,便极有可能导致其责任程度的降低。

首先,从违法性看,习惯法上的正当性可能部分地阻却违法。在前面的研究中,我们探讨了习惯法作为一种违法阻却事由的存在。从观念上讲,习惯法作为违法阻却事由的成立,意味着一项符合习惯法规则的行为被完全阻却其违法性。但是,对这样一种事实的承认,并不意味着排除了另外一种重要的可能,即一项习惯法上的正当行为不是完全阻却了违法,而只是部分阻却了违法。换言之,行为不是完全不具备法益侵害性或社会危害性,而只是这种法益侵害或社会侵害的程度显著降低。通常而言,违法性的大小主要由犯情来决定,也即由犯罪的危害结果来决定。因此,认定违法性的大小时,主要应考虑被害法益的大小、犯罪方法的残酷性、被害者人数的多少、犯罪结果的轻重等因素。但值得注意的是,这里的危害结果并不仅仅是指对法益或社会秩序的实际危害,而是同时包括了对法益或社会秩序的潜在威胁。易言之,危害结果不仅包含"实害",同时也包含"虚害"。应当看到,一项行为是否在习惯法上被视为正当,对犯罪的实际危害结果没有影响,但对犯罪的"虚害"却会产生重要干扰。质言之,习惯法乃是长期生活中逐渐形成的生活共识,行为一旦符合习惯法规则,便自然易被人们认同,也更符合人们的内心期待。这样,即使这种行为在制定法上被视为犯罪,其对生活观念和心理秩序的冲击也势必较小,其可能引发的心理波动和社会滋扰也必然较轻。于是,同样是制定法上的犯罪行为,如果一项行为是符合习惯法规则的行为,另一种行为是违背习惯法规则的行为,前者所导致的潜在社会影响必然要小于后者,换言之,前者的"虚害"必然小于后者。由此,从整体的社会危害性看,前者小于后者。因此,一项习惯法上的正当行为,即使不能完全阻却其违法性,也可能在社会危害性上显著降低,从而部分地阻却违法。

其次,从有责性看,习惯法上的正当性可能部分地阻却责任。与违法性的情况类似,习惯法上的正当性,不但可能完全阻却有责性的成立,而且可能部分地阻却有责性的成立,换言之,使有责性的程度显著降低。一般而言,有责性的大小,应该从责任要素入手加以考量,即从责任能力、故意过失、违法性意识及期待可能性等四个方面加以综合衡量。显然,责任能力及故意过失程度与习惯法因素并无明显牵连,但违法性意识的评价及期待可能性的高低则与习惯法关联密切。

从违法性意识观察,当行为人基于对习惯法的正当确信而行事时,考虑到其相对封闭的社会环境、群体性的行为意识和习惯法力量的惯性作用等因素,有可能出现违法性意识不可避免地欠缺。然而,对这样一种事实的认可,不能导致对其他可能情形的忽视。一种可能情形是,行为人虽然欠缺违法性意识,但此种欠缺是可以避免的;另一种可能情形则是,行为人仍然存在违法性意识,只是违法性意识的可非难程度显著降低。

例如,当行为人基于习惯法上的确信而行事时,若有旁人明确提出提醒与劝告,告知行为人其行为可能违反刑事制定法,但行为人仍不顾劝告并坚持己见而行事。此时,行为人虽仍坚信其行为的正当性,欠缺违法性意识,但在存在明确法律指示的前提下,行为人完全可能认识到其行为具备制定法上的违法性,也完全有理由期待行为人法意识上的警觉,因此此种违法性意识的欠缺是可以避免的。根据当前的主流学说,可以避免的违法性意识欠缺不能完全阻却责任,但却可以减轻其责任程度。

再比如,可能存在这样的情形:行为人一方面对自己行为的习惯法意义有明确认知,但另一方面也对自己行为的制定法性质有一定意识。由于两种制度和知识对同一种行为的评价截然不同,同时从两个不同方面导引和争取行为人,使行为人陷入一种对行动规则的迷惑、彷徨和痛苦抉择之中。最后,习惯法的顽固和有力战胜了制定法,行为人最终选择了习惯法上的行动规则,放弃和违反了正式制定法上的相关制度。在这种情形下,行为人对自己的行为是否被制定法所允许,内心存在怀疑,行为人理应在着手行为之前,就行为的制定法意义及可能的法律后果审慎考量。换言之,在遇到判断上存疑的情形时,行为人负有"法律咨询的义务"。如果行为人不经特定的法律咨询和谨慎考量而贸然行事,则显然违背了制定法上的合理期待。此时,行为人仍具备一定的违法性意识,尽管此种意识可能是模糊的,但行为人仍具有责任上的可非难性。当然,这种可非难性的程度由于习惯法的介入而显著地降低了。这主要是因为,行为人长年的生活经验和周围社区的广泛实践都向他表明,选择习惯法是完全符合行动常规和社会期待的。习惯法的顽强有力,使他获得了信念上的足够支撑,并不自觉地用习惯法上的规则去置换制定法上的规则。正是此种习惯法上的法意识的介入和干扰,使行为人对正式制定法的认识变得迷惑和含混。由此可以认为,行为人并不是在对自己行为的制定法意义有清晰、明确认识的情况下,去刻意干扰和破坏正式法秩序。正是此种明确反对意识在程度上的减弱,使行为人的可非难程度下降。

从期待可能性考察,习惯法上的正当性亦可能使从事合法行为的期待可能性显著降低。通常认为,期待可能性不仅存在有无的问题,而且存在程度的问题。相应地,期待可能性不仅能够决定责任的有无,而且能够影响责任的程度。存在期待可能性时,责任方能成立,不存在期待可能性时,责任无存在之余地;期待可能性大时,如果影响责任的其他因素不变,则责任也大,期待可能性小时,如果影响责任的其他因素不变,则责任也小。

应当承认,在某些情况下,习惯法因素的介入并未使行为人完全丧失期待可能性,而只是使期待可能性程度显著降低。这样的例子在实践中大量存在。例如,随着社会情势的变迁,许多封闭的边疆地区开始出现了新的社会面貌。原先保存完好的习惯法规则开始松动,有些视野开阔、思想开放的公民逐渐放弃对它的遵循,转而依赖制定法规则,其他民众则仍然顽固地坚守着习惯规则。在这样的情境下,如果遵循习惯法规则的行为触犯了制定法规定,可以认为是一种期待可能性显著降低的行为。之所以得出这样的判断,主要是基于如下考虑:一方面,基于社会情势的变迁,法律有理由期待行为人对新的制度和知识保持敏感,特别是当其周围的其他民众已经开始放弃传统规则并转而遵循新规则时,便更有理由期待行为人对正式制度保持适当的意识警觉。因此,行为人具有期待可能性;但另一方面,由于习惯法规则的持续惯性作用,行为人毕竟还是会深受此种知识传统的影响。习惯法上的正当化确信严重干扰了行为人的行动抉择,制定法上的适法期待因此显著降低。

由此可见,习惯法上的正当性,可能在一定程度上部分地阻却违法或阻却责任,使责任程度在整体上下降,从而使量刑基准往下调整。这种作用机制,在四要件体系中也能得到学理转换与重新表达。亦即,违法性判断上社会潜在威胁的降低,即是客观危害程度的降低,而有责性判断中法敌对意识的下降,即是主观恶性的降低。从主客观相一致的原则着眼,客观危害和主观恶性程度的下降必然导致刑事责任及刑罚量的下降。

2. 预防犯罪与习惯法

从预防犯罪的层面观察,习惯法上的正当化将使一般预防的需要降低。正如前述,一般预防的需要体现在社会治安形势、犯罪发案率的升降、受害人的愤恨程度及民愤大小等因素上。其中,受害人愤恨程度及民愤大小这两个因素与习惯法有重要联系。

从受害人的愤恨程度看,习惯法上的正当性将导致其愤恨程度下降。一项在制定法上被认为是犯罪的行为,在习惯法上却可能是正当的。此时,当事人在制定法上的地位与其在习惯法中的地位恰好颠倒过来。制定法上的犯罪者在习惯法上往往是被害人或权利人;制定法上的受害者在习惯法上却常常是犯罪人或义务违反者。正如上文实证研究中显示的那样,妻子与第三者通奸,丈夫实施了过度的私力报复,此时丈夫是制定法上的犯罪者,但却正是习惯法上的被害人与权利人;第三者是制定法中的受害者,但却恰恰是习惯法上的犯罪人。因此,尽管行为人在制定法上是犯罪人,是理亏的一方,但在习惯法上却往往表现得理直气壮。而尽管另一方在制定法上是受害者,是有理的一方,但面对行为人在习惯法支撑下的兴师问罪,却常常处处退让。在某些情况下,甚至连相对人自己也认为是做了亏心事,理应承受行为人只要不是太为过分的报复和惩罚。可以说,作为一种当事人真正从内心接受的规则,习惯法上的正当行为是符合双方当事人的理性预期与行为期待的。因此,制定法上的受害人对于犯罪人的行为,常常会表达出一定的宽容、理解甚至是承受,其愤恨程度大大削弱。

从民愤大小看,习惯法上的正当行为也将使民愤最大程度地降低。应当承认,习惯法上的正当行为不但是符合当事人预期的行为,而且是符合整个社区期待的行为。从实践表现看,这种行为非但不易受到社区舆论的谴责,反倒极易得到群众的大力支援。司法机关如果一意孤行,简单地阻止和惩戒这种习惯法上的正当行为,倒是容易牵犯众怒、激起民愤。因此,本着对人情事理的合理体恤,本着法律效果与社会效果的均衡统一,司法机关也应考虑对此种行为酌情从轻、减轻处罚。

(三) 作为酌定量刑情节的习惯法

以上,我们从责任与预防两个角度,论证了习惯法因素在刑罚裁量中作为一种酌情从轻或减轻情节的学理根据。应当承认,提出这样的观点并不是什么理论上的创新,而只是对实践经验的梳理和再阐释。以往,甚至直到今天,基层法官迫于习惯法的现实压力,又苦于缺乏正式制定法上的制度安排,只能凭借自己常年的司法经验,尽量将这些对民间规则的实质考虑,用制定法上的概念术语或刑事政策予以包装,从而无奈地游走在正式制度与非正式制度的边缘。这样的境况充分显示了基层司法实务中的艰难和尴尬。遗憾的是,学者们往往醉心于演绎他们自认为完美无缺的理论,迷恋于对罪刑法定的无懈推演,却始终看不到习惯法在基层司法实务特别是量刑实践中的重要影响。于是,民间的司法实践无从进入学界的视野,更无法进入立法者的视野,这便不可避免地导致了两个极为严重的后果:一方面,民间实践无法得到理论上的及时回应和有力论证;另一方面,民间实践更无法获得立法上的妥善重视和吸收借鉴。在我们看来,明智而务实的态度应该是,将习惯法上的正当化行为,作为一种酌情从轻或减轻处罚的量刑情节加以考量。一旦时机成熟,便将其在正式法上加以明确规定。惟其如此,才能使法官对习惯法的考量,从暗箱操作转化为台面化运作,缓释法官面临的双重压力;才能使法官对习惯法的考量,从或然性、非制度性操作转化为一种必然性、制度性操作,纠正法官的"擦边球"心理。由此,理论与立法方能正确地引导司法实践。

第二编 体系

The Boundary of Criminal Jurisprudence

第五章
构成要件与违法性的阶层关系[*]

自"李斯特—贝林体系"确立以来,构成要件、违法性与有责性就成为德、日犯罪论的核心阶层。围绕三者关系的讨论不绝于耳,几乎每一位试图在刑法学史上留下印痕的人物,都必须在犯罪论体系的问题上发言。如果说,不法(由构成要件与违法性构成)与责任间的界限还较为清晰,那么,在不法的内部,构成要件与违法性的关系则显得扑朔迷离。它们时而截然分立,时而紧密交织,呈现出"剪不断、理还乱"的复杂纠结。然而,妥善清理这两者之间的关系,对于真正"进入"德、日刑法学的主流脉络,并深刻把握其犯罪论体系的内在逻辑,无疑有着关键的意义。本章就是立足于这一问题意识的展开。

一、构成要件与违法性的一体化趋向

最初,按照贝林的预想,构成要件乃是客观、中性的范畴,与作为价值评价的违法性之间保持着截然界限。但是,随着构成要件观念的不断扩张,其与违法性的关系亦不断紧密甚至一体化。这是贝林始料不及的。

(一)行为构成要件论

现代意义上的构成要件学说创始人是德国学者贝林。作为一位自然主义刑法学者,贝林崇尚科学性思考,拒绝任何超越论的思辨。贝林主张:刑法体系中的犯罪行为是自然事实的模拟,即犯罪行为的确定,应与可感知的、以物理性或生物性的概念体系可以叙述的事实

---

[*] 原题为《合分之道:构成要件与违法性的阶层关系》,载《中外法学》2011年第4期,略有修改。

相一致。[1] 由此出发,贝林认为构成要件只能是记叙性的、客观的、价值中立的行为类型。这样的构成要件,不包含任何主观的、规范的要素,与违法性、有责性呈现出截然分离、相互独立的状态,可以说是典型的行为构成要件论。

构成要件之所以是价值无涉的,是为了确保犯罪外部轮廓的明确,由此最大程度地实现刑法之保障机能。然而,如果构成要件与违法性没有任何关系,那么符合与违法性没有任何关系的构成要件的行为,为什么能够成为违法性判断的对象呢?这是一个无法绕开的疑问。关于此点,贝林作了以下的思考性说明:在通常的构成要件中,刑罚法规没有明示要特别考虑违法性要素。只要刑罚法规没有明文要求违法性,就可以认为符合构成要件的行为具有违法性。在这样的场合,构成要件指示了违法性,符合构成要件就意味着原则上具有违法性,构成要件是违法性的征表。然而,问题是,作为一种价值中立的行为定型,构成要件又如何能够征表带有强烈价值非难色彩的违法性判断呢?贝林无法作出进一步的回答。

(二)违法性认识根据论

麦耶是贝林学说最重要的继承者。麦耶最令人瞩目的理论贡献之一在于,他首次发现了规范性构成要件要素,并在实质上动摇了构成要件无价值论的基础。

在麦耶看来,通常的构成要件要素都是经由人的感官可以感知的。但有些要素,诸如"陌生的事情""事实的不真实性""他人的财物""危险性""一个姑娘的品行"等等,则不具有直接的可感知性,而需要经过法官的评价才能认识。麦耶把这类需要经过法官评价才能判断的要素,称之为"规范性构成要件要素"。然而,麦耶一方面认为,规范性构成要件要素只涉及个案,从本质上来说,构成要件要素仍是客观的、记叙性的,规范性构成要件要素只是少数情况下的特例;另一方面,麦耶又把一些规范性构成要件要素纳入违法性判断的范

---

[1] 参见李洁:《三大法系犯罪构成论体系性特征比较研究》,载陈兴良主编:《刑事法评论》第 2 卷,中国政法大学出版社 1998 年版,第 422 页。

畴,认为它们实际上只是违法性要素。[1] 结果,虽然麦耶发现实定法的构成要件中含有规范性要素,但又在整体上将这些规范性因素排除出构成要件范畴,从而在根底里维持了构成要件的价值中立的立场。尽管如此,麦耶的规范性构成要件要素的发现,还是对贝林的中性无色的构成要件理论带来了巨大冲击,虽然这种效果是其刻意回避甚至掩饰的。

进一步地,在构成要件与违法性的阶层关系上,麦耶提出,构成要件是违法性的认识根据。构成要件与违法性之间是烟与火的关系,烟不是火,烟不包含火,但它可以得出火存在的结论直到提出相反的证据。[2] 符合构成要件的行为基本上就可以推断其违法性,除非具有违法阻却事由。由此,麦耶在形式上确立起构成要件与违法性的认识关联。但是,由于麦耶将规范性要素排除出构成要件范畴,在整体上仍然维持了构成要件的价值无涉立场,因此,他根本不可能合理地说明这种形式关联背后的实质价值关联。于是,"其理论还是与贝林的一样,把构成要件作为与违法性、责任相并列的独立的犯罪成立要件"[3]。

(三)违法性存在根据论

麦兹格在麦耶理论的基础上更进了一步。他不仅正面承认了构成要件中存在规范性要素,而且提出了比麦耶预想的更广的规范性要素。根据评价的尺度是源于法律规则、文化观点还是主观性的法官判断,麦兹格将规范性构成要件要素概括为法律的、文化的、主观裁决的三大类别。

由于肯定了规范性要素的地位,并远离了构成要件的无价值性立场,因此,麦兹格在更为紧密的关系上来把握构成要件与违法性的关系。在他看来,构成要件乃是"特殊的、类型性的违法",或者说是"违

---

[1] 参见[日]小野清一郎:《犯罪构成要件理论》,王泰译,中国人民公安大学出版社2004年版,第22—23页。
[2] 参见刘艳红:《开放的犯罪构成要件理论研究》(第二版),中国人民大学出版社2022年版,第33页。
[3] 马克昌主编:《犯罪通论》(第3版),武汉大学出版社2001年版,第63页。

法类型"。这是因为,刑事立法是直接宣告违法性的,它通过构成要件的规定,设定了特殊的、被类型化了的违法。因此,行为符合构成要件,不仅仅是违法性的认识根据,而且也是违法性的实在根据(Ratio Essendi)。[1]麦兹格的这一学说,是在实质的、价值论的意义上来把握构成要件。因此,只要是作为违法性基础的事实,主观的要素也好,规范的要素也罢,都包含在构成要件范畴之内。他指责将构成要件与违法"不自然地分离",强调立法者创造构成要件的行为,已经直接包含着违法性的意涵和作为特殊违法类型的违法性阐释。因此,不同于贝林和麦耶,在麦兹格那里,构成要件不再仅仅是判断的对象或标的,而是本身就已包含了对其范畴内所有行为的直接价值评判。构成要件与违法性的区别仅在于,通过构成要件得出的"法律的无价值判断"是暂时的。如果存在违法阻却事由,这种"法律的无价值判断"就可以例外地予以阻断。这种观点实际上是将构成要件看作是"伴随着例外保留条件的违法性判断",其与构成要件无价值性的观点已彻底分道扬镳。

(四)违法构成要件论

在麦兹格提出构成要件包含了"暂时的无价值判断"的理论之后,一些学者进行了反思性批评。其中,最不可回避的理论困境在于,如果构成要件只是暂时的无价值判断,即只有部分的刑事不法,就无法合理解释为何在违法性层次具有终局的、全部的刑事不法。若人们不愿退回到价值中立的构成要件学说,则只能将所有对于违法判断起决定性作用的要素都还原到构成要件之中去,才能克服以上的困难。这样,构成要件就不仅是暂时的无价值判断,而是一种终局的无价值判断;构成要件就必须包含全部的违法要素,而非仅包含其中的一部分。如此一来,构成要件就具有了决定违法的功能。正当化事由的体系地位到底如何安置,就成为难以回答的问题。

(五)消极构成要件论

作为"违法构成要件说"的具体化,"消极性构成要件理论"提出

---

[1] 参见马克昌主编:《近代西方刑法学说史略》,中国检察出版社1996年版,第238页。

更为极端化的理论主张。鲍姆戈登在其经典名作《犯罪论结构》中提出,构成要件该当性与违法性不应视为两个相对独立的层次,而是应当结合为一个整体——"综合不法构成要件",亦称"整体构成要件"。[1] 这是因为,对于某一行为,在判断其是否具备刑事不法时,不仅要探讨构件要件是否该当,而且必须同样考察是否成立违法阻却事由。因此,可将违法阻却事由理解为"综合不法构成要件"的负面或消极构成要件。要肯定刑事不法,此种消极性要件就必须被排除,如果此种消极性要件被肯定,则不再成立刑事不法。

"消极性构成要件理论"的提出,最大程度地扩展了构成要件的疆域,并由此统合了传统的违法阻却事由。然而,这在理论上却导致了一个极为严重的后果,即从根本上颠覆了构成要件该当性与违法性作为不同阶层的结构安排,并在"综合不法构成要件"的名义下,将构成要件该当性与违法性整合为一个评价层次。传统的三阶层结构,从此转换为两阶层的结构,即由构成要件该当性加上有责性构成。

(六) 小结

可以很清晰地看到,在贝林的设想中,构成要件乃是描述的、价值无涉的范畴,其与违法性的实质价值评判之间保持着截然的界限。然而,从中性无色的构成要件论,到规范性的构成要件要素的发现,再到主观的构成要件要素之提倡,构成要件的观念逐步扩张。同时,伴随着构成要件观念的扩张,构成要件与违法性的关系也日趋紧密。从违法性认识根据说到违法性存在根据说,从违法构成要件论到消极构成要件论,构成要件与违法性的"观念形象"不断拉近。与这一趋势相对应,随着构成要件观念的扩张,违法性判断的内容则被不断掏空,部分地,甚至全部地前移到构成要件层次中予以判断。由此导出的结果是,构成要件和违法性之间的界限不断模糊化,乃至两者融为一体,从而在体系上引起剧烈震荡。

---

[1] 参见苏俊雄:《刑法总论(Ⅰ):刑法之基础理论、架构及适用原则》,元照出版公司1998年版,第73页。

二、构成要件与违法性区分的必要性

如果构成要件真是基于不法角度而进行的一种评价,那么,为什么不法的一个部分归于构成要件,而另一部分又归入违法性之中呢?进一步地,如果构成要件和违法阻却事由实际上所起的作用是同样的——共同或相互补充地对行为不法作最终判断,那为什么不可以或不应该把构成要件与违法性合二为一,使犯罪在体系上成为具备不法和有责的行为呢?

今天,几乎已经没有人否认构成要件与违法性的紧密关联,"把构成要件看作是违法类型,这可以说是普遍的见解"。[1] 但是,能否基于这样的关联性,就完全无视两者的差异?构成要件与违法性果真是"同质之物"?在我们看来,构成要件与违法性绝不能简单地加以统合,它们在法价值、法判断、实体效果、程序功能等方面,均存在着重要区别,有必要分而治之地加以处理。

(一)法价值上的区别

1. 观念形象上的区别

今天的刑法学界普遍承认,构成要件的基本意义在于,将自然无型的生活事实予以法律的抽象定型,并藉此将犯罪认定的模型予以具体细化。构成要件从根底里是作为"犯罪类型"而存在的。构成要件囊括了各个具体犯罪成立的特征,借助它,诈骗才成为诈骗而非盗窃,抢劫与抢夺才不至于混淆。

关于此点,在学术史上可以看到一条极为清晰的发展脉络。一开始,在贝林的理论体系中,构成要件是与违法性、有责性并列的层次,三者之间并无内在的逻辑关联。此时的构成要件,仅仅被视为客观的、价值无涉意义上的行为定型;其后,随着认识的深入,构成要件与违法性之间的关系开始日益紧密,构成要件不但被视为违法性的认识根据,而且被视为其实在根据。如此一来,刑事立法就不仅仅是对

---

[1] [日]福田平、大塚仁:《日本刑法总论讲义》,李乔等译,辽宁人民出版社1986年版,第43页。

客观行为的定型化,而且可以直接宣告违法性。它通过构成要件的规定,设定了特殊的、被类型化了的不法。构成要件作为违法类型的意义开始凸现;进一步地,构成要件与有责性的关系也被注意到。构成要件不仅应被视为违法类型,而且应被视为责任类型。于是,主观要素不仅内含于责任之中,而且也蕴含于先前的构成要件之中。从"行为类型"到"违法类型",再从"违法类型"到"责任类型",构成要件逐渐取得了整体的"犯罪类型"的地位,并被作为"刑事可罚性的类型"加以对待。因此,诚如苏俊雄先生所言:"刑法各论所规定的各种构成要件,在法律认识论上,同时涵有表示犯罪类型的意义……这也是近代法学——范畴化与科学化的基本特色,亦即以构成要件为推理的类型命题与定型界限。"[1]

反观违法性阶层,则呈现出不同的"观念形象"。尽管违法阻却事由中也有正当防卫、紧急避险、被害人承诺等种类上的划分,然而,这种区分不是对各种犯罪行为样态和法益侵害形态的具体细化,而是对例外情况下可予以正当化的情形予以具体处理。违法阻却事由与构成要件之间,存在着认识角度上的巨大差异。如果说,构成要件是对犯罪予以横向的类型性分割,那么,违法阻却事由就是将排除违法性的情况从这种横向分割中予以纵向抽取。每一种违法阻却事由,都可以适用到任意犯罪类型之上。它是在具体情况下,基于各种法律禁止与容许条件而对多种法益之间的价值冲突进行的微妙衡平。

2. 政策意义上的区别

构成要件与违法性的区别,更为具体地体现在政策价值的差异之上。这里,可以举出的是两种不同的行为:一是构成要件不该当的行为;二是虽该当构成要件但存在违法阻却事由的行为。从刑事政策的角度考量,这两种行为有着极为明显的区别。构成要件不该当的行为根本不触及刑法领域,在刑法上不具有重要性;而该当构成要件但却存在违法阻却事由的行为,则已经进入刑法规制的领域,在刑法上具

---

[1] 苏俊雄:《刑事法学的方法与理论——如何从事法律思考》,环宇出版社1974年版,第169页。

有重要意义,只是基于特殊情况下的例外允许才阻却其违法性。比如,杀死一只蚂蚁的行为和正当防卫情况下的杀人行为绝不能等视齐观。虽然两者在结果上都不具备刑事违法性,但在刑事政策的意义上却大相径庭。杀死一只蚂蚁的行为,并非符合构成要件的行为,也便根本没有触及为保障共同社会生活而必须由刑法规制的领地,在刑法上不具有重要性。而正当防卫下的杀人行为则已经该当了构成要件,从而侵入了刑法的一般禁止界限,在刑法上具有重要意义,只是由于例外的允许规范而阻却违法。

这里,构成要件的"呼吁机能"需要被特别强调。由于构成要件勾画了各具体犯罪成立的基本特征,因此,它向每一位公民提示了一个应受谴责和禁止行为的"图表"。如此一来,"对行为构成特征的描述影响了一般公众的法律意识并且发挥了可能的威慑作用"[1],因而具有明显的自由保障和一般预防功能。为了保障此种构成要件的界限作用和"社会呼吁"机能,[2]就有必要将不值得或不应受到刑法禁止的行为,与已经侵入刑法领地但基于例外允许而阻却实质违法的行为严加甄别。一旦将构成要件与违法性混同为一个层次,构成要件的呼吁机能和警告作用也就烟消云散。

3. 合目的性上的区别

在实质解释论的带动下,法益保护已经成为构成要件领域处理的核心问题。一个不该当构成要件的行为,之所以没有触及刑法的领域,之所以不具有刑法上的重要性,归根到底是因为它没有侵犯或威胁刑法所欲保护的重大生活利益(法益)。这当然不是说,此种行为不会造成任何利益损害,而只是说,这种损害在刑法上没有意义,这种利益在刑法上没有必要保护而已。相反,该当构成要件存在违法阻却事由的行为,已经现实地侵害或威胁了刑法所保护的法益,仅是例外地不构成实质违法。虽然此种法益的侵害或威胁,经由与更大利益的权

---

[1] [德]克劳斯·罗克辛:《德国刑法学总论——犯罪原理的基础构造(第1卷)》,王世洲译,法律出版社2005年版,第187页。

[2] 也有学者称之为"构成要件的警告作用"。参见苏俊雄:《刑法总论(Ⅰ):刑法之基础理论、架构及适用原则》,元照出版公司1998年版,第76页。

衡而最后被屏蔽,但法益受到侵害或威胁的事实却是无法改变的。我们可以再次回到前面的例证:杀死一只蚂蚁的行为,是没有侵犯任何刑法法益的行为;但是,作为正当防卫的杀人行为,其造成的个体死亡的法益侵害后果,却是真实存在的。类似地,一个故意毁坏自己财物的行为,是不符合构成要件的行为。因为,这里虽然存在财产损害,但却不属于刑法的保护范围;相反,一个故意毁坏他人财物的行为,则是该当构成要件的行为。它已经现实地侵入了刑法的保护领域——他人的财产法益。只有在行为人具有紧急避险等其他正当化事由的情况下,才可以排除其实质违法性。

由此,可进一步推断的是,在构成要件的层面,主要考虑的乃是刑法自身的合目的性——法益保护之问题;而在违法性的层面,主要处理的则是刑法的合目的性与其他法领域的合目的性,甚至是与其他更为广阔的社会领域之间的价值冲突问题。过去,一种倾向性的态度是,构成要件符合性的判断乃是事实判断,而价值判断则退回到违法性层面来进行。[1] 但是,这种观点是难以成立的。随着对规范性要素的全面承认,随着开放性构成要件的彻底引入,随着客观归责理论的不断抬头,构成要件阶层已经包含着太多的价值评判。否认这种判断的价值色彩,不是一种明智而务实的态度。事实上,不仅包含价值判断,而且,在构成要件的创设与解释中,就已经开始考虑抽象的价值权衡。比如,关于"空白罪状"的规定,就已经考虑了其他行政、民事法规的规范目标。到底哪些是"珍稀濒危野生动物",也必须依据《野生动物保护法》"野生动物保护名录"来加以确定。而在"猥亵""淫秽"等规范性要素的创设与解释中,更无法离开一般的社会文化评价。但必须看到的是,构成要件阶层的价值判断存在着一个"最高原则",即必须在法益保护——这一刑法规范目的的支配下进行。换言之,尽管也参考其他法领域,甚至是一般的社会文化领域的价值设定,但这些价值都必须无条件地向刑法本身的规范目标靠拢,并受制于法益保护

---

[1] 参见周光权:《违法性判断的独立性——兼及我国犯罪构成理论的改造》,载贾宇主编:《刑事违法性理论研究》,北京大学出版社2008年版,第297页。

这个核心。然而,一旦进入到违法性阶层之中,考虑的问题马上转换为:一个抵触刑法之规范目的并侵犯法益的行为,是否被其他法领域或社会领域所认可? 由此,一个强行进入债务人家中的民事执行法官,尽管损害了他人的住宅安宁,符合了非法侵入他人住宅罪的构成要件,但却可以基于民事诉讼法上的相关权力而被正当化。这样一来,在构成要件与违法性之间,就存在着明确的分工,即在构成要件的范围内,刑法之规范目的具有主导性的地位,其他的价值考量必须依附于这一目标;而在违法性阶层中,则全面引入其他法领域、社会领域的重要价值,并允许价值之间的相互竞争与博弈。因此,违法性阶层的任务乃在于,站在统一的法秩序立场,对刑法与其他法域、一般社会领域间可能的价值冲突予以协调。在复杂的多元利益之间予以微妙平衡是其实质。这也是为什么,刑法中具有重大意义的正当化根据,都是来源于法律制度的全体领域的,这些事由可以毫无困难地适用于刑法之中。[1] 与此相对,纯粹从刑法中产生的正当化根据却是绝无仅有的,即便如正当防卫、紧急避险等也通常被其他法领域(如民法)所采用。

(二) 法律判断上的区别

1. 判断方向上的区别

在构成要件与违法性的判断上,存在着方向性区别。这一点,即使是试图取消两者间之层次划分的"消极构成要件理论",也加以承认。详言之,构成要件的判断是一种正面的、积极的判断;而违法性的判断则是一种反面的、消极的判断。构成要件作为刑法发动的界限,只有在行为全面地符合这些要件时,才具备该当性。因此,法官必须进行积极的判断,逐一对各个具体的构成要件要素进行检验。在各个构成要件均符合之后,就可以推定行为的实质违法性成立。因此,所谓的违法性判断,实际只剩下反向地排除正当化事由的存在。此时,并不要求法官对每一种可能的正当化事由,逐一进行事先地、积

---

[1] 参见[德]克劳斯·罗克辛:《德国刑法学总论——犯罪原理的基础构造(第1卷)》,王世洲译,法律出版社2005年版,第397页。

极地判断,而只需要在某个正当化事由被辩方提出后,或者在诉讼中出现了使人能够推测或许存在某种违法阻却事由的状况时,予以事后地、消极地排查。

2. 判断性质上的区别

构成要件与违法性的判断,还存在着性质上的区别。构成要件的该当是一种抽象的、定型化的判断,而违法性的认定则是一种具体的、权衡式的判断。具体而言,构成要件是一种将现实中的犯罪现象进行提炼,概括出共同要素后形成的观念形象。因此,构成要件本身是一种抽象的、类型化的犯罪轮廓。而构成要件该当性的判断,就是看事实是否符合这种犯罪轮廓,因而是一种抽象的、定型性的判断。[1] 相反,违法性的判断,也即违法阻却事由的判断,并不是规范上抽象的、一般的例外,而是需要在每一个特定情况下,具体地观察案件情况、细致地权衡各种在场利益之后才能加以认定。其根本目标在于,以较轻微利益的损失换取较重大利益的保护。因此,它需要在具体的法律素材上加以展开。并且,对于这种侵害(损失)所要求的必要限度和合理范围本身也表明,它并不构成对禁止规范的一般限制,恰恰相反,它必须在个案中进行具体衡量。

3. 判断范围上的区别

从判断的范围上看,构成要件与违法性也存在明显差异。构成要件符合性的判断是一种规范性的、封闭性的判断,它严格受制于罪刑法定原则;而违法性的判断则允许超规范的、开放性的判断,罪刑法定原则并不构成有拘束力的界限。在法治国背景下,构成要件可谓是罪刑法定原则最为严格的体现。构成要件是基于刑法的明文规定而被确定下来的,行为不符合构成要件的规定,就不能被判定为犯罪。因此,构成要件该当性的判断,以刑法规范为其边界,绝不允许超越法规范的限定,对刑法没有规定的犯罪类型予以惩罚。即使在开放性构成要件的场合,某些构成要素(如目的犯中的目的等)的填补,需要法官以超越法条文字的方式来进行,但具体的犯罪类型仍然是由法规范牢

---

[1] 参见张明楷:《外国刑法纲要》(第三版),法律出版社2020年版,第71页。

牢给定的。因此,在构成要件的层面上,罪刑法定原则构成了有绝对拘束力的界限。与之相对,在违法性判断中,正当化事由的来源并不限制在刑法的明文规定之上,还存在超法规违法阻却事由的广阔空间。正当化事由在类型上的开放性、可补充性,是理论界普遍分享的共识。这部分是因为,罪刑法定主义的精神,在于禁止新设刑罚或加重刑罚等不利于被告人的法律扩张,但并未禁止排除或减轻刑罚等有利于被告人的扩张适用;部分则是因为,违法性判断的任务,在于协调不同法域之间的冲突与紧张,因而有必要在刑法规范之外,广泛引入在其他法领域、一般社会领域所承认的正当化事由。惟其如此,刑法才不至于在价值判断上陷入偏执,其他领域的重要价值也能够在构成要件极为封闭的刑法上赢得影响。

4. 判断结论上的区别

从判断的最后结论上看,构成要件与违法性也存在明显差异。对于构成要件而言,只有符合与不符合的问题,不涉及程度的问题;对于违法性而言,除是否具备外,还存在程度轻重的问题。例如,抢劫一千元的行为与抢劫一万元的行为,都抵触了抢劫罪的刑法规范,在构成要件的该当性层面没有任何区别。但是,在两者都不具备正当化事由的情况下,它们的实质违法性显然有程度上的高低。

如上所述,构成要件乃是一种抽象的、类型化的犯罪轮廓。而构成要件该当性的判断,就是看事实是否符合这种犯罪轮廓。因此,作为结论而言,只有符合或者不符合,而无法得出符合到什么程度的答案。从逻辑上看,这是一种"非此即彼"式的判断,是典型的"单值逻辑"。然而,当我们进入到违法性判断的阶层之中,情况就变得复杂起来。如果行为具备违法阻却事由,行为的实质违法性就被排除,此时当然不存在违法程度问题;相反,如果行为不成立违法阻却事由,行为的实质违法性便会被肯定。此时,还必须进一步考虑违法性的程度高低。从逻辑的角度看,它除了"是"与"否"的判断,还存在着"或多或少"的判断,属于典型的"多值逻辑"。此种程度判断的必要性,根源于两个事实:其一,违法性本来就涉及利益之间的权衡,因而,它必然会关注各种利益的性质、等级与重大程度,以便展开数量关系上的比较;其二,违法性不仅是影响犯罪是否成立的因素之一,而且还会在实质上影响罪责的程度,从而在量刑上具有重要价值。量刑在本质上是一种数量化的操作,由此,对违法予以程度性考量就具有必要性。

(三) 实体效果上的区别

1. 相对人的容忍义务

还要看到的是,如果把构成要件与违法性作为不同的评价层次,就会在实体的法律效果上产生微妙区别。这首先表现为,构成要件不该当的行为,相对人没有容忍的义务;而虽该当构成要件但存在违法阻却事由的行为,相对人却有容忍的义务。比如,对于没有占有目的,纯为临时使用而开走他人汽车的行为,相对人可以正当防卫;但当开走他人汽车是为了救火的急需时,相对人原则上就不能防卫。在此,一个构成要件不该当的行为,并不一定是被法律所允许的行为,它既可能游弋在"法外空间"之中,也可能在其他法部门上被视为违法。没有占有目的、纯为临时使用而开走他人汽车的行为,尽管不具备盗窃罪的构成要件,但却构成民法上禁止的侵权行为。由此,它符合正当防卫的起因要件,可以引出正当防卫权。相反,一个符合构成要件但却具备违法阻却事由的行为,是一种被正当化了的行为,一个在整体法秩序上被视为"合法"且"正确"的行为。它必须为相对人所容忍和接受,原则上不能对其进行防卫。此时,要合理地解释为何相对人具有容受义务,就不能将违法阻却事由理解为一般性禁止规范的一个部分(像消极性构成要件理论那样),也不能仅仅将其理解为一般禁止规范的内在限制,而必须肯定其作为许可性条件的独立地位。因为,前者只是表明了"其不被禁止",而后者则积极证成了"其具有正当性"。也惟其如此,方能合理地导出,许可性规范赋予了行为人在异常情况下的侵害权利,以及对应地,相对人负有忍受的义务。

2. 错误的类型划分

对于传统理论而言,将构成要件与违法性做层次上的区隔,还产生了实体上的另一后果,即错误的类型区分。在与构成要件及违法性相对应的意义上,错误被区分为构成要件性错误与违法性错误(禁止错误)。这两种错误在"是否阻却故意"的问题上会产生不同的效果。通说认为,构成要件具有故意规制的机能。[1] 亦即,故意是对构成要件之客观要素的认识与容认,于是,构成要件就规制了故意的认识内容与意志内容。一旦出现构成要件性的错误,就可能阻却故意的成立。相反,如果只存在违法性的认识错误(禁止错误),则没有排除故意的可能。[2]

在错误论中,对于违法阻却事由的错误究竟是属于构成要件错误还是禁止错误,存在巨大争论。[3] 按照传统理论,此种错误无疑属于"禁止错误"的范畴,不能阻却故意之成立。但如果取消构成要件与违法性之间的阶层之分,将违法阻却事由视为"整体构成要件"的一个部分,情况就可能完全不同。那样一来,违法阻却事由的错误就属于(消极)构成要件错误,而不是禁止错误,将产生阻却故意的效果。"消极性构成要件理论"的提倡者认为,后一种处理方式在法效果上更具妥当性,因此将其视为取消阶层之分的重要论据。

我们倒认为,对于违法阻却事由的错误须做进一步细分。

第一种情况是,行为人对作为正当化根据的前提性事实产生了错误认识。例如,行为人认为一个急冲向自己的人是抢劫犯而将其击倒,而事实上那个人只是想问路。此种错误的本质是,行为人首先对某种事实前提产生了错误认识,进而对自己行为的法律性质发生错误认识。在这种情形下,事实前提的错误是先导性的、关键性的,而对行为的法律性质所产生的错误认识,则只是附随性的、必然被包含的。由此,可将此种错误视为"不纯正的违法性错误"或"实质意义上的事实错误",并赞同对其比照构成要件错误来处理。

---

[1] 参见张明楷:《外国刑法纲要》(第三版),法律出版社2020年版,第59—60页。

[2] 在体系地位上,通常认为违法性认识错误及其可避免性是责任阶层处理的问题,与故意是否成立无关。这是"责任说"的立场。此外,如果站在"故意说"中的"违法性意识不要论"之上,也会得出相同结论。但如果站在"故意说"中的"违法性意识必要论"或"限制故意论"之上,就会得出不同结论。参见张明楷:《外国刑法纲要》(第三版),法律出版社2020年版,第213—215页。

[3] 参见苏俊雄:《刑法总论(Ⅰ):刑法之基础理论、架构及适用原则》,元照出版公司1998年版,第80页。

第二种情况是,行为人对事实性前提没有产生任何错误认识,而纯粹是对自身行为的法律性质产生了错误认识。例如,在处罚堕胎罪的国家,一名妇女让一个没有行医执照的人为自己进行了堕胎,她以为这种行为是受自决权保障的;一名官员接受了礼品,他错误地认为,这是作为习惯法上的正当化根据所允许的;行为人在遭遇对方极为轻微的攻击行为时,将对方打成重伤,他认为自己是在行使无限防卫权。前两个事例所涉及的,是对一种完全不存在的正当化事由的错误认识。行为人认为自己在从事正当化行为,而事实上却根本不存在这样的正当化事由。第三个事例则是对正当化事由的界限发生错误认识,把正当化根据的界限划得太宽。这些错误的共性是,对行为事实本身没有错误认识,但对行为在法律上的性质——"是否被允许"——发生了错误认识。它们处于禁止错误的核心位置,可谓是"纯正的违法性错误"。对这种错误而言,无疑不能排除其故意的成立,而必须在责任阶层内,根据其是否具有"可避免性"来讨论其归责可能性。根据以上分析,如果我们将"不纯正的违法性错误"排除在禁止错误之外的话,传统的错误分类也不是不能被维持。

(四)程序功能上的区别

1. 形式意义的举证责任

构成要件与违法性的阶层划分,不仅是基于法价值、法判断及实体效果上的差异化考虑,而且是基于程序功能上的分殊考虑。这是一个相对隐秘、常常被学界所忽视的维度。在我们看来,犯罪论体系的位阶安排绝非只是取决于犯罪本身的现象结构,也并非只是服务于行为的实体评价目标,其更有程序意义上的复杂考量。这尤其体现在形式举证责任的分配上。对于构成要件而言,形式意义的举证责任应由控方来承担;而对于违法阻却事由而言,形式意义的举证责任则应由辩方来承担。

小野清一郎教授较早地注意到了此点。他首先对举证责任作了形式意义和实质意义的区分。前者是指对于某种事实,当事人无论如何必须有证明它的行为义务。如不履行这一义务,就要承担法庭不考虑该事实的危险;后者则指对于某种事实,尽管调取了证据,但最终仍不能证明(得不到心证)时,必须做出对承担举证责任的当事人不利的判断。[1] 进而,小野清一郎主张,应当区分"犯罪构成要件事实"与"妨碍犯罪成立的事实",并以此为标准确定举证责任的分配。其中,对于该当构成要件的事实,必须由检察官承担证明责任。当检察官的证明不充分时,法院也可以运用职权进行证据调查。但是如果还残留着合理的疑点,就必须宣告无罪。这就意味着,公诉方对于该当构成要件的事实承担整体的举证责任(形式和实质的)。[2] 另一方面,对于妨碍犯罪成立的事实,亦即关涉违法阻却事由和责任阻却事由的事实,他认为,至少必须由被告人一方提出主张并加以证明,也就是必须由被告人承担形式的举证责任。当然这并不是说,法官和检察官就可以对这种事实漠不关心。为了"正当地适用法律",他们仍然必须从维护公共利益的角度出发,依职权努力地予以证明。在这种情况下,如果被告人和其他各方都已尽力证明,但该事实仍存在疑点时,法官应当肯定它还是否定它呢?换言之,实质的证明责任应该由谁来承担呢?在小野清一郎看来,也应该由被告人一方来承担。这是贯彻当事人主义的必须。[3]

铃木茂嗣教授也赞同将与犯罪成立有关的事实分为"构成犯罪的事实"与"构成犯罪成立阻碍理由的事实"。[4] 在他看来,"对于构成要件事实,检察官一开始就必须将其加以特定并向裁判所提出,然后在法庭上围绕其进行证明活动"。与此相对,"对于作为犯罪阻却事由的事实,只要它们没有形成诉讼中的争点就没有必要加以考虑。也即是说,只有被告人提出了显示这些事由可能存在的某种资料,或者诉

---

[1] 参见〔日〕小野清一郎:《犯罪构成要件理论》,王泰译,中国人民公安大学出版社2004年版,第245页。
[2] 参见〔日〕小野清一郎:《犯罪构成要件理论》,王泰译,中国人民公安大学出版社2004年版,第248页。
[3] 参见〔日〕小野清一郎:《犯罪构成要件理论》,王泰译,中国人民公安大学出版社2004年版,第249—250页。
[4] 参见〔日〕铃木茂嗣:《刑事证据法的若干问题》,载〔日〕西原春夫主编:《日本刑事法的形成与特色》,李海东等译,法律出版社、成文堂1997年版,第164—165页。

讼中客观地出现了某种使人能够推测或许存在着构成这些事由的事实状况,裁判所才有必要将阻却事由的存在与否作为争点纳入审判的对象",而"阻却事由一旦争点化,应理解为最终由检察官承担证明其不存在的举证责任"。[1] 可见,铃木茂嗣的观点是,对于该当构成要件的事实,应该由公诉方承担整体的证明责任;而对于违法阻却事由、责任阻却事由等事实,被告人有责任提出表面证据并使之成为争点。换言之,被告人具有形式意义的举证责任。至于实质意义的举证责任,则仍由公诉方承担。

由此看来,对于构成要件而言,应当由公诉方承担一揽子的举证责任(包括形式意义和实质意义),这一点没有分歧。而对于违法阻却事由应如何分配证明责任,则存在争议。但有一点却是共识性的,即被告人甚少应当承担形式意义上的证明责任,即提出表面证据并使这一事由争点化。因此,构成要件与违法性在形式的证明责任上存在重大差别。如果取消构成要件与违法性之阶层分立,就必然损伤这一形式的证明责任的分配机能。

2. 诉因与既判力的客观范围

构成要件作为实体的犯罪类型,也构成了刑事诉讼过程中整体性的、超越性的"指导形象"。这势必辐射到诉因的维持、既判力客观范围的确定等一系列问题之上。这是因为,所谓诉因的维持,即必须在同一(或同质)的构成要件范围内"固定"攻击目标,使相对稳定的构成事实成为两造间相互抗辩的对象。此时,构成要件起着某种形塑诉讼标的的指导作用。当然,诉因在一定条件下也可以撤回、追加或变更,但是,这必须在不改变"公诉事实的同一性"的限度内进行。而此种"公诉事实的同一性",无时无刻不依赖于"构成要件的同一性"或"构成要件的同质性"来决定。类似地,所谓客观既判力范围的确定,其实质仍是"案件同一性"的问题,同样必须回归到"构成要件的同质性",才能获得稳定而清晰的操作标准。构成要件的上述功能,与

---

[1] [日]铃木茂嗣:《刑事证据法的若干问题》,载[日]西原春夫主编:《日本刑事法的形成与特色》,李海东等译,法律出版社、成文堂1997年版,第165页。

其作为犯罪类型的观念形象是无法分离的,违法性则无法担负起这样的角色。

三、余论:构成要件与违法性关系处理中残留的问题

基于上述分析,我们的结论是,构成要件与违法性有必要适当分离,作为不同的评价阶层而存立。然而,在犯罪论体系的变迁轨迹上,人们看到的却是,构成要件与违法性逐渐紧密化,甚至融为一体。许多要素在构成要件与违法性之间来回游荡,找不到体系上安身立命的处所。这在根本上是因为,构成要件的内涵被极尽能事地扩张,违法性的内容则被不断掏空乃至形骸化,两者间的界限变得非常模糊。这在理论上导致了极为严重的后果,即两者在法意义、法判断、实体效果及程序功能上的区别开始隐而不显,体系上合二为一。

在我们看来,有必要重申构成要件与违法性之间的界限。这一任务的完成,部分依赖于上述宏观层面的分析,部分则依赖于某些具体问题的澄清。这些具体问题主要体现为两个方面:一是如何清理某些极为动荡的实定法要素,并作出体系上的相应归整;二是如何对若干理论予以体系上的准确定位。就前一方面而言,突出重要的是消极的构成要件要素、违法指示要素、评价总体构成行为的要素的体系位置问题;就后一方面而言,则主要是社会相当性理论、可罚的违法性理论的体系定位问题。后者牵涉极为繁复,同时篇幅有限,我们不准备对其详尽展开。[1] 这里,只是简单分析若干实定法要素的体系定位问题。

毫无疑义的是,"消极的构成要件要素"应归属于构成要件阶层。在设立构成要件之前,很可能存在某种先行的除去性判断,如将具备某种资格的人排除在构成要件之外,或将具备某种条件的行为排除在外。此时,只有不具备特定的资格或条件,才符合禁止行为的"图像"。

---

[1] 社会相当性理论、可罚的违法性理论的体系地位存在争论,它们经常在构成要件与违法性之间反复摇摆。在实质解释论的推动下,社会相当性与可罚的违法性更多的是放在构成要件下来讨论,并承担着将"不值得处罚的行为"排除在行为构成之外的功能。

因此，这种消极要素是"犯罪类型"得以成立的一个必要部分，只有在这些要素不存在时，构成要件才得以满足。

此外，立法者在设计构成要件时，经常会使用诸如"非法""无故""违法"等含有违法性指示作用的要素。对"违法指示要素"而言，需区别情况进行处理：一种情形是，它仅仅构成对违法性判断的多余提示。"纵在未特别使用如此之修饰词之构成要件中，亦须具有违法性之存在，此仅不过系法律规定文词上之语感而已。"[1]此时，尽管其属于违法性之阶层，但无须进行额外判断。另一种情形是，"非法""违法"等要素构成了抽象禁止条件的一个部分，只有在行为人不具备法律根据地行动时，某种"犯罪类型"才得以实现。例如，中国《刑法》第284条的规定："非法使用窃听、窃照专用器材……"此时，这些要素属于构成要件的范畴。

真正棘手的是"评价总体构成行为的要素"的体系地位问题。在使用这种要素的场合，构成要件的特征与违法性的特征不是分离的，而是相互重叠地纠缠在一起。典型的例子是《德国刑法典》第240条的规定。罗克辛（Roxin）就此指出：一方面，"任何人以卑鄙的方式强制他人，也就不仅是在第240条的意义上是符合行为构成的，而且当然也是违法的。对于正当化根据来说，就不再有存在的空间了"；另一方面，如果"有人在一种法定的强制许可基础上，强制进行一种紧急防卫或一种正当化的紧急避险状态，那么，他就不是卑鄙地行为，也就不符合行为构成了"[2]。因此，这里所规定的"卑鄙的方式"，在本质上构成了一种实质违法性的评价。用这样的表述来描述行为构成，不仅使构成要件的明确性被损伤，而且使构成要件与违法性的界限被彻底抹煞。因此，诚如罗克辛所言，此种立法现象的存在是对法治国的极大危害。它不是反对，而是支持了构成要件与违法性作为独立阶层的必要性。[3]

---

[1] 洪福增：《刑法理论之基础》，刑事法杂志社1977年版，第236页。
[2] 〔德〕克劳斯·罗克辛：《德国刑法学总论——犯罪理论的基础构造（第1卷）》，王世洲译，法律出版社2005年版，第196页。
[3] 参见〔德〕克劳斯·罗克辛：《德国刑法学总论——犯罪理论的基础构造（第1卷）》，王世洲译，法律出版社2005年版，第196—198页。

第六章
法益修复与功能违法论[*]

晚近以来,中国刑法出现了一类颇值关注的立法例。其基本特征是,尽管行为人实施了违法行为,但如事后对法益损害进行完整修复,就不予追究刑事责任。[1] 例如,《刑法》第 201 条第 4 款规定,"有第一款行为,经税务机关依法下达追缴通知后,补缴应纳税款,缴纳滞纳金,已受行政处罚的,不予追究刑事责任……"。2018 年,涉案金额约 8 亿元的范某某巨额逃税案,[2] 最终通过补交税款、滞纳金和行政罚款的方式,以不予追究刑事责任结案,更是触动了公众的敏感神经,引发了人们对刑法规定合理性与公正性的热议。

与此同时,此类立法例的出现,也极大挑战着刑法理论上的既有认知。在以往的刑法教义学体系中,法益修复现象并未被充分关注,充其量只是一种类似于退赃的事后悔过行为,被归于酌定量刑情节之中。[3] 然而,这显然无法解释上述立法例所规定之法律后果。近年来,有学者尝试从"刑罚根据阙如说"或"刑事责任熔断说"

---

[*] 原题为《法益修复与功能违法论》,载《中国社会科学》2024 年第 3 期,略有修改。
[1] 我们的讨论范围限于下述情形:行为人已实施了完整意义的构成要件行为,但基于其彻底的法益修复而不构成犯罪。这里,需特别注意讨论对象上的三点限制:一是,行为人的前部行为已经完全该当构成要件;二是,进行了完全的法益修复,而非部分修复;三是,立法明确规定了非罪化后果,如"不予追究刑事责任""不作为犯罪处理"等情形。需要注意的是,并不是任何类型的法益损害都可以被修复,也不是任何程度的法益修复都会被赋予非罪化的后果,我们是在特定约束性条件下进行的一种理论探索。
[2] 参见《税务部门依法查处范冰冰"阴阳合同"等偷逃税问题》,载《人民日报》2018 年 10 月 4 日,第 4 版。
[3] 参见张明楷:《刑法学(上)》(第六版),法律出版社 2021 年版,第 770—771 页。

的角度切入,[1]虽能在法律后果上提供更具说服力的阐释,却导致犯罪论与刑罚论(刑事责任论)在底层逻辑上的断裂。"客观处罚条件说"的提出,[2]正确地注意到法益修复背后所蕴含的政策考量,但这一学说不仅对客观处罚条件的体系地位存在理解偏差,而且忽视了政策性考量与不法判断间的内在关联。及至"赎罪说"的出现,法益修复与违法评价间的联系始被真正触及。但殊为遗憾的是,这种观点在理论构成上具有明显的逻辑缺陷,同时,也未在法益修复与违法评价间形成内在的学理贯通。

在法益修复的体系定位问题上,既有理论方案并不能提供满意解答。在我们看来,透过这一问题的讨论本身,此类立法例的类型化出现可能正蕴含着理论构建上的某种更生契机。亦即,作为一种重要的政策性考量,法益修复开始进入到违法论之中,成为一种内在的构成性力量,并由此带动违法评价的功能化发展。违法论的这一功能化转向,既与犯罪构成体系的发展脉络具有暗合与承继关系,也是对中国现行立法经验的整理、提炼与理论归结。由此出发,我们可沿着罗克辛的足迹继续前行,发展出一种与"功能责任论"遥相呼应的"功能违法论",更可尝试基于本土经验进行原创性的理论生产,并与学术传统展开平等对话。

一、法益修复在违法论中的内化

为了准确理解法益修复在刑法学体系中的地位与角色,有必要先对不同学说予以全面盘点,进而具体讨论法益修复与违法评价之间的关系。

(一)法益修复的体系定位之争

在法益修复的体系定位问题上,刑法学界存在激烈争论。仔细梳

---

[1] 参见刘科:《"法益恢复现象":适用范围、法理依据与体系地位辨析》,载《法学家》2021年第4期,第158—171页;庄绪龙:《"法益恢复"刑法评价的模式比较》,载《环球法律评论》2021年第5期,第133—148页。

[2] 参见张明楷:《逃税罪的处罚阻却事由》,载《法律适用》2011年第8期,第38—39页。

理起来,主要有"刑事责任熔断说""刑罚根据阙如说""客观处罚条件说"与"赎罪说"等不同观点。然而,这些观点要么缺乏在法益修复与违法评价间加以勾连的想象力,要么虽触及此种可能,但并未作出有说服力的学理贯通。

在"刑事责任熔断说"看来,法益修复是一种犯罪既遂后的刑事责任阻却事由。亦即,在实施法益修复行为后,原本预设的基准刑失去了科处的实质根据,刑事责任得以被熔断。[1] 然而,这一学说的疑问在于:其一,根据中国刑法学界的通说,犯罪与刑事责任在实体上是一种共生关系,不存在犯罪成立但阻却刑事责任的逻辑可能。其二,犯罪论与刑事责任论之所以具有融贯性,是因为两者处于一致的合目的性引导之下。立法中被设置为犯罪的行为,正是符合追究刑事责任之目的因而需要被界定为犯罪的行为。因此,该学说不仅带来了犯罪成立与刑事责任发动间的脱节,而且导致了两者内在逻辑上的断裂。其三,刑罚根据的阻却,未必等同于非刑罚方法也失去了存在基础。但遗憾的是,该学说对非刑罚方法的存立基础问题基本没有讨论。

在"刑罚根据阙如说"[2]看来,法益修复现象的实质是"有罪不罚"。不罚的理由在于,在法益修复的场合,无论从报应刑还是预防刑的角度,都欠缺刑罚适用的正当根据。[3] 然而,一方面,此种学说与"刑事责任熔断说"类似,同样缺乏犯罪论与刑罚论之间的贯通思维,使犯罪论与刑罚论的底层逻辑被不自然地分割。另一方面,该说认为,法益修复之所以能阻却刑罚,是因为它使报应与预防的必要性下降甚至消失。就论理逻辑而言,这显然是将法益修复消融在报应与预防之中,未将其视为一种超然的独立根据。而在我们看来,法益修复与报应、预防

---

[1] 参见庄绪龙:《"法益恢复"刑法评价的模式比较》,载《环球法律评论》2021年第5期,第144页。
[2] "刑罚根据阙如说"是类似学术观点的统称,如"刑罚论组成部分说""个人解除刑罚事由说"等。这类观点的共同特征在于,均将法益修复置入刑罚论之中,视其为一种不影响犯罪成立但可能阻却刑罚的事由。我们主要以刘科教授提出的"刑罚论组成部分说"为对象展开讨论。
[3] 参见刘科:《"法益恢复现象":适用范围、法理依据与体系地位辨析》,载《法学家》2021年第4期,第165—166页。

处于相互独立的地位,难以被报应、预防所吸收。此点后有详述。

在"客观处罚条件说"看来,《刑法》第201条第4款确立了一种消极的客观处罚条件,[1]第196条第2款中"经发卡银行催收后仍不归还"也具有同样的性质。[2] 这种消极的客观处罚条件,是一种基于特定政策考量而阻止刑罚发动的事由,但并不影响犯罪本身的成立。[3] 然而,此种观点也存在问题。一方面,这一学说对客观处罚条件的体系定位存在失误。客观处罚条件的体系位置尽管存在争论,但作为基础性共识,其始终是被作为一种犯罪成立条件而非刑罚阻却事由来理解的。[4] 质言之,如缺乏客观处罚条件,犯罪就在根本上不成立,应对行为人作无罪判决,而非仅仅阻却刑罚。另一方面,法益修复本身也难以被理解为客观处罚条件。这首先是因为,法益修复是一种行为人的行为,而客观处罚条件则并非行为人本人的行为,仅涉及某种外在的客观事由;其次是因为,法益修复具有一定的行为指引意义,呼吁行为人朝着法秩序所期待的方向来行动。客观处罚条件则并不涉及对行为的命令或禁止,因而难以在行为规范的面向上加以证立;最后是因为,法益修复所指向的对象,正是前行为所造成的法益损害结果。与之不同的是,尽管客观处罚条件也可能包含某些客观结果,甚至这些结果并不限于第三人行为所造成的结果,[5]但无论如何,它不可能直接指向构成要件结果。

而在"赎罪说"看来,法益修复实质上是一种赎罪行为。即对先前罪行自动消弭其危害,从而阻却了实质违法性,因而需对前行为予以出罪处理。[6] 在我们看来,这一学说的方向感是正确的,但仍存在以

---

[1] 参见张明楷:《逃税罪的处罚阻却事由》,载《法律适用》2011年第8期,第38—39页。
[2] 参见张明楷:《恶意透支型信用卡诈骗罪的客观处罚条件——〈刑法〉第196条第2款的理解与适用》,载《现代法学》2019年第2期,第147页。
[3] 参见张明楷:《逃税罪的处罚阻却事由》,载《法律适用》2011年第8期,第38页。
[4] 参见[德]汉斯·海因里希·耶赛克、[德]托马斯·魏根特:《德国刑法教科书(上)》,徐久生译,中国法制出版社2017年版,第747—751页;周光权:《论内在的客观处罚条件》,载《法学研究》2010年第6期,第118—120页。
[5] 参见张明楷:《逃税罪的处罚阻却事由》,载《法律适用》2011年第8期,第38页。
[6] 参见储槐植、闫雨:《"赎罪"——既遂后不出罪存在例外》,载《检察日报》2014年8月12日,第3版。

下疑问:其一,可能导致判断结论的反复。该说认为,前行为造成了法益侵害,并已达致犯罪既遂。而所谓"赎罪",是对已形成的既遂状态的嗣后祛除。如此一来,一种已经成立的违法性判断,又可能基于法益修复而被再次推翻,违法评价便可能处于反复摇摆的境地,难以形成稳定一致的结论。其二,可能存在判断过程与实质理由间的断裂。在"赎罪说"看来,罪行得以消弭的实质理由在于,法益修复行为阻却了实质违法性。但在关于犯罪既遂的判断过程中,"赎罪说"实际上又并未将法益修复纳入考量,相反,越过这一因素而径直得出了既遂结论。于是,人们不禁要问,法益修复到底是一种违法性成立后的废除性要素,还是一种违法性形成前的构成性要素?在"赎罪说"的理论构成中,实质理由上贯彻的是后者,而判断的实际过程中却在坚持前者。但问题是,如果在犯罪既遂的判断完成之后,又再次将法益修复因素倒置入违法评价之中,就势必造成体系的混乱甚至崩溃。

(二)法益修复与违法评价的两种关系模式

通过前面的讨论可以发现,在法益修复与违法评价的关系定位上,实际蕴含着两种不同模式:"外挂模式"与"内置模式"。前者将法益修复安置在违法阶层之外,后者则将其内置于违法阶层之中,并视为违法评价之构成部分。进一步地,在外挂模式中又有两种不同理论安排:一种将法益修复排斥在犯罪论体系之外,而置入法律后果体系之中;另一种则将其置入犯罪论体系之中,却隔绝在违法阶层之外。

整体而言,"刑事责任熔断说"与"刑罚根据阙如说"均将法益修复安置于犯罪论体系之外,并置于法律后果体系之中,形成了第一种"外挂性安排"。这种安排的最大缺陷在于,它使犯罪成立体系与法律后果体系之间的底层逻辑被割裂开来。由此,不仅可能导致犯罪成立与刑事责任或刑罚发动间的脱节,而且无法实现后者之于前者的合目的性指引。

"客观处罚条件说"将法益修复把握为一种不妨碍犯罪成立却可以阻却刑罚的事由,本质上也构成了第一种"外挂性安排"。然而,如果从客观处罚条件原本的体系位置出发,则可能发展出另一种理论方案。在这一方案中,犯罪论体系由构成要件该当性、违法性、有责性、客观处罚条件等组成,法益修复处于客观处罚条件阶层,是一种基于刑事政策的特殊考量而阻却犯罪成立的事由。如此一来,尽管法益修复被置入犯罪论体系之中,但却被区隔在违法性阶层之外,形成了第二种"外挂性安排"。不过,此种安排的问题在于,法益修复的政策性考量仍被置于传统的三阶层之外,而无法内化于不法或责任评价之中;与此同时,政策性考量也成为一种口袋化的装置,无法在不同评价维度上加以具体化和分殊化。

与以上学说不同,"赎罪说"不仅将法益修复内置于犯罪论体系之中,而且将其与实质的违法性直接勾连起来,从而具有了"内置模式"的外形。但遗憾的是,这一学说是在承认前行为既遂的基础上展开,法益修复成为违法性的嗣后排除事由。这种"成立—排除"的论证结构,不仅导致了违法评价上的反复,而且破坏了结论的稳定性与一致性。产生此种缺憾的根源在于,这一学说实质上并没有将法益修复作为违法性的内在构成部分,并进行一体化的、融贯的评价。

(三)法益修复作为违法评价的构成部分

基于上述检讨,在法益修复与违法性的关系处理上,我们赞成"内置模式"。这意味着,立法者不但对法益修复的努力加以肯认,而且将其内嵌于违法性的评价之中。这种内置性的安排,既没有将法益修复置于刑事责任论或刑罚论之中,并游离在犯罪论体系之外;也没有将其视为例外的政策性考量,并置入客观处罚条件之中;相反,是将法益修复把握为违法判断的内在构成部分。

就其本质而言,这是一种"构成性的违法评价模式"。与"赎罪说"那种"废除性的违法评价模式"相比,[1]尽管两者都将法益修复与实质的违法评价关联起来,但在以下方面存在着根本差异:

---

[1] 弗莱彻将犯罪成立的判断模式区分为综合模式与例外模式。其根本区别在于,是否将所有犯罪成立的积极条件与消极条件整合到一个完整体系之内。在论理逻辑上,这一分析框架类似于我们所陈之"构成性的违法评价模式"与"废除性的违法评价模式"。See George P. Fletcher, Two Kinds of Legal Rules: A Comparative Study of Burden-of-Persuasion Practices in Criminal Cases, Vol.77(5), The Yale Law Journal, 1968, pp.892—893.

其一,法益修复与违法评价之间,到底是一种前置的、内在的关联,还是一种嗣后的、外在的关联?不难发现,"构成性的违法评价模式"坚持的是前一种理解,而"废除性的违法评价模式"贯彻的则是后一种理解。实际上,这两种不同的关系模式,极其类似于民法上权利妨碍要件与权利消灭要件之间的区分。[1] 前者是在权利成立之前加以事先阻止,而后者则是对已经成立的权利予以嗣后排除;前者内化于权利成立条件体系之中,后者则处于权利成立条件体系之外。

其二,违法性是一次性的、融贯的评价,还是可能形成反复的、相互对立的评价?在"构成性的违法评价模式"中,尽管违法性的评价需经历两个不同层次,但是,它们都是内置于违法评价的检验流程。这两个层次的判断相互补充,共同塑造了最终的违法评价。因此,它们只是违法性内部的分层性判断,形成的结论要么是违法成立,要么是违法不成立。这是一种融贯性的判断过程,并形成一个整体性的最终结论;而在"废除性的违法评价模式"中,如果认为前行为已形成既遂,法益修复行为却使得既遂状态嗣后消除,那么违法性评价就存在"成立"与"废除"两种不同结论,并经历了两次判断过程。与前一模式相比,尽管在实质的判断内容上并没有增加,但在逻辑上却陷入了反复判断与结论摇摆的尴尬。

其三,违法根据是具有理论分层的张力空间,还是必须同质化把握?在"赎罪说"那里,法益修复是一种违法排除事由。但问题是,一种已经形成的法益侵害,为什么可以经由事后的修复性努力而加以祛除?该说对此语焉不详。可能的解释只能是,这里涉及的是一种"侵害—抹平"或"有—无"逻辑。在这一解释的背后,隐藏的是对法益侵害与法益修复的同质化理解,唯此才能解释两者为何能相互对冲和抵消。但如后所述,此处的违法成立根据与违法排除根据实际上有着异质的理论基础,绝不容轻易抹平。应当对两者在"应罚的违法性"

---

[1] 罗森贝克将自己的证明责任分配理论,建立在对民事实体法的规范类型与结构的把握之上。因此,他明确区分了权利形成规范、权利妨碍规范与权利消灭规范。参见〔德〕莱奥·罗森贝克:《证明责任论》(第四版),庄敬华译,中国法制出版社2002年版,第124—131页。

与"需罚的违法性"的分层意义上加以把握。

综上可见,有必要将法益修复作为违法论的内在构成部分,并建立起整体性的评价框架。这样的理论安排,不仅有利于判断的前后衔接与协调一致,而且有利于判断的稳定性与经济性。更为关键的是,它能恰当分殊出违法评价的不同理论层次,并予以合理定位。

二、功能违法论的提出

当法益修复作为违法论的内在构成部分时,如下问题就变得难以回避:这将对违法评价产生怎样的影响?这种影响又可在何种限度内被承认?在分析上述问题之前,有必要先就法益修复所蕴含的政策内涵加以探析,进而考虑这种政策内涵之于违法论的构造性影响。

(一)法益修复的政策内涵

事实上,基于法益修复而放弃刑罚权的发动,正是基于刑事政策的考量。而如欲考察法益修复所隐含的政策目标,《刑法》第201条第4款可作为适宜例证。通过对该款之立法说明的观察,[1]可透析出如下政策内涵:

一方面,之于行为人而言,基于法益修复而赋予其法律利益,体现了宽严相济的刑事政策。前行为尽管已造成一定的法益侵害,但这种侵害并非不可逆转。当立法者宣告,如行为人后续履行了相关义务就不予刑事追诉时,实际上是架起了一座"返回的金桥",激励行为人尽最大努力地修复法益,从而获得宽恕的法律利益。

另一方面,之于被害人而言,法益修复可谓是法益保护的一种特

---

[1]《关于〈中华人民共和国刑法修正案(七)〉(草案)的说明》的第二部分"关于破坏社会主义市场经济秩序犯罪"中的第3点规定:"考虑到打击偷税犯罪的主要目的是为了维护税收征管秩序,保证国家税收收入,对属于初犯,经税务机关指出后积极补缴税款和滞纳金,履行了纳税义务,接受行政处罚的,可不再作为犯罪追究刑事责任,这样处理可以较好地体现宽严相济的刑事政策。"

殊方式。应当承认,逃税罪保护的主要是国家税收利益。[1] 在本罪中,尽管国家是一种抽象共同体,但它仍然构成了逃税行为所侵害的被害人。刑法归根到底是为保护法益而存在的,但法益保护应采取何种具体方式,如何达致理想的效果,都与刑事政策的目标设定紧密相关。以往,刑法关注的是对犯罪的报应或预防。但问题是,对个案中已经被损害的具体法益而言,这种事后报应或事先预防均无力顾及。相反,只有通过行为人有效的法益修复行为,才能使被害人获得直接、积极的抚慰与补偿。[2] 对于被害人而言,这可能是一种更优的、也更愿接受的法益保护方式。上述立法说明已清楚表明,如果行为人完全修复了被害法益,就不再追究刑事责任。由此,以往被遮蔽的法益修复需要被释放出来,并成为左右发动刑事追诉的关键力量之一。这一改变,也显示了对法益保护方式的深刻反思。

总之,从刑事政策的角度观察,法益修复既蕴含着对行为人重返法和平的激励,又蕴含着对被害人进行直接、积极的法益保护的目标。当立法者认为上述目标具有极端重要性时,就可能对报应、预防的追求予以适度限制,进而放弃刑罚权的发动。

(二)功能违法论的浮现

1."应罚的违法性"与"需罚的违法性"

从学术发展脉络看,尽管刑事政策与刑法教义学呈现出日益融合的态势,但法益修复并未被识别、承认为特定的刑事政策目标,更未被作为刑法教义学体系建构中的目的性原理接受。而从我国刑法学界关于法益修复体系定位的争论看,也并未将法益修复有机融入违法论之中,并在学理上加以合理贯通。因此,法益修复可谓是刑法体系上的"游魂",始终游荡在犯罪论特别是违法论之外,难以被教义学体系

---

[1] 关于逃税罪的保护法益,学界存在争论,主要有"税收征管秩序""国家预期税收""国家实际税收"等不同观点。参见薛铁成:《论刑法第201条逃税罪初犯免责的法益保护——兼论逃税案司法实践程序的模式选择》,载《西南石油大学学报(社会科学版)》2019年第5期,第69页。

[2] 有学者区分了法益保护的间接、常规路径与直接、可逆路径。参见庄绪龙:《"法益可恢复性犯罪"概念之提倡》,载《中外法学》2017年第4期,第993—994页。

恰当吸收。

我们所讨论的立法例的出现,实际上正隐含着一种理论上的重新阐释与建构契机。亦即,法益修复开始进入到违法论之中,成为其内在构成部分,并由此开启违法评价的功能化转向。基于此,我们可发展出一种功能违法论。这一违法论的核心,是在违法评价中引入法益修复这一刑事政策性的考量,进而形成对违法宣告的功能化指引。

功能违法论并不是对传统违法论的彻底抛弃,而是在此基础上的进一步发展。在这一新的违法论架构中,实际上蕴含着两种不同维度的违法性:"应罚的违法性"与"需罚的违法性"。其基本关系是,就评价目标而言,"应罚的违法性"立足于违法评价的正当性,而"需罚的违法性"则着眼于违法宣告的现实必要性。就评价的实质内涵而言,"应罚的违法性"从规范违反说或法益侵害说出发,考量行为是否形成了规范效力的违反或造成了实质的法益侵害,而"需罚的违法性"则立基于特殊的刑事政策考量,对一种已经破坏了规范效力或造成法益侵害的行为,进行违法评价的政策性衡平与终局调整。就评价顺序而言,应当先进行"应罚的违法性"评价,再进行"需罚的违法性"评价。如不具备"应罚的违法性",就没有必要进行"需罚的违法性"评价。只有先后满足这两个层面的违法性评价,违法性始为充足。就评价方向而言,"应罚的违法性"倾向于检验违法成立的积极根据。基于实体上的罪刑法定主义原则及程序上的无罪推定原则,对"应罚的违法性"是否具备,需进行积极审查。与之相对,"需罚的违法性"是在具备"应罚的违法性"基础上,进一步考虑违法宣告的现实必要性。当行为已经具备"应罚的违法性"时,此种现实必要性一般不需要特别判断,只有在特殊情势下,才需要进行消极排查。因此,它是在排除不必要的违法宣告的场合发挥其作用。也因此,"需罚的违法性"的加入,并不会导致违法范围的不当扩张,相反,是朝着限缩违法成立的方向发挥其作用。

2. 违法论的新意涵

如果认为,"应罚的违法性"承接了违法论的传统内容,那么,"需罚的违法性"则发展出违法论新的增量。此种新的政策性意涵,可从以下两个维度加以观察：

一方面，从规范违反的维度而言，当行为人进行了补救性的规范确证时，在政策意义上就可放弃对中途偏离行为的违法宣告。毫无疑问，行为人的前部行为已经形成了对法规范效力的否认。其违法基础不仅在于前置法上的义务设定，如税法上的依法纳税等义务，而且在于刑法规范本身的设定。因为，对于刑法而言，不可能就一种无关刑事不法的、纯粹的一般违法行为加以规定。当立法者对前置法上的部分违法行为进行选择并明确规定在罪状中时，这种前置法上的违法性就同时获得了刑事违法上的构成性价值。不过，法益修复的设置表明，立法者试图在上述命令规范落空的前提下，通过补充性的命令规范，再一次呼吁行为人履行相关义务。当行为人在后续过程中完整履行了相关义务时，就表明其已经回到正确的行为轨道，并对法规范效力表达了承认与服从。在此情形下，尽管难以否认行为人曾经对法规范效力予以漠视，但是，行为人的法益修复行为是对前行为的自我扬弃，是对法规范效力否认行为的否认。修复行为显示了行为人对法秩序的再度皈依，因而具有补救性的规范确证意义。此时，法秩序重返正轨，法规范效力上的短暂失灵得以弥合。因此，从刑事政策的角度而言，这种对法规范效力的中途偏离与滋扰，就没有必要被评价为终局性的不法。

另一方面，从法益侵害的维度而言，可对法益保护的"辅助性原则"加以政策化、机能化的诠释。一般认为，刑法旨在对法益提供辅助性或补充性保护。所谓辅助性，通常指刑法不可能对所有法益提供保护，而只能提供对特定对象与范围内的保护。亦即，其所关心的是：是否存在值得刑法保护的重要法益？对法益的侵害是否达到严重程度？不难发现，这种对辅助性的理解，仍局限于从侵害对象的角度提供正当化阐释。但问题是，对"辅助性原则"的理解，不仅需要对象性思考，而且需要手段性思考；不仅需要正当性追问，而且需要功利性追问。换言之，在如何理解辅助性这一问题上，不仅需要判断存在何种类型、范围与程度的法益侵害，由此从保护对象层面获得对违法宣告的正当化证成；而且需要思考，针对此种法益侵害之刑罚发动是否具有现实必要性？是否构成法益保护之唯一可行手段？[1] 能否基于刑事政策性的考量而放弃违法宣告？

在手段性与功利性考量的方向上，"功能违法论"可对"辅助性原则"予以政策性的再发展。从刑事政策的角度思考，并不是一种行为形成了特定类型、程度的法益侵害，就必须宣告违法性的成立。此种法益侵害的形成，至多意味着一种"应罚的违法性"，一种违法宣告的正当基础与必要前提。在此之上，"功能违法论"还需进一步审查，发动刑罚是否构成法益保护的必要手段？只有当发动刑罚是保护法益的唯一可能选择时，违法性的宣告才具有现实必要性。而实际上，在法益修复的情形中，放弃违法宣告并不会对法益保护造成损伤。这是因为：其一，对当下的法益保护而言，法益修复可能是一种更优选择。它构成了某种具体、积极而直接的法益保护方式。之所以"具体"，是因为法益修复指向了具体的案件被害人，也指向其特定的受损法益，因而有别于那种通过法规范所形成的、面向不特定主体或法益的抽象保护效应；之所以"积极"，是因为法益修复具有正面的法益促进价值，相较而言，那种通过惩罚所形成的法益保护则完全没有改善更生的意义；之所以"直接"，是因为其径直面向当下案件提供保护，因而明显区别于那种面向未来的、通过预防所实现的间接保护。对于被害人而言，这种具体、积极而直接的法益保护方式，可能是一种更优的法益保护选择。如果允许被害人在宣告违法但法益得不到现实回转，与放弃违法宣告但法益得以修复之间进行选择，结论将不言而喻。通过放弃违法性的宣告，鼓励行为人尽最大努力修复法益损害，实际上这正体现了国家对被害人法益的最大尊重。其二，对未来的法益保护而言，法益修复也不会损伤刑法的双面预防效应。因为，当行为人通过自身努力使被害法益得以修复时，不但表明其再犯可能性下降乃至消失，而且使其他社会公众清楚地认识到，只有在对法益损害进行完全

---

[1] 有学者对法益保护中的"辅助性"（补充性）原则与比例性原则之间的关系加以阐释。参见张明楷：《法益保护与比例原则》，载《中国社会科学》2017年第7期，第94—95页。我们侧重于对"辅助性"原则之政策内涵的挖掘，这种政策性考量其实构成了立法者在刑罚手段与其他手段之间进行权衡和选择时的重要考虑因素。

修复时才可能避免刑事追诉,因而类似行为将无法获得任何利益。由此,法益修复也完全满足了那种提前的、预防性的法益保护需要。

可见,即使在法益修复的场合否认违法性,也不会使法益保护陷入更为不利的境地。因而,宣告违法并不构成具有现实必要性的选择。相反,即便否认违法性意味着国家刑罚权的让步,但如果这种让步并不会损害预防性的法益保护需要,同时可获得对被害法益的更佳保护效果时,就是刑事政策上值得追求的目标。这种对被害法益的具体、积极而直接的保护要求,应成为践行法益保护时的核心关切之一,也应成为对"法益保护的需要性"——这一时代性命题——进行塑造时,所必须顾及的最重要力量之一。

3. 违法观的再塑造

进而,功能违法论的确立,还可能对立基其后的、根本性的违法观念产生塑造性影响。这具体表现为以下三个方面:

其一,就评价时点而言,一种动态的、机能性的时间观,可能取代静态的、事实性的时间观。从传统观念来看,行为一旦违反规范或造成法益侵害,就是一种既定的、凝结的事实,无法事后改变。然而,违法评价是动态的和实践的,它永远是站在当下视角对既往行为的回溯。至于要回溯到什么阶段,截断在什么范围,则只能从当下的刑法任务出发来进行选择与界分。从更为具体、积极、直接地保护法益,及更为机能性地维护规范效力的立场出发,可以将违法评价的时间范围拉伸到包含法益修复的整个过程。

其二,与上一点相连,违法评价的事实范围也需要被重新理解。在以往的观念中,违法是关于行为本身的评价,而法益修复却是行为发生的嗣后因素,是一种外在于行为的客观事实。由此,法益修复似乎难以被纳入违法评价的事实范围。但问题是,违法本身就是基于特定目的之建构物,违法的评价对象与事实范围到底去到哪里,在根底上取决于立法者的政策考量及基此划定的禁止范围。在我们所讨论的立法例中,前行为尽管已实施完毕,但法益修复正处于前行为的延伸线之上,是对行为予以概括评价时不可忽略的组成部分。它所形成的规范确证、法益填补的最终状态,也应被纳入违法评价的整体事实范围之中。

其三,就违法本质而言,"规范效力的根本违反"与"无法逆转的法益损害"共同构筑起违法性的实体内核。如上所述,功能违法论对传统违法论既有坚持亦有发展。但无论是"应罚的违法性"还是"需罚的违法性",就其实质的评价内容而言,均没有跳脱出规范违反与法益侵害这两个基点。功能违法论的核心在于,尽管承认这两个不可舍弃的支点,但在这两个支点之上,却同时发展出正当性与功利性的不同审查面向。传统违法论仅虑及违法评价的正当性与价值合理性侧面,而功能违法论则将违法宣告的功利性与工具合理性浇筑其中。如此一来,行为规范的暂时偏离并不构成宣告违法的充足理由,还需进而审查行为人是否以自身的行为复归法秩序,规范效力上的短暂失灵能否得以最终弥合。同时,也必须考虑,尽管行为造成了特定的法益侵害,但这一侵害是否仅为某种暂时的、中间性的状态,能否通过法益修复行为而得以有效恢复。唯有当规范效力的确证与法益保护的需求不存在任何政策性的冗余空间,确需刑法出场加以维持时,才能基于功利性考量而承认"需罚的违法性",进而宣告刑事违法的整体成立。

(三)功能化评价的限度

经由上面的讨论,我们可以明确,功能化的违法评价意味着,在"应罚的违法性"之外添附"需罚的违法性"判断。亦即,可基于政策性的考量,对"应罚的违法性"评价予以调整和衡平。但值得注意的是,这种调整并不是毫无节制的。从《刑法》第201条第4款的但书中,可以清晰地看到立法者所设定的这种限制。

《刑法》第201条第4款的但书规定,"……五年内因逃避缴纳税款受过刑事处罚或者被税务机关给予二次以上行政处罚的除外"。该但书表明,通过法益修复排除"需罚的违法性",进而放弃违法宣告的机会,并不会毫无限制地开放。本来,通过"需罚的违法性"来控制不必要的刑罚发动,是对违法性整体成立范围的限缩。但通过该但书的设置,又对"需罚的违法性"的作用范围予以适度缩减,实际上使违法性的整体成立范围在收缩后又适度松开。这种违法范围的伸缩,既体现了"应罚的违法性"与"需罚的违法性"之间的拉锯,又体现了立法者在打击犯罪与给予行为人出罪机会之间的微妙平衡。

那么,从该但书出发,应如何具体理解"需罚的违法性"的作用限度呢?

一方面,从规范违反的维度出发,当行为人已经享受过"规范偏离的祛除"这一优待时,就无法再次享有。基于该但书的规定,《刑法》第201条第4款也被称为"初犯免责"条款。[1] 这表明,当行为人偏离规范后,通过自己的法益修复行为来弥合规范失灵的机会,并不是无限制的,而最多是一次性的政策优待。[2] 从行为人的角度观察,如果行为人在享受过此种优待后又出现规范违反行为,就意味着行为人对之前补救性的规范确证予以再度否认。这种否认,使行为人之后的任何补救性尝试都变得难以被信任;而从法秩序的角度观察,尽管基于特殊的法政策考虑,可对法规范效力的滋扰行为予以开赦,但这种开赦绝不能无休无止。否则,法秩序的安定性就难以被维持,法规范的效力也将招致难以愈合的损伤。可见,这种基于法益修复而形成的政策性优待——"规范偏离的祛除",不可能被反复赋予。如果行为人通过自己的行为表明,呼吁其稳固守法是极为困难的,或者其缺乏真诚守法的规范动机,那么,他就会丧失"需罚的违法性"的判断利益。

另一方面,从法益保护的维度出发,预防性利益对法益修复亦具有一定的限制作用。如果完全从被害人具体法益的保护出发,就不能将法益修复的机会仅限制于初犯。因为在任何时候,这种对法益损害积极而直接的修复,都是被害人所期待的。这一但书设置实际上表明,预防性需求对具体被害法益的修复具有限制意义。就特殊预防而言,当行为人再次违反刑法规范时,不仅表明首次法益修复中的特殊

---

[1] 参见李翔:《论逃税犯罪中的初犯免责》,载《中国刑事法杂志》2009年第7期,第49—55页。

[2] 我们的讨论主要局限在刑法范围之内。亦即,就刑法规范的偏离而言,最多只能有一次政策优待。但是,从该但书的表述来看,如果行为人并不存在违反刑法规范的行为,但已有两次行政法上的规范违反行为,即使没有享受过刑法规范偏离的祛除优待,也将丧失此种政策性利益。

预防机能落空,而且表明行为人的特殊预防必要性大大提升;就一般预防而言,如果在行为人再次违反规范时仍给予法益修复的机会,就会使社会公众产生错觉:造成法益损害是无所谓的,只要进行事后的弥补即可。这将使刑事制裁的威慑性元素丧失殆尽,进而导致刑法的"软骨化"倾向。就此而言,预防性的法益保护是刑法上必须顾及的价值,不能以预防利益的克减作为无限制地追求法益修复的代价。毕竟,从根本上看,如果任何一次法益侵害都可以通过事后弥补的方式加以清除,就难以进行事先的预防引导。无限制的法益修复机会的赋予,对于预防价值将带来根本性损害。

三、功能违法论的内部脉络

对功能违法论的建立而言,不仅需要考虑与传统违法论之间的承继关系,而且需要考虑与其他犯罪论阶层之间的体系关联。前一层面涉及违法论内部脉络的整理,后一层面则涉及功能违法论与功能责任论之间的体系关系。本部分将讨论前一问题,后一问题则留待下一部分来处理。

众所周知,法益侵害说是实质违法性的通说。如果违法性的实质在于造成法益侵害,那么,作为实质违法性的反面,违法阻却事由的统一说明原理即是:不存在法益侵害。在此之下,又可分为两种具体原理:(1)法益阙如原理;(2)法益衡量原理。[1] 由此出发,有必要将法益修复纳入法益侵害的延长线上加以考量,并对法益阙如、法益衡量与法益修复之间的关系加以讨论。

(一)法益阙如与法益修复

就法益阙如与法益修复的关系而言,人们很容易认为,法益修复可被法益阙如包容,并将其作为它的一种下位情形来理解。亦即,虽然前行为造成了特定的法益侵害,但经由法益修复的努力,这种法益侵害已被消除,因此可理解为并不存在法益侵害。在前述的"赎罪说"那里,法益修复是一种实质违法的阻却事由。而这种违法阻却事由的

---

[1] 参见张明楷:《外国刑法纲要》(第三版),法律出版社2020年版,第118页。

理论根据究竟为何,则语焉不详。不过,从其所使用的"消弭危害""祛除罪孽"等表述中,可推测其隐含着上述的理论逻辑。

但在我们看来,应该将法益阙如与法益修复清晰地区分开来:

其一,是否存在实质的法益侵害,两者的回答截然不同。在法益阙如的情形下,根本不存在实质的法益侵害。例如,在被害人承诺的情形下,在被害人可处分的法益范围内,当被害人基于事先的、真实的意思表示而放弃相关法益保护时,法益保护的客体便脱落下来。此时,尽管行为造成了被害人法益的实际损害,但由于这种损害是被害人自愿接受的后果,且处于被害人可处分的法益范围内,因此法秩序对其并不加以保护。这意味着,在法益阙如的场合,根本不存在值得保护的法益侵害。同时,这种法益侵害的阙如,是一种自始的阙如,即从一开始就不存在实质的法益侵害。而对于法益修复而言,修复的前提是存在侵害,即首先承认实质的法益侵害存在,然后再对此加以修复。事实上,在立法将法益修复明确设定为违法要素的场合,充分的违法性评价需经过二次的、分阶段的判断。在行为人完成先前的违法行为并缺乏其他违法阻却事由的情况下,就已经造成了实质的法益侵害。法益修复是在这一阶段性违法被确认的基础上的进一步检验。即便基于法益修复而阻却整体的违法性,也不能否认这一先前的、实质的法益侵害的存在。

其二,尽管都排除了最终的、整体意义上的违法性,但这种对违法性的排除却是在不同阶段上完成,也是对不同性质的违法性的阻却。在法益阙如的场合中,由于一开始就不存在实质的法益侵害,因此,行为并不具备"应罚的违法性"。此时,并不需要对"需罚的违法性"进行审查。因为,从判断位阶而言,"应罚的违法性"与"需罚的违法性"具有固定的前后顺序,不能通过前者的检验时,就无须进入后者的检验;而在法益修复的场合中,在缺乏违法阻却事由的情况下,前行为已经造成了实质的法益侵害。因此,行为已经具备"应罚的违法性",而进入到"需罚的违法性"的判断之中。当行为人基于法益修复而阻却最终的违法性时,实际上是在后一阶段中排除了"需罚的违法性"。由此可见,尽管法益阙如与法益修复都阻却了最终的、整体意义上的违法性,但这种阻却是建立在异质的理论根据之上,也是在不同的判断阶段内完成。

(二)法益衡量与法益修复

而就法益衡量与法益修复的关系而言,人们也容易形成误会,将法益修复视为法益衡量的一种特殊情形,并否认其独立存在的价值。即认为,在法益修复的场合中,前行为尽管造成了一定的法益侵害,但基于修复行为又形成了积极的法益促进。并且,由于这里的法益侵害与法益促进在程度上相当,可以在法益比较的意义上相互衡平,并由此阻却其实质的违法性。与法益阙如的情形不同,这种观点并没有自始否认值得保护的法益的存在,而是在承认法益受到侵害的同时,又通过正面的法益促进来加以抵消。

但在我们看来,法益衡量与法益修复的界限并不容轻易抹平,它们存在以下区别:

其一,时点上的区别。对于法益衡量而言,其评价对象是一体性的行为,而评价的时点则是该行为的实行时。例如,在义务冲突的场合,行为人履行了一个较重要的义务,同时放弃了另一个较次要义务的履行。此时,行为所造成的法益损害(因不履行较次要义务而引起)与所完成的法益保全(因履行较重要义务而形成)是同时发生的,都定格于该行为的实行时。这种评价时点上的同时性,在正当防卫、紧急避险等违法阻却事由中也完全成立。与之不同,在法益修复的场合中,由于评价对象具有分段性,使其评价时点具有滞后性。也即,法益修复是在前行为已造成实质法益侵害基础上的进一步评价,因此,相对于法益侵害的判断时点而言,法益修复的评价时点是滞后的,构成一种嗣后评价。也因此,法益侵害与法益修复的评价时点被明显区隔开来,并不具有同时性。

其二,程度上的区别。在法益衡量的情形下,通常需要存在"优越的利益"。也即,就所保全法益与被损害法益的性质、程度而言,前者具有整体上优越于后者的特征。因此,在规范评价上,它具有正面的法益促进性,具有积极的、溢出的法益保护价值;而在法益修复的场合中,则存在完全修复、部分修复、未予修复(但存在修复性尝试或努力)等不同情形。即使就我们所讨论的完全修复情形,也最多是使已形成的法益损害得以填平与恢复,不可能产生优越的利益。[1]

其三,性质上的区别。事实上,法益衡量与法益修复最为核心的区别仍然是,两者尽管都阻却了整体意义上的违法性,但前者是排除了"应罚的违法性",后者则排除了"需罚的违法性",因而在性质上迥异。具体而言,在法益衡量的场合,虽然实际上存在一定的法益损害,但却存在更大的法益保全。由此,法益损害被法益保全所屏蔽,在规范评价上不认为有实质的法益侵害存在,不具有"应罚的违法性";而在法益修复的场合,嗣后的法益修复与前行为所造成的法益侵害,并不能作同质化的理解。在这种双层的违法构造中,前行为在欠缺违法阻却事由的前提下,已经形成了实质的法益侵害,具有"应罚的违法性"。法益修复所排除的,并不是一种违法宣告的正当性,而是一种违法宣告的现实必要性。亦即,尽管不能否认应罚的法益侵害之存在,但由于行为人的法益修复行为,使法益损害事实上被填平。此时,从补救性的规范确证、辅助性的刑罚介入等政策性考虑出发,可以放弃违法性的宣告。

整体观之,在功能违法论看来,实质的违法评价应由"应罚的违法性"与"需罚的违法性"两个层面共同构筑。其中,法益阙如与法益衡量是"应罚的违法性"的下位原理,体现的是违法宣告的正当性;法益修复则定位于"需罚的违法性"评价,体现的是违法宣告的现实必要性,并实现刑事政策之于违法评价的功能化指引。在法益阙如的场合,根本不存在应当保护的法益,因此不存实质的法益侵害,不具有"应罚的违法性";在法益衡量的场合,尽管行为已经造成特定的法益损害,但却保护了更为重要的其他法益。法益侵害是法益保全的必要代价,两者间具有手段与目的上的合比例性。因此,较小的法益侵害被较大的法益保全所抵消,并不认为产生了实质的法益侵害,也由此阻却"应罚的违法性";而在法益修复的场合,则存在着"应罚的违法性"与"需罚的违法性"的二阶判断。此时,尽管不能否认前行为已造

---

[1] 由于事先的法益侵害与事后的法益修复具有异质的理论基础,严格来讲,两者之间能否进行数量上的比较与衡量,殊为可疑。此处的分析意在表明,即使允许进行对比,也不可能产生积极的、超出的法益促进价值,这与法益衡量有较大区别。

成了实质的法益侵害,但从刑事政策的角度考量,如果放弃对这一行为的违法宣告,不仅无损于犯罪预防目的之实现,反而会促进对被害法益的更优保护时,就失去了违法宣告的现实必要性。

四、功能违法论的外部关联

功能违法论的提出,不仅需要考虑违法论内部的脉络关联,更需要被置入整体的犯罪论体系中加以考量。特别是,需要对功能违法论与功能责任论的体系关系加以整饬。

(一)功能化体系的主要方案

1. 目的理性的功能化体系

在罗克辛创建目的理性犯罪论体系之前,刑法教义学与刑事政策之间缺乏学术贯通的意识,也无由发展出联通性的知识体系。及至目的理性犯罪论体系创建以来,格局为之一变。在这一体系中,罗克辛将刑事政策的目的设定作为构建刑法教义学体系的指导准则,并将政策目标贯穿到犯罪论体系的各阶层之上,由此实现了功能化的体系再造。根据他的设想,一方面,不法应当是从刑法的社会任务——"辅助性的法益保护"中推导而来。这意味着,刑法应致力于重要法益的保护,但这种保护又需有所节制。这不但取决于对罪刑法定主义的坚守,以及由此而来的规制范围上的不完整性,而且取决于刑法的保障法地位,因而必须在不同法域多元利益的冲突中予以衡平。另一方面,罗克辛的功能化改造主要体现于责任阶层。也即,在传统的罪责范畴之外,进一步补充考虑预防必要性。由此,责任的实体应由两大要素共同构筑:"谴责必要性"与"预防必要性"。分开来看,两者都是刑罚发动的必要前提,但又都不能构成刑罚发动的充分根据,它们应相互补充又彼此限制地引起行为人的责任。[1]

然而,在我们看来,罗克辛的理论方案仍存在一定缺憾:其一,在责任论中,"谴责必要性"与"预防必要性"各自体现了规范的答责与

---
[1] 参见〔德〕克劳斯·罗克辛:《德国刑法学总论——犯罪原理的基础构造(第1卷)》,王世洲译,法律出版社2005年版,第125页。

功能的答责,共同决定责任的赋予。但在违法论中,却并未清晰地划分出规范的违法与功能的违法,因而难以妥当处理规范性思考与政策性思考之间的关系。其二,在不同阶层的政策考量上,也缺乏逻辑的一贯性。从责任论的建构逻辑来看,其政策性考量乃限于刑罚本身的目的设定,并从此种目的出发来反向形塑责任的观念与内核;而在违法论中,却又跨出刑法领域,引入不同法体系的规范目的与社会任务之间的竞争。如此一来,刑事政策的目标与内涵就变得闪烁不定。其三,即便认为,刑事政策目标具有多元性,可以在不同阶层间予以分配性安置,这一体系方案也没有对此种分配性安排的内在理据详加说明。质言之,刑事政策的目标设定的确具有能动性,也不可能定于一尊。但是,为什么某些刑事政策目标需要被承认,它又如何与特定评价阶层相配合,诸阶层的刑事政策目标之间具有怎样的脉络关联?这些问题在罗克辛体系的建构原理中均没有被清晰地说明。

2. 社会系统论的功能化体系

雅科布斯(Jakobs)发展出功能化体系的另一种方案。在方法论上,他受卢曼的社会系统论启发,其所型构的方案可被称为社会系统论的功能化体系。在他看来,刑法是现代社会中规范沟通与认知支持系统的重要组成部分。[1] 因此,刑法的任务并不在于对法益的保护,而在于对规范效力的承认与维持。[2] 具体而言:一方面,是否需要赋予责任,并不取决于行为人是否存在可予谴责的心理缺陷,而是取决于行为所导致的规范效力损伤是否确需刑罚出场加以抚平。刑罚对规范效力的维持,既不是通过对潜在犯罪行为人的威吓来实现,也不是通过对行为人再次实施犯罪的预测来实现,而是取决于积极一般预防的作用发挥。[3] 由此,责任的实体就完全由积极一般预防的必要性来填充,传统的罪责概念失去了立足之地。另一方面,在违法论上,雅科布斯也将这种社会系统论的思维贯彻到底。在他看来,违法的实质在于对规范效力的破坏,而责任的核心则在于对规范

---

[1] Vgl. Günther Jakobs, System der strafrechtlichen Zurechnung, 2012, S.14.
[2] Vgl. Günther Jakobs, Strafrecht AT, 2. Aufl., 2011, S.9—10.
[3] Vgl. Günther Jakobs, Strafrecht AT, 2. Aufl., 2011, S.13.

效力的维持。整个不法都属于责任的构成部分,因为不法仅仅是归责时不可或缺的动机错误的客观化而已。[1]

但在我们看来,这一体系却存在以下疑问:其一,体系阶层将被彻底功能化。在上述方案中,责任评价完全取决于积极一般预防的必要性。这使得罪责原则被排除在外,"应负责任性"被彻底置换为"需负责任性",责任阶层的规范性思考被功能性思考彻底消融。这种规范性思考被功能性思考完全取代的危险,在其违法论阶层同样有所显现。其二,违法论在一定程度上被形骸化。雅科布斯强调,将不法当作责任的一部分,是因为需要在"主观与不法的关系"这个点上来考察作为责任的不法。但这样一来,不法就成为责任判断的"辅助性概念"。[2] 不法的意义便仅仅在于,让我们去怀疑一种有瑕疵的意义表达(责任)的存在。[3] 这不仅导致违法论丧失了自己的独立地位,不可避免地成为责任判断的附庸,而且使不法与责任间的阶层界限难以被清晰维持。

(二)功能化思考的体系贯穿

通过检讨上述功能化体系方案的得失,我们以为,最为重要的是处理好两个基本问题:一是,作为犯罪论建构的基本逻辑,功能化思考应否在整个犯罪论体系中得以贯穿?二是,如果阶层体系仍值得被维持,那么,功能化思考在不同阶层之间应如何进行分配性安排?其内在理据何在?

在罗克辛的理论体系中,尽管责任阶层明确考虑了"罪责"与"预防必要性",即"应负责任性"与"需负责任性",但在违法阶层中却没有进行充分的对应性发展。在此意义上,罗克辛虽构建了"功能责任论",却并未发展出"功能违法论"。而在我们看来,功能化的思考应当贯穿于整个犯罪论体系之中。这是因为:一方面,就体系的彻底性而言,如果仅仅在责任论中注入功能化的考量,在违法论中却加以留

---

[1] Vgl. Günther Jakobs, Strafrecht AT, 2. Aufl., 2011, S.493.
[2] Vgl. Günther Jakobs, Das Strafrecht zwischen Funktionalismus und "alteuropäischem" Prinzipiendenken, ZStW 107 (1995), S. 864.
[3] Vgl. Günther Jakobs, System der strafrechtlichen Zurechnung, 2012, S.24.

白,功能性思考就仅仅是局部的思考,难以成为渗透性的体系脉络,因而难言是彻底的功能化体系。就此而言,需要在不同阶层内以特定要素的形式,对功能化思考予以不同维度的具体化;另一方面,就体系的平衡性而言,如果在责任论中同时考虑"应罚性"与"需罚性",而在违法论中仅考虑"应罚性",体系的平衡性就可能被破坏殆尽,因此也需要在违法论中加以对应性的展开。

此处,一种可能的误解是,功能化思考只需要蕴含于责任论之中。因为,责任处于犯罪论与刑罚论之间的枢纽位置,一旦责任成立,通常便意味着刑罚权的开启。这种观点似乎忽略了,虽然责任论在体系位置上最靠近刑罚论,但刑罚权的发动并不是单独由责任所引起,而是由整个犯罪论体系来承载和控制。就此而言,功能化思考应当在不法与责任等阶层中均有所体现,并加以体系性地融合与贯通。

在我们看来,作为犯罪成立条件的有机系统,犯罪论体系的底层逻辑应从"应罚性"(Strafwürdigkeit)与"需罚性"(Strafbedürftigkeit)两个层面进行建构。其中,前者体现了刑罚发动的正当性,是刑法的价值合理性之所在;后者则体现了刑罚发动的功利性,是刑法的工具合理性之皈依。这两个层面既相互补充亦相互限制,共同形塑了刑罚发动的充要条件系统。在构筑犯罪论体系时,应将"应罚性"与"需罚性"的思考,同时浇筑于违法与责任阶层之中。这样一来,违法由"应罚的违法性"与"需罚的违法性"来形塑,责任则由"应负责任性"与"需负责任性"来构筑;"应罚性"由"应罚的违法性"与"应负责任性"来组成,"需罚性"则由"需罚的违法性"与"需负责任性"来搭建。从纵向来看,这一体系维持了违法与责任之间的阶层区分;而从横向出发,在每一阶层中均发展出应罚性与需罚性的两个不同层次。如此一来,应罚性与需罚性就成为贯穿阶层体系的两条基本脉络,并在不同评价阶层中各有其展现,从而共同支撑起可罚性的充要条件系统。

需补充指出的是,我们并不赞同如下体系安排,即维持构成要件该当性、违法性与有责性的阶层设置,将之作为"应罚性"的具体展开;

进而,在此三阶层之外,附加一个独立的"需罚性"判断阶层。将客观处罚条件视为独立的第四阶层的观点,就是此种方案之典型主张;[1]近年来,我国学者亦提出了类似的理论构想。[2] 上述方案的疑问在于:一方面,从形式上看,需罚性判断的确被融入犯罪成立体系之中,但这种需罚性判断仍然游离在不法与责任之外,无法与它们形成内在的融合;另一方面,这一安排使不同层面的功能化考量被杂糅在一起,并置于一个统一的容器之中。如此一来,各种不同的政策目标之间缺乏清晰的、有层次的结构关系。因此,需罚性判断成为一个巨大的箩筐,难以在不同评价维度加以具体化和精细化。

(三)功能化思考的阶层安排

如果承认,功能化思考应贯穿到犯罪论的整体脉络之中,就必须进而考虑第二个问题:功能化思考在不同阶层应如何进行分配性安排?这一分配性安排的内在逻辑何在?

1. 区分逻辑

毫无疑问,功能化思考是一种从刑事政策出发的合目的性思考。而所谓刑事政策的目的设定,当然具有一定的能动空间,可包容不同层面或维度的目的理性。因此,关键的问题不是要不要功能化思考,而是应如何遴选出恰切的政策目标,并对这些不同的政策目标进行分层性处理。在既往的功能化体系中,预防目的被奉为一尊,成为赋予责任时极其重要甚至是唯一的目的。但近年来,恢复性司法、刑事和解的勃兴,以及我们所论及之立法例的出现,都显示出法益修复作为某种重要的刑事政策目的之可能。

如将犯罪预防与法益修复并举,两者实际上具有相当不同的政策意义与实践功能:

---

[1] 参见〔德〕汉斯·海因里希·耶赛克、〔德〕托马斯·魏根特:《德国刑法教科书(上)》,徐久生译,中国法制出版社2017年版,第747—748页;〔德〕克劳斯·罗克辛:《德国刑法学总论——犯罪原理的基础构造(第1卷)》,王世洲译,法律出版社2005年版,第699页。

[2] 参见姜涛:《需罚性在犯罪论体系中的功能与定位》,载《政治与法律》2021年第5期,第119页。

其一,从时间维度观察,两者分别侧重于对未然之罪的前瞻和对已然之罪的回应。显然,预防是面向未来的、可能发生的犯罪行为,因而构成一种前瞻性的应对。与之不同,法益修复则是一种面向过往的政策回应。它要求行为人直面已实施的法益侵害行为,并尽最大能力弥补损害。这是一种对既往行为的后果承担。

其二,从对象维度观察,两者分别侧重于对犯罪人的应对和对被害人的回应。特殊预防针对已经实施犯罪的人,一般预防则针对可能实施类似犯罪的人,预防整体上构成一种对(潜在)犯罪人的法律反应。但问题是,犯罪与被害乃一枚硬币的两面,对犯罪人的关注不能以对被害人的遗忘为代价。以往,在是否可罚的观念与条件系统中,并不考虑被害人的利益诉求与实际体验。然而,法益修复的加入却迫使人们追问:如果站在被害人的视角,他们/她们将如何考量"是否需要处罚"?如果存在法益修复的努力并使实际损害得以祛除,被害人是否仍会坚持发动刑罚?实际上,何种情况下需动用刑罚,不仅与被害人自身的法益保护观念相关,更与其权利与利益的实践方式相关。对于被害人而言,法益修复是一种更为具体、积极、直接的法益保护方式,也是一种更优越的法益保护方式。如果刑法的任务归根到底是保护法益,那么,这一保护的需要性就不仅取决于抽象的共同体利益,而是必须真切地聆听被害人的声音。同时,被害人视角的引入,也构成了对单一国家立场的某种制约。因为,它对那种单纯以共同体需要为由的刑法介入予以限制,并在实质上限缩了刑罚权发动的范围。

其三,从功能维度观察,两者分别致力于法益损害的防止与法益损害的填平。刑事政策的核心,是合理而系统地组织对犯罪的回应。因此,其目标设定须考虑到犯罪所引发的多维后果,并分而治之地加以反应:(1)犯罪行为造成了现实损害。在此维度上,最为重要的是对损害加以修复和弥合;(2)犯罪造成规范效力的破坏,使人们对法秩序的信赖有所动摇。对此,必须通过对犯罪人的惩罚与报应,使被破坏的规范有效性得以重新确证,并巩固公众对于法秩序的忠诚与信赖;(3)犯罪还将产生面向未来的示范效应。如果不对其加以有力回应,不但行为人可能重蹈覆辙,社会公众也可能纷纷效仿。由此,应建构起以鉴别、隔离、威慑、矫正等为主的综合预防机制,以清除犯罪的恶性示范效应。[1] 上述三个层面的分析同样可收敛到法益保护的线索之上,即法益损害的弥合、法益损害的谴责与法益损害的预防。这种"过往损失之修复""当前效力之维持"与"未来损害之阻断",不仅在时序上前后相继,而且在功能上相互补充,构成了法益保护不可或缺的三个维度,也恰恰对应着修复、报应与预防。[2]

应当承认,以往的犯罪论体系仅重视报应或预防之一端,或对两者采取并合主义的立场,法益修复则被彻底遗忘。事实上,报应立足于应罚性的需要,而修复与预防则定位于需罚性的考量。其中,法益修复面向过往,关注被害人的真切需求,且具有法益损害之填平功效;犯罪预防则面向未来,以犯罪人及其行为为关切对象,同时具有法益损害之阻断机能。在需罚性的思考脉络上,两者应被承认为相对独立的政策目标,并予以分配性的安排。

2. 适配关系

上文的分析已经明确,法益修复与犯罪预防应作为不同的政策目的加以考量,并分而治之地加以处理。但如何将其置入犯罪论体系之中,如何使其特定化到具体阶层之上,却需要进一步考虑不同政策目的与评价阶层之间的适配关系。我们认为,将法益修复置于违法性阶层而将预防目的置于责任阶层,具有合理性。

一方面,法益修复与违法评价具有内在的契合性。在刑法教义学的原理上,实质的违法评价要么与规范违反相关,要么与法益侵害相连。即使是各种形式的二元论,也无法脱逸于这两个维度的评价。而法益修复与上述两个维度均可确立起牢固联结。当行为人实施了前部违法行为时,就已经形成了规范违反的后果。此时,通过法益修复的立法设置,立法者实际上对行为人进行了补充性的命令,呼吁行为人再次回到法和平的轨道。此种补充性的命令规范具有明显的行为

---

[1] 参见杜宇:《传统刑事责任理论的反思与重构——以刑事和解为切入点的展开》,中国政法大学出版社 2012 年版,第 237 页。
[2] 参见杜宇:《传统刑事责任理论的反思与重构——以刑事和解为切入点的展开》,中国政法大学出版社 2012 年版,第 238 页。

指引功能;同时,法益修复是对法益损害的回应,它们不仅具有对象上的一致性,而且具有时间上的相继性。因此,完全可以将法益修复纳入法益侵害的延长线上来考量,并在"与法益侵害的关联性"这一维度上加以把握。

另一方面,预防目的与责任评价也具有相容性。就责任判断而言,它是在行为已经违法的前提下,进一步对行为人是否应对这一行为负责进行审查。这种审查最初建立在一种有缺陷的心理事实的基础上,但自规范责任论以来,则发展为一种对心理事实进行规范意义上的可谴责性评价。应当看到,无论是心理责任论还是规范责任论,其归责对象都建立在行为人自身的意志形成之上,其区别仅在于评价标准的不同。但事实上,责任的赋予不仅应考虑行为人主观意志上的瑕疵,而且应考虑行为人作为共同体成员,其行为对共同体秩序的滋扰及对规范信赖的破坏。就此而言,归责的根据应同时取决于两个不可舍弃的维度:一方面,它应当面向行为人,并考量其主观意志在规范层面的非难可能;另一方面,它应当面向整个共同体,并考虑共同体维持规范秩序、弥合和强化规范意识的需要。这种从共同体的需求出发,并将社会防卫理念加以具体化的概念装置,正是犯罪预防目的。也因此,责任阶层带有深刻的预防目的烙印。可以看到,尽管在功能责任论的具体内涵上,罗克辛与雅科布斯的方案有很大不同,[1]但从预防目的的角度对责任论予以重新铸造,却可谓英雄所见略同。

总之,在规范违反与法益侵害的延伸线上,法益修复与违法评价具有内在的相容性,由此可获得妥善的体系安置。法益修复是一种客观意义的行为,其难以被直接理解为责任要素。即便认为,法益修复对于责任判断具有一定的征表价值,也难以否认,这种客观行为的首要意义仍应归之于不法;与之相对,预防目的则更能配合责任的评价。它在引入一种面向共同体的答责需要的同时,也使刑罚目的能够对责任赋予施以能动牵引,从而更能配合刑法社会任务的达成。

---

[1] 主要区别在于,罗克辛并没有放弃罪责原则对答责性的限制,而雅科布斯则完全否认了规范性的责任内涵;雅科布斯将预防目的紧缩为积极的一般预防,而罗克辛则并没有在其预防目的中放弃特殊预防与消极的一般预防需要。

五、结论

近年来,中国的刑事立法呈现出一定程度的活性化状态。在刑事立法积极回应社会需求的同时,刑法理论也应对刑事立法的发展保持高度敏感,并反思其间可能蕴含的理论创生契机。其中,《刑法》第201条第4款、第196条第2款等立法例的类型化出现,便值得我们认真对待。毫无疑问,隐含于这些条款背后的立法理据,正是一种从刑事政策出发的现实考量:即通过放弃刑罚权的发动,呼吁行为人再次回到合法轨道,并激励其实施有效的法益修复。但问题是,这种刑事政策性的根据,原先被置于违法评价之外,无法被违法论合理辨识、消化和吸收。上述立法例的出现,促使我们重新思考法益修复与违法评价间的紧密关联,并尝试建立起一种层级有致、内外融通的功能违法论框架。

透过以上的考察,我们获得了以下基本结论:其一,功能违法论的核心,是在违法评价中引入刑事政策性的考量,由此形成对违法宣告现实必要性的审查与控制。功能违法论并不是对传统违法论的彻底抛弃,而是在此基础上的进一步发展。因此,必须维持违法宣告的正当性与功利性、规范性思考与政策性思考之间的反思性平衡,并形成一种既相互补充亦相互限制的协动关系。其二,在这一思考脉络上,违法论势必分化出"应罚的违法性"与"需罚的违法性"两个不同层面,并在审查内容、检验顺序、评价方向等方面明显区分开来。法益修复不仅具有补充性的规范确证意义,而且是对"辅助性原则"之政策内涵的具体展现。由此,它在原有的规范评价的延长线上,发展出违法论新的、功能化的审查面向。但应予承认的是,此种功能化的评价仍有其限度。如果行为人通过自己的行为表明,其缺乏真诚稳固的守法动机,或可能对预防价值产生根本损害之时,就不能再次赋予法益修复的机会。其三,功能违法论的提出,可能对根基性的违法观产生重大挑战。这种挑战不仅体现在违法评价的时间观与事实观的重塑之上,而且体现在违法评价之实质内涵的重新阐释之上。亦即,违法是对规范效力的根本违反,并在此基础上造成了难以逆转的法益损害。只有当规范效力的确证与法益的保护不存在任何政策性的冗余空间,必须由刑法出场加以维持时,方能最终宣告违法性的成立。其四,功能违法论的确立亦具有体系重整的意义。因此,需要从纵横交错、内外融通的视角,对违法论的内部脉络与外在关联进行梳理和再定位。就内部关系而言,法益阙如与法益衡量是"应罚的违法性"的下位原理,法益修复则定位于"需罚的违法性"评价;而就外部关系而言,功能违法论则与功能责任论形成遥相呼应之势,使功能化思考贯穿于整个犯罪论体系之中。这不仅极大地促进了功能化体系的彻底性与平衡性,而且使不同维度的功能化思考得以清晰分离,并与既有犯罪论阶层融贯契合。

第七章
犯罪构成体系与刑事诉讼证明[*]

一、犯罪构成的功能拓展

在当下中国刑法学界,对犯罪构成体系的探讨渐趋激烈。一片喧嚣之间,某种声音尤为引人注意,那就是不满足于传统平面体系的功能性缺失,力图彻底颠覆平面体系,并全面引入大陆法系递进式的犯罪论体系。[1]与之相对,也有相当多的学者反对此种过分激进的主张,坚持在现有框架内进行局部微调,以避免瓦解性的体系震荡。[2]

对上述争论的具体分析与评说,已无关宏旨。然而,一个饶有意味的现象却在于,在此种看似水火不容的对立背后,却有着惊人相似的理论预设与展开。传统学理始终认为,犯罪构成的基本功能,乃在于为判定犯罪成立/不成立,进而为判定犯罪所属类型提供指导标准。质言之,犯罪构成的核心乃定位为行为的实体评价机制。由此,能否无矛盾地、有效率地把握犯罪的实体结构,并得出合理的实体认定结论,就不仅成为犯罪构成体系建构的基本指向,而且成为评价体系成败的重要基准。可以很清晰地看到,这种对犯罪构成的实体主义理解,构成了当下激辩中最不可挣脱的理论背景。各派观点尽管立场迥异,但从其理论脉络上观察,却始终是在实体的裁判框架这一维度上把握犯罪构成,并以能否准确、圆满地完成实体评价任务为基点,或支

---

[*] 原题为《犯罪构成与刑事诉讼之证明——犯罪构成程序机能的初步拓展》,载《环球法律评论》2012年第1期,略有修改。
[1] 参见陈兴良主编:《刑法学》(第三版),复旦大学出版社2016年版,第27—28页;付立庆:《犯罪构成理论:比较研究与路径选择》,法律出版社2010年版,第239—240页。
[2] 参见黎宏:《我国犯罪构成体系不必重构》,载《法学研究》2006年第1期,第44页。

持或反对现有的犯罪构成体系。

不可否认,这样的思路具有基本的合理性。然而,问题却在于,如果仅仅将犯罪构成的意义局限于实体层面,就会留下认识论上的巨大"黑洞"。在我们看来,犯罪构成绝非仅受制于犯罪的内在结构,也并非只服务于行为的实体评价目标,其更有程序意义上的复杂考量。更为明畅地讲,犯罪构成不仅是犯罪成立/不成立的最终判断基准,而且是刑事诉讼过程中整体性的"指导形象"。[1] 无论是诉因的维持还是地域管辖的确定,不论是时效的发生抑或客观既判力范围的圈定,都必须始终以犯罪构成为指导,才能清晰地加以解决。最为重要的是,刑事诉讼乃是一个"目的性"的展开过程。抛开自身的程序逻辑,刑事诉讼的核心目标只能是"实体形成"。[2] 在此种不断逼近、展现案件真实的实体形成过程中,司法者不仅是从社会生活的角度探究事实,更为重要的是,在适用刑法规范的角度探究事实。因此,这一过程就必须受到刑法规范尤其是镶嵌其中的犯罪构成的指导。诸多基本的程序问题,都必须回归到犯罪构成这一"最高实体观念",才能获得一体化的、目的性的解决。在这样的思考方向上,所谓诉因的维持,不过是构成事实的维持,即必须在同一(质)构成要件的范围内"固定"攻击目标,使相对稳定的构成事实

---

[1] 最初在刑法学上使用"指导形象"这一用语的,很可能是德国的贝林(Beling)。贝林在其晚年,将构成要件放在与违法性、有责性相对立的关系中去讨论,将构成要件称之为"指导形象"。小野清一郎借用了贝林创造的这一用语。只是,在贝林那里,"指导形象"是在纯实体法意义上使用,与诉讼法并无任何关系。而小野则将这一形象的适用范围扩张到了诉讼法领域,并首先提出,构成要件乃是刑事诉讼的"指导形象"。基于学术传统及知识话语的延续性,我们在这里沿用了这一提法。本章是在"具有指导意义的整体观念"这一意义上来使用它的。在小野清一郎看来,构成要件是刑事诉讼的指导形象。不过,在我们看来,构成要件这一范畴尚不足以涵盖整个犯罪构成,它只是犯罪构成系统中的一个阶层而已。抛开逻辑上的不足,更为重要的是,对于诸多诉讼问题的指导,其直接依赖的乃是犯罪构成的体系结构、逻辑关系及价值脉络,这远远超出了构成要件的范畴本身。因此,正确的命题应当是"犯罪构成是刑事诉讼的指导形象"。参见〔日〕小野清一郎:《犯罪构成要件理论》,王泰译,中国人民公安大学出版社 2004 年版,第 199 页以下。

[2] 按照萨维尔(Sauer)的理解,在刑事诉讼的过程中,存在实体形成、追诉及程序三条线索。小野清一郎也赞同这样的立场;而以团藤重光的见解,追诉可以被消化在实体形成与程序之中,因此,刑事诉讼只存在两条线索。我们认同团藤教授的观点。参见〔日〕小野清一郎:《犯罪构成要件理论》,王泰译,中国人民公安大学出版社 2004 年版,第 202—204 页。

成为两造间相互抗辩的对象;所谓地域管辖的确定,实质就是犯罪地的确定,而犯罪地不过是符合特定构成要件的事实的发生地,特别是行为与结果的发生地;而所谓既判力范围的圈定,其实质仍是"案件同一性"的圈定,它同样必须回归到"犯罪构成的同一性",才能获得稳定而清晰的操作标准。如此一来,犯罪构成不仅在最后的实体裁判上发挥作用,而且在整个刑事诉讼进程中始终"萦绕"在法官心头,成为破解各种诉讼问题时挥之不去的指导观念。

将犯罪构成从实体主义侧面拉伸到程序主义侧面,可谓是犯罪构成的功能拓展。由此,不仅其意义空间得到了前所未有的延展,而且这一理论框架也一跃成为贯穿整个刑事法的统摄性范畴。这倒并非是什么刑法的"帝国主义"扩张,而是实体与程序相互缠绕、相互镶嵌的绝好显现。最早意识到此点,并且自觉展开此种"刑事一体化"尝试的,乃是日本的古典主义主将小野清一郎。作为构成要件理论的集大成者,后人对其的关注,常常局限于他对构成要件与有责性关系的探究。[1] 然而,他的追求绝非仅止于此。在其经典之作《犯罪构成要件理论》的最后四章中,小野清一郎以其宏阔而精微的观察,向我们展示了构成要件在刑事诉讼程序中的丰富机能,特别是构成要件与公诉事实、证据法及上诉审结构之间的紧密关联。[2] 不难发现,对构成要件的程序意义的发掘,构成了小野相当独特的理论追求与智识贡献。然而,或是基于僵化成型的问题意识,或是基于封闭狭隘的学科壁垒,实体法学者常常不经意间错过了对这一部分的关注。[3] 于是,小野清一郎

---

[1] 小野清一郎认为,构成要件不仅是违法性的类型化,而且也是有责性的类型化。这是相当独到的见解,它使得构成要件与有责性要件之间的关系更为紧密。参见〔日〕小野清一郎:《犯罪构成要件理论》,王泰译,中国人民公安大学出版社 2004 年版,第 21 页以下。

[2] 参见〔日〕小野清一郎:《犯罪构成要件理论》,王泰译,中国人民公安大学出版社 2004 年版,第 199 页以下。

[3] 当然,国内也有一些学者对此种实体与程序的交错问题予以关注。参见聂昭伟:《刑事诉讼证明问题的实体法依据——兼论刑事实体法与程序法的一体化》,载《法律科学》2005 年第 6 期,第 81 页;周长军:《犯罪体系的程序向度:研究误区与理论反思》,载《清华法学》2008 年第 3 期,第 119—120 页;赖早兴:《证据法视野中的犯罪构成研究》,湘潭大学出版社 2010 年版,第1 页。

学术世界中的诸多精彩,与我们擦肩而过,无从领略。

在本章中,我们试图接续小野清一郎的追求。篇幅所限,我们不准备对犯罪构成的程序意义进行完整分析,而是力求集中笔触,以犯罪构成与刑事诉讼证明的关系为切入点,对犯罪构成的程序功能予以初步拓展。我们的基本立场在于,目光不断顾盼于实体法与程序法之间,促成实体法与程序法之间富有意义的功能型交流:一方面,从诉讼证明的角度,启发犯罪构成的程序价值,丰满犯罪构成的制度机能。以此为基点,尝试为中国犯罪构成体系的改进,提供某种新的、批判性的思路;另一方面,从犯罪构成的角度,谋求证明问题的实体回归,为诉讼证明的规范化、安定化和可预测化,寻找实体依托。

我们的研究将表明,犯罪构成作为整个刑事诉讼的指导观念的判断,可以自然而稳妥地延伸到证明问题——这一"诉讼的脊梁"。[1]质言之,犯罪构成是指导刑事诉讼证明的概念框架。这不仅是因为,犯罪构成的组成要素决定了实体形成的基本轮廓,从而限定了待证对象的大体范围;也不仅是因为,犯罪构成的位阶顺序,规定着举证责任的履行顺序,双方举证责任的转换与推进,正是在位阶体系的轨迹上前行;更为重要的是,犯罪构成的体系结构,决定了形式证明责任的分配界限,制约着证明标准的尺度高低。在某种意义上讲,刑事诉讼证明中的基本问题都必须回溯到犯罪构成层面,才能获得妥当而可靠的解决。

二、犯罪构成与待证对象的形成

(一)犯罪构成与案件的实体形成

毋庸讳言,刑事追诉的直接目标在于确认被告人是否存在犯罪事实。而所谓犯罪事实,不过是指符合犯罪构成的事实。因此,刑事程序从一开始就是以某种犯罪构成的观念为指导去探究案件事实,并就其实体评价逐步形成心证。从证据法的角度而言,这一实体形成的过

---

[1] 参见〔德〕汉斯·普维庭:《现代证明责任问题》,吴越译,法律出版社2006年版,译序第1页。

程,其核心便是该当犯罪构成的事实的发现与证明过程。在这一过程中,犯罪构成的组成要素,限定了实体形成的大体轮廓,从而限定了待证对象的基本范围。当然,不能忽略的是,在犯罪构成体系之外,还有某些刑罚裁量事实、程序性事实甚至证据事实等,也需要运用证据加以证明。不过,这已不是实体形成的核心。[1]

一个案件所关涉的事实相当繁杂。然而,并非任何事实都需要查明,也并非任何事实都可以认知。这不但受制于刑事追诉的目标取向,而且受制于人类理性的固有边界。在这一逼近真实的过程中,首先进入人们眼帘的,往往是"月黑风高""积怨很久""手段恶劣""李四重伤"等断裂的、碎片化的事实。这时,需要从案件事实中分辨出有价值意义的关键要素,并在这些要素之间整理出内在的脉络联系,才能形成案件的"整体风貌"与"法律定型"。然而,哪些要素具有裁判上的意义,要素与要素之间具有怎样的结构关联,决不能凭空判断,而是必须在一定的视角、规范和分析框架下方能确定。无疑,犯罪构成正是这样的视角与框架,它可以帮助我们结构化地理解和把握当下面临的案件事实。

让我们来解析一下案件实体的形成过程。当法官遭遇到具体案件时,他们总是首先叩问自己:可能适用于这一案件的刑法法条是什么?这不但可被看成是一个下意识的"找法"过程,一个"大前提"的探求过程,而且可被视为一个相关的、具体的犯罪构成的确立过程。法官凭借自己的法感与经验,凭借对事实规范意义的洞察,可能从法典的汪洋大海中迅速捕捉到相关法条,初步锁定与本案相关的具体犯罪构成。然后,法官必须将这一犯罪构成与待决案件的事实相互比较

---

[1] 这里的待证对象范围,仅指实体形成中核心事实的范围,即与案件之定性、与罪质相关的事实,既不包含与刑罚裁量相关的事实,也不包含程序性事实或证据事实。此种意义上的待证对象范围,乃由犯罪构成所限定。在待证对象的具体外延上,我国诉讼法学界存在一定争论:第一种观点认为待证对象仅指实体法事实;第二种观点认为应当包含刑法上规定的犯罪案件事实、与定罪量刑有关的其他事实、程序法事实、证据事实等四种事实;第三种观点认为包含实体法事实与程序法事实,而不包含证据事实。参见李浩:《民事证明责任研究》,法律出版社2003年版,第24页;陈光中主编:《中华法学大辞典·诉讼法学卷》,中国检察出版社1995年版,第763页;何家弘主编:《证据调查》,法律出版社1997年版,第47页。

和衡量,看这一案件事实能否归属于该具体犯罪构成。在这一过程中,法官必须首先确定该具体犯罪构成的组成要件,同时在这些要件的观念指导下,将案件事实予以分割并格式化,再将具体构成要件与相应案件事实进行仔细地对比观察,看能否逐项地、完全地对接。这是一个将案件事实涵摄于大前提之下的过程,亦即小前提的形成过程。如果涵摄成功,法官进一步要做的工作,便是确定案件事实本身的真实性。亦即在证据的支撑下,对上述所有"格式化"的案件事实(构成事实)逐一形成心证。一旦在犯罪构成的框架内,所有构成事实都被证据加以证实,便可以得出结论。反之,如果涵摄不能成功,或是任意一项构成事实无法被证据加以证实,便必须重新开始找法的过程,如此循环反复。

可以很清楚地看到,上述案件实体的形成过程,是沿着"(裸的)案件事实——犯罪构成——构成要件——(结构化的)案件事实——证据"的思考脉络前行。在这一过程中,起点是原始的、没有经过任何思绪加工的、裸的案件事实;终点则是结构化的、符合特定犯罪构成的、以证据加以证实的案件事实(刑事追诉的直接目标,就是要探查此种特定的犯罪事实是否存在);而最为关键的中间过程,则是法官在纷繁芜杂的案件事实中,根据犯罪构成的指导,挑选出重要的、具有刑法意义的关键事实,并在这些事实之间探求结构性联系,以形成"犯罪类型"。同时,法官还必须对每一项重要事实,即构成要件要素所指向的事实,进行证明。在此过程中,特定的犯罪构成形成了一种巨大的观念参照,决定着实体形成的基本指向。在其指引下,法官完成了对原始案件事实的筛选与过滤。此种筛选和过滤,不但使案件实体的基本轮廓得以形成,更为重要的是,也使需要以证据加以证明的对象范围得以确定。

(二)具体问题的澄清

基于上述分析,明确犯罪构成的要件系统特别是其组成要素,就变得尤为关键。一般而言,犯罪构成要件与要素是稳定、清晰和可辨识的,但以下问题仍值得特别留意:

其一,开放性构成要件要素。在某种意义上讲,开放性构成要件要素就是超法规的构成要件要素。此种要素在刑法规范上没有明确规定,需要法官在司法操作中予以补充判断。例如,过失犯中的注意义务、不真正不作为犯中的作为义务、目的犯中的目的等要素。[1] 司法操作中,上述要素由于缺乏法律的明文规定,极易被法官及当事人忽略。有时,即使在裁判依据上加以考量,也极易在证明问题上被略过,误以为不需要证明。然而,作为构成要件要素中不可或缺的关键要素,作为违法性推定的必要补充,[2] 开放性构成要件要素必须在犯罪构成体系内予以考虑。与这一要素相关的案件事实,也必须以证据加以证明。

其二,超法规犯罪阻却事由。规范内的犯罪阻却事由(包括违法阻却事由和责任阻却事由)的证明问题,容易被法官及当事人关注。例如,正当防卫、紧急避险等事实,通常都认为需要证明。然而,超法规的犯罪阻却事由,如自助行为、被害人承诺、欠缺期待可能性等事实,由于刑法没有明确规定,容易被忽略在证明范围之外。事实上,这类事由同样是影响犯罪成立与否的关键要素,需要加以证明。

其三,客观处罚条件。通常来说,行为具备了构成要件该当性、违法性及有责性之后,就已经具备了实体的可罚性。但也有一些例外情况,即虽然具备了上述三个要件,但是否应受刑罚处罚,还依赖于其他附加要素的判断,刑法上称之为"客观处罚条件"。[3] 例如,《德国刑法典》中破产犯罪中的"宣告破产",针对外国犯罪中的"存在外交关系和互惠保护协定"等。[4] 由于客观处罚条件在刑法规范上的实存,使大陆法系三段式体系受到严重挑战。其焦点乃在于,在构成要

---

[1] 参见刘艳红:《开放的犯罪构成要件理论研究》,中国政法大学出版社2002年版,第159—241页。
[2] 开放性构成要件要素的欠缺,将阻碍构成要件对违法性的推定。只有在这一要素被补充判断之后,才能展开推定。
[3] 参见〔德〕汉斯·海因里希·耶赛克、〔德〕托马斯·魏根特:《德国刑法教科书(上)》,徐久生译,中国法制出版社2017年版,第743页。
[4] 参见〔德〕汉斯·海因里希·耶赛克、〔德〕托马斯·魏根特:《德国刑法教科书(上)》,徐久生译,中国法制出版社2017年版,第752页。

件该当性、违法性、有责性三个层次外,是否有必要承认客观处罚条件作为独立的第四层次。而这一问题的化解,又可回归到构成要件与客观处罚条件的关系问题,亦即,是将客观处罚条件作为构成要件的一部分加以理解,还是将其放在构成要件之外加以单独处理,抑或是分而治之地加以分配。[1] 尽管这一争辩远未形成定论,但无论将客观处罚条件在体系上作何种归整,其不可能脱逸于犯罪构成体系的整体框架之外,乃是铁板钉钉的事实。因此,从诉讼证明的必要性上考虑,无论其体系位置如何,与之相关的案件事实都必须落入待证对象的范围之内。

(三)犯罪构成与证明的基本单位

在刑事诉讼之中,控、辩、审三方行为的共同指向,乃是特定被告人被指控的特定犯罪事实,俗称"案件"。然而,在一个自然意义上被视为整体的"案件"中,却可能在规范意义上被区分为若干不同的"诉讼标的"。从诉讼证明的角度观察,每一个诉讼标的实际上就构成一个需要证明的最小单位,一项证明活动的基本对象。存在几个诉讼标的,就有几个需要证明的基本单位。在诉讼标的与证明单位之间,具有数量上的对应性与一致性。由此,无论在理论上还是实务上,便产生了两个极为重要的问题:以什么标准来划分诉讼标的?如何确定诉讼标的的数量?

这个在传统学理上被称为"诉讼标的单一性"(或"案件单一性")的问题,不仅与"被告的单一性"相关,更与"犯罪事实的单一性"相关。一般而言,被告是否单一,可以很容易地得出判断。因此,问题的关键在于犯罪事实是否单一。应当看到,这一问题在实质上与实体法上的"罪数"问题紧密相关,须回归到犯罪构成的层面才能获得妥当解决。根据通说,犯罪构成的符合次数是判断行为之罪数的基本标准。行为符合一个犯罪构成,便是一罪,行为符合几个不同的犯罪构

---

[1] 参见张明楷:《外国刑法纲要》(第三版),法律出版社2020年版,第334—335页;[德]汉斯·海因里希·耶赛克、[德]托马斯·魏根特:《德国刑法教科书(上)》,徐久生译,中国法制出版社2017年版,第749页。

成(异种数罪)或者几次符合同一个犯罪构成(同种数罪)便是数罪。当然,在这一基本标准之外,实定法上的结合性规定或是裁判上的特别需要,也可能成为影响罪数的例外因素。由此,即使在犯罪构成的标准上构成数罪,但如果在实体刑法上将其包括性地规定于同一构成要件之中(惯犯、结合犯),或者在实际科刑中通常作为一罪来处理(连续犯、特定牵连犯),也例外地作为一罪来对待。因此,所谓的"犯罪事实的单一性",通常是由犯罪构成——这一犯罪的"类型轮廓"所限定,它包括了实体法上的简单一罪、实质一罪、法定一罪、裁判一罪等情形。

三、犯罪构成与证明责任的分配

这里所讲的证明责任,乃是"形式意义上的证明责任"("提供证据的责任")。[1] 基于无罪推定原则,现代证明责任理论普遍认为,证明被告人有罪的责任即"实质意义上的证明责任"("说服责任"),只能由公诉人承担。[2] 但是,实质意义上的证明责任的固定性,并不会影响形式意义上的证明责任在当事人之间进行移转和分配。实际上,无罪推定原则的存在,只是在说服责任或实质的证明责任方面划定了铁的界限,但是其并不排斥在证据提出责任或形式的证明责任方面予以分配。

(一)三阶层体系下的观察

通常认为,三阶层体系是以德国、日本为代表的大陆法系犯罪论体系的主流。然而,虽然在实体的犯罪论体系上德国与日本较为接近,但是在诉讼模式上,两国却存在很大区别。其中,德国是纯粹的职权主义诉讼模式,日本则在学习英美法的基础上,形成了以当事人主

---

[1] 形式意义上的举证责任与提供证据责任,实质意义上的举证责任与说服责任,是大致对应的术语。关于它们的具体内涵与可能区别,参见陈刚:《证明责任法研究》,中国人民大学出版社2000年版,第14页以下;齐树洁主编:《英国证据法》,厦门大学出版社2002年版,第170页以下。

[2] 不过,在极少数例外情况下,某些英美国家也允许将特定合法辩护事由的说服责任转移至辩护方来承担。而在欧陆国家,与说服责任大致相当的实质证明责任则只能由控方来承担。

义为主、职权主义为辅的混合型诉讼模式。在德国,由于职权主义模式的影响,法官负有全面审查案件真相的义务。与此同时,控方对构成要件、违法性、有责性的成立,承担整体的实质证明责任(说服责任)与形式证明责任(证据提出责任)。对于辩方而言,其非但不承担任何实质证明责任(说服责任),而且不承担任何形式的证明责任(证据提出责任)。即使是就违法阻却事由、责任阻却事由而言,辩方也不承担形式证明责任(证据提出责任),而只承担主张责任。也即,被告人只需提出存在违法阻却事由、责任阻却事由的主张,法官、检察官就必须依据客观真实原则加以调查。因此,在德国根本不存在证据提出责任的分配或流转问题。然而,由于当事人主义模式的强烈影响,日本的情况有很大不同。在构成要件和犯罪阻却事由(违法阻却事由、责任阻却事由)的形式证明责任(证据提出责任)上,日本采取了在控方与辩方之间进行分配的做法。基于此,我们下面的讨论主要以日本为参照。[1]

诚如上述,犯罪构成决定了实体形成的大体轮廓,从而限定了待证对象的基本范围。然而,犯罪构成对于刑事诉讼证明的意义绝非仅止于此,它还将对形式证明责任或提供证据责任的分配提供清晰指导。如果说,待证范围主要是由犯罪构成要件及其要素来框定,那么,在确定了这一基本范围之后,待证对象的举证如何在当事人之间进行具体分配,则必须由犯罪构成的体系结构来加以指引。这是因为,犯罪构成作为一个系统,其内部必然存在着位阶层次的划分。这种位阶结构不仅在犯罪的实体认定上形成了一种渐进的思考路径,而且也为具体要素的证明责任分配提供了可操作性。后者尤其被我们忽视。

小野清一郎较早注意到了此点,并富有创意地将证明责任与犯罪论体系结合起来考察。他将与犯罪成立相关的事实,区分为"犯罪构

---

[1] 德日两国的状况表明:同样的犯罪论体系,可以在不同的诉讼模式中得以流畅运行。相同的实体判断结构,可以与不同的程序安排配套使用。就此而言,三阶层体系对证明责任的分配,可能是其内在的、与生俱来的机能。下面的讨论尽管以日本为参照,却可视为是对三阶层体系固有程序机能的观察。

成要件事实"与"妨碍成立犯罪的事实",[1]并以此为标准确定证明责任的分配。其中,对于该当构成要件的事实,必须由检察官承担证明责任。当检察官的证明不充分时,法院也可以运用职权进行证据调查。但是如果还残留着合理的疑点,就必须宣告无罪。这就意味着,公诉方对于该当构成要件的事实,承担整体的证明责任(形式的和实质的)。[2] 另一方面,对于妨碍犯罪成立的事实,亦即关涉违法阻却事由和责任阻却事由的事实,他认为,至少必须由被告人一方提出主张并加以进一步地证明,也就是必须由被告人承担形式证明责任。如果已尽力证明,但该事实仍存在疑点时,法官应当肯定它还是否定它呢?换言之,实质证明责任应该由谁来承担呢?在小野清一郎看来,应该由被告人一方来承担,这是贯彻当事人主义的必须。[3]

铃木茂嗣教授也赞同将与犯罪成立有关的事实分作"构成犯罪的事实"与"构成犯罪成立阻碍理由的事实"。[4] 在他看来,"对于构成要件事实,检察官一开始就必须将其加以特定并向裁判所提出,然后在法庭上围绕其进行证明活动"。与此相对,"对于作为犯罪阻却事由的事实,只要它们没有形成诉讼中的争点就没有必要加以考虑。也就是说,只有被告人提出了显示这些事由可能存在的某种资料,或者诉讼中客观地出现了某种使人能够推测或许存在着构成这些事由的事实状况,裁判所才有必要将阻却事由的存在与否作为争点而纳入审判的对象"。进而,"阻却事由一旦争点化,应理解为最终由检察官承担证明其不存在的举证责任"[5]。可见,铃木茂嗣的观点是,对于构成

---

[1] 参见[日]小野清一郎:《犯罪构成要件理论》,王泰译,中国人民公安大学出版社 2004 年版,第 242 页。
[2] 参见[日]小野清一郎:《犯罪构成要件理论》,王泰译,中国人民公安大学出版社 2004 年版,第 248 页。
[3] 参见[日]小野清一郎:《犯罪构成要件理论》,王泰译,中国人民公安大学出版社 2004 年版,第 249—250 页。
[4] 参见[日]铃木茂嗣:《刑事证据法的若干问题》,载[日]西原春夫主编:《日本刑事法的形成与特色》,李海东等译,法律出版社、成文堂 1997 年版,第 164—165 页。
[5] [日]铃木茂嗣:《刑事证据法的若干问题》,载[日]西原春夫主编:《日本刑事法的形成与特色》,李海东等译,法律出版社、成文堂 1997 年版,第 165 页。

要件事实,应该由公诉方承担证明责任;而对于违法阻却事由、责任阻却事由等事实,被告人有责任提出表面证据并使之成为争点。换言之,被告人具有形式意义上的证明责任,实质意义上的证明责任则仍由公诉方承担。

不难看到,两位教授的见解存在一定差异,特别是在犯罪成立阻碍事由的实质证明责任方面分歧颇大。但是,在关于构成要件事实的证明责任(形式的与实质的)及犯罪成立阻碍事由的形式证明责任上,却是英雄所见略同。更为紧要的是,两人在形式证明责任的分配标准上,都坚持了同一种思路:通过梳理犯罪构成的体系脉络,以构成要件该当性、违法性及有责性的层次结构为基础来展开分配。其中,构成要件该当性标志着行为开始进入刑法规制的视野。公诉方必须提供证据证明这一要件的成立,才能说明行为具备了犯罪的基本外观,才能为刑事追诉的启动奠定正当性。如果公诉方不能提供证据证明构成要件的该当性,行为便必须被认为不具有刑法意义,法官可径自驳回追诉;在具备了第一要件之后,违法性及有责性两个要件就可被推定成立,如果不具备特别的违法阻却事由或是责任阻却事由,此种推定便可进一步坚固化。此时,被告人必须提供证据证明可能存在犯罪阻却事由,使之成为案件争点并纳入法官审查的范围。否则,法官就可能忽略此类事由的存在。可见,抛开实质的证明责任不论,形式证明责任的分配完全是按照犯罪构成体系的结构来推动和展开。公诉方只有在履行了构成要件该当性的提供证据责任后,方能暂时卸下其证明负担。随后,违法性及有责性要件之不具备,则必须由被告人承担提供证据责任。犯罪构成的层层递进,不但为犯罪的实体认定提供了思考脉络,而且为形式证明责任之分配提供了稳定、清晰的操作标准。

(二)双元体系下的观察

按照一般理解,英美国家的犯罪构成由两个层次组成:一是犯罪本体要件,包括犯罪行为与犯罪心态;二是责任充足要件,即合法辩护事由(Legal Defense)的排除。合法辩护事由又可进一步区分为正当化事由(Justification)和免责事由(Excuse)。[1]

在英美的诉讼实践上,作为原则,控方负有证明所有要件事实的说服责任。早在 1935 年的 Woolmington V. DPP 一案中,大法官桑基(Sankey)就极富教益地指出:"纵观英国刑法之网,常常可以看到一条金线,那就是证明被告人的罪行是控方的责任……无论是什么指控,也不论在何处审判,控方必须证明被告人有罪的原则是普通法的一个组成部分,任何削弱该原则的企图均不予接受。"[2] 然而,尽管说服责任始终固定,但这并不意味着所有的证据提供责任均由控方承

---

[1] 参见储槐植:《美国刑法》(第二版),北京大学出版社 1996 年版,第 3—4 页。当然,也有一些学者认为:这种双层次体系在英美只居于少数说的地位,主导性的观点应该是,由犯罪行为和犯罪心理所组成的犯罪要素体系才是英美国家的犯罪论体系。这样的反对性观点,参见周长军:《犯罪论体系的程序向度:研究误区与理论反思》,载《清华法学》2008 年第 3 期,第 121 页。然而,从犯罪构成的本质出发,犯罪构成实质上是犯罪是否成立的判断规格,犯罪论体系即犯罪成立的判断体系。因此,基于功能比较的思路,英美国家的犯罪成立体系应包含犯罪行为、犯罪心理以及合法辩护事由。如果不考虑合法辩护事由,便无法对犯罪是否成立问题进行完整判断。由此,我们难以赞成这样的观点:"合法辩护事由在犯罪论体系以外起作用,它不否定犯罪,但却阻却责任。"这意味着,具备犯罪要素但存在合法辩护事由的行为,是一种构成犯罪却无刑事责任的行为,这是不可思议的。学界的基本共识是:犯罪是刑事责任产生的根据,没有犯罪就不可能有刑事责任;刑事责任是犯罪的必然法律后果,只要构成犯罪,就必然产生刑事责任。当然,也可能出现这样的反驳观点:犯罪要素的具备,意味着犯罪的成立及责任的产生,但是,合法辩护事由却使得责任被免除。但问题是,刑罚可能被免除,刑事责任一经产生却不可能被免除。刑事责任固然有不同的实现方式,不一定以刑罚的方式最终实现,但刑事责任却必然伴随犯罪的成立而存在,也必然以刑罚、非刑罚方法甚至是单纯的有罪宣告来实现,不存在"犯罪成立却无刑事责任"的逻辑可能。另一方面,周长军教授还认为,正是因为辩护事由不属于英美犯罪论体系的要素,因此,尽管被告人对于个别辩护事由负有说服责任,但并不违反无罪推定原则。质言之,无罪推定原则的拘束范围是犯罪论体系,意味着所有的犯罪成立要件必须由控方来承担说服责任。由于辩护事由不处于犯罪构成体系之内,因而其不受无罪推定原则之拘束,可以由辩方来承担说服责任。这一分析有一定说服力。但问题是,如果合法辩护事由真的处于犯罪构成体系之外,是对一个已经成立的犯罪的推翻或废除,那么按照当事人主义的逻辑,合法辩护事由便应当由辩方来提供证据证明并加以说服。这应当成为一种规则,而不是某种例外。按照罗森贝克的"构成要件分配说",合法辩护事由作为犯罪废除事由,就类似于民法意义上的"权利消灭规范",是在犯罪(权利)完全成立之后对犯罪(权利)的推翻,应当由主张者承担一般性的而非例外性的说服责任。这显然与英美的诉讼实践不相吻合。这似乎从反面说明了,不应当将合法辩护事由排除在犯罪构成体系之外。

[2] [英]丹宁勋爵:《法律的界碑》,刘庸安、张弘译,法律出版社 1999 年版,第 386—389 页。

担。事实上，证据提供责任一直依下述原则而分配：控方必须提供证据证明犯罪本体要件，而辩方则必须提供证据证明合法辩护事由。申言之，控方应当首先提供证据证明犯罪本体要件的成立。在控方完成这一举证负担之前，辩方不存在任何提供证据的责任。如果控方不能举证或者提供的证据不足，辩方可向法官提出驳回起诉的动议，法官亦可直接决定不提交给陪审团裁判。反之，如果控方的举证使法官产生了暂时的心证，被告就有可能遭受诉讼压力。面对这种心理天平的不利倾斜，便产生了辩方的提供证据责任。他必须提出证据表明可能存在合法辩护事由。否则，该事由便无法成为案件的争点，从而不被纳入裁判考虑的范围。然而，一旦被告提出表面证据证明可能存在这样的事由，案件又将再次陷入真伪不明的境地。此时，便必须由控方履行说服责任，"排除合理怀疑"地证明不存在这样的辩护事由。

这一看似简单的双元犯罪构成体系，却有着相当实用的功效。其不但在实体认定上形成了高效明快的判断节奏，而且在证明责任上也达致了简洁清晰的分配效果。一方面，与大陆法系相比，双层次体系将违法性与有责性判断浓缩为一个层次，从而与本体要件形成了消极要件与积极要件的双元组合。这样的结构，不但能同样实现逐步收缩的排除性效果，而且在思维上更加经济，在操作上更加明快；另一方面，这样的双元格局使得控辩双方的提供证据责任的界限更为明晰。犯罪本体要件与合法辩护事由的区分，强烈地传达出对抗式诉讼模式的构造：犯罪本体要件是刑事追诉的起点，体现了公诉方的控诉职能；合法辩护事由则构成阻止刑事追诉的屏障，体现了被告方的辩护立场。两个层次的设置，不仅极大地吸纳了双方的参与，而且充分激发了双方的对抗，不但在实体上一开一合，而且在诉讼上一攻一守。程序构造与实体构造交互镶嵌在一起，达成了极佳融合。

尤为关键的是，此种实体构造与程序构造的融合，使犯罪成立的实体认定体系同时成为证明责任的分配体系。控方的攻击集中在犯罪本体要件，其举证责任也限于本体要件。一旦证明该要件成立，行为即被推定具有政策性危害及应当承担责任。此时，辩方如果毫无作为，便将陷入不利境地。于是，辩方的防守则是提出合法辩护事由，从而瓦解和推翻上述推定。由此,其举证责任也相应地限于合法辩护事由。我们无法进行相反的设定,即控方不可能承担辩护事由的举证责任,辩方也断无可能承担本体要件的举证责任。如果被告无意于提出这些抗辩事由,控方对此一一预先举证,绝对是空耗时间。同样,也绝不可能要求被告人对犯罪本体要件予以举证,这样一来,"无罪推定"的绝对命令将被彻底背弃,刑事追诉的启动也将陷入肆意。是故,举证责任的分配就只能按照犯罪构成的双重结构,按照抗辩活动的基本规律展开。

综合以观,无论是三阶层体系还是双元体系,都不能被简单地看成实体的裁判框架。在实体机能之外,体系结构的形塑很可能存在某种更深的谋划。其中最可注意的,就是它在实体形成的范围内,实现了形式举证责任(或证据提供责任)的分配与安排。如果将犯罪构成的要件看成是一个集合,那么,其体系层次就如一道道刻度,在这一集合内部形成了重要的区隔。此种区隔不但奠定了犯罪认定的实体步骤的基础,而且更为分配证明责任提供了基本界限。因为,正是在与各阶层相对应的意义上,待证对象被区分为诸个群落。各群落之间尽管具有逻辑关联,但更存在实体价值与诉讼意义上的重大不同。循着犯罪构成这一框架结构,待证对象得以结束四处游荡的命运,不但在体系上找到安身立命的处所,更为重要的是各得其所。它们既被统一收编,又被严格归队。犯罪构成的体系结构具有极为强大的类型化功能,能够将待证对象予以清晰分类。如此一来,它就不仅仅成为一种实体认定的思维脉络,更与证明责任的分配脉络镶嵌在一起,难辨你我。

(三)沟通性的力量:推定

分析及此,问题还未完结。我们虽然已经认识到,犯罪构成体系与形式的证明责任分配之间存在紧密勾连,但尚不清楚,是一种什么样的力量贯穿其间。真正带有学理意味的工作,乃是对此种勾连的内在基础,做出哪怕是初步的、尝试性的解释与说明。换言之,我们必须追问,犯罪构成体系之所以能够指导形式证明责任的分配,到底是出于什么力量？犯罪构成内部结构的形成，究竟根源于何种理论逻辑？此种理论逻辑与证明责任分配的基本原理之间，又有什么样的隐秘关联？

过去，人们总是强调三阶层体系与双元体系的差异。然而，此种差异却有被扩大化的嫌疑。实际上，两大体系存在诸多可沟通之处，可谓异曲同工。从要件功能来看，英美法系的犯罪本体要件大致相当于大陆法系的构成要件该当性，它们决定了犯罪的基本轮廓；正当化事由与违法阻却事由、免责事由与责任阻却事由亦基本对应，它们从反面排除犯罪的成立。行为一旦具备犯罪的本体要件，就可以推定其具有政策性危害，同时行为人亦被推定应当承担责任。但是，如果行为具有正当化事由，或者行为人具备免责事由，此种推定即可被推翻。正当化事由是从行为本身的正价值出发瓦解上述推定，而免责事由则是在承认行为负价值的基础上，免除行为人的责任承担。可以说，英美法系与大陆法系的最大不同在于，前者从法律效果出发，将正当化事由与免责事由统合为一个阶层，不存在违法性与有责性的明确阶层区分，而后者却强调两者的不同价值，将其作为两个阶层来处理。当然，尽管如此，在英美法系中正当化事由与免责事由也并非被完全一体化地把握，它们无论在观念上还是实际操作中都有明显不同的意义，只是未被明确分割为两个层次而已。

简单对比即可发现，两大法系的犯罪构成体系具有基本的类似性。抛开层次安排上的差异，从思维脉络上观察，两者都是首先确立基本的禁止范围，然而根据法政策与法目的的考量，从此范围中逐步排除可以容纳的对象。而隐藏在这一思维脉络之后的逻辑基础，则是一种推定的操作。申言之，第一要件的具备，即构成要件该当或犯罪本体要件的充足，在规范意义上意味着行为落入了刑法的视域范围，在逻辑意义上则意味着推定的"基础事实"得以确立。在具备这一基础事实之后，就可以推导出"推定事实"——行为具有违法性与有责性。只有在异常情况出现时，亦即行为特别地具备正当化理由或行为人特别地具备免责事由时，上述推定才会被推翻和打破。

这一推定性操作，在犯罪构成的体系化建构中起着至关重要的作用:其一,它使各要件被串联起来,成为一个具有紧密逻辑关系的整体。其二,它使各要件在体系中的位置被精确固定。构成要件、本体要件是逻辑始项,而违法性、有责性或合法辩护事由则是逻辑终项,容不得任意变动与调换。其三,至关重要的是,它使各要件之间具有可推导性,从基础要件的具备可以合乎规律地推导出后续要件的具备。其四,它使各要件的判断方式具有经济性。基础要件必须积极判断,但是,只要基础要件成立,体系内后续要件的具备便是附随的、伴生的,并不需要积极判断,而只需消极排查。

推定的价值不止于此。进一步地,它还具有举证责任分配的功能。对于推定的此种举证分配功能,美国《模范证据法典》有恰到好处的阐发:对于主张推定事实不存在的当事人,推定课予证明责任。[1]具体到刑事诉讼领域,铃木茂嗣教授作了更简洁明了的说明:"法律的规定包含'若有事实 A 的证明,则存在事实 B'这种推定的场合。在这种场合,作为犯罪要件的事实 B 的证明责任就转换给被告,被告负有证明事实 B 不存在的证明责任。此乃传统的见解。如果被告没有积极的举证,裁判官就必须认定事实 B 的存在。"[2]特纳更是将推定所赋予被告的此种举证责任,称为"必要的肯定性反证"。在他看来,"在某些情况下,为了当事人的利益,需要对罪行加以'否定性证明'……一旦控诉人提出的证据在一个有理智的人看来已足以对罪行做出肯定性的判定,那么,提出肯定性反证来对罪行做出否定性证明的责任就落到了被告人身上。因此,如果他不能提出这种证据,就会被认为不具有这种证据,相应地,就可以认为控告人的指控是能够成立的"。[3]由此可见,推定确实具有转移举证责任的功能。"推定的后果,往往是把推定对之有利的一方的证明责任转移到另一方。因

---

[1] 参见《美国联邦刑事诉讼规则和证据规则》,卞建林译,中国政法大学出版社1998年版,第104页。
[2] [日]铃木茂嗣:《刑事证据法的若干问题》,载[日]西原春夫主编:《日本刑事法的形成与特色》,李海东等译,法律出版社、成文堂1997年版,第181页。
[3] [英]J. W. 塞西尔·特纳:《肯尼刑法原理》,王国庆、李启家等译,华夏出版社1989年版,第508页。

此,可以把推定作为证明责任的一部分加以考虑。"[1]

推定之所以具有举证责任分配功能,源于其与举证分配基本原理之间的内在勾连。推定实际上是经验法则在诉讼证明中的运用,即根据经验常识,当基础事实存在时,在绝大多数情况下推定事实也存在。基础事实与推定事实之间,尽管不具有必然性联系,但却存在高概率的共存关系。其一,从盖然性角度考察,主张基础事实不能推出推定事实,乃是以异常瓦解通常,以例外否定原则,因而必须提供证据加以证立。其二,从证据距离、举证难易的角度观察,能够证明基础事实与推定事实之间不存在推定关系的例外证据,通常处于相对方的掌握之下,由主张常态的一方举证往往非常困难,甚至几近于不能。因此,无论是站在推进诉讼进程的立场,还是站在保障诉讼武器对等的立场,都应该让相对方承担举证责任。

不过,对推定的上述机能,也有学者进行了反思性质疑。其基本立场在于,应当区分"事实上的推定"与"法律上的推定"。前者是指基础事实与推定事实之间存在合理的或然率,根据经验法则,通过逻辑上的演绎得出结论;而后者则是基于法律的明确规定而被承认。区分的重要意义在于,两种推定的效果有很大区别:法律上的推定是一种强制性推定,只要确证了基础事实,就应当认定推定事实的存在,证明责任随之向被告人一方移转;事实上的推定则是任意性推定,基础事实得到确证后,法官也不一定就认定推定事实的存在。由此,事实上的推定并不具有举证责任的转移功能。[2] 基于上述区分,有学者认为,从构成要件到违法性、有责性的推定,不过是一种基于经验法则的逻辑推论而已,在性质上属于事实上的推定,根本不具有转移证明责任的效果。他进而指出,误以为构成要件对违法性及责任的推定具有证明责任之转移机能,乃是"学界目前关于德日犯罪论体系之程序特

---

[1] Jack H. Friedenthal & Michael Singer, The Law of Evidence, Foundation Press, 1985, p.33.
[2] 参见周长军:《犯罪论体系的程序向度:研究误区与理论反思》,载《清华法学》2008年第3期,第126页。

征的最大神话"。[1] 然而,在我们看来,这种观点存在可议之处。事实上的推定与法律上的推定的区分基准在于,是否被法律规范所明确规定,进而是否具有强制性。但值得指出的是,法律推定固然具有强制性特征,事实上的推定却未必就是任意性的推定。任何推定,如果还能被称为"推定",便必然具备某种程度的强制性特征。在具备基础事实之后,就应当推导出推定事实,可谓"推定"的固有要求。当然,这并不是说,这一推论不能被反驳,而只是说,做出这一推论乃是经验法则的规律性要求。如果一种推定被法律明确规定,这种推定便获得了某种规范性的效力,课予了法官必须如此推导的法律义务;然而,即便这种推定没有被法律明确规定,它仍然具有经验法则或伦理意义上的强制性,只是不具备规范性的强制力而已。就此而言,从构成要件到违法性乃至有责性的推定,尽管不具有规范性的效力,却绝非某种任意性的推定。在构成要件齐备的前提下,法官可以而且应当推定违法性与有责任的存在,直至辩方提出犯罪阻却事由存在的相反证据。唯此,此种推定仍具有转移证明责任(证据提供责任)的基本功能。

总之,推定可被看成是双重性力量的耦合:一方面,它必须被视为一种建设性的力量,正是凭借它,犯罪构成的各个要件被逻辑性地贯联在一起,犯罪构成才得以体系性地形塑;另一方面,它更可被视为一种沟通性的力量。推定不仅构成了犯罪构成体系的逻辑脉络,而且更具有举证责任分配之功效,其成为一种贯穿性的中介与桥梁。正是借助这一力量,实体裁判体系与举证分配体系之间的僵硬隔栅被彻底突破,犯罪构成体系超越了实体裁判框架的固有形象,而兼具了举证责任分配的指导功能。

(四)具体问题的澄清

1. 消极性构成要件要素的举证责任

消极性构成要件要素与积极性构成要件要素相对应。后者乃构成要件系统中的肯定性要素、正面性要素,想要充足构成要件,必须积

---

[1] 周长军:《犯罪论体系的程序向度:研究误区与理论反思》,载《清华法学》2008年第3期,第130页。

极具备这些要素;前者则是构成要件系统中的否定性要素、负面性要素,想要该当构成要件,必须消极排除这些要素。[1] 其适例如,《德国刑法典》第180条第1款规定:"禁止向未成年人给予或设法提供机会,使之为性行为,但不适用于对未成年人有照料权者。"

在体系上,消极性构成要件要素仍属于构成要件的一个部分。因此,此种要素的举证责任必须由控方来承担。以往,在这一问题的理解上,很多文献存在不同观点,认为其属于法律的例外、豁免之规定,应当由被告承担举证责任。[2] 事实上,消极性构成要件要素确属例外规定,但是,它却与违法阻却事由、责任阻却事由等例外规定存在重大不同:其一,它是构成要件充足性判断中的必备要素。在构成要件充足性的判断中,除了积极性构成要件要素的"具备性"判断,消极性构成要件要素的"除去性"判断也是一个不可或缺的部分。消极性构成要件要素属于构成要件的层次,而违法阻却事由、责任阻却事由则分属于违法性、有责性的层次。其二,它是禁止规范生效的一般要件。消极性构成要件要素乃是"禁止规范的一般性限制",是在立法时经历了反复的价值衡量之后所设立的整体的排除性规定。相反,违法阻却事由、责任阻却事由则并不构成对"禁止规范的一般限制",它们需要在每一个特定情况下,仔细观察个案情节才能具体确定。正是基于此点,不存在消极性构成要件要素,可谓是法规范发生效力的一般前提。其三,它是展开推定操作的基础性要件。只有消极性构成要件要素被消极排除,构成要件方可谓充足,基础事实方可谓存在,推定的操作方能得以展开。反之,如果没有进行消极性构成要件要素的"除去性"判断,构成要件该当性的判断就是残缺不全的,对违法性、有责性的推定也将失之千里。消极性构成要件要素的不具备是推定的"基础事实"之一,而违法阻却事由、责任阻却事由的不具备则是被推出的

---

[1] 关于消极性构成要件要素更为详尽的分析,参见杜宇:《犯罪论结构的另一种叙事——消极性构成要件理论研究》,载陈兴良主编:《刑事法评论》第13卷,中国政法大学出版社2003年版,第36页以下。

[2] 参见卞建林主编:《刑事证明理论》,中国人民公安大学出版社2004年版,第198—199页;《美国联邦刑事诉讼规则和证据规则》,卞建林译,中国政法大学出版社1998年版,第21页。

"推定事实"。

正是考虑到以上特质,必须严格区分消极性构成要件要素与违法阻却事由、责任阻却事由。前者属于构成要件的层次,由控方承担形式举证责任;后者属于违法性、有责性的层次,由辩方承担形式举证责任。

2. 违法指示要素的举证责任

立法者在设计构成要件时,经常会使用"非法""无故""违法"等表述。尤其是在一些新兴的行政犯中,这样的要素更是频繁出现。它们被称为"违法指示要素"。问题是,这种要素到底属于构成要件阶层,还是违法性阶层?对这些要素而言,谁有义务提出证据加以证明?这一点在理论上很少予以说明。

在我们看来,对这一问题应区分情况加以处理。一种情形是,违法指示要素仅构成对违法性判断的多余提示。此时,立法者之所以加上这些词语,"不过系法律规定文词上的语感而已,并非特殊强调违法性的意义"[1]。换言之,添加这些要素,不过是出于修辞的考虑。此时,尽管其属于违法性阶层,但无须进行额外判断。因为,根据构成要件的充足,就可以推定出行为具有违法性,根据违法阻却事由的成立,就可以推翻此种推定。在构成要件充足的证明中,便已经说明了行为的违法;在违法阻却事由的证明中,就一并论证了行为的合法。因此,辩方不再需要特别地证明违法指示要素。

另一种情形是,"非法""违法"等要素构成了抽象禁止条件的一部分,只有在行为人不具备法律根据地行动时,特定犯罪类型才得以实现。此时,这些要素属于构成要件范畴。例如,中国《刑法》第284条的规定:"非法使用窃听、窃照专用器材……"此时,只有不具备法律根据的窃听、窃照行为,才是法律禁止的对象;而如果行为人是有法律根据地行动(如警察在合法程序下的监听行为),便从一开始就不符合法律的禁止类型。此种违法指示要素实质上应归属于构成要

---

[1] 洪福增:《刑法理论之基础》,刑事法杂志社1977年版,第236页。此外,日本的木村龟二教授也有类似见解,大塚仁教授亦赞同之。参见[日]大塚仁:《刑法概说(总论)》(第三版),冯军译,中国人民大学出版社2003年版,第300页。

件,其举证责任由控方来承担。

3. 客观处罚条件的举证责任

在客观处罚条件的体系地位上存在一定争论,即到底是将其归入构成要件,还是归入独立的第四阶层。但实际上,无论在体系上如何定位,都不会影响其举证责任的归属。

一种观点认为,应将客观处罚条件归入构成要件来处理。绍尔(Sauer)、兰德(Land)、萨克斯(Sax)坚持这样的解释论,耶赛克、魏根特(Weigend)、齐默(Zimmerl)等则有不同看法。[1] 然而,有趣的是,尽管耶赛克等学者认为客观处罚条件不属于构成要件的范畴,但在这一条件的证明责任分配上,却赞成与构成要件做相同之处理。"应受处罚性的客观条件,享有确立关于构成要件要素这一法治国家的保障。刑罚法规的保障功能,刑事程序里严格的证明要求,以及,凡法院作出对被告人不利的判决,必须有 2/3 多数的法官投赞成票,同样适用于应受处罚性的客观条件。"[2] 的确,即便认为客观处罚条件不属于构成要件的范畴,也不能否认它属于可罚性的基本条件。而从法治国的立场出发,刑事可罚性的基础条件涉及刑事追诉的正当性与必要性,涉及公民基本人权的保障,因而必须由公诉方提供证据证明,且应当严格证明。

四、犯罪构成与举证顺序的确定

通过上文的分析已经明了,犯罪构成体系对于举证分配而言,具有脉络性的指导意义。然而,这容易给人以某种印象:在静态意义上,何方承担举证责任可能是明确的。但在动态的诉讼过程中,举证责任具体应如何履行,特别是按照什么样的顺序履行,却并不明确。这样的担心并非毫无道理。在我们看来,犯罪构成体系对举证责任的分配,不是通过静态、平面的方式完成,而是以动态的、过程性的方式

---

[1] 参见〔德〕汉斯·海因里希·耶赛克、〔德〕托马斯·魏根特:《德国刑法教科书(上)》,徐久生译,中国法制出版社 2017 年版,第 749 页。

[2] 〔德〕汉斯·海因里希·耶赛克、〔德〕托马斯·魏根特:《德国刑法教科书(上)》,徐久生译,中国法制出版社 2017 年版,第 754 页。

展开:一方面,犯罪构成被刑法规范凝固,先于具体案件的诉讼而存在。因而可以认为,就该犯罪的各要件而言,一旦被刑法规范规定,其举证责任之分配就已经在实体法中一次性地、静态地完成;另一方面,犯罪构成虽然在刑法中被静态规定,但其本身就是诉讼进程的总结,是整个定罪过程的抽象,而绝非仅仅是静止的纸面规定。作为刑事诉讼中整体性的指导概念,犯罪构成还将在程序中被不断展开与实现,因而必须将其作为某种开放的、运动的体系来加以看待。从这个意义上讲,犯罪构成对于举证责任的指导,就不仅是在实体法规范中静态地、平面地完成,而且更是在整个诉讼中动态地、过程性地推进与展开。这一点可从犯罪构成体系对于举证履行顺序的限定中,被清晰地看到。

犯罪构成体系的位阶划分,一方面可被看成是判断犯罪是否成立的思考路径,另一方面也可被看成是实际操作中定罪过程的抽象与总结。而从诉讼证明的角度看,它更可被视为举证责任推进和转换的基本轨迹。申言之,刑事诉讼中举证责任的履行,是按照一定的顺序来安排的,控辩双方举证责任的履行不可能一哄而上、同时进行,而是有时间上的先后之分。

也即,首先必须由控方承担举证责任,证明犯罪构成体系中的第一要件——构成要件(犯罪本体要件)的符合性。这一要件的充足,不但是行为在实体上具有刑法意义的表征,而且是程序上展开刑事追诉的前提。在控方对这一要件履行举证责任之前,辩方不承担任何举证责任。辩方可以对构成要件的充足予以反驳,但此种反驳仅属辩护权行使的范围,与证据提供责任无关。只有在控方履行了这一举证责任且法官对这一要件的成立得出暂时心证之后,控方的举证责任才得以卸下。此时,开始由辩方对违法阻却事由、责任阻却事由(合法辩护事由)的存在,提供证据加以证明。如果辩方不对此加以主张并提出初步证据,这些事由就可能会被法官忽略,从而不能成为案件的争点。因而,被告人出于自己的利益,应当对这些事由加以举证,使其成为案件的争点,使之具有审理之必要,以此阻碍推定的坚固化。

不难发现,犯罪构成的位阶顺序,就是刑事举证责任的履行顺序。

在诉讼过程中,双方当事人提供证据责任的推进和转换正是在这样的脉络上前行。控方举证责任的履行,在时间维度上永远先于辩方,因为构成要件的判断永远先于犯罪阻却事由(合法辩护事由)的判断。不仅如此,更为重要的是,控方完成对构成要件的举证,乃是辩方承担举证责任的逻辑前提。在控方完成这一举证之前,辩方不存在任何举证责任;只有在控方完成了这一举证之后,才会对辩方产生某种诉讼压力,逼迫其对犯罪阻却事由(合法辩护事由)进行举证。控方举证责任的卸下,乃是辩方履行举证责任的基本动因。由此看来,控辩双方举证责任的履行,不仅在时间上存在先后之分,在逻辑上亦存在因果之别。犯罪构成的位阶设计,决定了犯罪认定的思考步骤,规定了实体形成的大致进程,也限定了诉讼证明的基本顺序。

五、犯罪构成与证明标准的区分

按照英美法系之通常标准,控方对于犯罪本体要件的证明,虽然不需要达到所谓"绝对确定性",但必须"排除合理怀疑"(Beyond Reasonable Doubt)。然而,对于被告一方的证明要求,却没有对控方要求的那样高。通常认为,被告人对于合法辩护事由的证明,只需达到"盖然性占优势"之程度即可。[1] 根据摩根的解释,所谓证据之优势(Preponderance of Evidence),与证人之多寡或证据之数量无关,证据之优势乃在其使人信服之力量。法官有时建议陪审团,其心如秤,对双方当事人之证据分置于其左右之秤盘,并衡量何者具有较大之份量。[2]

小野清一郎也持类似观点,"应构成犯罪的事实即符合构成要件

---

[1] 也存在某些例外情况。比如,美国加利福尼亚州的证据法规定,被告人对合法辩护事由的证据提出责任,可分为引起合理怀疑、优势证据、明白可信证据等三种不同要求。同时,控方说服责任的证明要求高于辩方证据提出责任的证明要求,也是就整体情况而言的判断。在美国的有些州,对辩方提出的合法辩护事由,由控方履行证明其不存在的说服责任。不过,在控方承担说服责任的司法区域,有些州要求控方证明到排除合理怀疑的程度,有些州则只要求优势证据程度的证明。在后面的情况下,控方说服责任的证明要求与辩方证据提出责任的证明要求相当。

[2] 参见李浩:《民事举证责任研究》,中国政法大学出版社1993年版,第127页。

的事实,必须与构成法律上妨碍成立犯罪的理由的事实或者法律上加重或减轻、免除刑罚的理由的事实明确地区分开","关于犯罪事实,它的心证有必要达到最高度的确信,不得残留合理的疑点。在这个意义上,对犯罪事实的证明不能不是严格的证明",而对于后两者,"它的证明没有必要非达到与犯罪事实相同的最高的确信程度即'没有合理的疑点'不可。它只要能被'优势证据'所证明,就是说,与否定它的证据相比,肯定它的证据一方要占优势,就可以了。上述两个意义说明,它具有自由证明就足够了"。[1]

控辩双方证明标准的区分化已获得普遍共识,学界将之作为证明标准层次性原理的一个部分加以承认。[2] 然而,在我们看来,证明标准的区分主要不是由于证明主体的不同所致,而是基于待证对象的分野。诚然,控辩双方举证能力的悬殊是必须直面的现实,它在一定程度上影响了证明标准的分化。但是,更重要的因素却在于,证明对象在法价值上的重大不同。

在法价值上,构成要件(犯罪本体要件)具有重要的界限意义。也即,行为是否充足构成要件,标志着行为是否进入刑法的规制领域。一个不能充足构成要件的行为,在刑法上根本不具有重要性,根本不触及刑法之领域;而一个具备构成要件(尽管可能存在阻却事由)的行为,则已经触动了刑法的神经,进入了刑法的视线。这正如,杀死一只蚂蚁的行为根本与刑法无关,而正当防卫的杀人行为则已经具有了刑法上的重要意义,尽管其由于例外的允许规范而阻却违法。正是基于构成要件的此种界限机能,使刑法的规制有了明确的外在边界,刑事追诉的启动也有了正当性的底线。只要行为不符合构成要件,就绝不能受到国家刑罚权的干预。于是,构成要件更具有了某种自由保障的重大价值。[3] 它不但构成了刑法的边界,而且构成了刑事追诉的边

---

[1] [日]小野清一郎:《犯罪构成要件理论》,王泰译,中国人民公安大学出版社 2004 年版,第 255 页。
[2] 参见卞建林主编:《刑事证明理论》,中国人民公安大学出版社 2004 年版,第 261 页。
[3] 参见[日]大塚仁:《刑法概说(总论)》(第三版),冯军译,中国人民大学出版社 2003 年版,第 116 页。

界，还构成了公民自由的边界。在这个意义上讲，要跨过这一边界，就必须具备充分的理由，就必须对构成要件的充足进行最为严格的证明。这不但是对公民自由权利的尊重，也是对国家权力的尊重。

如果说，构成要件（犯罪本体要件）的具备，是将行为"圈入"刑法之干涉领域，那么犯罪阻却事由（合法辩护事由）的意义，则是将其中的某些行为"圈出"。应当看到的是，在"圈入"与"圈出"的标准上，不可能保持一致的逻辑要求："圈入"要求的是高度的确定性，是特别的谨慎与严格，而"圈出"则只需具备一定的可能性，是相对的宽容与放任；"圈入"要求排除一切合理怀疑，而"圈出"则仅需确立一个合理怀疑。尽管如此，在不同证明要求的背后，实际上坚持的却是同一条价值底线，那就是对公民自由权利的敬畏和对国家刑罚权力的约束。

进一步地，在犯罪阻却事由的内部，违法阻却事由（正当化事由）与责任阻却事由（免责事由）的区别，也值得特别关注。两者虽然同样具有阻却犯罪成立、排除刑事处罚的法律效果，但在法价值上却绝非等同：在阻却违法的场合，其行为并不具备实质的违法性。行为无害于社会甚至有利于社会，因而被法律秩序认可；在阻却责任的场合，行为具备实质的违法性。它侵害了刑法保护的重大法益，只不过因为行为人在主观上不具有非难可能性，因而阻却责任。整体而言，阻却违法的行为是被法秩序认可的行为，是合法且正当的行为；而阻却责任的行为则仅仅是被法秩序宽恕的行为，是违法且不当的行为。正是基于此种法价值上的重大不同，我们应当对违法阻却事由（正当化事由）和责任阻却事由（免责事由）的证明标准做出区别对待：对违法阻却事由的证明，辩方应承担程度较低的证明责任，而对责任阻却事由的证明，则应承担较高的证明责任。事实上，也正是基于上述法价值的差异，在美国某些州的刑事诉讼中，对于辩方的证明责任形成了两种不同尺度：一种是辩方承担证明自己无罪的较大责任，即必须提出证明自己无罪的优势证据，这适用于免责事由的举证；另一种则是被告承担证明自己无罪的较小责任，即辩护一方只需提出足以使陪审团怀疑控告理由的若干情况即可，这适用于正当化事由的举证。[1]

循着犯罪构成的体系脉络,待证对象将被类型化地归整为三种事实,并分别与构成要件(犯罪本体要件)、违法阻却事由(正当化事由)、责任阻却事由(免责事由)相对应。这一过程,不能被简单看成待证事项的分类过程,而是必须被同时视为某种实体法意义的赋予过程。在待证事实被归入特定体系位置的那一刻,它就获得了与相关要件相绑定的法价值。正是此种体系内含的价值基础,决定了应对待证对象做出证明标准上的不同要求。

六、结语

行文至此,有必要做一总结。在我们看来,刑事诉讼乃是一个目的性的展开过程,其核心目标乃在于实体形成。因而,刑事诉讼的过程必然要受到犯罪构成——这一最高实体形象的指导。此点尤为突出地表现在刑事诉讼证明之中:其一,刑事诉讼证明是在适用刑法规范的维度上探究事实,而并非追寻绝对意义上的"客观真实"。在这个意义上讲,犯罪构成的要件集合,决定了实体形成的基本轮廓,从而限定了待证对象的大体范围。其二,犯罪构成的体系结构,具有将待证对象类型化的功能。它使待证对象在与各要件相对应的意义上,被分割为诸个集合。实体要件间的界限,同时构成了待证对象间的界限。这一界限是稳定、清晰和可辨识的。其三,待证对象的类型化,使举证责任之分配具有了某种可能。而真正使此种可能转化为现实,使待证对象归属于特定主体的力量,则是内在于各构成要件之间的推定关系。它不但将各要件予以逻辑化贯穿,由此犯罪构成得以体系化地形塑,而且更具有(形式)证明责任分配的功能,与举证分配的基本原理气脉相通;其四,犯罪构成体系的位阶顺序,构成了举证责任的履行顺序。双方举证责任的转换与推进,正是在位阶体系的轨迹上前行。由此,控辩双方举证责任的履行,不但在时间上有先后之分,而且在逻辑

---

[1] 参见储槐植:《美国刑法》(第二版),北京大学出版社1996年版,第89—90页。当然,在美国有些州的刑事诉讼上,并不强调辩护时证明责任尺度的区分,如伊利诺伊州。

上有因果之别;最后,在犯罪构成的体系脉络上,待证对象的类型化过程,就是法价值的类型化过程。基于实体法价值上的微妙差异,必须对待证对象的证明标准予以区别对待。

总之,犯罪构成体系不能被简化为实体的裁判框架。在这一实体机能之外,体系的构建可能存在某种更深的谋划。犯罪构成体系绝非只是决定于犯罪现象的存在论结构,也并非只是服务于行为的实体评价目标,其更有程序意义上的复杂考量。今天,关于中国犯罪构成体系的争鸣日益激烈。然而,如果仅仅立足于实体主义的进路,以能否圆满完成实体评价任务为基点展开论辩,将不可避免地陷入片面化。中国四要件体系之问题,固然在于特定情况下实体判断之失调,不能得出合理之认定结论,其同样在于程序功能之匮乏,无法指导刑事诉讼之证明。后者尤其为学界所忽视。更应当看到,四要件体系之所以存在程序功能的障碍,之所以无法完成诉讼证明之指导,乃根源于体系要件之平面拼凑,缺乏渐近之逻辑关联。各要件在判断顺序上难分先后,一哄而上。既没有明确固定的逻辑始项,又缺少逐步推导的逻辑力量。体系层次性的缺乏,使基础事实与推定事实无法清楚分离,推定机能被彻底丢弃。所有这些,可能正是四要件体系的缺陷所在,也正是未来努力的根本方向。

第八章
刑事和解与传统刑事责任理论*

一、传统刑事责任论的危机与转机

刑事责任问题在20世纪90年代开始为中国学者所关注,并成为刑法基础理论中的焦点性问题之一。然而,经过十余年的探讨之后,刑事责任理论的研究热度不断消退,在今日之学界逐渐沉寂无声。究其原因,最重要的是,中国的刑事责任研究始终徘徊于苏联理论的阴影之下,无法实现理论的实质提升。的确,在张明楷、张智辉、张文、冯军等诸位教授的理论努力下,[1]"刑事责任"已经作为一个重要范畴进入了刑法理论体系,并基本形成了由刑事责任概说、刑事责任的地位、刑事责任的根据、刑事责任的发展阶段、刑事责任的实现等部分组成的刑事责任论体系。但其后十余年间的理论进展却让人失望,无法真正超越20世纪90年代之研究。

学界对于刑事责任的基本目标、承担对象、实现方式等问题已形成共识,未见明显对立的见解。比如,关于刑事责任的目标,一种融合了"惩罚"和"预防"的责任目的论,已渐成主流;关于刑事责任的承担对象,几乎所有人都认为,应当由犯罪人面向国家承担刑事责任;而在刑事责任的实现方式上,主流学说始终认为,刑事责任的实现方式有两种:刑罚与非刑罚方法。大陆法系也是类似的双元格局:刑罚与保安处分。它们构成了刑事法律效果体系的两大支柱。

---

* 原题为《刑事和解与传统刑事责任理论》,载《法学研究》2009年第1期,略有修改。

[1] 参见张智辉:《刑事责任通论》,警官教育出版社1995年版;张明楷:《刑事责任论》,中国政法大学出版社1992年版;冯军:《刑事责任论》(修订版),社会科学文献出版社2017年版;张文等:《刑事责任要义》,北京大学出版社1997年版。

然而，在另外一些基本问题上，我们仍可发现重大分歧：第一，在刑事责任的基本内涵，以及与之紧密相连的刑事责任的体系地位问题上，仍存在激烈聚讼。归纳起来，有"添加模式""替代模式""统合模式"等三种不同理论范式。这可从"罪—责—刑""罪—责""责—罪—刑"等三种体系安排中清晰地加以观察。在国内学界，上述见解分别以马克昌、张明楷、王晨等教授为其有力代表。[1] 第二，在刑事责任的理论基础问题上，存有"道义责任论"与"社会责任论"、"心理责任论"与"规范责任论"、"行为责任论"与"意思责任论"、"性格责任论"与"人格责任论"等多重对立。[2] 此种复杂的对立，乃根源于观察角度与理论视点的差异，很难说是在同一平台上展开交锋。第三，在刑事责任的根据问题上，亦存在"犯罪构成说""犯罪构成事实说""事实总和说""事实根据与法律根据分别说"等诸多观点。[3] 可以认为，这一问题的论争最能体现苏联理论的烙印及其在当代的惯性延伸。

在我们看来，最近十年的刑事责任研究基本停滞，无法实现理论的实质提升。之所以如此，不仅仅是因为，学界的精力过多纠缠于刑事责任的根据等并无实质学术含量的问题；也不仅仅是因为，苏联理论在意识形态及法学知识形态方面的宰制；更为重要的是，刑事责任理论乃以刑罚和非刑罚方法为研究对象，在刑罚论极度发达而非刑罚方法极为贫弱的状况下，刑事责任论的内容必然略同于刑罚论的内容，从而呈现出高度空洞、毫无实体内涵的理论尴尬。在既有的研究状况下，刑事责任论面临的一个致命指责就是，以刑罚论的内容为模本做简单演绎和推展，缺乏超越于刑罚论的实体内容。例如，将刑罚

---

[1] 所谓"添加模式"，是指在传统的"罪—刑"结构中，加入刑事责任这一中间纽带，从而形成"罪—责—刑"结构；所谓"替代模式"，是指以刑事责任替代传统的"罪—刑"结构中的刑罚，从而形成"罪—责"结构；所谓"统合模式"，则是指以刑事责任统合犯罪与刑罚，从而形成"责—罪—刑"结构。关于上述三种理论范式，参见马克昌：《刑事责任的若干问题》，载《郑州大学学报（哲学社会科学版）》1999年第5期，第50—51页；张明楷：《刑事责任论》，中国政法大学出版社1992年版，第152页以下；王晨：《刑事责任的一般理论》，武汉大学出版社1998年版，第113页以下。

[2] 参见张文等：《刑事责任要义》，北京大学出版社1997年版，第22页以下。

[3] 参见赵微：《徘徊于前苏联模式下的刑事责任根据理论及前景展望》，载《环球法律评论》2002年第2期，第221—222页。

目的做简单延伸,便拔高为刑事责任的目的;将刑罚原则做一定推展,便演化为刑事责任的原则。如此一来,刑事责任必然成为一个缺乏实体内核的范畴,体系地位也势必大打折扣。

此外,20世纪70年代以来,伴随着传统刑事司法理论的无尽困惑,特别是实践效果的巨大失败,西方学界开始探寻一种全新的刑事冲突应对模式。此时,普遍存在于各国社会的传统解纷方式——和解,逐步进入了主流学者的研究视域,并在社会的急迫需求中获得了迅速复兴的强大动力。"刑事和解"一跃成为学界高度关注的课题之一。

刑事和解的强劲勃兴,使我们获得了某种难得的转机,借以走出刑事责任研究的现有困境。因为,刑事和解是一种不同于刑罚的刑事法律效果,其与非刑罚方法有着更为亲近的联系。中国《刑法》第37条规定了非刑罚方法,包括训诫、责令具结悔过、赔礼道歉、赔偿损失、行政处罚、行政处分等措施。抛开行政方面的措施不论,这些方法几乎完全等同于刑事和解中的责任形式。由此,我们似乎看到了某种可能,即将刑事和解纳入非刑罚方法,以此丰满非刑罚方法的框架,扩展非刑罚方法的操作与适用。刑事和解的加入,将会打破刑罚"一家独大"的局面,凸现群雄并起之格局。这不仅将使刑事责任获得超越于刑罚的实体内容,而且在扩张研究对象的基础上,也必将促使学界反思原有刑事责任理论的适用性。由此,不但已经累积起来的共识,如刑事责任的目标、承担对象、承担方式等问题,仍大有可商榷之余地,而且,在刑事责任理论的聚讼层面,以刑事和解为启发,也可能起到拨云见日的功效。

作为一种参照系,刑事和解的出现不但为我们反思主流的刑事责任理论提供了契机,而且更为制度演进指出了极有前途的方向。从这一视角切入,推动刑事责任理论的突围,进而发展更为多元化、更具包容力的刑事责任理论,可谓意义重大。

二、刑事责任的另一种理解:刑事和解的责任观

刑事和解的责任观,与传统理论有极大差异。其独辟蹊径的理

解,为我们开启了一片全新的天地。在下面的文字里,我们将从责任前提、主体、对象、形式及目标等五个方面,尝试进入这一独具魅力的知识体系。

从责任产生的前提看,刑事和解的理解与传统理论较为接近。在刑事古典学派的论述中,犯罪乃是犯罪人基于自由意志而选择的结果,是道德邪恶的体现,因而,犯罪人必须为自己的选择接受刑罚制裁。按照康德的意思,这正是尊重了犯罪人作为理性的存在。[1] 而到了刑事实证学派那里,对犯罪的认识发生了重大变化。他们认为,自由意志乃是某种虚幻的神话,自由意志与自然科学的一般规律两不相容,人的意志、性格、信念等都处在必然性的因果链条之中。在此种决定论的视界中,犯罪行为乃是素质、环境等因素支配下的必然产物,是犯罪人危险人格的表征。因此,意志并不自由,犯罪人对于犯罪行为不需承担道义责任,刑罚只是某种防卫社会的被动措施,只是对犯罪人人格的一种"医治"。时至今日,相对意志自由论渐居主流。[2] 在这一理论看来,人的意志固然有被素质、环境等因素决定的一面,但它又不是完全被动和毫无生气的,它具有自己的能动性和创造性。人的意志不仅是被决定的,同时也是自主决定的,有不断更新的自由。因此,对基于正常的意识活动而选择犯罪行为的人加以非难,无论在伦理上还是情理上,都绝无不妥。

在刑事和解的理解中,犯罪也是行为人自愿选择的结果。承认犯罪是某种错误的决定,由此犯罪人对这种错误决定承担责任,是公正处理犯罪事件的前提。行为人在行为之际,完全可以遵守法律的期待,尽善良守法的义务,但行为人竟违反法律期待,选择了侵害行为,就必须勇敢地担当起责任。也许,很多犯罪人都是社会的底层人士,他们可能遭受了来自国家与社会的诸多不公正待遇,但是,这种状况并不能为他们的行为提供辩护理由。自己受伤害绝不能成为伤害

---

[1] 参见〔德〕康德:《法的形而上学原理——权利的科学》,沈叔平译,商务印书馆1991年版,第150页。
[2] 参见马克昌主编:《犯罪通论》(第3版),武汉大学出版社1999年版,第323页以下;陈兴良:《本体刑法学》,商务印书馆2001年版,第306页。

他人的理由。由此,应该使犯罪人认识到自己不是被害人,恰恰相反,自己是被害人的制造者。不难看到,刑事和解在责任前提这一问题上坚持了三点:一是承认犯罪人相对的意志自由;二是分清是非,避免角色混淆;三是强调犯罪人主动担当责任,不容其逃避责任。应当说,这样的理解与主流刑事责任观念一脉相承。

从责任承担的主体看,刑事和解理论认为,犯罪人是最重要的主体。只要行为人在意志相对自由的前提下选择了犯罪,此种行为就必然对被害人及社区带来损害。而一旦造成了损害,犯罪人就对被害人及社区欠下了某种"债"。由此,犯罪人必须主动、积极地"还债",消除被害人、社区所遭受的不良影响,以恢复社区生活的常态。犯罪人构成整个事件中第一位的、不可推卸的责任主体。在坚持这一见解的前提下,刑事和解理论进一步提出,社区也必须对整个犯罪事件肩负责任。因为,犯罪既是社区关系破碎或弱化的原因,也是社区关系破碎或弱化的结果。犯罪的产生,应部分地归因于社区的失败,归因于社区环境的影响。犯罪人可能遭受过来自社区的歧视,承受过不健康的人际关系的影响,可能从来不曾获得受教育的机会,甚至从来没有条件融入社区,成为真正的、建设性的社区成员。正是社区教育的失败、监控措施的失灵和社区交往的裂变等因素,催化了犯罪的发生。在某种意义上讲,社区构成了犯罪的孕育者与创造者,因此,在犯罪回应中,社区不仅仅构成受害人,而且也构成责任人。社区必须竭尽所能,重建社会伦理与行为准则,发展社区安全项目,培养和提升犯罪人的人际交往能力与劳动能力,帮助犯罪人重返社区。如果说,坚持认为犯罪人是不可推卸的责任主体与主流的责任观念如出一辙,那么,强调社区的责任担当则是刑事和解理论相当独特的智识贡献。

从责任承担的对象看,刑事和解的理解更是独辟蹊径。在这一理论框架内,犯罪既不是"孤立的个人反对统治关系的斗争",也不是个人对国家权力的侵犯,相反,犯罪乃是社区中的个人侵害社区中的另外一些个体的行为。与此种犯罪观相对应,一方面,刑事责任的承担必须面向被害人。犯罪并非对国家统治的直接侵犯,因而犯罪人没有必要向国家承担责任,国家也没有理由要求这种责任。犯罪行为首先是对被害人的物质和精神带来损害的行为,因而只有面向被害人了解自己的行为性质及后果,向被害人道歉并提供赔偿,全面恢复被害人所遭受的各种损害,才是真正的责任承担。另一方面,犯罪不仅给被害人带来了伤害,而且也给社区带来了伤害。因此,恳请社区成员的原谅,促进社区安全感的重建,进行适度的社区服务以恢复社区所蒙受的损害,就成为犯罪人面向社区必须承担的责任。以被害人和社区为责任履行之对象,摒弃面向国家的责任承担,这一责任观念可谓超越了以往的所有学说。

从责任承担的形式看,赔偿、道歉和社区劳动构成了最为主要的三种形式。首先,由于要面向被害人和社区承担责任,因此必须考虑到他们的实际需求。对于被害人而言,侵害行为所导致的最为现实的损害在物质方面,使其经济状况倒退甚至难以维系正常生活。因此,以金钱赔偿的方式来弥补物质损失,就显得相当必要。有时,为了适应案件的特殊性,除了金钱赔偿,为被害人提供劳务或照顾,也是可能的替代。或许,犯罪人根本无钱可赔,或许,被害人不想让犯罪人的父母代替赔偿,此时,坚持让犯罪人以自己的劳动来接受教训,就是一种恰当的选择。其次,犯罪除了给被害人带来物质损失,也给他们带来人格上的侮辱和精神上的负担。因此,鼓励犯罪人向被害人真诚道歉,使事情的是非曲直得以澄清,使被害人的精神损害得以减轻甚至弥合,就构成了另一种重要的责任承担方式。最后,社区也被视为犯罪的侵害对象之一。犯罪使社区成员的安全感下降,信任感降低,使社区的道德传统和交往原则面临严重考验。此时,为社区提供无偿劳务,就成为对社区的一种弥补。这种社区劳动不仅强化了"犯罪要付出代价"的责任观念,而且力求通过犯罪人自己的建设性行为,重新取得社区的信任,也重拾对自己的信心。在刑事和解的理解中,正确的责任形式绝非消极地接受刑罚,而是积极地弥补因犯罪所造成的损害。

从责任的目标看,刑事和解的基本诉求定位于恢复。这种恢复,乃是所有与犯罪相关的各方全面恢复正常状态的一种整体性、系统性反应。对被害人而言,这意味着对物质损失的赔偿,对精神安宁的重建,及重新以某种健康的姿态融入社区生活;对于犯罪人而言,意味着责任的承担,生活态度与行为模式的重构,交往能力的培育和提高,以新的、建设性的角色复归社区;对于社区而言,意味着传统社会道德的确证,交往规则和人际关系的重整,社区安全与服务的加强,以及社会凝聚力的增进。所有这些,都将化为一股合力,促进整个社区和谐状态的有力恢复。不仅如此,在刑事和解理论看来,犯罪的发生既包含着危险又充满着机遇。因为,如果通过当下案件的处理,犯罪的原因得以化解,人与人之间的误会得以消除,社区成员的关系就可能比以往更为紧密,信任与尊重也比从前更为增强。社区可能由此迎来更为和平、安宁的未来。因此,恢复这一目标不应被简单理解为"使事物恢复到犯罪发生前的状态",而是蕴含着更高的精神意向:即以个案处理为契机,努力实现某种改进与超越。

结合以上五个方面,刑事和解理论形成了对刑事责任的某种系统性认知。从逻辑上而言,这一整套观念的形成根源于刑事和解对于犯罪的独特理解。正是将犯罪视为"社区中的个人对其他个人的侵犯",而非"个人反对统治关系的斗争",才使被害人和社区在犯罪回应、责任处置中占据中心地位。而这一地位的确立,又进一步对责任形式及责任目标的重构施加着决定性影响。

三、刑事责任方式的扩展:从刑罚、保安处分到刑事和解

(一)刑事责任方式的二元格局

通常认为,刑事责任的实现依赖于刑罚或保安处分。这两者构成了刑事法律效果体系的两大支柱。刑罚与保安处分的关系,经历了旷日持久的争论。在刑事古典学派那里,刑罚与保安处分存在性质上的区别,必须严加区分:基于道义责任论和报应刑的要求,刑罚是对犯罪的道义非难和报应;保安处分则不具有伦理非难的意义,而是针对行为人的危险性格,为了预防未来侵害而实施的社会自我保存。[1] 而到了刑事实证学派那里,对刑罚与保安处分关系的理解,则发生了重

---

[1] 参见张明楷:《外国刑法纲要》(第三版),法律出版社2020年版,第388—389页。

大变化:基于社会责任论和教育刑的要求,刑罚的本质在于预防犯罪的发生,更生和矫治犯罪人,其目标在于防止社会再次受到犯罪侵害。而从这一点上看,刑罚与保安处分没有任何区别,因而必须将两者作为一体来把握。[1] 这样的理解分歧,通常被概括为刑罚与保安处分的关系之争,即"二元论"与"一元论"之争。[2] 时至今日,随着新古典主义学派的抬头,"二元论"渐居主流。人们普遍认为,刑罚乃是以报应为根基而以预防为补充的制裁,而保安处分则完全以预防为旨趣,无法容纳报应的需求。两者在这一点上必须严加区别。在这一意义上讲,刑罚构成了最为主要的犯罪反应方式,而保安处分则处于某种补充性地位。

在今天的中国刑法上,刑事责任的实现方式亦主要有两种:刑罚与非刑罚方法。[3] 其中,刑罚是承担刑事责任的最主要方式,但并非唯一方式。在刑罚之外,我国《刑法》第 37 条规定:"对于犯罪情节轻微不需要判处刑罚的,可以免予刑事处罚,但是可以根据案件的不同情况,予以训诫或者责令具结悔过、赔礼道歉、赔偿损失,或者由主管部门予以行政处罚或者行政处分。"通常认为,这一条文确立了所谓的"非刑罚方法",并作为实现刑事责任的另一补充方式。

可以看到,这里的非刑罚方法,与西方意义上的保安处分存在着较大区别:

其一,适用前提上的区别。保安处分是基于行为人的违法行为而施处。虽然通常此种行为必须构成犯罪,但不可一概而论。有些国家规定,犯罪行为之外的违法行为亦可适用保安处分。如《德国刑法典》第 63、64 条就规定,适用收容于精神疗养院与收容于强制禁戒机构的保安处分的,只要求是特定的人或因为特定的原因实施

---

[1] 参见张明楷:《外国刑法纲要》(第三版),法律出版社 2020 年版,第 389 页。
[2] 此种争论不仅停留在理论层面,而且均具有强大的实践影响力,以至于都曾转化为波澜壮阔的立法运动。参见陈兴良:《本体刑法学》,商务印书馆 2001 年版,第 735 页以下。
[3] 学界主流观点认为,单纯宣告有罪也是一种刑事责任的实现方式,这里主要关注刑罚与非刑罚方法。

了违法行为。[1]而我国的非刑罚方法,其适用的前提是行为必须构成犯罪。

其二,适用对象上的区别。保安处分通常基于行为人的危险性格而科处,或由于行为人缺乏责任能力而科处。因此,它主要适用于常习犯、常业犯、酗酒犯、毒品犯、流浪犯、有重大危险性的传染病患者、具有危险性的生理缺陷或性格异常者、无刑罚适应能力的无责任能力者等。[2]而一般认为,非刑罚方法没有适用对象上的上述限制。

其三,措施类型上的区别。与适用对象的区别相联系,保安处分的措施通常包括强制性精神病治疗、强制性禁戒、社会矫治、行为管束与监督、禁止特定执业等。[3]而非刑罚方法则包含训诫、责令具结悔过、赔礼道歉、赔偿损失、行政处分等。可以发现,保安处分的措施中,既有剥夺人身自由的措施,也有不剥夺但限制人身自由的措施,而非刑罚方法则不包含剥夺、限制人身自由的措施。这主要是因为,保安处分以保卫社会、预防犯罪为诉求,且针对有危险性格的行为人而施加,因而适当地限制、剥夺人身自由乃不可避免,而非刑罚方法则不存在此种目标与对象上的特别限定。

基于上述区别,中国语境下的非刑罚方法与保安处分绝不能等而视之。如果说,非刑罚方法在正式制度上尚有一席之地,那么,保安处分则还未真正进入刑事立法者的视野,亟待加强。

(二)刑事责任方式的三元图景

在刑事和解理论看来,以刑罚为基本实现方式的传统刑事责任只是一种抽象责任。犯罪人通过接受刑罚承担了抽象责任,却逃避了现实的、具体的责任。在过往的理解看来,责任必须面向国家来履行,一旦接受了刑罚,犯罪人就完成了对国家所负的责任,同时获得了复

---

[1] 参见张明楷:《外国刑法纲要》(第三版),法律出版社2020年版,第391页。
[2] 参见[德]汉斯·海因里希·耶赛克、[德]托马斯·魏根特:《德国刑法教科书(上)》,徐久生译,中国法制出版社2017年版,第1083页以下。
[3] 参见[德]汉斯·海因里希·耶赛克、[德]托马斯·魏根特:《德国刑法教科书(上)》,徐久生译,中国法制出版社2017年版,第1087页以下。

归社会的权利。然而,在刑事和解理论的理解中,这种责任履行不但对很多犯罪人而言是无谓的痛苦(如对偶然犯、过失的非暴力犯),而且对被害人和社区而言也没有现实意义。因为,刑罚对既往的物质损失、精神损害没有任何弥补价值,[1]被害人和社区未能从犯罪人的责任履行中获得现实利益,因此他们不可能真正地原谅犯罪人,并接受他回归到社区中间。于是,在刑事和解的理解中,刑事责任的承担方式除了刑罚,还存在更为积极、更有意义的其他选择。

此种理解在实践中产生了巨大效应。一些国家在立法设计或司法践行中,将刑事和解作为全新的刑事责任实现方式。其中,最值得注意的可能是德国的经验。在少年法上,德国通过1990年的《少年法院法第一修正案》,将刑事和解制度积极引入少年刑事司法之中。由此,和解之达成不但可被作为追诉停止事由或缓刑、假释后的观察性负担,更可以作为一种与刑罚、保安处分相独立的刑事法律效果。此外,在1992年,"德国、瑞士及奥地利刑法学者工作团体"曾经提出一个《再复原选择法案》(AE-WGM)。该团体认为,通过对大多数德国民众的意见调查,已经清晰地显示出某种犯罪反应的转变性倾向。亦即,以被害人利益为考量的恢复性概念开始居于中心地位。由此,《再复原选择法案》建议,在刑法总则中,将恢复性的义务履行增列为犯罪的第三种法律效果。

然而,这种构想也面临着巨大挑战。一旦刑事和解试图作为某种新的责任方式加入进来,就必将面临两方面的拷问:其一,刑事和解作为刑事责任之实现方式是否适格?其二,如果适格,它与业已存在的刑罚、保安处分、非刑罚方法之间的关系应如何处理?

1. 刑事和解作为刑事责任的实现方式

应首先明确的是,刑事和解是否能够作为刑事责任的实现方式?从始至终,刑事和解面临的一种重要质疑便是,它会否导致刑事责任的民事化?质言之,通过刑事和解实现的是一种刑事责任还是一种民

---

[1] 当然,刑罚对于满足被害人的报应情感可能会有意义。

事责任?[1] 因为,与刑事和解相伴随的,往往是赔偿、道歉、社区服务等责任形式,而这些通常又被认为是传统的民事责任实现形式。如此一来,产生上述疑问就在所难免。

在中国学界引介这一制度时,也存在同样的困惑。一种极具代表性的观点认为,刑事和解的成立,就意味着行为人的行为虽然构成犯罪,但不再承担刑事责任。例如,有学者指出:"刑事和解,是指在刑事诉讼程序运行过程中,被害人和加害人(即被告人或犯罪嫌疑人)以认罪、赔偿、道歉等方式达成谅解以后,国家专门机关不再追究加害人刑事责任或者对其从轻处罚的一种案件处理方式。"[2]在这种观点的背后,实际上隐藏着两种可能判断:其一,刑事和解是一种民事责任的履行方式。在基于和解而不再追究刑事责任的情况下,是以民事责任代替了刑事责任。其二,刑事和解本身就是刑事责任的实现方式,尽管其与刑罚有较大差异。因此,在基于和解而不再追究刑事责任的情况下,是以和解代替了刑罚,以此种刑事责任之实现方式代替了彼种实现方式。其实质是刑事责任实现方式的内在转换,是刑罚之替代,而非刑事责任之替代。

由于上述观点语焉不详,因此在逻辑上这两种情况皆有存在之余地。要化解迷雾、走出困惑,关键是要厘清刑事和解作为一种责任承担方式,到底是何性格?在有罪的前提下,如何评价犯罪人的赔偿、道歉等行为的实体法性质与意义?如果其构成一种民事责任的履行方式,则显然第一种判断更为恰当;如果其构成一种刑事责任的履行方式,则无疑第二种判断更为合理。

在我们看来,要澄清刑事和解的性质,一条比较清晰的思路就是从罪责刑关系入手予以分析。在第一种情况下,犯罪与刑事责任、刑罚的关系呈现出如下状态:有罪无责无刑。通常认为,犯罪是刑事责任产生的法律事实根据,没有犯罪就不可能有刑事责任;刑事责任是

---

[1] 罗克辛教授就担忧以刑事和解来实现刑事责任的妥当性。在他看来,这可能导致刑事司法的"软骨化",从而有损刑法一般预防机能的实现。因此,罗克辛倾向于将刑事和解放在整个刑事责任体系之外,将其与民事责任的实现方式(如损害赔偿、赔礼道歉)相类同。

[2] 陈光中:《刑事和解的理论基础与司法适用》,载《人民检察》2006年第10期,第5页。

犯罪的必然法律后果,只要实施了犯罪,就不能不产生刑事责任。[1]
因此,无罪必无责,有罪必有责,有罪而无责在理论上是难以想象的。
在有罪的前提下,以民事责任代替刑事责任同样是荒谬的。[2] 而在
第二种情况下,罪、责、刑关系呈现出如下状态:有罪有责无刑。显
然,这样一种理解是将刑事和解视为刑罚方法之替代,而非刑事责任
之替代,符合现有理论之逻辑。因此,在罪、责构成线性联系的理论前
提下,只要将刑事和解作为犯罪成立后的某种反应方式与法律效
果,就不能否认其作为刑事责任之实现方式的特质。

进一步地,如果考虑到减轻处罚的情况,就会更加坚定我们的判
断。在相当多的情况下,刑事和解的达成,并不产生免除刑罚的效
果,而是产生减轻刑罚的效果。这意味着和解的达成抵消了部分刑
罚。如果将和解视为民事责任的履行方式,就必然得出一个推论:民
事责任的履行可以部分抵消刑事责任的履行,刑事责任的履行可部分
转换为民事责任的履行。这正是被极力反对的"以赔当刑""以赔赎
刑"的做法。事实上,刑事责任履行与民事责任履行乃并行之双轨,绝
不可相互替代和转换。只有将刑事和解理解为刑事责任的实现,方能
理解上述的通约与转换现象。

2. 刑事和解与刑罚、保安处分、非刑罚方法的关系

上述分析表明,刑事和解作为一种刑事责任的实现方式,当无疑
虑。明确了这点之后,进一步要考虑的问题,便是它与刑罚、保安处分
及非刑罚方法等方式的关系。

先来看看与刑罚的关系。一种可能的观点是,刑事和解不能与刑
罚相提并论,而应被归入刑罚的下位范畴。和解应当与自由刑、罚金
刑等一起,成为刑罚之一种。[3] 罗克辛教授强烈质疑上述的观点,认

---

[1] 参见马克昌:《刑事责任的若干问题》,载《郑州大学学报(哲学社会科学版)》1999 年第 5 期,第 50 页。
[2] 民、刑责任之间,不存在相互替代和转化的可能。参见于志刚:《关于民事责任能否转换为刑事责任的研讨》,载《云南大学学报(法学版)》2006 年第 6 期,第 36—37 页。
[3] 例如,菲利早在《刑法原理》中强调,对被害人的赔偿应当作为公法中的一种刑罚;萨夫尔也明确认为,赔偿被害人的损失,应成为对大多数非危险分子所实施的轻罪适用的唯一刑罚方式。

为刑事和解绝不能归属于刑罚。因为,后者以强制侵入为基本特征,而前者则完全立足于自主自愿。的确,刑罚乃国家意志的绝对贯彻,根本不考虑犯罪人与被害人的意志,而和解则以双方当事人意思自治为中心,国家意志反而从前台撤退。因此,罗克辛提出的这一区分是极为关键的。此外,刑罚与刑事和解还存在以下区别:

其一,刑罚的剥夺性极为广泛且极为严厉,而刑事和解无论在剥夺客体的广泛性还是严厉性方面,都无法与刑罚比肩。从生命到自由,从财产到名誉,刑罚就可以剥夺的客体范围而言可谓无所不及。刑事和解中的责任形式,则通常只是涉及财产与名誉的减损,而与生命、自由无关。也正是基于此种剥夺的广泛性,刑罚成为最为严厉的惩罚。在和平时期,其可谓国家威权行使的最后一张也是最为严厉的底牌。相反,刑事和解中无论是道歉、赔偿还是社区服务,其严厉性都远不及刑罚。

其二,刑罚以官方机构的主持和诉讼程序为基本前提,而刑事和解则通常不需要官方机构的主持,其程序逻辑也与诉讼截然不同。刑罚意味着对犯罪人基本权利的剥夺,因而在程序观念上不得不格外谨慎。这不仅体现为,在审判主体上要求绝对的权威性与公共性,而且体现为,在审理过程中追求规范性与仪式感。然而,和解却通常由民间机构主持,它不但并不依赖官方机构的主持,甚至在某种意义上排斥官方机构的过深介入。和解的过程也并不遵循所谓的"正当程序",因为现代意义的正当程序完全是围绕诉讼而形成的。[1] 与诉讼——这种刑罚的形成与确定程序相比,和解程序更加注重的是灵活性、个别性与参与性。

其三,刑罚以惩罚为其内在性格,而刑事和解则以恢复为其根本品性。可以说,刑罚与惩罚具有内在的关联性,惩罚乃是刑罚最为原

---

[1] 传统的刑事程序设计,乃以"诉讼"为主要参照。这难免使我们产生错觉,误以为"诉讼"就是"程序"的全部,甚至将"诉讼"与"程序"相等同。结果,一个更为广大的领域被忽略了。事实上,诉讼在任何社会中都不是唯一的和全部的程序,无论其作用如何重要,它都只能是程序正义和渊源的一部分。刑事和解让我们看到了某种"另类"的程序世界。

始、最为根本的冲动。没有惩罚就没有刑罚。与之相对,刑事和解绝非以惩罚犯罪人为目标,它在赋予犯罪人以责任的同时,蕴含的乃是修复、还原、补偿及帮助的意向。刑事和解并不希望给犯罪人造成无谓痛苦或是一味惩罚,而是试图通过责任之施加,积极地修补裂痕、愈合伤害和促成觉醒。

正是基于以上区别,刑罚与刑事和解在性质上应相互分离。当然,这并不是说两者之间就绝无共通之处。可以很清楚地看到,强调对某种个人错误的自我负责,强调以责任承担唤醒当事人的规范意识,强调对未来犯罪的事先预防,都是两者共同分享的价值。但是,从更为基本的方面看,两者中一个以国家单方意志为圭臬,一个以当事人意识自治为主导;一个以强制介入为原则,一个以自主接纳为前提;一个以严厉惩罚为特征,一个以和缓恢复为中心,实在是有着性格上的区别。

在刑事和解与保安处分的关系上,学界未见探讨。初步看,刑事和解与保安处分也具备一些明显的共性。比如,两者都非常注重对犯罪人的治疗、恢复和能力提高;都非常重视对犯罪人的特别预防;从措施本身的严厉性上看,一般弱于刑罚。但是,仔细思考起来,两者还是有着显著差异:

其一,适用前提上的区别。保安处分以国家强制为基本特征,而刑事和解则以双方当事人自愿为前提。保安处分是基于行为人的危险性格而施处,在防卫社会的限度内具有强制性特征,不以犯罪人或被害人的意志为转移。而刑事和解的开展,包括责任形式的确定,都必须以双方当事人的自愿为前提。

其二,适用对象上的区别。保安处分通常是基于行为人的危险性格而科处,或由于行为人缺乏责任能力而科处。因此,它主要适用于常习犯、常业犯、酗酒犯、毒品犯、流浪犯、有重大危险性的传染病患者、具有危险的生理缺陷或性格异常者、无刑罚适应能力的无责任能力者等等。[1] 刑事和解则没有上述对象上的限制。当然,从目前世

---

[1] 参见〔德〕汉斯·海因里希·耶赛克、〔德〕托马斯·魏根特:《德国刑法教科书(上)》,徐久生译,中国法制出版社2017年版,第1083页以下。

界范围内的和解实践看,主要是针对少年犯、轻罪犯和过失犯而展开。[1]但是,也不应该认为刑事和解只能适用于上述对象,它还有非常广泛的适用空间和发展余地。此外,刑事和解通常只能适用于有具体被害人的犯罪,对于"没有被害人的犯罪"或"自己是被害人的犯罪",如吸食毒品罪、流浪罪等,刑事和解在适用上尚有困难。而这些犯罪却可以落入保安处分的处置范围。

其三,具体责任措施的区别。保安处分的责任措施通常包括:强制性精神病治疗、强制性禁戒、社会矫治、行为管束与监督、禁止特定执业等。而刑事和解的责任措施则包含道歉、赔偿、社区服务等。

其四,剥夺对象上的区别。与上述适用对象和责任措施相对应,两者的剥夺客体和严厉程度有较大不同。在保安处分的措施中,既有剥夺人身自由的措施,也有不剥夺但限制人身自由的措施,还有剥夺从事特定行为资格的措施;[2]而刑事和解中的责任形式则通常不涉及对人身自由的剥夺,也不涉及对特定资格的剥夺。

其五,主持机构与程序上的区别。由于保安处分涉及对人身自由及从业资格的剥夺,因此,一般必须由法院来进行审理和宣告,而且必须严格符合程序正义。刑事和解则并不需要由法院来主持,通常由社区中介组织来主持,在程序上也更为灵活和宽松。

其六,核心旨趣上的区别。保安处分是以犯罪预防为根本诉求,而刑事和解则以犯罪恢复为中心目标。保安处分不是对已然之罪的报应,而是对未然之罪的预防,不是对普通公众的一般预防,而是对危险人格者的特别预防。针对可能发生的犯罪侵害,保安处分明显带有社会防卫的性质。当然,保安处分也蕴含着矫治、医疗和感化等功能,但是,对这些功能的强调,还是以社会的自我保存为核心目标。对

---

[1] 关于刑事和解的适用范围,世界范围内的做法大不相同。就整体趋势看,其适用范围从最初的轻微犯罪、青少年犯罪和偶然犯罪逐步发展到涵盖严重犯罪、成年犯罪甚至是累犯,呈现出不断扩展的态势。参见〔英〕麦高伟、〔英〕杰弗里·威尔逊主编:《英国刑事司法程序》,姚永吉等译,何家弘审校,法律出版社2003年版,第482页。
[2] 参见〔德〕汉斯·海因里希·耶赛克、〔德〕托马斯·魏根特:《德国刑法教科书(上)》,徐久生译,中国法制出版社2017年版,第1083页以下。

于刑事和解而言,全面恢复犯罪所造成的各种损害,才是最为核心的目标。其中,对于物质损失的赔偿、对于精神损害的平复、对于社会秩序的回复,都是和解所重点关注的问题,这对于保安处分而言则并非紧要。当然,在刑事和解中,也绝不忽视对犯罪的预防。但与保安处分相比,却有着几个重要区别。第一,刑事和解不仅关注特殊预防,而且同样重视一般预防,而保安处分仅仅关注特殊预防。第二,即使就特殊预防而言,两者的基点仍有微妙差别。在保安处分中,始终是以社会防卫作为各种措施的价值归属,犯罪人本身的矫治与康复,则只构成某种中间途径或手段。与之不同,刑事和解是将犯罪人自身的恢复与提高作为目的性价值予以追求。第三,保安处分视犯罪预防为最高价值,而刑事和解尽管重视犯罪预防,但并不将其视为最高价值。在预防之外,和解更为关注的是各种损害的修复与更新。预防犯罪仅仅是损害修复过程中一种伴随性的价值追求。

在中国当下的制度背景下,刑事和解与非刑罚方法的关系也有必要专门讨论。理论上通常认为,中国《刑法》第37条的规定,在立法上正式确立了非刑罚方法。从表述上看,非刑罚方法很容易被理解为刑罚之外一切刑事措施的总称。而从国外的制度看,刑罚之外的其他方法或者说刑罚的替代方法,指的无非就是保安处分。于是,两相印证,人们很可能会产生误会,认为这里的非刑罚方法包含了保安处分,甚至就是保安处分。然而,中国《刑法》背景下的"非刑罚方法"却绝非保安处分,而是指训诫、责令具结悔过、赔礼道歉、赔偿损失、行政处罚、行政处分等措施。这些措施与保安处分之间,无论在适用对象还是适用前提上,都有着显著区别。因此,中国《刑法》的一大遗憾就是没有给保安处分以应有重视,保安处分在刑法中未得到明确承认。相反,中国《刑法》却特别规定了非刑罚方法——一种不但在理论上毫无实质内涵,而且在实践上明显缺乏活力的摆设。从理论上看,各种非刑罚措施之间根本不具备统一的特质,无法形成一个实体性、整合性的范畴;从实践上看,非刑罚方法的适用率极低,甚至被长期虚置。如此一来,在保安处分得不到立法肯认、非刑罚方法又极度贫弱的情况下,刑罚必然一家独大。同时,刑罚的极度膨胀,又必然反过来排斥非刑罚方法的适用,不自觉地维持和强化其垄断地位,由此形成恶性循环。

在我们看来,刑事和解的引入为非刑罚方法的改造带来了难得的转机,为重新激活这一制度提供了可能。从功能上看,刑事和解与非刑罚方法具有内在的一致性,都可以作为刑罚的替代,作为某种非刑罚的责任实现方式;从形式上看,刑事和解的具体措施更是与非刑罚方法极为贴近,都包含了训诫、悔过、赔礼道歉、赔偿损失等措施。因此,以刑事和解充实非刑罚方法,不仅可以实现功能上的对接,而且可以实现形式上的替代。刑事和解与非刑罚方法在制度上的衔接,将非常顺畅和自然,不会显得突兀或是生硬。此种对接,对于两种制度而言,意味着难得的"双赢":一方面,它可被视为非刑罚方法重新发挥余热的一个契机;另一方面,它也可被视为刑事和解进入现有法律框架的一种渠道。由此,非刑罚方法不但在内容上重新充实起来,而且在实践适用上会更加频繁有力。刑事和解则不但方便地觅得了正式制度上的生存空间,而且更为实践运作的广泛开展打开了大门。

当然,刑事和解与非刑罚方法之间,也有不能相互包容的另一面。刑事和解不仅构成犯罪成立之后的非刑罚化处置,而且还可以在追诉过程中作为一种停止追诉的事由,一种事实上的非犯罪化措施,或者作为一种减轻刑罚的事由。[1] 这些都不是非刑罚方法可以囊括的,而非刑罚方法中的行政处罚、行政处分等措施,也明显不能落入刑事和解的范畴。[2] 因此,两种制度不可能合二为一。长远来看,还是有必要对刑事和解予以单独的立法设计,并全面引入保安处分制度。只是,从目前的制度安排来看,在不对既有立法予以大修大改的前提下,可以考虑以刑事和解充实非刑罚方法的适用。

总体来看,刑事和解既不同于刑罚,也不同于保安处分。它的出

---

[1] 各国对刑事和解的法效果规定有较大差异,但一个共通性的特征是,这种效果具有多元性。参见杜宇:《"犯罪人-被害人和解"的制度设计与司法践行》,载《法律科学》2006年第5期,第100页。

[2] 关于非刑罚方法中行政性措施的具体分析,参见马克昌主编:《刑罚通论》(第3版),武汉大学出版社1999年版,第748页以下。

现,可能打破传统的"刑罚—保安处分"作为犯罪反应方式的双元格局,凸现其作为刑事法律效果体系之第三支柱的美好图景。如承认此点,传统刑事责任论的研究对象就将得到新的扩展,传统责任论的诸多内容也将面临新的反思。因为,传统的刑事责任论乃是围绕刑罚与保安处分,尤其是刑罚而形成。当刑事和解加入进来以后,传统理论的适用性、涵盖性就必然遭受严峻挑战。其中,一个尤为突出的问题,便是刑事责任目的的重新构造。

四、刑事责任目的的重塑:从惩罚、预防到恢复

刑事责任的追究绝非某种本能冲动,而是从始至终受目的理性的指引。正如耶林睿智地提醒:"目的是全部法律的创造者。"它不但影响着立法者的思考和决断,并由此制约着立法的整体风貌,而且在刑事司法的过程中也始终成为操控司法者的"无形的手"。

在人类历史的长河中,曾经涌现出纷繁芜杂的刑事责任目的观。例如,在中国古代,就产生了诸如恫吓主义、报应主义、教化主义等构想,在西方文明中,也曾先后涌现自然报应主义、神意报应主义、预防与改善主义、早期综合主义、相对主义、绝对主义、折衷主义等诸多流派。[1] 今日人们普遍认为,某种融合了惩罚和预防两大目标的刑事责任目的论,代表了刑事法治发展的主流。[2]

惩罚历来被视为刑事责任的基本目的,这一点似乎不需过多论证。从人类早期的"替天行罚"思想,到今日之"罪有应得""死有余辜",惩罚作为人类公正情感的一部分,始终深深融入我们的血脉。惩罚观念不仅具有文化传统与国民意识上的基础,而且在现行立法中也有极为明确的承认。中国《刑法》第 1 条便开宗明义:"为了惩罚犯罪,保护人民,根据宪法,结合我国同犯罪作斗争的具体经验及实际情况,制定本法。"与刑法相衔接,现行中国《刑事诉讼法》第 1 条也规定:

---

[1] 参见张文等:《刑事责任要义》,北京大学出版社 1997 年版,第 98 页。
[2] 也有学者认为,惩罚不过是刑事责任的固有属性,是刑事责任自身的内容和基本的、不可分离的特征,因而不是刑事责任的目的。参见张文等:《刑事责任要义》,北京大学出版社 1997 年版,第 98—99 页。

"为了保证刑法的正确实施,惩罚犯罪,保护人民,保障国家安全和社会公共安全,维护社会主义社会秩序,根据宪法,制定本法。"可见,无论在实体或是程序上,立法者都从不曾掩饰惩罚的地位。

但是,刑事责任之施加,绝不是完全为了惩罚而惩罚。作为一种理性的国家制度,责任的施加还必然蕴含着现实的功利目标。应当说,预防犯罪就是其中最为重要的追求。刑事责任的存在,不仅是因为有了犯罪的发生,而且更是为了消灭犯罪的发生或尽量减少犯罪的发生。为此,一种"双面预防主义"的机制被得以特别强调:一方面,我们试图通过刑事责任的施加,来防止犯罪人再次触礁。各种隔离、矫正、教育的思想都可被归入这一特别预防的框架;另一方面,我们更试图通过刑事责任的施处,来阻遏犯罪人以外的社会公众的越轨。威吓、重塑道德禁忌、强化规范诱导等理念都可被纳入这种一般预防的范畴。[1]

然而,不难发现的是,上述所谓刑事责任之目的,与人们通常所描述的刑罚目的,具有惊人的一致性。尽管对于刑罚的目的为何尚存在不同见解,但几乎没有人会否认,报应和预防构成了两种不可或缺的追求。而在报应与惩罚的关系上,它们都强调对既往行为的处罚,都强调以处罚实现秩序的平衡,以处罚实现某种公正的价值,仅存在一些语感上的细微差别。因此可以说,刑事责任目的就是刑罚目的之翻版。[2]

之所以导致上述的状况,最为重要的是,过往的刑事责任理论以刑罚为核心研究对象,因而,刑事责任理论往往成为以刑罚理论为模本的简单复制和推演。人们往往通过对刑罚目的做粗陋的文字包装,便将其提升为刑事责任目的,甚至将刑罚目的直接等同于刑事责任目的。固然,刑罚是刑事责任实现的基本方式,刑事责任的目的确

---

[1] 关于预防主义的内容及其演进,参见邱兴隆:《关于惩罚的哲学:刑罚根据论》,法律出版社 2000 年版,第 76 页以下。

[2] 亦有学者认为刑罚目的包含惩罚。不过,在"惩罚"与"报应"这两种表述上,报应可能是更为通用的表达方式。参见韩轶:《刑罚目的重构论》,载高铭暄、赵秉志主编:《刑法论丛》第 8 卷,法律出版社 2004 年版,第 149 页以下。

定必须考虑刑罚目的。但是,如果仅仅将视线局限在刑罚之内,以刑罚为唯一对象来提炼刑事责任目标,就必将陷入片面和偏执。因为,即使从逻辑上讲,也不能排除保安处分、非刑罚方法等其他责任形式对责任目的的可能扩充与发展。

当刑事和解作为某种新的责任形式加入进来之后,传统刑事责任目标理论更面临着严峻考验。如果说,保安处分尚不能对传统刑事责任目标理论形成直接挑战,那么,刑事和解的出现,就意味着传统刑事责任目标理论必须做重大调整。因为,保安处分是以犯罪人矫治为手段,以社会的自我防卫为目标,这些都可以被纳入犯罪预防的框架。但是,刑事和解却是以恢复性价值为核心诉求,而这一价值无论如何不能被惩罚与预防所包容。就惩罚、预防与恢复的关系而言,需特别留意以下三个方面:

其一,关注重心的偏移。惩罚乃是对既往罪行的惩治,预防则是对将来罪行的防止,它们都必须通过对行为的担当者——犯罪人的影响来实现。因此,惩罚与预防的共同之处便在于,将重心放在了犯罪行为和犯罪人的一边。然而,犯罪与被害乃一体两面的关系,对犯罪人的片面关注,便意味着对被害人的过度遗忘。恢复则将关注的重心,从传统的犯罪人迁移到更为弱势的被害人。对被害人物质损失的弥补、情感伤害的抚慰乃至复归社会的急迫需求,在刑事和解中都被作为中心目标来追求。当然,这并不是说,恢复就仅指对被害人的恢复,而完全无视犯罪人重返社会、社区重归安宁的要求。更为准确地说,恢复性价值乃是某种极具包容性和张力的价值,无论是被害人的恢复,还是犯罪人、社区的恢复,都是恢复性价值的题中之义。只是,相对以惩罚和预防为代表的、以犯罪人为唯一关注的价值目标而言,恢复性价值更为关注被害人的情感体验和利益诉求。它不仅尊重犯罪人作为主体性的存在,而且更试图以恢复为契机,来唤醒人们尊重被害人作为主体性的存在。

其二,实现载体的分工。如果刑事和解作为一种新的责任形式被承认,既有的"刑罚—保安处分"的双元格局就被推翻,取而代之的将是"刑罚—保安处分—刑事和解"这种三元格局。在这一格局中,不同责任形式承载的价值目标既有重叠又有分工:(1)刑罚的重心是惩罚和预防。刑罚从来都不是建设性的,而是饱含着摧毁与剥夺,浸润着伤痛与苦楚。这种以法律名义实施的惩罚,所希望达到的效果便是以恶害平衡恶害。除此之外,这一惩罚的另一效果,则是以暴力制约暴力。通过惩罚,对犯罪人及其他社会公众将来可能的犯罪行为,予以强力遏制和威吓。(2)保安处分的重心在于特别预防。这一责任形式,试图通过对危险人格者予以集中管制、矫正和医疗,使其不致进一步危害社会。由此,在实现了个别预防的同时,也实现了社会的自我保存。(3)刑事和解的重心定位于恢复。通过犯罪人的真诚道歉、物质赔偿,使被害人的精神和物质伤害得以弥补,重新恢复其健康的社会角色;通过对犯罪人的责任承担、能力培养和道德重建,使犯罪人从过往的阴影中挣脱出来,重新回归正常的社会生活;通过对社区道德的确证、人际交往的调和及社区安全的强化,重建社区的安宁与和谐。当然,在恢复性价值实现的同时,也蕴含着预防犯罪的潜在效果。但是,和解并非以预防犯罪为核心追求,预防效果仅是恢复目标实现时的附随效应。[1]由上可见,每一种责任形式都有自己的核心目标,这些目标之间既有分工,又有交叉。换一个角度看,每一种目标又都有自己的载体形式,这些载体既相互分离,又相互联合。惩罚的目标,只能通过刑罚这一载体来实现;预防的目标,可以通过刑罚、保安处分或刑事和解三种载体同时完成;恢复的目标,则唯有通过刑事和解才能达致。

其三,功能定位的互补。犯罪行为发生之后,对犯罪的反应必须是系统性的。因为,犯罪作为一种极为复杂的事件,其产生的效应也是综合性的。针对此种多维的影响,我们必须分而治之地予以应对:首先,犯罪行为造成了一系列的法益损害,因此,最为基础的反应是对这些损害尽量予以弥补和修复。其次,罪行破坏了法律秩序的平衡,触犯了社会伦理道德的底线。因而,必须通过对犯罪人予以道义上的惩罚,来重建法律秩序,确证伦理道德规则。最后,罪行还将产生

---

[1] 参见〔美〕霍华德·泽赫:《恢复性司法》,章祺等译,载狄小华、李志刚编著:《刑事司法前沿问题——恢复性司法研究》,群众出版社2005年版,第29页。

未来的示范效应,如果不对行为人予以必要矫正,就难以避免行为人重蹈覆辙,难以防止其他公民以身试法。因此,必须对犯罪人进行必要的教育、训导或治疗,同时清除犯罪带来的恶性示范效应,以防止犯罪的辐射性影响。从内容上看,恢复注重法益损害的弥补,惩罚侧重伦理和法律的确证,预防则关注犯罪行为的遏制;从时间上看,恢复乃是对过往损害的修复,惩罚则是对当前规范的维持,而预防却是对未来行为的阻断;从效应上看,恢复着眼于填平,惩罚着眼于巩固,预防着眼于提升。可以说,三者相互补充、环环相扣、相互声援,共同构筑了一个综合性、整体性的犯罪反应目标体系。

总之,刑事和解的出现,促使我们思考刑事责任目标重构之可能。那就是,在现有的惩罚与预防之外,将法益损害之恢复作为刑事责任的基本诉求。这样的一种目标设定,不仅开始重新关注被害人的需求和体验;而且力求在不同责任形式之间寻求合理分工;更为重要的是,它还能弥合刑罚与保安处分在功能上的不足,在它们失灵与不及的地带实现功能互补。

五、结语:迈向多元而能动的刑事责任观

刑事和解的复兴,尽管让人们看到了刑事解纷模式的多元化趋势,却极少触发人们的联想,将其与刑事责任研究之窘境贯连起来。事实上,刑事和解不仅具有程序意义,其在实体理论上亦具有极为重要的启发性价值。它的出现,倘若被视为某种犯罪成立之后的法律效果,就必将直接打破刑罚之于非刑罚措施的独大局面,必将在扩充、补强非刑罚措施的基础上,增进刑事责任理论的实质内涵,使其获得超越于刑罚论的实体内容和体系地位。由此,它的出现,也将对传统的刑事责任之目标设定、责任形式、承担对象等问题提出重大挑战,促使我们在根本意义上重新思考这些问题。尽管传统刑事责任观念始终围绕着刑罚观而建立,但刑事和解的出现与壮大,使我们看到了另一种刑事责任观念的可能:

不再一味注重单向度的惩罚与训诫,而是更为注重责任施加的互动与交流;不再关注责任的强制与高压,而是关注责任承担的自愿与

自治;不再强调责任的剥夺性、痛苦性,而是强调责任的恢复性、改善性;不再重视责任的耻辱性和排斥性,而是重视责任的融合性与帮助性;不再着眼于责任施加的封闭与隔离,而是允许责任施加的开放和参与;不再仅仅面向国家承担责任,而是同时面向被害人、社区承担责任;不再仅仅立足于责任的公正性,而是在公正的基础上兼顾效率;不再由刑罚独掌大局,而是力图实现责任形式的多元性、适应性与可选择性。

我们愿意把这样的责任观念,称为"多元而能动的刑事责任观"。

第九章
恢复性司法与传统刑事司法的比较[*]

一、何谓司法?

20世纪70年代,伴随着传统司法在理论上产生的无尽困惑,特别是实践效果的巨大失败,西方学界开始探寻一种全新的刑事冲突应对模式。此时,普遍存在于各国社会的传统解纷方式——和解,逐步进入了主流学者的研究视域,并在社会的急迫需求中获得了迅速复兴的强大动力。以"犯罪人—被害人和解"为核心,在实践与理论上逐渐发展出一套崭新的司法模式——"恢复性司法"(Restorative Justice)。[1]

然而,当这样一种司法模式遭遇强而有力的传统司法时,人们就会感觉到明显的紧张与断裂。以往,占据人们理解中心的乃是某种国家主义的、诉讼主义的刑事司法观:从狭义上讲,它仅仅是指刑事案件的审判;从广义上讲,它包括了从侦查到起诉再到审判、执行的全过程。但无论作何种理解,刑事司法都被认为是专门国家机关依照法律规定的程序来处理犯罪案件的诉讼活动。而恢复性司法则是一种以社区中介组织为主导,并采用和解——此种灵活的非正式程序——来处理犯罪的一种活动。于是,一个问题就无法回避:从性质上讲,和解属不属于司法?以和解为核心所形成的恢复性司法模式,虽顶着"司

---

[*] 原题为《司法观的"交战":传统刑事司法 VS. 恢复性司法》,载《中外法学》2009年第2期,略有修改。
[1] 一方面,恢复性司法是以"犯罪人—被害人和解"为其发生学上的源头;另一方面,在恢复性司法的成长与壮大中,尽管孕育出形形色色、纷繁芜杂的运作模式,但是,它始终以"犯罪人—被害人和解"为其核心模式。因此,本章也基本上是在等同意义上使用"恢复性司法"与"刑事和解"两个概念。

法"的大名,但究竟算不算是司法?

至少在两个关键点上,恢复性司法与传统司法观念无法兼容。其一,主导机构。传统刑事司法以国家为唯一主导机构,整个司法程序乃是在正式国家机关的支配下运行。而恢复性司法则以民间组织为中立机构,在其筹备、协调和组织下进行。[1] 其二,解纷方式。传统刑事司法以诉讼为唯一解纷方式,司法程序便等同于诉讼程序。而恢复性司法则以和解为基本解纷方式,其程序意识和具体规则与诉讼可谓相去甚远。一旦在这两个基本问题上无法调和,恢复性司法便难以融入传统的刑事司法范畴。

然而,如果不把正统司法观念看得不可置喙,不把正统司法观念视为是唯一正确的司法观,恢复性司法就并非那么离经叛道。相反,它可能为我们开辟出关于刑事司法的另类理解。那就是,在更为开阔的法社会学意义上,刑事司法应被视为一种"刑事纠纷的解决过程"。这是一种脱离了国家中心主义束缚与诉讼中心主义限制的更为开放的理论视野。在这里,不仅国家主义的司法仍有其重要地位,而且社区司法、社区—国家合作型的司法亦有其生存空间;不仅诉讼仍构成刑事纠纷的基本解决方式,而且非诉讼方式也构成不可忽视的程序选择。无论依靠何种力量,无论由谁来主导程序进程,无论借助哪种解纷形式,只要它通过某种法的运用或"通过某种规则的治理"来解决刑事纠纷,就未尝不能算是"司法"。[2] 这样一种理解,有效地抨击了人们的正统法学常识。它意味着人们深信不疑的国家、诉讼型司法作为司法唯一形态的想象的破灭,意味着一种更为开放的、多元主义的司法进路。

二、司法观的"交战":八组关系的互动显现

在人类历史上,曾存在过两种主要司法模式:报应性司法与矫正

---

[1] 恢复性司法主要以民间组织为中介力量,但也有一些国家是以正式官方机构为中介力量。
[2] 这里,我们秉持的是一种法律多元主义进路。

性司法。[1] 这两种司法形态不仅在不同历史时期发挥过重要作用,直到今天也仍然支配着人们关于司法的理解。当下主流的刑事司法模式,乃是一种以报应为基底,同时有效糅合了矫正性因素的司法类型。

恢复性司法之于司法的理解,则与这种主流刑事司法相去甚远。为了更好地理解这一独特的司法理念,最好的办法是将它与当前主流的刑事司法联系起来进行对比观察。这种比较,将使我们清晰地看到,恢复性司法观与主流司法观之间有何继承关系,又有何发展与突破,并进而展示,为什么恢复性司法在很多方面要优于现有的司法模式。通过这样的比较,不仅将对现有模式的缺陷获得更为清醒的认知,而且对于恢复性司法的未来命运获得更为真切的体察。

从方法论上讲,这样一种比较的前提是将当下的主流司法模式与以刑事和解为中心的恢复性司法模式视为两种"理想类型"。无论是报应—矫正性司法,还是恢复性司法,都总是有形态各异的实践模式。在这些模式中,既有比较典型的样态,但更多的可能是边缘的、非典型的样态。而作为这里的比较基准的,则是一种经过思维加工的、最为典型的模式样态。此种意义上的"理想类型"实质上是一种"逻辑的理念类型"。[2] 它作为某种思维抽象的结果,并非以纯粹的形式在现实中出现。只是为了研究的便利和可能,才将之作为思维上的存在物。

在下面的文字中,我们将从八个方面展开比较分析。

(一)犯罪人中心主义司法与被害人中心主义司法

传统刑事司法是围绕着犯罪人而建立起来的。这样一种制度实践的理论基础,可以回溯到刑事古典学派与刑事实证学派。在古典学派那里,关注的中心是犯罪行为,刑罚则是对犯罪行为道义上的

---

[1] See Kathleen Daly, Revisiting the Relationship between Retributive and Restorative Justice, in Heather Strang & John Braithwaite, Restorative Justice: Philosophy to Practice eds., Routledge, 2000, p.34.

[2] 参见〔德〕卡尔·拉伦茨:《法学方法论(全本·第六版)》,黄家镇译,商务印书馆 2020 年版,第 580—581 页。

非难。而到了实证学派那里,关注的中心从犯罪行为转移到了犯罪人,刑罚是基于犯罪人的危险性格而施加的社会防卫,或是对犯罪人危险性格的矫正。可以看到,无论是犯罪行为还是犯罪人,既往的刑法理论总是将视点集中在犯罪这一面。正是在此种理论的辐射性影响之下,犯罪人被置于传统刑事司法的中心,而被害人则在刑事司法中被边缘化。这集中体现为:(1)在程序进程中,犯罪人具有支配性影响,而被害人则不能对程序进程发挥任何实质作用。对犯罪人赋予上诉权、再审申请权等权利,可以使犯罪人在一定范围内扭转程序的格局。而被害人则不仅不享有提出诉讼的权利,就连上诉权也被剥夺。被害人只能作为一个有作证义务、应随时配合的证人参与到诉讼之中。(2)司法处遇完全针对犯罪人,被害人则被彻底忽视。在传统刑事司法中,犯罪人被置于中心地位。无论是报应性措施,还是矫正性措施,都针对犯罪人来实施。只有犯罪人才需要以刑罚加以报应,只有犯罪人才需要以刑罚、保安处分加以矫治。对被害人物质、精神损失的赔偿,对被害人回归社会的需求,则无需考虑。(3)司法以犯罪人的人权保障为中心,而被害人的需要则常常被遗忘。面对中世纪司法机关的野蛮擅断,当代的刑事司法非常强调客观主义立场,其核心目标是以此保障被告人、犯罪嫌疑人的人权。由此,司法权的行使被施以一系列限制,如法定原则、比例原则等,犯罪嫌疑人则被赋予一系列权利,如辩护权、沉默权、申述权等,试图竭力保持权力与权利之间的对抗平衡。的确,在强大的国家权力面前,犯罪人作为弱势一方,必须被倾注"同情之泪"。但是,在对犯罪人予以温情脉脉的关注的同时,被害人却被无情地遗弃。不仅被害人的情感体验被司法体制视而不见,而且其利益诉求也只能淹没在对国家利益的追逐之中。不能满足被告人的需要动辄被上升为人权问题,而对被害人需要的遗忘则被视为正常。[1]

实际上,犯罪与被害犹如一枚硬币的两面。犯罪事件绝非犯罪人单方面的行动,而是一种犯罪人与被害人的互动过程。被害人不仅可

---

[1] 参见郭建安主编:《犯罪被害人学》,北京大学出版社1997年版,第11页。

能在犯罪发生中起着重要的催化、导引或诱发作用,而且在整个犯罪事件的进程中始终与犯罪人处于博弈和抗争之中。更为重要的是,被害人是犯罪行为的直接承受者,其切身利益遭受了现实损害。因而,被害人必须被视为犯罪事件不可或缺的一方主体,在司法中得到主体性的尊重。

恢复性司法将被害人置于司法程序的中心。这主要表现为:(1)被害人在程序中取得支配性的权利,开始主导程序的基本进程。被害人是否同意与犯罪人展开和解,将直接决定案件的走向,即是继续在国家追诉的道路上前行,还是转处出来,纳入另一种纠纷解决程序;被害人是否接受犯罪人的责任履行,并与犯罪人达成和解,将直接影响案件的最终结局,即是停止追诉从而对行为予以事实上的非犯罪化、减免刑罚,还是维持刑事追诉并予以常规处罚。(2)对被害人的物质赔偿和精神慰藉,成为刑事司法处遇的重要关怀。刑事司法的处遇,不能只是围绕着犯罪人展开。固然,犯罪人的恶行需要一定的惩罚,犯罪人需重返社会因而需要相应矫治,但被害人作为司法过程的主体,其利益与需求同样值得认真对待。特别是,在犯罪发生之后,被害人不仅在物质上蒙受了重大损失,而且在精神上也遭受了极度创伤。他们不仅要背负严重的心理阴霾,而且平日生活中累积起来的安全感、控制感和自主感也被彻底摧毁。他们迫切需要帮助,需要重新融入社会生活。因此,并非像传统理论认为的那样,只有犯罪人才需要"复归社会",被害人也同样需要"复归社会"。所以,刑事司法的处遇措施必须考虑被害人的现实需求。(3)被害人在司法中有更为充分的参与,对自己的利益有更为充分的表达。恢复性程序从最初的筹备,到协商的开展,再到协议的最后达成与履行,都必须依赖被害人的充分参与。可以说,没有被害人的参与,程序根本无法启动,更无法推进和展开。伴随着被害人对程序越来越深的介入,其情感的表达、需要的满足、利益的伸张都变得更为直接,也更为充分。在和解的准备中,被害人可以表达对主持人的期待,对犯罪人态度的期待,对会面时间、地点和氛围的期待;在会面中,被害人可以向犯罪人及社区公众袒露心扉,将被害的痛苦、被害对自己正常生活的影响真切地传达给听众。被害人可以直接了解犯罪背后的真实原因,亲身聆听犯罪人的忏悔,并畅快地对犯罪行为予以谴责;在协商的最后,被害人可以直接表明自己对整个事件的立场与态度,对犯罪人责任内容与形式的基本意见。可以说,在恢复性程序中,被害人获得了比以往任何司法体制都更多的参与机会,更充分的利益表达。

总之,在恢复性司法的理念中,被害人必须作为自治性的主体被纳入,而不能再沦为某种刑事司法的客体;被害人必须在程序中具有支配性的权利,主导程序的基本进程,而不能再成为某种有作证义务、应随时配合的证人;被害人必须在程序中有更为充分的参与,对自己的利益有更为充分的表达,而不再是刑事司法的看客;被害人必须获得实质的物质赔偿和精神慰藉,这必须成为他们不可撼动的基本权利,而不再是"为了震慑犯罪的需要"或是"施舍与同情"。当然,恢复性司法也并不认为,被害人是唯一关注的对象。毋宁说,恢复性司法也同样关注犯罪人的责任承担和重返社会,关注社区安宁的恢复和社区和谐的重建。只是说,对照以往刑事司法眼中只有犯罪人而彻底遗忘被害人的状况,恢复性司法更强调对被害人的关注。

(二)国家专权式司法与国家—社区合作式司法

以往,犯罪被视为个人对统治关系的挑战。因而,在刑事冲突的解决过程中,对犯罪的回应权力自然被国家独占。国家成为整个解纷过程中绝对的垄断者,不许民间力量插足。犯罪被认为与社区毫无关系,司法中根本没有社区的位置。这是一种由国家专门控制、由国家"独资"投入的专权式司法。隐藏在这一司法体制背后的,乃是某种国家全能主义的司法观:所有犯罪都被认为是侵犯了国家的利益,而应当由公共权力体系来处理。公共权力的触角可以无限延伸,无所不及而又无坚不摧。国家具有无限的能量,完全有能力建立统一的刑事司法体系,并举全国之力处理所有的刑事犯罪。公共司法体系是社会正义的唯一代表,而社区力量的任何介入都必须被严加拒绝。因为,民间力量的每一次涉入,都可能会在实质上削弱公共权力机构的权威,甚至使人们无视它的存在。由此,国家必须垄断刑事司法的整个过程,才能获得自我证成。

然而,我们要问,既然在经济领域中国家干预被认为是最没有效率的,那么,在犯罪控制中是否也是如此?国家垄断型的司法控制模式能够高效处理犯罪吗?事实上,此种司法模式在实践中始终面临着巨大危机:

其一,国家司法资源严重不足。在将所有刑事解纷予以公共化的同时,国家司法资源的有限性也逐渐暴露。特别是,随着社会转型的深化和社会矛盾的不断涌现,刑事案件的受案率呈现出扶摇直上的态势。这使本已十分有限的司法资源更加难以为继。以美国为例,1972年至1977年,美国监狱的收容能力增加了约23000张床位,但同期的监狱人口则增长了81000人。由于司法资源的严重不足,到了1984年,州一级监狱所关押的人数已超过了关押能力的10%左右,而联邦一级监狱更是达到24%之多。[1]

其二,国家司法的效果存疑。这一点尤为明显地体现为监禁刑与矫正制度的失败。近30年来,西方国家进行了无数次的实证研究,试图在监禁刑与犯罪预防、犯罪人矫正方面建立起积极联系。然而,却始终没有找到令人信服的证据,来证明监禁刑对于犯罪预防与矫正的正面作用。

其三,国家司法存在固有缺陷。国家司法通常只能在犯罪产生之后发动,而不能在犯罪的萌芽阶段介入,属于某种被动的、事后型的司法。司法机关对于社会中大量存在的犯罪隐患往往视而不见、充耳不闻,却偏偏惯在犯罪发生后露出狰狞面目。这导致国家司法对犯罪事件的预控能力不足;国家司法虽然拥有法律上的权威,但在促进犯罪人道义上的觉醒、促使行为规范内化为道德直觉等方面存在严重缺陷。虽然刑事司法系统拥有法律权威,但道德权威却存在于社区之中。

恢复性司法的出现,使控制司法的基本力量发生了重新分配。人

---

[1] 参见〔美〕大卫·E.杜菲:《美国矫正政策与实践》,吴宗宪等译,中国人民公安大学出版社1992年版,第38页。

们逐渐认识到,单纯依靠国家力量来解决所有的刑事纠纷不但力有未逮,而且在相当情况下会产生失灵。我们有必要重新反思社区在司法中的地位与作用。此种反思的起点,就是重新理解犯罪事件。如果把犯罪视为个人对统治秩序的挑战,就将直接略过社区这一中间环节。如此一来,犯罪乃国家与个人之间的冲突,与社区毫无干系。然而,犯罪总是在一定的社区中发生,其不但会对社区其他成员的安全感带来重大挑战,而且会使健全的人际关系、正常的社区交往蒙上阴影。更为重要的是,社区构成了个人与国家的中介,任何对社会秩序、公共利益等公共层面的影响,都必须透过这一中介才能传递。不可想象的是,对社区毫无危害,却会直接对公共秩序和国家利益带来损害。因此,犯罪必须首先被理解为一种社区冲突,其次才可能被视为个人与国家的争斗。此外,还必须看到,社区不仅是犯罪事件的被害者,而且在某种意义上也是犯罪事件的制造者。因此,社区也必须对犯罪肩负责任。正是这一犯罪观的转变,导致了社区在整个刑事冲突解决过程中的角色必须被重新定位。社区再不是某种旁观者的角色,而是与纠纷的处理有切身利害关系,因而必须作为一股新的力量加入进来。

当社区加入之后,其在纠纷解决中的作用将更为积极与全面。这种作用主要体现为:其一,在当下的解纷处理中,作为某种中立角色出现。很多和解项目都是在社区中介的组织与主持下完成。其二,从长远的纠纷化解来看,社区的作用更为全面。例如发展社区安全项目,重建社区行为规范,加强社区道德建设,帮助弱势群体,健全社区教育等。其三,值得特别强调的是,社区对于被害人和犯罪人的服务。因为被害人是犯罪行为的直接受害人,而且"被害人恢复"过去被长期忽视,所以社区应特别注重对被害人提供有益服务,以帮助其重返社会。此外,社区也需重视对犯罪人的监督和服务。在监督方面,主要是建立起对犯罪人承担责任的跟踪机制,确保和解协议的执行。在服务方面,主要是加强犯罪人的技能培训,为犯罪人提供工作机会,帮助其与其他社区成员加强联系等等。

当然,社区功能的扩大,并不意味着国家在司法中不再起任何作用。只是,国家的角色必须进行相应调整。一个总的趋势是,国家开始逐渐从一些司法领域中撤退,从某些案件的处理中解放出来。但是,国家仍然在以下层面起着关键性作用:(1)对恢复性司法的授权与推动。恢复性司法作为在正式制度边缘生长起来的一种实践,面临的首要问题就是,必须得到国家的正式授权与承认,从而取得合法化的地位。从世界范围内看,国家对于恢复性司法的开展,始终起着自上而下的推动作用。国家在正式司法的领地内开辟出一块空间,交给和解来进行实验,时机成熟便将刑事和解正式纳入立法。没有国家的授权和支持,恢复性司法不可能在正式制度上得到承认。(2)对恢复性过程的监督。刑事和解中,双方当事人的资源、能力、社会关系并非完全对等,因而极有可能出现一方压制、强迫另一方的可能。特别是,当这种强迫以一种表面自愿的形式呈现出来时,就更具有迷惑性与危险性。国家的任务就是,必须保证程序的透明、公开与平等,保证被害人、加害人能在程序中得到平等对待,同时保证当事人自由、真实的意志表达。(3)对恢复性协议的确认与保障。和解协议虽然由双方当事人自由协商达成,但是,协议最终必须由国家司法机关审查确认。因为,协议必须在合法、自愿的框架内形成,不能违背国家强行法的规定,不能违背当事人的真实意愿。这就是所谓的"司法最终审查原则"。[1] (4)对恢复性程序的救济。刑事和解如果失败,就意味着先前所有的解纷努力都归于无形。然而,纠纷还是必须最终解决,责任也必须有人承担。因此,在刑事和解失败后,案件不可避免地要重新回到正式诉讼程序中。这就是所谓的"司法最终救济原则"。[2] (5)无法恢复的案件应直接由国家司法解决。尽管恢复性司法具有广泛的适用空间,但还是会在某些领域出现适用上的失灵。这正是程序多元化安排的最初动因。在没有被害人、自己是被害人、抽象被害人

---

[1] 关于司法最终审查原则,在联合国经济及社会理事会第37届全会通过的《关于在刑事事项中采用恢复性司法方案的基本原则》决议的第15条中有明确规定。

[2] 关于司法最终救济原则,在联合国经济及社会理事会第37届全会通过的《关于在刑事事项中采用恢复性司法方案的基本原则》决议的第16、17条中有明确规定。

的案件中,恢复性司法都可能发生适用上的难题。[1] 此时,只能由国家司法直接出面解决。

可以看到,从"国家专权型"司法到"国家—社区合作型"司法的转变,意味着国家与社区的司法角色必须重新塑造。无论是国家还是社区,单靠任何一方的孤立行动,都无法有效解决犯罪问题。只有国家与社区通力合作,既各自承担相应职责,又相互配合与支援,才能遏制犯罪的增长。从目前的情况看,强化社区在司法过程中的参与,增进社区的预防、控制犯罪的能力,可能正是当务之急。经验表明,社区的介入应当是犯罪预防和控制的最有力手段。如果人们都保持这样的态度——"我知道隔壁邻居在违反法律,但我还是做自己的事吧。因为这些事情是职业警察处理的",犯罪的控制与处理就不可能成功。低犯罪率的社会不可能是一个人们只关心自己事务的社会,而绝对是一个相当依赖社区参与犯罪控制的社会。某种意义上,法庭不堪重负的案件压力,也可部分地归咎于社区缺乏对那些源于社区的犯罪的处理能力。因而,犯罪的高效控制只能寄希望于与社区的合作,重建社区的犯罪预防体系,并拓展社区在犯罪控制方面的资源。这就意味着,国家应当从犯罪控制的前台撤离,应当从那些冲突当事人能够自主解决问题的领域中撤离,国家司法仅作为最后的救济途径。这也正是一种将冲突重新交还到个人与社区手中的过程,一种冲突的再个体化过程。

(三)对抗式司法与协商式司法

犯罪乃是某种人际冲突的显现,司法则是对于此种冲突的解决。一般说来,对冲突的处理可能有三种方式,一是容忍;二是对抗;三是协商。传统司法模式的一个突出特点就是"对抗"。在诉讼制度的三角结构中,原、被告双方被置于相互对立的地位,相互展开抗辩。与此种对抗性结构相适应,司法过程中有一系列制度安排与之配套:

首先,强调被告人的辩护权,以此积极对抗控诉。这一制度的基

---

[1] 刑法理论通常认为,同性恋、通奸等行为属于"无被害人的犯罪",而吸食毒品等行为则是"自己是被害人的犯罪"。

本设想乃是,被告人在程序中处于弱势地位,因而必须赋予被告人以一定的诉讼权利,实现诉讼武器之对等。同时,真相越辩越明,因此,只有在双方当事人的互相抗争中,事件的多维意义才能凸显,案件真相才能最终呈现。

其次,赋予被告人沉默权,以此消极对抗控诉。如果说,辩护权乃是一种与追诉积极对抗的手段,那么,沉默权就是一种消极抵抗的手段。据此权利,被告人可以免去自证无罪的义务,不与控诉方进行任何积极配合。这是在正式制度的层面上,鼓励某种"无声的对抗"。

再次,注重证据规则的运用,在技术上推动双方当事人展开对抗。无论是当事人主义,还是职权主义,都是以证据事实为基础来展开程序运作。而在证据的运用中,不但需要由当事人提出证据,而且需要重视以证据为手段的说服工作。此时,当事人围绕证据的形式、程序、证明力等问题,必须展开相互的质询、辩驳等质证工作。这无疑也是在技术层面鼓励当事人相互竞技。

最后,在其他程序设置上,也注意当事人的相互对抗。如在侦查机关对嫌疑人采取强制措施之时起,嫌疑人有权聘请律师;控诉人申请鉴定之时,被告人可以申请反向鉴定等等。总之,在传统司法中,双方当事人的对抗,不但构成程序推进的动力,而且构成逼近事实真相的手段。进一步地,它也被认为是当事人诉讼地位平等的一种显现。

然而,此种对抗式的司法却可能导致一系列问题:

首先,对抗导致时间、金钱等资源的大量消耗。当事人的对抗往往导致程序的复杂化与烦琐化,不仅诉讼久拖不决,而且人、财、物产生巨大耗损。

其次,对抗导致双方当事人关系的进一步紧张。一上法庭,双方当事人就剑拔弩张、势如水火。被告人拼命隐瞒事实、推卸责任,这对于被害人而言不啻是在伤口上撒盐,但又不得不面对此种"二次伤害"。诉讼完结之后,双方当事人的关系可能进一步恶化,难以继续维系。以对抗的方式来解决冲突,不但无法弥补裂痕,而且会使裂痕进一步扩大和加剧。

最后,仅依靠对抗可能也无法使真相得以呈现。在对抗中,被告人可能会以沉默的方式竭力隐瞒真相,或打着抗辩的旗号尽力歪曲真实。在对抗中,我们可能将难以看到真诚的坦白,诚挚的忏悔和请求宽恕。任何发自内心的情感表达,都可能成为奢侈。

恢复性司法的理解则迥然不同。在它看来,司法并非一场你死我活的争斗或竞技,而是通过双方当事人的协商、对话,谋求各方都乐于接受的结果。在维持法治底线的框架内,这种纠纷的解决过程试图让双方都拥有更多发言权,相互之间减少不必要对抗,增加更多的对话和合作,试图使不同的利益需要尽可能地找到结合点。

隐含在这一思路背后的,乃是某种更深的谋划。通过司法的协商化,恢复性司法试图进一步实现以下价值:

其一,促进司法效率的追求。对抗式司法的展开,必须由正当程序来保障。然而,正当程序的严格设置,却可能导致司法效率的低下。面对不断涌现的社会矛盾,刑事案件的增长扶摇直上,对正当程序的追求面临着被积案摧毁的危险。惟其如此,设置多元化的解纷程序,并在此基础上保证当事人的程序选择权,就成为一种有效的应对思路。而协商性的程序设计相比对抗性的制度安排而言,明显具有效率上的优势。协商程序灵活,没有烦琐的侦查、起诉、抗辩、证明过程,而且可以更多地利用非工作时间。协商对于缓解正式司法的压力、提升司法体制的整体效率,有着显著的促进意义。

其二,更好地处理当事人之间的关系。大量数据表明,犯罪经常是在熟人之间发生的。这意味着,在通常情况下,当事人之间的交往并非一锤子买卖,而是某种持续的、长期的交往过程。协商的方式相比对抗的方式而言,显然更有利于双方当事人关系的维持和长久经营。退一步讲,即使犯罪是在陌生人之间发生,和解方式也更有利于双方矛盾的和缓解决,有利于裂痕的愈合与恢复,而不是加深此种裂痕。

其三,容纳更多元化的利益诉求,并寻找其最佳结合点。争斗式的诉讼,其最终结果就是你死我活。此种胜负之争,只能形成某种"零和博弈"的局面,一方获得的利益就是对方失去的利益。然而,协商式的司法却试图通过理性对话,寻求某种所有利益主体都相对满意的结果,从而最大限度地容纳不同的利益诉求。此种对话的目标,绝非你死我活,而是在相互合作的基础上,努力达致一种各方需求都相对得到满足的共赢局面,一种"非零和的博弈"。

应当看到,刑事法律本身就是协商的产物,就是意志妥协的结果。刑事法律作为某种合意程序的产品,必须具有保障合意的品质。不仅如此,刑事法律的应用应该还能促进合意的产生,促成意志的整合,而不是单纯提倡争斗与竞技。正如萨默斯指出的,程序正义原则的要求之一即为协议性(Consensualism)。不论结果如何,建立在有关公民自愿选择基础上的协议性,都是需要通过法律程序本身实现的"程序价值"。[1] 尽管上述议论是从整个程序法的角度出发,但其对于刑事司法而言也具有适用性。从这个意义上讲,我们迫切需要进行刑事司法的观念变革。这一变革的核心,就是从对抗走向对话,从争斗走向协商,从单一价值走向多元诉求,从胜负之争走向双赢格局。

(四)代理式司法与参与式司法

传统刑事司法乃是某种"代理式司法"。在这套体制中,国家公诉人代替了被害人承担控诉职能,而律师则代替了犯罪人承担辩护职能。即使在有被害人参与的情况下,也通常会有诉讼代理人的帮助。因此,在绝大部分情况下,案件的实际当事人尽管参与程序却难以控制程序。相反,程序的实际运作是由代理人来支配和掌控的。将犯罪视为对国家的侵害,构成了公诉机关替代被害人的部分原因。在此之外,代理人广泛介入刑事司法,甚至实际控制刑事司法,还可归因于刑事规则的专业性。艰深的实体法知识,决定了案件应如何起诉,也决定了案件应如何辩护,当事人因为缺乏相应的知识背景往往不知所措;而程序规则的专业性更是有过之而无不及。复杂的程序设计、烦琐的证明规则、精微的诉讼技巧与经验,这些都与大众常识如此之隔离,以至于普通民众难以理解。在上述知识壁垒难以清除的前提

---

[1] 参见陈瑞华:《通过法律实现程序正义:萨默斯"程序价值"理论评析》,载《北大法律评论》第1卷·第1辑,北京大学出版社1998年版,第190页。

下,案件的当事人只能将自己的利益交到职业代理人手中。

然而,在这一利益移交的背后,却隐藏着严重的危机。也即,职业代理人对司法过程越来越深的把持,以及实际当事人不断被边缘化。法律科层具有一种自然的倾向,即总是试图扩大自己的权力。法律科层时常不是作为一个忠实的仆人去行事,而是力求成为自己所管辖的那部分的主人。[1] 实际上,现代司法的逻辑早已预设了此种"话语—权力"的基本格局。那就是,在刑事司法不断专业化、技术化和复杂化的背景下,职业法律科层基于对知识的垄断,必然寻求权力扩张。[2] 从历史经验上看,法律职业在其萌生初期,便开始表现出对自身特权的野心,表现出知识话语的扩张和对"他者"知识的排斥。[3] 而根据福柯的洞见,这种知识话语的扩张和侵蚀,必然带来一种权力的膨胀和压迫,只不过在法律精英们的巧妙掩饰下,此种知识—权力的压迫更容易披上一层温情脉脉的外衣。

刑事司法的代理化,导致了精英话语对大众话语的霸权压迫,导致了代理人的中心化与当事人的边缘化。这对于恢复性司法而言,乃是不可接受的"易客为主"。在它看来,将犯罪的处理从犯罪发生的社区背景中硬生生地抽离,将犯罪的决定权授予与案件毫无利害关系的专业人员,将真正受犯罪影响的人排斥在决策过程之外,这是传统刑事司法的巨大失败。刑事纠纷的解决必须吸纳犯罪人、被害人及社区的直接参与,让他们成为司法过程的支配性主体,而不再沦为看客。当事人必须在事件处理中拥有更为直接的发言权,自己的命运应由自己来把握。他们不但有权决定是否以和解方式处理纠纷,而且有权决定和解的具体程序及其细节,决定最后的责任形式与责任程度。所有与犯罪有关的人,都被鼓励参与到犯罪事件的处理当中来,他们完全有智慧也有能力直接管理自己的事务。越是不让当事人和社区参

---

[1] See M.Weber, Economy and Society, ed. G.Roth and C. Wittich, Bedmister Press, 1968, p.1418.

[2] See M.Weber, Economy and Society, ed. G.Roth and C. Wittich, Bedmister Press, 1968, p.1418.

[3] See R.Unger, Law in Modern Society, the Free Press, 1976, p.71.

与,他们处理冲突的能力就越是得不到提高。只有在不断的参与中,公众处理冲突的能力才会稳步发展,社区控制犯罪的能力才会不断增强。

当然,恢复性司法所提倡的广泛参与,是与解纷过程的专业性下降相关联的。首先,实体法知识的意义大大降低。犯罪无非是违反社区规范和行动规范的行为,而这些公共规范可谓人所共知。责任的确定也无所谓专业。对每一个犯罪都可能有个别化的处理,因为每一个当事人都可能有不同诉求。展开友好的协商,并在此基础上形成双方当事人满意的责任约定,就是正当的、有效力的责任确定。其次,程序规则和经验技巧也不再神秘。刑事和解作为古老的知识传统,植根于我们的血脉。我们对这种理念、程序或规矩是如此熟悉,以至于不需要那些太过"专业"的辅助。甚至,程序可以根据当事人的协商、需要而随时变化、量身定制,程式化与标准化不再是主要追求。最后,犯罪事实不再需要以烦琐的证据规则来探明。通过双方当事人的坦诚相待,事实会得到更为全面、真实的呈现。事件解决的基础,不再是专业规则意义上的"证据事实",而是交流对话意义上的"协商事实"。

解纷过程的专业性的下降,以及当事人和社区的广泛参与,进一步意味着职业代理人的角色必须重新调整。这里,存在三种可能情形:第一种情形是,在刑事司法中区分出不同领域,在传统诉讼领域中专业人员仍起着支配性作用,而在恢复性司法领域中则由普通公民来控制;第二种情形是,在恢复性司法领域中,仍然让司法人员扮演传统角色;第三种情形是,让职业人员彻底转变并担当全新的角色。也就是,让传统司法专业人员变成恢复性司法中的专业人士,成为调解者、问题解决者和社区参与的促进者。可以看出,第二种情形实际上并不涉及角色的变化,专业人士在和解中完全承担着原先的功能,这是不能让人接受的。第三种情形是希望专业人士能够彻底脱胎换骨。这种做法虽然能够节约一定的人力资源,但是却忽略了一个关键的问题:在长期的角色扮演中,专业人士已经将自己的代理人角色模式化,他可能完全转变过来吗?他能够安然接受现在的配角身份,而彻底忘却过去的风光吗?即使强行要求此种转变,又怎么能防止他们不产生角色的错乱和混淆？更为要紧的是，每一个人都有"沉重的肉身"，都必然受到利益的驱动。专业人士很可能因为自己的职业利益，本能地拒绝这样的角色转变。[1] 在某种意义上，诉讼（公诉）制度乃是检察官的安身立命之本，而律师也只有在诉讼体制下，才有一展拳脚的天地。

在我们看来，第一种做法可能更为妥当。也即，针对不同案型，区分出传统诉讼司法与恢复性司法的不同场域。在此基础上，在传统司法的保留领域仍然让专业人士发挥他们的特长与优势，而在恢复性司法领域则让当事人成为程序的主导与中心。当然，恢复性司法也不是要断然抛弃传统司法的所有价值。例如，对犯罪人自由权利的保障仍然是必要的。此时，专业人士的咨询与辅助，就成为传统司法价值在恢复性程序中延续的有力保证。但是，司法人员的此种介入必须是有度的。正如克里斯蒂恰当的提醒："司法专业人员在恢复性司法中的角色，只应是一个司法资源的提供人和咨询人，而不是司法的主导人和中心。"[2]

（五）问题式司法与关系式司法

传统刑事司法是以问题为导向的司法。简单地说，这一问题的指向就是要确定行为人的行为是否符合犯罪的法律规格，以及在满足这一规格之后应如何量刑。其中的重点，又是前一问题。

正如泽赫（Zehr）正确地指出，正式司法习惯且擅长于在事件发生之后，发出这样的诘问："谁触犯了刑法？触犯了什么规范？应处以何种惩罚？"[3]在提出这样的问题之后，正式司法总是首先客观、充分地调查案件事实，然后搬出那一套严格规整的犯罪构成理论。接下来的工作，就是工整的三段论演绎，以犯罪构成为大前提，以事实与犯罪构

---

[1] See Anthony Mason, Restorative Justice: Courts and Civil Society, in Heather Strang & John Braithwaite eds., Restorative Justice: Philosophy to Practice, Routledge, 2000, p.2.

[2] Nils Christie, Conflicts as Property, Vol.17(1), The British Journal of Criminology, 1977, pp.12.

[3] [美]霍华德·泽赫：《恢复性司法》，章祺等译，载狄小华、李志刚编著：《刑事司法前沿问题——恢复性司法研究》，群众出版社2005年版，第62页。

成的完美对接为小前提,然后径直得出结论。当然,上述大前提并非总是给定的,而是法官凭借自己的法意识,从法条的汪洋大海中捕捉得来。一旦这一"找法"的过程出错,换言之,找出的犯罪构成与当下案件事实无法对接,那么就必须重新开始"找法",如此循环往复。可见,所谓三段论的推演,实际上是一个不断展开的过程,直至最后找到合适的规范,能够与当下的案件事实形成对接,或者实在无法形成对接时,只能做出无罪判断。在这一过程中,法官关注的并非案件所有的事实特征,而是与特定法律判断规格——犯罪构成相关的事实。只要这样的事实能够确定,案件在法律上的定性就可完成。

可见,在传统刑事司法中,法律适用关注的是案件在法律、技术层面的解决。一个案件的实体形成过程,其核心便是"该当犯罪构成的事实"的发现与证明过程。在此过程中,特定犯罪构成形成了一种巨大的观念参照,在其指引下,法官完成了对原始案件事实的筛选和过滤。法官并不关心犯罪事件背后复杂的社会背景,也不关注案件在生活意义上的全部真相,法官只关注影响案件之规范性质的犯罪构成事实。然而,必须看到的是,一方面,犯罪构成是僵硬的,它早在案件发生之前就被规定在刑法之上,且始终固定不变。因而,根据此种犯罪构成所圈定的事实也是僵硬的,并不能正确地反映当下犯罪事件的发展与变化;另一方面,犯罪构成又是极为片面的,它只对犯罪事件中某些以立法者的观点看来是重要的因素加以规范,而忽略了事件背后更为广阔的行动背景、社会关联与复杂成因。更为可怕的是,在将犯罪构成与案件事实相互对照时,案件事实很容易产生被"格式化"的倾向。也即,一旦客观事实无法顺当地服帖于犯罪构成的判断框架,法官们便倾向于固守那些被认为确信无疑的概念和框架,并尽量将事实按照这些概念和框架的要求予以裁剪,以使其符合这一固定包装。[1]他们的策略和立场,与其说是以刑法解释生活,倒不如说是以生活解释刑法。在这一世界中,纷繁芜杂的生活事实从前台撤退了,更多的

---

[1] 参见强世功:《乡村社会的司法实践:知识、技术与权力——一起乡村民事调解案》,载《战略与管理》1997年第4期,第105页。

只是作为一种素材,注释着那些刑事法律中的"经典"命题和框架。于是,一个案件的真实意义被掩盖起来,被它的规范与技术意义取代。

恢复性司法则试图还原犯罪事件的真实意义。在它看来,犯罪的真相并非僵硬的、片面的、格式化的构成事实所能取代。对于犯罪事件的处理,也绝不能满足于某种法律、技术层面的解决。现实生活中,犯罪事件的发生往往有着极为复杂深刻的背景,而且,相当多的犯罪还涉及当事人内心深处的隐私。传统刑事司法所调查了解的犯罪事实,通常都只是犯罪的外观,或是犯罪事件的最后引发,而不是犯罪事件内在的真相。因而,从规范、技术的层面来处理犯罪事件,就只是一种相当表面化的问题处理,而并非对事件内在的、彻底的解决。另一方面,很多犯罪都是犯罪人与被害人长期矛盾冲突的结果,是一系列人际冲突的最后爆发。犯罪人与被害人之间的关系并非一锤子买卖,而是一种长久的、持续的互动。因此,刑事纠纷的处理就绝不止于当下个案的解决,不止于事件的一次性解决,而是涉及更为长期的关系梳理与再造。

在恢复性司法的世界中,关系是一个核心范畴。我们惊奇地发现,在很多文化背景中,都存在着极为相近的词汇来描述和谐、仁爱的社会关系:毛利人称之为"whakapapa"、印第安人称之为"hozho"、非洲的班图人称之为"ubuntu"。[1] 而无论是在毛利文化、印第安文化还是班图文化中,刑事和解都构成化解刑事冲突的重要传统。因此,将恢复性司法视为"关系式司法",实在是有着极为深厚的历史文化渊源。

在这种关系化的视野中,犯罪被视为对人际关系的某种侵犯,而犯罪事件的处理则是对当事人关系以及社区关系的恢复。犯罪乃是人际关系恶化的产物。解铃还须系铃人,要从根本上解决犯罪冲突,就必须从人际关系上入手。刑事冲突的化解,实质上就是一种重建当事人之间,以及当事人与社区之间关系的过程。一方面,通过当

---

[1] 参见[美]霍华德·泽赫:《恢复性司法》,章祺等译,载狄小华、李志刚编著:《刑事司法前沿问题——恢复性司法研究》,群众出版社2005年版,第25页及以下。

事人之间的直接会面和真诚交流,清除误会、化解怨恨、聚集共识,从而重建当事人之间的关系,使他们能够在社区中健康地交往下去;另一方面,更要恢复当事人与社区之关系。不仅要帮助被害人在物质与精神层面重新振作,重建人际交往中的安全感、控制感,重新融入社区生活,而且要帮助犯罪人发展工作技巧,提高人际交往能力,顺利复归社会。因此,犯罪的处理不能被简化为机械适用法律——做出判决——执行判决的流程,而是一种发现矛盾——解决冲突——愈合关系的过程。

不难看到,此种对犯罪事件及解纷过程的重新理解,乃是立基于对社会的下述假设之上:人们是相互联系的,每一个人都生活在社会交往之中。每一个人都无法逃脱社会关系的牵绊,我们注定要生活在社会关系的网络之中。因此,当这张大网出现裂痕或缺口之后,我们唯一要做的工作就是尽力弥补和修复。这种关系化的观察方式,一方面使犯罪事件与其前期的矛盾形成、事件的后续发展等联系起来,从而能够更全面、动态地把握犯罪事件。它避免了将犯罪从复杂的社会关系中抽离,孤立化地进行犯罪应对。另一方面,这种观察更试图抛开法律要件与构成事实的束缚,深入到犯罪事件的内部,从犯罪发生的深层背景、复杂成因、社会影响等方面来观察事件的意义,从而内在地、实质性地解决刑事冲突。它关注的并不是纠纷在法律技术层面的解决,而是纠纷在社会交往层面的解决;不是冲突的、一次性的、暂时的解决,而是长久性的、彻底的解决。

(六)隔离式司法与会面式司法

传统刑事司法的另一重要特点是隔离。即通过强制措施、刑罚等羁押性手段,将犯罪嫌疑人、罪犯关押在看守所、监狱等场所。这种隔离主要体现为三个方面:首先,将犯罪嫌疑人与家属、朋友相隔离。犯罪嫌疑人一旦涉诉,为了保障诉讼的顺利进行,就有可能被采取羁押性的强制措施,亲属、朋友等都不能随意与之见面。其次,将犯罪嫌疑人与被害人相隔离。上述的隔离措施,不但将犯罪嫌疑人与亲属、朋友隔离开来,而且将其与被害人隔离开来。之所以做出这样的处理,可能是为了防止犯罪人再次接近被害人,从而防止被害人"二次被害"。最后,将犯罪人与社区相隔离。犯罪人一旦进入监狱服刑,就意味着彻底与社会相隔离。监狱是现代社会中一个最为封闭的场域,在此种封闭的环境中,犯罪人的犯罪能力被抑制和剥夺,进而期待被矫治并完成人格的重塑。

应当看到,这种隔离的确有其积极意义。它使犯罪人或犯罪嫌疑人处于某种司法控制的状态,从而无法毁灭罪证、串供勾结、畏罪潜逃或进行其他妨害诉讼的行为。而且,它也将犯罪人与被害人隔离开来。此种隔离有效地隔断了犯罪人对被害人可能的报复,从而具有重要的保护机能。然而,不容回避的是,这种隔离的副作用也是极为明显的。一方面,与亲属朋友的隔离,使犯罪人无法获得来自家庭成员、朋友的情感支持,而这些对于犯罪人的彻底醒悟和积极悔罪,可谓意义重大。因为,一个做了错事的人,在一群陌生人面前可能并不会意识到自己的错误,但是,当听到自己最信任的人的真心劝告,当看到自己的亲人因自己的行为而痛心疾首,往往能真正感受到道德的力量,认清自己的错误,并激发出向善的勇气与决心。另一方面,与被害人的隔离,可能进一步加深双方的隔阂与猜忌。与犯罪人相隔离,容易使被害人对犯罪人产生"妖魔化"印象。一旦将犯罪人想象为穷凶极恶之人,只会使被害人进一步加深对犯罪人的恐惧,以及对未来生活的不安。与被害人的隔离,则使犯罪人无法体会到自己行为的严重影响,行为给被害人及其家庭所带来的巨大伤害,从而无法真正促进犯罪人的内在觉醒。

在恢复性司法的理解中,打破隔离、直接会面具有突破性的意义。恢复性司法始终把会面作为犯罪处理中的一个关键要素加以对待。具体而言,此种会面对于妥善处理犯罪事件的意义在于:

首先,将使事件真相更好地得以呈现。犯罪发生以后,无论是犯罪人还是被害人抑或社区公众,都会形成自己对犯罪事件的理解。犯罪原因何在,事件发展中谁是谁非,事件的后果与意义究竟如何,围绕这些问题都会形成各自的认识,形成各种"主观真相"。然而,这些对事件的主观理解与认知,并非一定正确和妥当,它完全可能基于不同的观察立场、情感体验和利益诉求而偏离于事件的真实。因此,要使主观真相尽量接近于客观真相,就必须在不同主体之间特别是当事人之间进行面对面的沟通交流。通过这种直面的叙说过程,一种关于事件的"主体间性"的共识就可能形成。

其次,打破模式化的人物想象。对犯罪人的恐惧,有时是建立在一种错误的、定势化的认识之上。犯罪人通常被想象为月黑杀人、风高放火,不仅狡猾奸诈,而且暴力残忍,毫无人性。然而,此种对犯罪人的"妖魔化"想象,经常背离了实际情况。大多数的犯罪人其实也是普通人中的一员,其无论在心理上还是行为上与普通人都无太大差别。他们只是在特定环境下,基于特定动因的引诱,而实施了错误行为。正确的思维是定义事件本身,而非定义行动者。

最后,自然引导出情感的表达。会面不仅是希望带来真相,更为重要的是希望带来情感的宣泄、释放及交融。会面不仅是简单地将各方带到一起见面而已,如果只是这样的话,会面本身不会有任何收获。会面也不仅是对事实的叙说和陈述,它还意味着相互进入对方的内心世界。通过自由地表达情感,或愤怒或痛心,或谴责或悔恨,参与各方不但获得了叙述自己的情感与体验的机会,而且在相互尊重地予以倾听的基础上,获得了进入对方情感世界的机会。尽管情绪的表达被排除在我们当前的司法程序之外,但是在恢复性程序中,情感的宣泄非但是被允许的,甚至还是不可替代的。正是通过发自内心的情感释放,心灵与心灵之间才得以通畅和澄明,才得以相互体谅与接纳。[1]

当然,会面也蕴含着风险。并不是所有的犯罪人都有勇气会面,也并不是所有的被害人都希望会面。一方面,对于犯罪人而言,与被害人见面意味着不得不重新审视自己的错误,接受面对面的情感宣泄与道德教育,以及将自己置于公众的议论和谴责之中。这需要犯罪人有巨大的勇气及彻底的悔悟。并非如同我们想象的那样,只要获得减免处罚的优待,任何犯罪人都会选择和解与会面。事实上,还是有一些

---

[1] 和解的核心步骤就是:表达真诚悔悟和初步谅解。这也正是试图通过会面所自然引出的效果。这个步骤是否实现,对于双方关系纽带的恢复及最后的协议达成都有关键性意义。

犯罪人宁愿在正式司法中接受处罚,也不想再次面对那悲怨的眼神和愤怒的斥责。[1] 另一方面,被害人也可能并不希望见面。被害人可能认为与犯罪人的会面具有危险性。这不仅是因为,他们担心来自犯罪人及其支持者的报复,以及由此而来的人身安全问题,而且是因为,在会面中过去的痛苦经历不得不再次被回忆,伤疤会被重新揭开。而这些,可能恰恰是敏感的被害人所不堪忍受的。所以,会面的前提是双方当事人都自愿同意,并已做好充分的心理准备。

(七)标准式司法与个性式司法

传统刑事司法重视程序的普适性,构成了一种标准化的司法样态。这种司法模式有三个非常重要的特点:

其一,程序始终是一种一般性的陈述,其适用对象也被想象为具有统一特质。传统司法程序被区分公诉与自诉两种类型,两种程序之间有相当程度的重合。而在公诉案件的范围内,尽管有一审、二审甚至再审之分,但无非都是以一审程序为基础加以变化而成。因此可以说,传统程序设计是一种较为标准化的设计。之所以如此,最为重要的是因为,程序适用的对象被抽象化和一般化,案件被想象为具有统一的特点,因而可一体对待。在这一抽象的过程中,案件的个性特征被抹去,成为毫无生气的"没有轮廓的脸庞"。

其二,以程序的普遍性为前提,传统司法试图进一步追求程序的安定性。因为,只有当程序具有一种普遍性时,才能从容面对数量繁多、形态各异的刑事案件,才有可能保持一定的弹性与张力,而不至于朝令夕改。因此,从侦查、起诉到审判、执行等各个环节,传统程序都相当强调程序的稳定性,不可随意变更。

其三,以安定性为基础,进一步实现程序的可预测性。在韦伯看来,现代司法的一个重要特征就是其可预测性,这成为近代资本主义正常运作的一个前提。正是基于这样的立场,韦伯将确定性、可预期

---

[1] 人们总是认为,刑事和解对于犯罪人而言非常轻松,并且让他们从正式司法的惩罚中轻易溜走。然而,刑事和解过程实际上包含着强烈的谴责、痛苦与负担。而且,是在一种具有强烈道德氛围的环境中进行此种仪式,其对犯罪人的剥夺感、压迫感可能更强。从这个意义上讲,犯罪人并非一定愿意选择刑事和解。

性等法的形式特征提高到一个突出重要的位置,并要求将之贯穿于立法与司法的始终。这样,立法的"精确性会使法律结果的正确预测最大化";而就司法而言,"司法形式主义使法律制度可以像技术性的理性机器那样运行,因而,它能保证个人或群体在相对广泛的自由制度里活动,并使之可预料自己行为的法律后果"。[1]

不难发现,传统司法所追求的是某种程序规则的统治。质言之,是一种形式理性的统治。这样一种司法理想的产生,主要是基于如下信念:标准化的程序具有确定性、客观性与可预测性,因而能较好地限制国家权力和保障人权。然而,问题是,程序的标准化是以程序对象的一体化为前提的。也就是说,只有在适用程序的刑事纠纷具有一致性时,程序的标准化方有正当性可言。如果纠纷性质存在巨大差别,但却无视此种差别,强行适用标准化的程序予以处理,那就会在所谓"普遍化""形式化"的追求中,丧失对"个性化""实质化"的关注。事实上,现代社会中主体间关系的多元化发展导致了利益冲突的多元化趋势。这就迫切要求在法律程序上提供更为多样化的程序选择,以提供更具适用性和针对性的纠纷处理方式。在刑事纠纷的解决中,同样可以发现这样的要求。

正是看到了此点,恢复性司法才试图在某种标准化的解纷程序之外,开辟更为灵活、弹性的制度安排。刑事纠纷本身并非铁板一块,而是形态各异、性质不一。比如,发生在熟人之间,特别是家庭成员内部的纠纷,就应当按照不同于一般案件的程序处理;对于历史遗留案件,如南非种族屠杀事件的处理,[2]就显然与普通刑事纠纷有不同要求;不同文化传统下的案件,如藏区的故意伤害案、怒族的重婚案,就不可与普通汉族地区同样对待。[3] 因此,绝不能对刑事冲突做某种

---

[1] [德]马克思·韦伯:《论经济与社会中的法律》,张乃根译,中国大百科全书出版社1998年版,第226—227页。
[2] 参见[南非]德斯蒙德·图图:《没有宽恕就没有未来》,江红译,上海文艺出版社2002年版,第23—24页。
[3] 藏族地区的故意伤人甚至故意杀人案件,通常都是以赔命价的方式来处理。怒族则基于民族传统、地理状况及人口结构等因素,一直流行一妻多夫制度。如果考虑到文化背景的差异,对这些案件的处理就可能区别于汉族地区。

简单的同一化处理,更不能对程序安排做僵硬的一体化设计。即使是针对同一纠纷类型,有时事件背景、冲突细节甚至是当事人期待都各不相同,因而也必须为个性化的处理留下余地。正是在这种意义上,恢复性程序在时间、地点、形式甚至结果上,都没有特别固定的、普遍化的规则,完全可以由当事人协商决定。当然,恢复性程序的灵活性,也不应被理解为毫无普遍规则可言。必须承认,当事人的自愿参与、犯罪人的坦白认罪、程序过程中的平等对待、保守秘密等规则,仍然构成恢复性程序的底线正义。

一方面,个性化的司法是试图在抽象正义和形式理性的宰制下,为具体正义与实质理性创造一种自由空间。根据佩雷尔曼(Perelman)的区分进路,正义可被划分为"抽象正义"与"具体正义"。其中,抽象正义(一般正义)可被解释为一种行动原则,根据该原则,凡属于同一主要范畴的人或事应予同样对待。而具体正义(个别正义)则与之相对,只承认所谓的特殊价值。[1] 在这个意义上讲,个性化司法所试图实现的不是"大写的正义",而是活生生的"个案正义"。在这种理念看来,比普遍秩序、一般正义或普适价值等宏大叙事更为重要的,是一种脚踏实地的实践——从一个个具体案件中去触摸司法的精髓和脉搏。通过灵活的、弹性化的制度安排,使每一个刑事冲突的解决都能各得其所,由此积沙成塔、积木成林,经由具体正义去实现司法程序的抽象正义。

另一方面,形式理性尽管构成了法治的主要特征,构成现代程序正义的基本标尺,但对形式理性的尊崇也不能超过限度。事实上,现代法律的发展已经包含了强烈的削弱形式主义的趋势。这种对形式理性的削弱,在某种意义上便意味着实质理性的加强和重新得势。现代刑事司法中也出现了这样的迹象,刑事证据法便是一个很好的例子。对"证据的自由评价"在相当程度上已经代替了原来的僵化的证据规则。通过对证据的自由心证,许多原来被视为形式正义的领域正在逐步消退。刑事实体法中这样的例子也所在多有。先前的刑罚理

---

[1] 参见沈宗灵:《现代西方法理学》,北京大学出版社1992年版,第442页。

论中,刑罚被机械限定为对犯罪的形式报复。然而,今天的刑罚理论已经明确将预防犯罪作为目标,在刑罚设置和量定中更多地关注实质性的功利效果。刑罚目的在当下的刑法理论中占有突出重要的位置,正是通过这一装置,非形式性的要素被不断引入法律实践。所有这些,包括恢复性司法的强劲勃兴,都表明了一个值得注意的趋向,即今天的刑事司法逐渐对极端的形式理性展开反思,反对至少是过分的形式理性,同时强调形式理性和形式理性法律应该不断"实质化"(Materialization)。[1] 正是看到了这一点,科特威尔(Cotterrell)才率直地指出:韦伯(Weber)的法律统治与戴雪(Dicey)所称的法治,最多只能适用于自由资本主义时期。而当代资本主义制度的法律变化则很难用法律统治或法治这样的思想来概括。[2] 科氏的结论也许过于极端,我们倒更愿意把此种变化看作是形式正义与实质正义不断循环运动的一个片段,看作是传统形式主义司法的一次当代危机,以及对之不大不小的一次修正。[3]

(八)消极平衡式司法与积极平衡式司法

传统司法是以报应为基底的司法。此种司法模式的核心关注点是社会的平等性。因为犯罪人的行为给被害人造成了伤害,所以也必须以刑罚的形式给予犯罪人一定的痛苦。其目标是,通过对犯罪人施加该当的惩罚,实现犯罪人与被害人之间的平等。不过,这一司法的出发点虽然是好的,但方向和手段却大错特错。虽基于追求平衡的目

---

[1] See Gunther Teubner, Substantive and Reflexive Elements in Modern Law, Vol.17:(2), Law and Society Review, 1983, pp.239—285.
[2] 参见[英]罗杰·科特威尔:《法律社会学导论》,潘大松等译,华夏出版社1989年版,第178页。
[3] 事实上,德国法治国的发展也表明了这一趋势。19世纪30年代到20世纪初,形式的法治国理论成为德国占统治地位的法治国理论。希特勒执掌的第三帝国更是将法治国推向了形式主义、实证主义的极端,由此引发了不但是德国而且是世界性的巨大灾难。人们逐渐认识到,真正的法治国不仅依赖法为工具,而且必须进一步对此工具的目的,以及国家实施整套法治主义的目的加以探讨。此时,作为国家统治依据的法律,固然依旧保有其主要是作为工具的角色,但其正当性的诉求亦开始面临挑战。由此,以形式意义的法治国为基础,再加以实质性的价值审查,即构成了实质意义的法治国。实质意义的法治国绝非形式意义法治国的简单对立,而是在形式意义法治国的基础上导入实质性的价值判断。

的,但却走上了"恶恶相当""以毒攻毒"之路。必须清醒地看到,"两次错误不可能成为一个正确""负负不能得正"。正义不能通过以暴制暴的方式来实现,暴力只能培养出新的暴力,而不能使损害得以恢复。

更为重要的是,传统司法没有为这种"以恶制恶"式的平衡确立正当化的操作标准。换言之,恶害应当以一种什么样的标准来衡量,怎样才算是恶与恶的平衡,这一点远非传统司法想象得那么清晰。而如果不能确立这样一种标准,司法就完全可能在平衡恶害的口实下,进行刻意的报复或伤害。因此,必须为限制惩罚的严厉性划上一条稳定、公平的基线。然而,遗憾的是,传统司法至今尚未提供这样的基线。回溯惩罚主义的发展历程,我们可以分明地看到一条从等害惩罚到等价惩罚再到等序惩罚的演进轨迹。[1] 今天的刑罚仅仅只是在轻重序列上与犯罪保持一致。用最为直白的语言表达,就是轻罪轻罚,重罪重罚,犯罪与刑罚在轻重上维持一种"序"的对应。如果现行刑罚体系仍然秉持着"恶恶相等"的观念,那么,盗窃他人钱财的行为为什么不单处罚金刑,而要剥夺人身自由?对于强奸犯为什么不处以宫刑,或是反过来强奸他一次?[2] 对故意伤害他人身体的行为,又为什么不施以肢体刑?还有,与危害国家安全之恶相等的刑罚是什么?与破坏环境犯罪之恶相当的刑罚又是什么?可以看到,犯罪从表现形式到损害形态都是无限的,而刑罚只能以个体为对象,便注定了它在剥夺权益的种类、方式上的有限性。企图在有限的刑罚种类和无限的犯罪形态之间追求"物物交换",实现损害形态和性状上的完全对等,无疑是一种可望而不可及的神话。即使如黑格尔(Hegel)般,试图放弃对犯罪与刑罚间损害形态上的对等追求,转而寻求两者间内在价值上的等同,也并非可行。因为在很多情况下,在犯罪的"罪恶量"与刑罚的"痛苦量"之间,难以发现可通约的精确标准,从而无法实现价值上的转换与等置。正是由于传统司法无法提供"恶恶相抵"的稳定、

---

[1] 这是借鉴了邱兴隆教授关于报应主义演进的分段方法。参见邱兴隆:《关于惩罚的哲学:刑罚根据论》,法律出版社2000年版,第10页。
[2] 在现代科技的支撑下,这也并非不可能。

清晰标准,使所谓的"以恶制恶"缺乏基本的可操作性,进而影响其正当性。反过来,退一步讲,即使"以恶制恶"的理念被合法化,其操作标准也决不能仅仅因为理念的合法化而自然地"去问题化"。

传统司法的逻辑是,被害人由于犯罪行为遭受了损失,因此,就再以报应的名义给犯罪人造成同样的损失,由此形成损失与损失的平衡。然而,这样的平衡对于被害人而言毫无实益。被害人所遭受的物质侵害根本得不到弥补,所遭遇的精神创伤也得不到抚慰。对于犯罪人而言,惩罚只是无谓的、刻意的伤害,非但难以引导犯罪人产生改恶从善的决心,反而可能造成对社会的仇恨与敌视。对于社会而言,在一种伤害产生之后再制造一种伤害,只会使社会资源双倍消耗,社会成员的凝聚力加速离散。因此,传统司法所追求的,并不是一种积极的、有改善意义的平衡。

反面观之,恢复性司法非常注重犯罪发生后社会关系的重新平衡。但是,它所提倡的绝非某种"负负平衡",而是一种恶害被清除、弥补之后,对各方当事人都有正面意义的积极平衡。这种平衡的产生,必须经由一条恢复性路径才能达致,即通过犯罪人的真诚道歉、物质赔偿,使被害人的精神和物质伤害得以弥补,重建心理与物质的平衡;通过对犯罪人的责任承担、能力培养和道德重建,使犯罪人从过往的阴影中挣脱出来,以积极的社会角色重新回归社区生活;通过犯罪人的社区服务,及其在社区中的矫正措施,重新确证社区道德、调和人际交往、强化社区安全,使社区生活回复到安宁与和谐的状态之中。

进一步地,此种平衡的重建不能被简单地理解为恢复到犯罪之前的状态。因为,犯罪之前的社会环境,并非一定健康、和谐。罪错行为不仅是造成社会不平衡的原因,而且有时也是先前存在的不平衡现象所造成的结果。同时,在犯罪之前,犯罪人与被害人之间也可能早已冲突不断,犯罪的产生只是持久人际纠纷的一种最后爆发。因此,犯罪之前的状态绝非完美,简单地恢复到犯罪之前的状态,也并非恢复性司法的最终追求。如果在犯罪的处理过程中,双方当事人及社区成员能够正确对待,仔细探究犯罪原因,消除人与人之间的误会,致力于清除犯罪发生的渊薮,那么社区关系就可能比以往更为紧密,生活状态也可能更为和平与安宁。惟其如此，犯罪的发生不仅蕴含着危险，更包含着机遇。以当下纠纷解决为契机，进一步改善个案背后的人际关系，全面提高犯罪人的各项能力，发展社区的犯罪预防与应对机制，就能够在促进和改善的意义上，带来一种更为积极的平衡。也正是在这个意义上，"恢复"一词不应被简单地理解为回到既往，而是蕴含着一种更高的精神意向：那就是以个案处理为契机，努力实现某种提升、改进与超越。

三、结语：比较研究是一种错误？

在上文中，我们从八个方面仔细梳理了传统司法模式与恢复性司法模式的关系。这样的尝试，不仅被先期的恢复性司法学者所热衷，而且在近来的犯罪学、少年司法学领域也风靡一时。但是，也不是没有学者反对这种比较研究。达利（Daly）就明确认为，将报应性司法与恢复性司法做对立化的比较，是一种错误。[1] 泽赫在晚期的研究中，也对早年的比较研究做出了反思。[2]

在我们看来，比较研究进路本身无可指摘。实际上，任何认知都只有在比较性的思维中才能获得。恢复性司法模式是以传统司法为参照背景而发展起来的，只有在两者的比较中，我们才能清醒地认识到传统司法的优势与不足，才能理解恢复性司法在发生学上的背景、动力与基本指向，也才能进一步对司法改革的可能前景有所体察。比较并不是为了突出两种模式之间过于夸张的对立与紧张，而是在"理想类型"方法的指导下，分析性地展示两种司法模式的不同气质与特征，从而更为清晰地把握两种司法模式的整体面貌。

当然，上述的对比分析主要立足于两种模式的差异，立足于和解性司法对传统司法的扬弃与突破。这样的观察，不应被误认为两种司

---

[1] See Kathleen Daly, Revisiting the Relationship between Retributive and Restorative Justice, in Heather Strang & John Braithwaite eds., Restorative Justice: Philosophy to Practice, Routledge, 2000, p.34.

[2] 参见〔美〕霍华德·泽赫：《恢复性司法》，章祺等译，载狄小华、李志刚编著：《刑事司法前沿问题——恢复性司法研究》，群众出版社2005年版，第59页。

法之间毫无可沟通之处。事实上,恢复性司法也吸纳和整合了报应性司法与矫正性司法中的某些重要因子。比如,恢复性司法关注犯罪人个人责任的承担,关注犯罪人道义责任的实现,这与报应主义一脉相承;[1]恢复性司法注重帮助犯罪人认清错误、重整规范意识,注重对犯罪人职业技巧的培养、交往能力的提高,从而使其以积极的姿态重返社会,这与矫正思想气息相通;恢复性司法容许犯罪人在开放的社区环境中承担责任、教育培训,这与行刑社会化、社区矫正理念环环相扣;恢复性司法不仅重视过往行为的责任承担,此点与报应主义相似,而且重视对未来犯罪的预防,此点与矫正主义相通。因而,将恢复性司法片面地视为前瞻性司法,而将传统司法视为回顾性司法,就可能存在失误。[2]

总之,恢复性司法并非与传统的司法类型毫不相干,它与传统司法在某些方面有明显的继承关系。然而,恢复性司法又决不能被视为报应因子与矫正因子的简单整合,在上述八个重要方面,它都超越于传统司法,因而必须作为某种全新的司法图景来认真对待。

---

[1] 刑事和解关注道义上的责任,关注犯罪人个人的责任承担,这点与报应主义相通。但是,和解认为社区也是责任人之一,社区对犯罪的发生负有责任,这与报应主义又有明显区别。See Kathleen Daly, Revisiting the Relationship between Retributive and Restorative Justice, in Heather Strang & John Braithwaite eds., Restorative Justice: Philosophy to Practice, Routledge, 2000, p.35.

[2] 事实上,无论是传统司法还是恢复性司法,都有回顾与前瞻这两个面向。传统司法的报应向度,着眼于过去的恶行,而矫正向度则立足于未来可能的恶行。恢复性司法中同样包含了对过往犯罪的责任承担,和对将来行为的矫正与改善。许多文献将传统司法视为回顾性司法,而将恢复性司法视为前瞻性司法,是值得商榷的。

第十章
刑事和解与刑事诉讼体制的关系[*]

一、决定与合意：刑事诉讼与刑事和解的不同性格

日本法学家棚濑孝雄教授曾将冲突的解决方式区分为"决定型的纠纷解决"与"合意型的纠纷解决"。按照他的思考，这种区分的依据在于，纠纷之解决是根据第三者有拘束力的"决定"，还是根据当事人之间自由的"合意"。显然，决定型的纠纷解决最典型的例子就是审判、仲裁，而合意型纠纷解决则包含和解、调解等情况。当然，在现实生活中，这种区分并非泾渭分明，有时候两者之间的界限也是模糊的。随着社会环境、当事者与第三者的力量对比关系、第三者参与纠纷解决的动机等因素的不同，实际中的纠纷解决可能从决定型的一极向合意型的另一极流动地过渡。[1]

随着社会的不断"法治化"，人们很容易将视点仅仅集中于决定型的纠纷解决方式，这种情况尤为典型地出现在刑事纠纷领域。然而，从现实的情况出发，刑事纠纷不能完全以诉讼方式来解决。毋宁说，当事人之间的和解或是由第三人主持的调解等方式，也是刑事冲突极为重要的化解渠道。我们完全有理由将和解等合意型的解纷机制，作为一个相对于诉讼的、不可忽略的参照系统来对待。

（一）刑事诉讼的特质

传统的刑事诉讼机制是典型的决定型犯罪处理机制。在与和解

---

[*] 原题为《刑事和解与传统诉讼体制之关系》，载《环球法律评论》2010年第2期，略有修改。
[1] 参见〔日〕棚濑孝雄：《纠纷的解决与审判制度》，王亚新译，中国政法大学出版社2004年版，第8页。

机制相对应的意义上，它有如下特点：

其一，纠纷解决的规范性。此种规范性不仅体现为纠纷解决的准据乃是一套有着严谨、精致结构的规范体系，而且体现为解纷程序的普遍性、稳定性与一致性。换言之，无论在解纷的实体依据还是程序规则上，都呈现出客观的、可预测的特性。

其二，纠纷解决的刚硬性。作为决定型的诉讼机制，诉讼对纠纷的解决具有刚性的特点。由于刑事法规则本身的严格与确定，因此在结论上往往"非黑即白"。这在正当防卫案件中表现得尤为明显。要么，正当防卫不成立，当事人成为十恶不赦的罪犯；要么，正当防卫成立，当事人一跃成为万人敬仰的英雄。在这种决定型的纠纷解决中，没有或多或少，只有非此即彼可言。然而，现实情况中的纠纷往往难以被给予非此即彼的评价，"既如此亦如此"的情况也在所多有。

其三，纠纷解决的技术性。刑事诉讼关注的是案件在法律、技术层面的解决。传统刑事司法所调查了解的犯罪事实，通常只是犯罪的外观，或是犯罪事件的最后爆发，而不是犯罪事件的内在真相。它只关注犯罪事件中与犯罪构成相关联的事实，与最后的法律定性相关的事实，而忽略了事件背后更为广阔的行动背景、人际网络与社会意义。因而，从规范、技术的层面来处理犯罪事件，只是一种相当表面化的问题处理方式。

其四，纠纷解决的当下性。刑事诉讼机制关注的是纠纷的当下解决。也即，在纠纷发生并进入诉讼程序之后，一次性地做出决断。它并不关注纠纷的缘由与过往，也不关心决定做出之后，双方当事人关系的发展与去向。它只关注双方当事人长久互动关系中的一段，关注当下爆发出来的、有规范意义的一段。这种抽离式的考察，使诉讼既无法发现犯罪发生的复杂成因，从而彻底消除犯罪渊薮，又忽视了建立案件的跟进机制，无法追踪双方关系的后续发展。

其五，纠纷解决的隔断性。在刑事诉讼体制下，国家强制性地介入解纷过程，并以司法判决的形式决定性地提出解决方案。由此，产生了一体两面的效应。一方面，当事人在纠纷处理中的作用下降，对最后的处理结果失去了决定性的发言权；但另一方面，由于判决是由司法机构做出,因而任何一方当事人对结局不满,此种不满都会被吸收到司法机构或位于其背后的国家身上。正是国家以某种公共惩罚者的身份介入纠纷,使当事人之间基于判决而形成直接对峙的概率下降,一方当事人报复、威胁、恐吓另一方的可能性减少,从而在客观上起到了隔断、过滤和保护的作用。

其六,纠纷解决的平衡性。在实际生活中,犯罪人与被害人的社会地位、教育状况、经济实力及调动资源的能力可能存在很大差别。如果由双方当事人自行解决纠纷,就可能产生一方要挟、恐吓或压迫对方的情况。此时,一种表面自愿而实则违背内心真意的协议或许就会产生。然而,倘若在纠纷解决中,引入强而有力的第三者——国家司法机关,上述情况就会被根本性地扭转。国家司法机构通过一系列的制度安排,如平等原则、诉讼武器对等,平衡双方当事人的诉讼能力,避免由于双方当事人的势力过于悬殊而导致解纷过程的失衡。当然,司法机关也可能受到有地位的当事人的影响。但作为一种国家机构,其抵御操控的能力显然远远强于个人。

其七,纠纷解决的广泛性。理论上看,任何刑事案件都可通过诉讼的方式解决。当事人之间是否达成合意,对于第三者——国家的强制介入而言并不重要。恰恰在这一点上,合意型的纠纷解决机制存在适用上的盲区。合意型方式不仅在发动上需要双方当事人有合作的愿望,而且最终能否达成结果,也同样依赖于双方当事人之间能否形成"妥协点"。当然,并不是任何刑事案件都适宜于通过诉讼解决,存在强制介入的可能与适合强制介入并不能等同。像家庭内部发生的偷盗、熟人之间的轻微伤害等案件,就并不适合以决定的方式进行处理。

(二)刑事和解的性格

相较而言,刑事和解作为一种合意型的纠纷解决机制,与决定型的纠纷解决机制有着截然不同的性格。这具体表现为:

其一,纠纷解决的灵活化。这种灵活性不仅体现为纠纷解决的实体依据并非僵硬、严格的制定法规则,而是一定程度上糅合了大众的生活常识、习惯法则与社会经验,而且体现为纠纷解决程序的灵活与自治,其形式、阶段、过程等均可自由协商,从而脱离了那一套规范工整的诉讼流程。正是在上述意义上,棚濑孝雄教授将审判称为"规范性的解决",而将和解视为"状况性的解决",[1]这无非也是在强调合意型机制的灵活性与可调整性。

其二,纠纷解决的柔软化。刑事纠纷往往缘起于错综复杂的人际互动关系,因此,有时孰是孰非并不泾渭分明。合意型的纠纷解决不把发现"法律上唯一正确的解决"作为目标,也不寻求"非此即彼"的刚性结论。因为,勉强寻求这样的解答,有时完全是对纠纷原委的歪曲与裁剪,而有时则会进一步激化矛盾、扩大裂痕。刑事和解试图实现的,是在一种亲切缓和的氛围下,通过双方的理性商谈与对话,达致一种大家都能接受的事实妥协与利益折衷。这种对"商谈真相"而非"客观真实"的追求,这种对多元利益而非单方利益的容纳,使纠纷解决的过程充满弹性与柔性,避免了你死我活甚至两败俱伤的境地。也使双方当事人的关系能够尽量缓和与恢复,而不至于进一步紧张与对立。

其三,纠纷解决的实质化。在刑事和解看来,对于犯罪事件的处理绝不能满足于某种规范或技术层面的解决。犯罪的真相并非僵硬的、片面的、格式化的构成事实所能取代。在犯罪构成框架的指导下,对纷繁芜杂的案件事实予以抽象的同时,事件中更丰富的信息与细节就会被忽略和遗忘。这些事实可能与固化的法律框架无关,与案件的规范意义无关,但却与纠纷的内在起因、实质化解决紧密相连。在现实生活中,犯罪事件的发生往往有着极为复杂、深刻的背景,其中很多因素甚至涉及当事人内心深处的隐私。只有在当事人直接见面、坦诚相待时,这些内在的、微妙的因素才会浮现。被害人可能认识到,原来自己漫不经心的行为或言论,是那样深地伤害了对方的自尊,由此埋下了冲突的隐患;犯罪人也可能发现,自己认为是严重侮辱

---

[1] 参见〔日〕棚濑孝雄:《纠纷的解决与审判制度》,王亚新译,中国政法大学出版社2004年版,第8页以下。

和挑衅的行为,原来只是对方的无心之失,甚至是基于好意而为。只有抛开法律要件与规范事实的束缚,深入到犯罪事件的内部,从犯罪发生的深层背景、复杂成因、社会影响等方面来观察事件的意义,才能内在地、实质性地解决刑事冲突。这是在社会交往的层面寻求纠纷的解决,而非在法律技术层面了结案件。

其四,纠纷解决的长久化。刑事冲突的产生常常是犯罪人与被害人长期互动的结果,是一系列人际事件的最后爆发。而且,即便在纠纷发生之后,犯罪人与被害人可能还必须在同一社区环境中继续共存。因此,刑事纠纷的处理就不是一锤子买卖,绝不止于当下个案的暂时解决,而是涉及某种长期的关系经营和持久互动。因此,在刑事和解理论看来,应竭力避免将犯罪从连续的社会关系中抽离,孤立化地进行犯罪应对。相反,应尽量将犯罪事件与其前期的矛盾形成、事件的后续发展联系起来,从而能够更完整、动态地把握纠纷解决过程。

其五,纠纷解决的自治化。在合意型纠纷解决中,当事人完全依赖自己的力量处理冲突。当事人不仅可以决定程序的形式与进程,而且可以决定最后的处理结果。因此,与机械地由第三者做出决定相比,与追求抽象的规范妥当性和程序正义相比,这种方式可谓最大限度地尊重了当事人的感受与愿望,贴近当事人的利益与诉求。同时,由于此种方式最大程度地调动了当事人的资源与能力,也使他们处理纠纷的经验趋向成熟,对人际交往的理解更为深刻。

其六,纠纷解决的多元化。随着社会关系的复杂化,人际冲突和纠纷类型显现出多元化的态势。与之相对应的是,解决纠纷的模式也应当多元化。这不但是为了缓和诉讼机制作为唯一解纷方式的压力,而且更为实质的,是为了实现解纷模式与纠纷本身的适应性与协调性。总有一些纠纷是适合于诉讼解决的纠纷,而另外一些纠纷则更适合以其他的形式来解决。一定范围内涉及隐私的案件、熟人之间发生的案件以及其他存在刑事和解可能性的案件,都可以考虑以合意型的方式来解决。这种不同解纷模式的并存格局,为当事人提供了多样化的程序选择可能。

总之,刑事和解具有与传统诉讼体制不同的特点,因而值得作为另一种具有竞争力的解纷机制来对待。刑事和解的这些特点,如更为灵活的解纷程序、自治性明显增强、整体考量案件背后复杂的社会关系、柔性与符合情理地解决争端等,不但正是传统诉讼体制的不足之处,也更是和解机制在功能上的优势所在。当然,这不应使人误解为诉讼体制一无是处,而和解模式则样样占优。更不应被误解为,和解模式应该全面替代诉讼体制。只是说,对于特定社会关系、特定主体及特定纠纷的解决而言,刑事和解的确具有某些功能上的独特优势。因而,有必要以刑事和解来弥补刑事诉讼的不足,并将其作为多元化纠纷解决机制中的重要一环加以考虑。

二、替代、平行抑或整合:两种机制间的结构性安排

(一)可能方案

当刑事和解被作为多元化纠纷解决机制中的一环来考虑时,其必然要面临的问题是,如何妥善处理它与现行诉讼体制之间的关系。毫无疑问,刑事和解的确立意味着一种从应对主体到法律后果、从价值导向到实践效果均不同于传统诉讼体制的纠纷解决方式。此种崭新机制的构建,将对主流的刑事诉讼体制带来强烈冲击和挑战。如何摆正两者之间的复杂而又微妙的关系,不仅关涉传统体制的功能调整与角色转型,而且关涉刑事和解体制的基本走向和前途命运。

关于这一问题,可能有三种不同方案:

第一种方案是"替代性安排"。这种安排的基本思路是,以刑事和解体制全面取代传统诉讼体制,诉讼体制在刑事解纷中的地位、作用被刑事和解彻底统合。此种观点的代表性人物是恢复性司法运动的先驱泽赫。在其早期的著作中,泽赫将以和解机制为核心的恢复性司法模式作为观察犯罪和司法问题的全新镜头,并将恢复性司法视为传统司法模式的全功能替代。[1] 其言下之意是,刑事诉讼体制将不断消退、萎缩,其功能将被刑事和解机制全面替代,它最终将退出历史

---

[1] See Howard Zehr, Changing Lenses: A New Focus for Crime and Justice, Herald Press, 1990, p.181.

舞台。

第二种方案是"平行性安排"。这种安排的基本思路是,刑事和解机制与刑事诉讼机制乃是相互平行、相互独立的二元体系,两者在功能上既分庭抗礼又相互补充,任何一方都不能取代对方,任何一方也不会融入对方。此种观点的有力代表同样是泽赫。在其晚近的著作中,他对早期的思想进行了清理与反思。[1] 他转而认为,尽管刑事和解在实践中展现了旺盛活力,但试图以和解全面取代诉讼,仍然是过于天真的想法。两种体制各有其不可替代的独特功能,将作为两种相互竞争的机制长期并存下去。

第三种方案是"整合性安排"。在其看来,刑事和解体制与刑事诉讼体制既非相互取代,也非平行并立,而是一种融合关系。两种模式彼此镶嵌在一起,相互配合。在这一思路的背后,又存在两种不同的具体安排,一种安排是,刑事诉讼体制仍然发挥着解决刑事纠纷的主要作用,而刑事和解体制则补充着诉讼体制的不足。另一种安排是,把刑事和解作为刑事纠纷解决的主要机制,而把刑事诉讼机制摆在第二位。怀特就试图在这一思路下,对刑事和解体制进行定位。在他看来,非正规系统和正规系统都很重要。但是,前者是减少犯罪和无礼行为的基本力量,同时它能够控制犯罪治理成本的不断增长。然而,对于非正规机制力所不及的问题,以及它在实际中所不可避免要遭遇的失败,则必须由正规系统来解决。[2]

(二) 关系定位

在上述三种方案中,替代性方案显得不切实际。尽管刑事和解在实践中表现出极为旺盛的生命力,同时在适用上呈现出不断扩展的趋势,但试图以和解全面取代诉讼,仍属于天真的幻想。这是因为:

首先,和解机制始终存在制度功能上的盲区。在被害人已经死亡或者失踪的案件中,由于不存在现实的被害人,根本无法展开刑事和

---

[1] 参见〔美〕霍华德·泽赫:《恢复性司法》,章祺等译,载狄小华、李志刚编著:《刑事司法前沿问题——恢复性司法研究》,群众出版社2005年版,第59—62页。

[2] See John Braithwaite, Crime, Shame, and Reintegration, Cambridge University Press, 1989, p.23.

解;在以国家或社会法益为直接侵害对象的案件中,及"没有被害人的犯罪""自己是被害人的犯罪"中,由于不存在具体的被害人,能否展开和解还有挥之不去的疑虑。单靠刑事和解机制,根本无法处理所有的犯罪,故而还必须诉诸其他的纠纷解决机制。

其次,刑事和解机制的构建和启动需要正式体制的授权。试图以刑事和解全面替代刑事诉讼,无疑将遭遇正式司法体制本能的反抗与抵制,甚至根本无法获得授权。这一点不难想象。在正式司法体制之下,一个法律共同体已经形成。公安、检察、法官、律师都是这个共同体的重要成员。他们不但是某种法律职业的共同体,更是一个经济利益的共同体。诉讼机制的衰退或消失,将严重危及他们的职业基础和社会地位,甚至端掉他们的饭碗。没有了刑事诉讼体制,公安机关的权力将大幅萎缩,检察机关将失去存在的意义,法院的职能也将部分地消减。由此,以刑事和解彻底取代刑事诉讼,必将遭遇这些权力掌控者的强力压制,甚至基于此种威胁,他们完全可能在刑事和解制度试图确立之初,便残酷地扼杀这一幼苗。

再次,刑事和解机制的运作有赖于正式体制的监督。诚如上述,在刑事和解过程中,完全可能出现双方当事人实力失衡的状况。由于双方当事人在资源、能力、社会关系上极不对等,因而很有可能出现一方压制、强迫另一方的情形。特别是,当这种强迫以一种表面自愿的形式呈现出来时,就更加具有迷惑性与危险性。此时,需要正式体制予以必要的监督和制约,以保证程序的透明、公开与公正,保证当事人能在程序中获得平等对待,同时保证当事人自由、真实的意志表达。此外,在刑事和解完成后,最后的协议虽然由双方当事人自由协商达成,但协议必须由国家司法机关予以审查确认。协议可能并非当事人真实意志的表达,也可能有违恢复性正义的基本性格,还可能突破国家强行法的框架,从而有损于社会整体利益。因此,不能舍弃正式体制对协议的真实性、恢复性与合法性的必要监督。

最后,当刑事和解失败时,还有赖于刑事诉讼机制提供最后救济。案件虽然落入刑事和解的范围,但任何一方当事人不同意和解,或者虽有和解之尝试但无法形成最终协议时,或者虽然形成协议但一方当事人反悔而不切实履行协议时,和解机制都将失败。如果刑事和解是唯一的程序选择,刑事和解又以自愿为前提,那么在上述情况下,只能让犯罪人轻易"溜走"。这显然不能被人接受。因此,当在刑事和解框架内无法提供解决犯罪事件的途径时,只能转而寻求刑事诉讼体制的帮助。

由此看来,刑事诉讼体制存在相当独特的机能,不可轻易取代。对于刑事和解机制的固有失灵,以及不可避免要遭遇的失败,必须由正式诉讼体制来予以救济。不仅如此,刑事诉讼体制对于刑事和解的运作,还将起到授权、监督、支援等重要作用。因此,试图以刑事和解全面覆盖、取代刑事诉讼的"替代性方案",显然太过天真。

正是看到了这一点,"平行性方案"彻底抛弃了统合的幻想,承认两种体制各有其不可替代的独特功用,将两者的关系作平行并立的把握。按照这一思路,两种体制分庭抗礼,乃是某种相互竞争的关系,任何一方都不可能彻底取代另一方。这一点无疑是正确的。但是,如果完全将两种体制作平行式处理,就可能会产生"割裂化"的效果,无法使两种体制之间产生正常交流。人们容易认为,刑事和解与刑事诉讼存在于一个截然不同的、离散性的规范世界之中。在我们看来,刑事和解绝非一种与刑事诉讼体系完全隔离的、独立运作的系统,恰恰相反,它典型地位于传统诉讼体制的附近,并在一定程度上依赖正式法律和追诉体系来运作。刑事和解体制与诉讼体制之间具有非常密切的内在联系,在案件来源、效果承认、监督制衡、增援救济等方面,两者之间都存在着微妙的互动与沟通:

首先,刑事和解的案件来源必须依靠正式诉讼体制的分流。在这一意义上讲,刑事和解的"合法性"始终来源于正式诉讼体制的授权。反过来说,正是由于刑事诉讼中分流的案件被和解所消化,使正式体制的压力获得极大缓解。

其次,刑事和解协议的达成,不仅仅在刑事和解体系内发生效力,更为重要的,也将在正式诉讼体制上产生效果。这种法效果不仅体现为对追诉进程的影响,而且体现为实体上的法律优待。而要产生此种正式法上的效果,其前提在于,刑事和解必须镶嵌在诉讼程序的各个阶段之中开展。

再次,对话过程需要正式司法机构的监督制约,刑事和解的最后协议也必须由正式司法机构审查确认。从这个意义上讲,在整个刑事和解的程序运作中,正式司法机构都始终在场。然而,正式司法机构的权力运行必须有发动前提,那就是诉讼的存在。没有刑事追诉,就不存在司法权力运作的余地和空间。

最后,尽管在刑事和解成功时诉讼只是某种备而不用的手段,但一旦刑事和解失败,就意味着正式诉讼的重新启动。这意味着,刑事和解与刑事诉讼这两种机制之间,并非断裂与隔离的关系,而是存在着紧密的程序衔接。作为和解失败后的某种救济,诉讼程序通常紧跟着和解程序而发动。

由上可见,刑事和解与刑事诉讼之间绝非平行并立、毫无交涉的关系,毋宁说,两者乃是一种相互融合、彼此镶嵌的关系,你中有我,我中有你。由此,"整合性方案"可谓提供了一种相对合理的结构安排。根据这一思路,和解机制与诉讼机制虽具有相对独立的运作空间,但均是作为整体的纠纷解决机制中的一环而存在。由于诉讼体制的先在性与既定性,和解体制必须主动融入诉讼体系之内,才能获得合法性的地位。更何况,无论在案件来源、法律效果还是监督制衡、增援救济等方面,和解机制对于现行诉讼机制均具有相对依赖性。因此,必须考虑在传统诉讼体制的内部,开辟和释放和解体制的运作空间。从这个意义上讲,和解程序始终是镶嵌在诉讼体制的流程中,并在"正式体制的阴影下"运行。它的存在,就相当于在诉讼体制中设置了诸个出口,将案件从诉讼程序中转处出来。一旦和解成功,整个诉讼进程就可能由此调整甚至终止;而一旦刑事和解失败,案件又会重新回到诉讼体制的轨道内,以寻求最终解决。

三、排异与统合:整合中的双重困境

当然,在整合的过程中也可能会遭遇特别的困难。泽赫曾强烈地表达过,他对在传统司法体制之内运行刑事和解的担心。正是基于这样的担心,他才义无反顾地主张一种平行并立的模式。在现行诉讼体

制之内运行和解,可能面临三大难题:其一,现行刑事司法体制的整体性质是报应性的而非恢复性的;其二,现行刑事司法体制是以犯罪人而不是被害人为中心设计的;其三,当受到挑战时,刑事司法体制的本能是"自我保存"。实际上,上述第一、二点源于刑事诉讼与刑事和解在性格上的差异。正是由于性格上的差异,才会导致现行司法体制对和解体制本能地拒斥。因此,这三个方面的问题其实集中于一点,那就是,如此迥异的两种体制能否兼容?现行刑事司法体制能否容忍异己的存在,并为和解体制留存一片自由呼吸的空间?进一步地,即使获得授权并在传统诉讼体制内运作,刑事和解还能否保持其独立的恢复性价值?

这样的疑虑并非多余。一方面,任何体制一旦构筑起来,对于体制外的他者都会有本能的敌意。更何况,当一个在基本理念、价值追求、运作规则等方面均明显对立的事物,试图打入既有体制的内部,并在体制内部寻求某种正统性的空间时,此种交战更将显得异常激烈。刑事纠纷的解决这一领域,向来都是正式诉讼体制的"专属领地",权力专享的色彩极为浓厚。当刑事和解机制引入之后,人们自然会警惕,如果任由和解机制自由运作甚至不断拓展其适用领域,是否会不断侵蚀、蚕食传统诉讼体制的生存空间,并最终将正式体制完全驱逐在外或毁于无形。另一方面,刑事和解不仅对刑事诉讼体制存在威胁,而且,刑事诉讼体制是否会威胁到刑事和解,同样值得担忧。在对刑事和解的审查、监督中,诉讼体制可能会将自己的价值观强加给和解程序,也可能以对现实功利目标的追求替代对恢复性正义的追求,由此消减、异化和解程序的恢复性效果。

此种双面的担忧,绝非仅存在于想象之中,它早已在实践中有所显现。发生在安大略的例子,就很好地说明了现行司法体制对变革的拒斥。众所周知,"犯罪人—被害人和解方案"(VORP)最早源于1974年的基奇纳(Kitchener)试验。作为第一个以恢复性正义为价值取向的犯罪处理模式,该方案在其运作的几年内获得了巨大成功,法官们将大量案件不断移送给该方案的执行者。然而,安大略上诉法庭在1982年的一个判决,却导致情势急转直下。该判决产生之后,一个戏剧性的变化是,法庭向 VORP 方案移送的案件数量大幅下跌。在 R.v. Hudson 案中,被定罪的犯罪人对一个赔偿令提出了上诉,其理由在于,生存环境使其负担太过繁重,以致其无法完全履行赔偿令。虽然这并不是该案的主要争点,但法官在他的口头判决中,不仅推翻了该赔偿令,而且认为赔偿令作出的方式本身就不适当。上诉法庭认为,允许通过 VORP 方案来作出赔偿令,是对法官量刑权力的不适当行使。这一判决对基奇纳试验方案有着震撼性的意义。面临上诉法庭的这一意见,法官当然有其他规避性的选择。法官可以首先将案件移送给 VORP 方案,之后再通过将 VORP 方案的协商结果带到法庭并由法官来宣判以克服这一技术性困难。但是,法官并不倾向于作这样的处理。因为,此种烦琐的步骤将使程序变得十分复杂,使本来就漫长的程序变得更为冗长。基于此种考虑,法官们不但没有试图调整运作方式,反而大幅降低了 VORP 方案的使用频率,向 VORP 方案移送的案件数量被严重削减。不难看到,现行的司法体制本来可以通过改变自身来与新的实践程序共存,但基于制度惯性,它却选择了一种维持原有状态的保守立场。

在与现行诉讼机制一起运作的同时,刑事和解还能不能保持其独立的恢复性价值,同样值得疑虑。发生在美国和英国的现实是令人悲观的。在英美一些地区,在地方司法机关的指导下,当地的刑事和解项目发展出了与通行程序完全不同的形态。例如,在矫正系统的主导下,这些地方的"犯罪人—被害人和解方案"不是以多大程度上实现了双方当事人的和解为目标,而是以从监狱中转移了多少罪犯作为评价成败的标准。这里,对恢复性价值的追求已经没有多大意义,重要的是现实的效益目标和资源节约目标。

当然,指出上述困难并不意味着和解与诉讼就形同水火,绝对不能共处。只是,我们应当对主流诉讼体制可能的"排异性",及其在和解推动中对恢复性价值的"异化"与"统合",保持足够的警惕。应当意识到,开放的胸襟和对变革的接纳,并不是传统司法体制的显著特征。试图在传统司法体制的内部真正为刑事和解的实践创造空间,同时保持其恢复性正义的本性,将是有一定难度的任务。为了实现上述任务,需要正式司法体系改变现在的面貌,作出功能上的调整,以适应新的角色。

尽管存在难度,诉讼机制与和解机制的联动仍然是不可避免的趋势。此种结合的内在动力乃在于,两种体制在功能上的相互补充。正是由于刑事诉讼体制在运作时不断暴露其功能上的不足,才催生了刑事和解体系。刑事和解体系在传统诉讼体制的缺陷中孕育,伴随着对刑事诉讼体制的反省而不断成长壮大。刑事诉讼体制所面临的问题,如漠视被害人利益、司法成本高昂、程序选择单一、加剧社会裂痕等问题,必须依靠刑事和解机制来解决和完善。反过来,刑事和解体制也不可能离开诉讼体系而独立存在。从案件来源、人员组织、监督救济等各个方面看,它都有赖于正式诉讼体系的支持和帮助。只有将两种体制融合在一起,才能实现被害人利益与犯罪人利益、国家利益的平衡,司法公正与司法效率的平衡,一般正义与个别正义的平衡,法律效果与社会效果的平衡。从上述意义上讲,刑事诉讼与刑事和解的关系就如同一对孪生兄弟,既相互依赖又相互补充,其势必在整个生命历程中编织出不可分割的意义关联。

四、孰主孰次:整合中的角色定位

当确定以整合思路作为处理两种体制关系的基调时,接下来要面临的问题是,如何对两种体制的作用发挥予以功能上的定位?质言之,在犯罪应对中到底哪种体制的作用是基本的、主要的?哪种机制的作用是辅助性的、补充性的?

从现阶段看,在整体犯罪应对系统中,刑事诉讼体制无疑扮演着主角,而刑事和解则只能是刑事诉讼体制的补充形式。之所以如此,最为重要的原因是,刑事和解现今的适用范围仍属有限。此种适用范围的限制,一方面在于案件类型的限制,即刑事和解程序只能在轻微犯罪、青少年犯罪及偶然犯罪中适用,对其他相对严重的犯罪、成年人犯罪及累犯等目前尚难以完全放开。另一方面,适用范围的限制还表现在和解机制的固有盲区之上。如对于以国家法益、社会法益为直接侵害对象的犯罪,对于"没有被害人的犯罪""自己是被害人的犯罪",能否适用刑事和解，尚存在深刻疑虑。对于被害人已经死亡、失踪的案件，更是完全没有适用之余地。此外，即使案件落入和解的适用范围，双方当事人是否同意展开和解，也仍然是限制和解适用的一个不确定因素。相比而言，刑事诉讼机制在适用范围上几乎没有限制。理论上讲，不但任何刑事案件类型都可通过诉讼的方式解决，而且作为某种国家的强制性介入方式，诉讼的启动也无须考虑当事人的意愿。由此看来，在适用范围上，刑事和解与刑事诉讼实在是有着巨大差距。适用范围的局限性将极大削弱和解作为刑事纠纷解决机制的普遍性意义，并使其无法在整体、全面的意义上与刑事诉讼机制相提并论。

除了适用范围上的差距，刑事和解在人员组织等方面的建设更是有待时日。为了和解程序的顺利实施，必须建立一套具有专门工作人员和特定工作机构的组织体系。在当下中国，尽管可以用遍布城乡的人民调解组织为基础来构建这一体系，但这些组织要形成中立化的特色，要达到职业化的要求，要在理顺与正式司法机构的关系的同时建构起良性沟通渠道，都还需要相当的努力。其中，特别紧要同时也是特别艰难的任务，是对这些调解机构的中立化与职业化改造。根据1989年《人民调解委员会组织条例》第2条的规定，人民调解委员会是村民委员会和居民委员会下设的调解民间纠纷的群众性组织，在基层人民政府和基层人民法院指导下进行工作。以此为据，在长年的实践中，行政机构与司法机构对人民调解委员会形成了业务上的领导关系。从本质上看，这一关系与人民调解组织在和解程序中的定位有着一定矛盾。作为中立性的调停机构，人民调解委员会必须逐步摆脱对正式司法机构和行政机关的附庸，以免在程序中不自觉地受其牵制，将他们的意志、观点带入程序。不仅如此，作为一种中立调解机构，人民调解委员会还必须在职业化形象上彻底改变。他们必须经历最为严格的职业培训，以获得相关的理论知识、专业技巧和操作经验。他们必须改变以往那种"大众化"的形象，应该放弃那种"张大妈、李大爷坐下来唠唠嗑，就把事情解决好"的简单想象，转而朝着高度专业化、职业化的方向迈进。显然，要完成上述的中立化、职业化的改造，对于人民调解组织而言无异于脱胎换骨，需要一个极为漫长的过程。这个过程越是缓慢,就越会制约刑事和解的功能发挥,就越会限制刑事和解在整个犯罪应对体系中的角色担当。而恰恰在这一点上,难以一蹴而就。

基于上述考虑,我们认为,当下刑事诉讼机制仍然会在犯罪应对系统中占据主流位置,而刑事和解则构成对传统机制的有力补充。无论是诉讼还是和解,单靠任何一方孤立的行动,都无法有效应对犯罪问题。只有两者通力合作,既各自承担相应的职责,又相互配合与支援,才能遏制犯罪的增长。当然,上述的判断仅仅在当下的时空条件下成立。如果拉长视野,就不得不承认,诉讼与刑事和解在刑事冲突应对中的地位乃是此消彼长的进程。在公共权力机构产生之前,刑事和解构成了一种最为重要的刑事纠纷化解途径。随着公共权力的建立和不断强化,刑事纠纷的解决开始被逐步纳入国家诉讼体系之中。无论在意识形态上还是制度实践中,以国家权力为后盾的诉讼体系开始全面取得支配性地位。在此种规制性的变迁之下,刑事和解则逐渐成为被排斥和贬抑的对象,从纠纷解决的前台转入幕后。今天,刑事和解的传统被再度激活,并在恢复性正义的浇灌下重获新生。刑事和解不但重新回到刑事纠纷解决的实践舞台,而且在正式立法上亦得到了明确承认。它不仅在刑事诉讼体系不及与不足的地带发挥着重要的补充作用,而且与诉讼体系各有胜擅、各自精彩。从未来的发展看,伴随着其适用范围的不断扩展、社区资源的不断发掘、组织机构的不断完善,和解机制的作用可能被不断放大。甚至不能排除,其有超越诉讼机制、重新成为刑事纠纷解决之中心手段的可能。

第三编 方法

The Boundary of Criminal Jurisprudence

第十一章
作为刑法之独立思维形式的类型[*]

一、类型作为独立的讨论客体

在当下的人文社会科学中,"类型"这一范畴受到人们的青睐。首先将之引入社会学研究的,是韦伯,将之导入一般国家学研究的,则是耶利内克(Jellinek)。恩吉施(Engisch)更是率真地认为,类型是现代所有学门的新兴概念。[1] 无论其是否言过其实,这至少恰当地提醒我们,类型极有可能成为一种具有横截性意义的重要思考工具。以往的诸多问题与价值,也极有可能由此得到全方位地重新梳理与评价。甚至,正是基于认识工具的这一关键转换,传统理论将可能获得新的知识增长路径,并由此呈现出全然不同的发展图景。

在自然科学研究上,类型方法也得到了相当的重视。从最初的生物学与医学(特别是精神病学),到今日之心理学(特别是人格心理学)与模型论,类型方法几乎在所有自然科学的领域都获得了渗透式的发展,成为公共性的智力资源。不仅如此,在人文社会科学领域,如历史学、语言学、政治学、社会学等,也不约而同地展现出对类型思维的倚重。其中,最可注意者,乃是韦伯首倡的"理想类型"方法。

另一方面,在法学研究上,类型也得到了高频率的应用。拉德布鲁赫(Radbruch)可谓是法学上类型论的先驱。1938年,拉德布鲁赫发表了大作《法学思维中的分类概念与次序概念》。在该文中,他对逻辑

---

[*] 原题为《"类型"作为刑法上之独立思维形式——兼及概念思维的反思与定位》,载陈兴良主编:《刑事法评论》第26卷,北京大学出版社2010年版,略有修改。
[1] 参见黄源浩:《税法上的类型化方法——以合宪性为中心》,台湾大学法律研究所1999年硕士论文,第21页。

学学者亨普尔(Hempel)和奥本海默(Oppenheim)的合著《现代逻辑观点下的类型概念》提出回应,可谓是在法学领域继受此种思想的第一人。其后,沃尔夫(Wolff)率先承袭了拉德布鲁赫的思想,开始广泛地探索类型在法学中的不同运用方式。根据他的梳理,类型在法学上至少有四种运用方式:一般国家学上的类型、法学逻辑上的类型、刑法上之行为与行为人类型、税法上之类型。[1] 正是看到了类型在法学领域的壮阔前景,沃尔夫豪迈地宣称,"类型法学"的时代已经来临。

其后,类型论在法学中的开展,主要沿着两条学术脉络展开:其一是法学方法论上对类型思维的整体性探讨;其二是部门法学上对类型思维的具体运用。

在法学方法论上,类型在具体化思考、法律发现及体系形成中的功能被充分关注。其中,最为经典的作家可举出三位:恩吉施、考夫曼(Kaufmann)、拉伦茨(Larenz)。在恩吉施看来,类型思维最为重要的功能就在于,它为"抽象理念的具体化"提供了某种可能途径。相对于法学中的抽象概念而言,类型代表了一种更为具体可感的形象,从而为更加精细化、具体化地处理法律素材增添了思维工具。由此,恩吉施紧跟沃尔夫的思考,提出了"法秩序及法学向类型转向"的重要趋势;[2] 考夫曼则将类型化思考与"事物本质"结合起来,认为"对事物本质的思考,直接指向类型的思考方式"。以此为线索,他进一步澄清了类推——此种类型间的比附推理——在法律发现中的角色与功能;[3] 而在拉伦茨的视野中,类型则被视为努力实现法律体系化所必须倚仗的重要工具,以之塑造整个法律的内在系统。在他看来,概念这一思考工具对外部体系的形成不可或缺,与之相对,类型则对内部体系的形成厥功至伟。为此,拉伦茨在

---

[1] 参见〔德〕卡尔·拉伦茨:《法学方法论(全本·第六版)》,黄家镇译,商务印书馆2020年版,第578页。

[2] 参见〔德〕卡尔·拉伦茨:《法学方法论(全本·第六版)》,黄家镇译,商务印书馆2020年版,第578页。

[3] 参见〔德〕亚图·考夫曼:《类推与"事物本质"——兼论类型理论》,吴从周译,学林文化事业公司1999年版,第103页以下。

《法学方法论》中专辟一节,讨论类型在体系形成中的价值与功能。[1]

在部门法学上,类型思维也获得渗透性的发展。在宪法学上,吴晓开始以类型化思考为参照,反思宪法研究中的"过度抽象化"和"价值单一化"态势;[2]在民法学上,类型化思考也始终被作为一般原则的具体化工具,为司法适用寻求可操作的基准。刘士国教授将类型思维与民法解释沟通起来,认为类型化思考构成民法解释的基本方式,构成民事司法适用中漏洞补充的理论基础。[3] 同时,有更多学者从"不当得利的类型化""连带债务的类型化""非典型合同的类型化"等微观问题出发,对类型思维的具体化机能予以了多样化尝试和探索;在税法学上,黄源浩则试图将类型化方法与"租税法律主义""举证责任分配"等问题连接起来,以之作为化解传统难题的全新路径。[4]

在这样的知识背景下,刑法学不可能独善其身。事实上,类型在刑法学上的运用可谓历时久远,甚至与刑法学的发展如影随形。在构成要件理论的萌芽期,类型就作为一种重要的辅助观念,启发和推动着这一理论的发展。无论是将构成要件作为"行为类型",或是将其作为"违法类型""责任类型",类型化的思考始终贯穿其间。在后续的发展中,类型思维更是从行为论的疆域中脱离出来,深入到行为人论的核心,犯罪人的类型化研究从此风靡一时。从龙勃罗梭(Lombroso)到加罗法洛(Garofalo),从菲利(Ferri)到李斯特,几乎每一位在刑法学史上留下印痕的人物,都曾在犯罪人的类型问题上发言。毫不夸张地讲,正是类型思维将犯罪人从古典学派那抽象、混沌的历史存在中唤醒,还以其丰富、可感的具体形象。犯罪行为的类型化,与犯罪人的类型化,是类型思维提供给刑法学最丰富的滋养。

---

[1] 参见〔德〕卡尔·拉伦茨:《法学方法论(全本·第六版)》,黄家镇译,商务印书馆2020年版,第577页以下。
[2] 参见吴晓:《论类型化方法对宪法学研究的意义》,载《政法学刊》2006年第1期,第42—44页。
[3] 参见刘士国:《类型化与民法解释》,载《法学研究》2006年第6期,第19—20页。
[4] 参见黄源浩:《税法上的类型化方法——以合宪性为中心》,台湾大学法律研究所1999年硕士论文,第45页以下。

二、类型的语义发展

任何对类型思维的系统讨论,都无法回避诸如此类的问题——"什么是类型"?"类型"的意涵究竟为何?这不但构成了研究的基本前提,而且为学术对话提供了可能。

要了解类型这一范畴,可以首先从其词义切入。在这一基础性的铺垫完成之后,方可讨论其作为思维方法的基本特征。为了解其词义,我们不妨顺着时间脉络,作一番历史性的考察。先追溯其原始的、固有的意义内涵,然后观察其在后续使用过程中不断衍生和积淀的新意涵。

根据德国学者海蒂(Heyde)的考察,类型一词最早出自希腊语。随着时间的发展,它开始以"Typus"的字形被纳入拉丁文。最初,这个词在拉丁文中主要在两个领域中使用,一是医学,二是神学。尔后,在整个中世纪中,这个词变得无足轻重,没有获得人们的青睐。直至中世纪末,特别是公元1327年左右,这个词以tipe/type的形式进入法语以后,很快被人们重视。在自然科学上,特别是动物学与植物学中,类型成为人们经常使用的专业术语。在18世纪前后,该词又由法语转换为德语,开始在德语世界中风靡一时。在几乎所有学科中,都不约而同地频繁出现类型一词。除了在自然科学上,特别是在人格心理学、生物学、模型论上被广泛使用,在人文社会科学尤其是逻辑学、社会学、法学中亦被普遍运用。[1]

在希腊语中,类型原本是指单纯的"击打、锤击",后来也泛指因击打而造成的结果,如痕迹、标记、铸造的印章。再到后来,干脆扩张到由锤击金属或雕刻石头而形成的所有艺术品,如雕像、塑像、图像等。在希腊文中,这个字还经常在下述转借意义上被使用:

(1)形式或形体。指一种有特征的形体或风格;
(2)概略、草图、梗概。指对一事物的大概的、不详尽的描述;
(3)模型、典范、范例。指某些个别事例,它们成为其他事物的

---

[1] Vgl. Arnold Koller, Grundfragen einer Typuslehre im Gesellschaftsrecht, 1967, S.11f.

模范；

（4）内容、主题等。[1]

不难看到,上述多样的意义变化绝非杂乱无章,而是紧紧围绕在原始意义的周围而展开。从其原始含义而论,乃指击打、雕琢。由于此种击打与雕琢的制作,乃是一种容许不同强度的操作,亦是一种过程性的操作,因而,在不同的加工环节与时间阶段,其成果也会有形态上的细微差别。从形式到概略,再从模型到主题,这实际上正反映了不同进度阶段上的不同成果。从这样的线索来理解上述意义的变化,或许会显得更为清晰明确。

在其后的人文社会科学中,在柏拉图(Plato)与亚里士多德(Aristotle)哲学的影响下,类型开始跟某些思想框架结合起来。由于类型本来就具有"典型"与"形式"这两种意义,所以,这个范畴就自然地与柏拉图理念论中的"理念",及亚里士多德本质论中的"形象"取得沟通,并承担起这两个范畴的意义表达功能。类型不仅开始含有"多数个别对象的典范"的意义,而且同时表达"多数个别对象所共同的基本形式"这一意义。[2] 可以说,这两种意义一直延续到今天,并始终支配着人们关于类型的基本理解。翻开大百科全书或词典,最常见的解释仍然是,类型指典范与基本形式。

此外,在自然科学中,类型还开始生发出其他意义。这里,尤其值得关注的是生物学与模型论。在生物学特别是动物学、植物学上,类型成为一种专业术语,代表着"种""类""种类""分类"的意思。此外,在现代科学认识上,"模型"作为媒介主体与客观对象之"中间手段",开始风靡一时。在"模型论"这一科学思潮的影响下,类型与模型之间出现了观念上的彼此呼应,类型也开始承载模型这一意义内涵。在这个层面上,它意指认知主体基于想象或抽象而形成对现实世界中某种事物的简化映象。

总结上述的发展历程可以看到,类型乃是源自希腊语的外来词。

---

[1] Vgl. Arnold Koller, Grundfragen einer Typuslehre im Gesellschaftsrecht, 1967, S.12.
[2] Vgl. Arnold Koller, Grundfragen einer Typuslehre im Gesellschaftsrecht, 1967, S.13.

在最为本初的意义上,它是指击打、锤击、铸造、雕刻以及由此所形成的结果。在其后的发展中,特别是当它与各种专门科学相结合并成为特定术语之后,类型开始衍生出以下意义:

首先,它意指基本形式。通过多数个体在生活世界中的存在形式,可以抽象和提炼出某种普遍的、共通的存有论特征。

其次,在上述意义的延伸线上,它还意指类、种类、分类等范畴。正是基于某些共同的特征或普遍的存在形式,一些个别事物得以在观念上聚合成"类"与"型"。

再次,从更为具象的层面看,它还意指"典型"。在上述得以聚合成"类"的个别事物中,还可进一步识别出某些可作为模范的特殊个体。这是一些所谓的完全形态或标准形态,它们与那些普遍特征不明显甚至局部缺乏的形态相区别。这时,类型不再是居于特殊个体之上的普遍形式,而是诸多特殊个体之中特别完美的形态,与那些过渡形态、非典型形态或中间形态相对应。

最后,在认识论的意义上,类型还意指模型。任何一种认识活动,都可看作是由认识主体、认识工具和认识客体所组成的特殊形式的社会实践系统。由于客体存在多维意义,也可能被其他因素所遮蔽,主体往往无法直接获得对客体的理解。因此,主体可以通过对模型的研究来获得关于原型(客体)的认知。这一过程可以被把握为,认识主体通过一定的认识工具,以之为媒介来认识特定对象的过程。在此种范围内,类型可被视为是某种认识论意义上的中介或是手段。

三、类型的思维特征

从上述的语义考察中,我们得出结论:相对于具体的、特殊的个体而言,类型乃是某种具有一般性、普遍性意义的事物。荣格(Jünger)早就指出,只出现一次的事物绝非类型,类型乃是特殊中的普遍者。[1] 然而,抽象概念也是这样的思维产物。它同样以对象物上反复出现的特征为

---

[1] 参见〔德〕亚图·考夫曼:《类推与"事物本质"——兼论类型理论》,吴从周译,学林文化事业公司1999年版,第113页。

基础加以归纳形成。如此一来,根本性的问题便马上浮现:类型与抽象概念之间是何关系?两者有无本质性差异?在抽象概念之外,还有无必要特别引入类型这一范畴?

对这一问题的不同回答,决定着类型作为一种独立思维方法的适格性。如果承认两种思维的差异,类型的独立性则值得认真对待;如果否认此种差别,则类型就会被吞噬在概念的洪潮之中,而根本性地丧失其意义与价值。在学说史上,对这一问题的不同回答,也成为区分不同类型论者的"试金石"。任何坚持上述区别论的学者,都被归入"传统类型论"的旗下,而所有试图消解上述对立、否认此种区分的学者,都被归入所谓的"类型批判论"的阵营。当然,在上述两种理解之间,也有不少折衷性意见游弋其中,试图调和此种紧张与对立,这样的理论可称之为"类型修正论"。

可以很清晰地看到,从拉德布鲁赫以降直至考夫曼的学术主流,都是立基于"传统类型论"。也即,将类型思维定位为全然不同于传统概念思维的一种新的思考方式,并着力突出两者的不同特质。尽管不同学者在观察角度、学术兴趣及所强调的具体区别等方面可能有所差异,但作为某种共识,坚守类型思维的独特性则是统一的底线。下面,我们试图沿着这一脉络,以比较观察为基本方法,对抽象概念与类型的不同思维特征加以梳理。

(一) 综合性思维

1. 双向度思考

概念式思考的特点为:使用语言或文字,将所欲描述对象的特征予以穷尽地提炼和罗列。[1] 在这个意义上,概念式思维构成一种归纳式思维。研究者必须在考察所有研究对象之后,将这些对象的共同特征归纳出来。

然而,此种归纳式的概念思考,却可能产生一体两面的作用:一方面,归纳式的思维,使其能够通过共通性描述,把握其所意图指涉的所

---

[1] 关于概念式思维的具体讨论,参见金岳霖主编:《形式逻辑》,人民出版社1979年版,第23页以下。

有对象,从而形成外延上的周延性及安定性;但另一方面,要使概念能够涵摄其所有对象,换言之,要使所有对象均落入该概念的射程范围之内,则必须在概念的描述上尽量使用具有包容性和概括性的语言。于是,概念不可避免地陷入抽象化境地。由此可知,概念在功能上的归纳性和周延性,是以抽象性为代价的。概念式思维不仅是一种归纳思维,而且是一种抽象思维。

与概念式思考不同,类型式思维在思考维度上呈现出明显的双向性:一方面,它是对抽象概念等元叙事的进一步区分和演绎,表现为一种具体化的精致思考;另一方面,它更是对具体事物及其重要要素的提炼与归纳,体现为一种抽象化的概括思维。

首先,类型化的思考是一种对抽象概念的演绎和细化。正如上述,概念式的思考是一种单向度的归纳式的思考,明显欠缺演绎式的思维。此种归纳的代价,便是不可避免的抽象性。进而,过分的抽象化和概括化,就可能失掉描述对象的具体特征和彼此的联系,形成空洞化的效果。因此,为了避免这样的处境,我们应当引入一种更为具体化的思维,对抽象概念予以区分和细化。此种区分和细化的过程,就是一种演绎的过程,亦是一种抽象概念的类型化过程。诚如恩吉施所言,虽然在细节上有极大差异,但现代关于类型的基本见解以及所有将类型与概念对立以观的想法,均以下述想法为基础,即类型或者以此种方式,或者以彼种方式,或者同时以此种及彼种方式,较概念更为具体。[1]

在这一点上,刑法学提供了最值得注意的例证。对犯罪现象的概念描述,始终是刑法学的一个关键任务。学者们基于不同学术立场与知识背景,提出了纷繁芜杂、形态各异的方案,如"法益侵害说""规范违反说""权利侵害说""社会危害性说"等。[2] 然而,无论是"法益侵害"还是"规范违反",也不论是"权利侵害"还是"社会危害",无一不

---

[1] 参见〔德〕卡尔·拉伦茨:《法学方法论(全本·第六版)》,黄家镇译,商务印书馆2020年版,第578页。
[2] 关于犯罪概念的详尽讨论,参见李居全:《犯罪概念论》,中国社会科学出版社2000年版,第11页以下。

是相当抽象、模糊的概念。这样的表述只会导致对犯罪的实质理解陷入"剪不断、理还乱"的困境。一种弥补性的工作,就是摆脱此种宏大叙事,进而尝试某种分析化、演绎化的具体努力。亦即,通过犯罪的各个具体类型的描述,去充实、丰富和把握人们的犯罪想象。刑法上也正是通过各种构成要件的设定去阐明具体的犯罪类型,以使犯罪的实质概念达到具体化、细致化和可感知化的效果。

其次,类型化思考不但是一种对抽象概念的演绎和细化,而且同时构成了一种对个别事物的归纳和概括。自然无形的生活事实,在未经人类认识的加工之前,经常是彼此孤立和断裂的。它们只是一些孤零零散落的原子或碎片,缺乏整体形象。此时,通过对具体个案的观察,抽取和提炼出案件事实之间的共通特征,以初步形成事实类型的基本轮廓。在此基础上,再以法理念及法目的为导向,对事实类型予以规范性的加工,并在要素之间建立起结构性的联系,这便形成了法律上的类型。此种类型之形成过程,一方面固然是法理念、法目的、抽象概念的具体化与演绎化,但一方面更是生活事实、具体案件的提炼化和归纳化。

让我们同样回到刑法上的实例。在未经立法者的认识加工之前,进入立法者视野的,首先是诸如"张三杀人""李四杀人""用刀杀人""用毒药杀人"等碎片化的事实。立法者经过认识上的处理,从中抽象出诸如"行为主体""行为手段"等特征,然后根据刑法之目的与价值,在其中撷选出刑法上具有重要意义的要素,经过要素的规范性塑造及要素之间的结构性构建,从而形成"杀人罪"的类型。刑法上其他个罪的设定莫不要经历上述过程。

2. 中等抽象程度

由上可知,如果我们的思维仅仅局限于概念性思考,就会过于抽象、概括,就容易失去描述对象的具体细节特征,从而形成空洞化和玄虚化的效果。这样的事例在刑法上不胜枚举。刑法上的"行为"概念历来聚讼纷纭,但无论是"因果行为论""社会行为论"还是"目的行为论""人格行为论",都限于抽象思辨的层次,其意义空洞化的现象极为严重。[1] 刑法上的犯罪客体概念也是如此。[2]

反向观之,如果借用历史学家青睐的方法,采取个案化视野,将现象完全孤立化、特殊化,就无法把握个案与个案、现象与现象之间的联系,更勿论构建整个现象的体系,并形成关于现象的普遍观念和整体轮廓。那样一来,进入眼帘的就只能是"张三杀人""李四伤人"等碎片化事实。

类型式的观察就是要避免落入此种进退两难的窘境。一方面,类型的具体化、演绎化的思考,是对抽象概念的进一步区分和细化,是为抽象概念提供实在的内容支撑。这在相当程度上避免了仅使用抽象概念来解释社会生活的不着边际,也舒缓了抽象概念的空洞化效果,世界不再是灰蒙蒙的混沌一片;另一方面,类型化的努力更是对个别现象的抽象和归纳,是在个别现象之间建立起共通形式和意义联系,从而避免了仅就个别现象进行孤立观察,而丧失了对整体形象或普遍观念的洞察。这在实质意义上化解了个案方法论所带来的碎片化效果,世界不再是孤零零的天各一方。

此种双向度的思考形式,使类型不仅在思维上呈现出综合化特点,而且亦使类型成为一种介于"抽象概念与具体事实"之间的桥梁。如果说,概念化的视野是一种宏观、抽象意义的视野,个案化的视野是一种微观、具象意义的视野,那么类型化的视野则是一种中观意义的视野,是一种对普遍中之特殊,特殊中之普遍,抽象中之具体,具体中之抽象的观察。从抽象程度上看,类型比概念更为具体,但却比个别事实更为抽象,从而形成了某种"中等抽象程度"。正是基于此种"中等抽象程度",类型成为人类范畴体系中的重要一环,填补了抽象概念与具体事物之间遗留的认识夹层。由此,就抽象程度而言,范畴体系呈现出层次清晰的三层结构:抽象概念、类型、具体事实。类型不但是整个体系中一个极为重要的实体层次,而且构成整个体系得以沟通的"连结要素"或"中间安排"。

---

[1] 参见马克昌主编:《犯罪通论》(第3版),武汉大学出版社1999年版,第148—189页;熊选国:《刑法中行为论》,人民法院出版社1992年版,第3页以下。
[2] 参见张明楷:《法益初论》(增订本)(上册),商务印书馆2021年版,第2—3页。

(二) 层级性思维

1. 流动式过渡

在逻辑学学者亨普尔与奥本海默看来,抽象概念在逻辑指涉上存在重大缺陷。这种缺陷具体表现为,当经验所呈现出的特征,是经由一系列的中间形态连续不断且界限模糊地互相连接时,概念总是试图在这种流动性的过渡地带划分出清晰界限,因而不能对这种连续性经验进行准确描述。[1] 受上述学者的影响,拉德布鲁赫也明确表示,生活现象可能只是一种流动过渡,但概念却强硬地欲在这些过渡中划分出一条明确界限。在生活现象仅仅显得"或多或少"的模糊地带,概念却要求必须做出"非此即彼"的判断。由此所导致的后果是,概念的主要成就并不在于"包含",即包含某种特定的思维内涵;而在于"界定",即作为一道防护墙,使概念藉以向外隔绝其他的思维内涵。质言之,传统的概念式思维是一种分离式思维,足以瓦解并败坏生活现象的整体性。[2]

另一方面,在拉伦茨看来,此种因为流动过渡而显现出来的层级性却是类型最为重要的特性。拉伦茨指出,一种类型与其他可比较的类型之间可能并不具有明确的界限,相反,类型之间是相互流动的。经由着重点的不同或某一特征的变化,此类型就可能转变为另一类型。[3] 由此,与概念的分离式思维不同,类型思维承认,事物与事物之间有时是相互交融的,其过渡是流动而混沌的,就如同色谱中各种颜色的过渡一样。

如此一来,概念思维只承认"非此即彼"的判断,类型思维则认可"或多或少"的判断。概念是由多数特征组合而成的。在对象能否归属于特定概念的问题上,要么是全部要素均具备,从而完全符合该概

---

[1] Vgl. Carl Hempel & Paul Oppenheim, Der Typusbegriff im Lichte der neuen Logik, 1936, S.1.

[2] Vgl. Gustav Radbruch, Klassenbegriffe und Ordnungsbegriffe im Rechtsdenken, in: Meder/Omaggio/Carlizzi/Sorge(Hrsg) Juristische Hermeneutik im 20. Jahrhundert, 2018, S.46.

[3] Vgl. Karl Larenz, Typologisches Rechtsdenken. Bemerkungen zu V. Tuka: Die Rechtssysteme, ARSP 1940/1941, S.20f

念的要求；要么是任一要素不具备，对象被排除出该概念。换言之，概念只有符合与不符合两种可能，不存在任何中间状态。相反地，类型思维则并不认同此点。在类型与类型之间的边缘地带，过渡是和缓而渐进的，绝非那种瞬间的、决绝式的跳跃。我们难以在类型之间划分出固定的、清晰的界限，无法做出"非此即彼"的判断，相反，"既如此亦如此"的中间类型和混合类型倒是一种真实的存在。

2. 比较级陈述

拉德布鲁赫正确地强调，概念思维在语言上是以"原级"的形式表示出来，而类型思维则是以"比较级"的方式来呈现。正是在这个意义上，拉德布鲁赫将类型思维比喻为对科学方法论的一种比较级的发现。[1]

日常用语中的"富人""博学之士""暖和"等范畴，便属于类型性范畴。在此，我们可依财富、学问或温度之高低，作出某种次序性的排列，可以想象有很多的上下层级与中间层级。也因此，我们只能以比较级的方式说，李某相比王某是富人，赵博士相比张司机是博学之士，屋里相比室外暖和。与此不同，概念式的表达则只能是，李某是富人/李某不是富人；赵某是博学之士/赵某不是博学之士；屋里暖和/屋里不暖和。可以看到，在上述例证中，类型式的表达显然是更为合适的。

相反，在有些情况下概念式的表达则可能更为准确。比如"男人""女人""公务员"这样的范畴。我们只能说，李某是女人或李某不是女人，而无法说，李某比王某女人。因为，在上述情形中，只能要求某种"非此即彼式"的存在，而难以认为是"或多或少式的"或"一定程度式的"存在。反之，"女人味""男子气"倒是一种类型式的表达，我们可依强度不同而发现一种层级序列式的排列。完全可以说，李某比王某更有女人味，或者张某比王某更有男子气。

3. 序列性状态

正是由于类型间的连续性特征，使相邻类型之间呈现出一种次序

---

[1] Vgl. Gustav Radbruch, Klassenbegriffe und Ordnungsbegriffe im Rechtsdenken, in: Meder/Omaggio/Carlizzi/Sorge(Hrsg) Juristische Hermeneutik im 20. Jahrhundert, 2018, S.46.

性的排列状态,一种夹杂着各种中间类型与混合类型的类型序列。类型的此种流动过渡性,以及由此所呈现出的序列性的排列状态,在刑法上有许多适例。

通常认为,如果犯罪的类型化还相对容易,那么,刑罚的类型化则难以实现。"因为,在责任原则的精神下,刑罚的宣告必须依据行为人个别的具体情节而断,本质上甚难以一致性的类型化。"[1]的确,在法官面对个案进行刑罚裁量时,必须考虑到当下案件的具体情节,而个案与个案之间的情节很难在完全意义上一致。因而,从彻底的刑罚个别化立场来考虑,当然很难实现刑罚的类型化,这根源于彻底的个别化与类型性之间的紧张——类型乃个别中之一般者、特殊中之普遍者。然而,尽管存在个别化的要求,却难以将此种特殊化的立场贯彻到极端。因为,那样一来,就只剩下司法者绝对的自由裁量,司法裁量将彻底陷入无法捉摸的境地。应承认的是,尽管个案之间总存在微妙差异,但是从一些关键的规范指标看,完全可能存在共性。由此,立法者也能够在此种规范指标的指引下,从复杂多样的个案中抽取出典型个案,以之为模本建构刑罚的"理想类型"。顺着这样的思路,我们可以将立法上的"刑罚幅度",视为是由两个"理想类型"构建而成。这个幅度的底点,是立法者根据所能预想到的该罪的最轻微案型所设定的相应刑罚;而这个幅度的顶点,则是根据所能预想到的该罪的最严重案型所设定的相应刑罚。而在量刑实践上,法官的任务就是在这两种极端类型之间,根据当下个案距离这两种类型的远近程度,来确定相应的处罚。这是一种运用类型间的比较,来实现法律效果之精确化的操作方式。随着重要量刑指标的变化,如行为人之主观恶性、行为所引起之实害与危险、一般预防或特殊预防的必要性等因素在程度上不断加强或减弱,所有案件就会在最严重案型与最轻微案型这两极之间,呈现出依责任程度由高到低的次序性的排列状态。在这一类型序列当中,案型与案型之间的过渡是渐进而流动的,难以在其中找到僵

---

[1] 苏俊雄:《刑法总论(Ⅰ):刑法之基础理论、架构及适用原则》,元照出版公司1998年版,第217页。

硬的界限。

（三）开放性思维

1. 类型与要素间的开放

类型的开放性思维，首先表现为类型与要素之间的相互开放。此种开放，一方面显现为类型向着要素开放，另一方面则呈现为要素向着类型开放。这两种开放的过程，并非是分开进行、彼此割裂的，而是类型向着要素、要素向着类型的"双向对流"，是一种交互澄清和阐明的过程。

第一，类型必须向着要素开放。类型从某种意义上讲，就是一个系统、一个模型。类型是由要素结合而成的，类型与要素的关系是整体与部分的关系。当然，应当注意的是，类型并不是要素的简单堆积和拼凑，而是由若干要素有机结合后所形成的、具有新的质的规定性的系统。要对一个类型进行完整说明，必须对组成该类型的要素进行逐一分析，并在此基础上妥当把握各要素之间的有机联系，以便最后将各要素合并以观，形成该类型的"整体形象"。从这个意义上讲，对任何一个类型的说明，永远依赖于对其组成要素的具体说明；对类型意义的追寻，也必须始终围绕各组成要素的内涵而展开；类型的结构、功能，也必须始终以各要素的有机结合为基础。类型应向着要素开放。

第二，要素必须向着类型开放。要素是类型的组成部分，要素一旦脱离了类型，就不再成为该类型的构成要素，就具有了新的相对独立的性格。因此，要素必须在类型中方能显示其价值和意义，要素与类型须臾不可分离。类型中的每一要素，只有从与其他要素的联系中，并且与其他要素合并以观时，才能被真正掌握。类型本身得之于要素的有意义的相互结合，但类型又能反过来帮助我们去真切理解这些构成要素的特质及其对类型归属的意义。从这个意义上讲，要素必须向着类型开放。

从以上分析可知，在类型与其构成要素间存在着无法割裂的意义交织。在判断类型的内涵时，必须一再地回溯到组成该类型的构成要素，而在探寻构成要素的意义时，又必须一再地回溯到作为要素之"整体形象"的类型。这是一个类型向着要素、要素向着类型的"交互开放"过程,是一个目光不断往返于类型与要素之间的"诠释学循环"过程,更是一个类型与要素间相互阐明的过程。

类型与要素间的相互开放和说明,是以要素的完整无缺和类型的周延圆满为前提的。但问题在于,法律上的类型经常是残缺不全的。换言之,要素很可能在立法中得不到完整而清晰的规定。此时,要追寻类型的真实意蕴,便必须使类型向着要素开放,在类型观念的"整体形象"下,去寻找和补充该类型应该具备、但在立法上却有欠规范的要素。正是在这一点上,刑法的开放性构成要件理论提供了最可注意的素材。

开放性构成要件的确定,是以承认构成要件的相对性、不完整性为前提的。在一般情况下,立法者当然会尽量将禁止行为的所有要素予以圆满规定。然而,基于经济性的考虑,立法者有时无须将所有要素无遗地规定;或者,基于社会情势的复杂多样及构成要素的变动不居,无法将构成要素周延无缺地规定。在此情势下,务实的态度是承认构成要件的开放特征,并谋求刑事司法过程中的要素填补。启动类型化的思考,我们可以在"类型向着要素开放"这一思路下,重新阐释开放性构成要件要素的体系回归:构成要件的残缺,其实质是一种类型要素的残缺,而构成要件要素的填补,则无非是一种类型轮廓的还原。这一还原的过程,亦即类型要素的探寻和回位过程,就是一种在"类型观念"或"整体形象"的指导下,在类型要素彼此间的意义关联下,去拾回该类型应该具备,但却在立法上无从规定的残缺要素的过程。只有完成了这一过程,要素才会回到其在类型体系中的恰当位置,类型也才会因此而再度圆满和周延。

2. 类型与素材间的开放

类型的开放性思维,不仅体现在类型与其要素间的相互开放,而且显现为类型与其素材间的相互开放。

第一,素材必须向着类型开放。类型的形成是以纷繁芜杂的生活事实为素材的。在进行类型性的规整之前,生活事实犹如一团乱麻,杂乱无章。只有以类型为指导,才可以从自然无形的生活事实中分辨出有价值意义的关键要素,并在这些要素之间整理出具有结构意义的脉络联系。在此意义上讲,只有通过类型的形塑,生活事实方能得到整体性的把握,只有以类型为观照,才能显现出其规范性的价值。生活事实显示在其"类型的关联性"之中。

第二,类型必须向着素材开放。类型是经由对素材的分析而确定的,因而类型显示在其素材之中,显示在其与生活事实的关联之中。类型的意义绝非仅仅存在于类型自身,类型自己并无法"说出"其真实意蕴,它必须加入素材,参照具体生活事实,才能真正凸现自己的意义与内涵。正是在这一意义上讲,类型具有不可摆脱的"素材规定性"。类型必须始终向素材开放,类型的意义显示在其"素材关联性"之中。[1]

由此可见,类型与素材间保持着相互开放的姿态。素材的价值显示在其类型的关联性之中,而类型的意义则蕴含在其素材的关联性之中。对彼此意义的探寻,必须始终回顾两者之间无法解开的结构交织与意义关联。这是一种目光不断顾盼于类型与素材之间的"交互澄明"的过程。

类型与素材间的相互开放,典型地显现在刑事司法过程中。例如,在故意毁坏财物罪中,当法官面临的案件是某人将他人的手机扔到水里,这当然很容易得出判断。这时,毁坏意味着"对财物的一部分或全部进行物理性的毁损,使其不能遵循本来的用途加以利用"。然而,如果面临的案件是,某人将他人的传家玉玺扔入黄河,上述关于"毁坏"的界定就会马上失灵。因为,玉玺可能并没有任何物理性的毁损。此时,关于"毁坏"的理解可能会再度开放:"对财物行使有形力,使财物的价值或效用丧失的行为。"但是,如果面临的案件转变为,某人故意将他人的马棚打开,使一匹价值不菲的骏马跑掉,那么上述"对财物行使有形力"的解释,就会再度被挑战,因为行为人没有对财物本体行使有形力。于是,我们不得不放弃这一限定,转而认为毁坏是"导致财物效用减少或丧失的一切行为。"对"毁坏"的认识,到此

---

[1] 这两个层面的关系,与法律素材与法律理念间的关系类似。参见〔德〕亚图·考夫曼:《类推与"事物本质"——兼论类型理论》,吴从周译,学林文化事业公司1999年版,第107—108页。

还并未完结。如果面临的案件是,某人把排泄物放在他人的饭盒中,那么,所谓"效用减少或丧失"的含义,又会重新成为问题。所谓"效用",是仅指财物的客观效用,还是也包含权利人立场上的主观效用?如果是指客观效用,那么饭盒的此种效用并未丧失,消毒后完全能够使用;而如果亦指主观效用,那么从权利人主观的心理、情感角度而言,这个饭盒可能再也不会被使用。由此,"毁坏"可能被再度阐释为"导致财物主观或客观效用减少或丧失的一切行为"。

这里所描述的解释过程,便是一种"类型向着素材开放"的过程。这一过程会在司法实务中不断循环展开,难有尽头。它使我们再次明了,类型的意义绝非仅仅存在于其自身,它必须面向素材,参照具体的生活事实,才能不断展现和发展自己的意义内涵。

(四) 意义性思维

1. 弹性组合

概念乃经由语言或文字,将所欲描述对象的特征予以穷尽归纳而形成。一个事物是否可被涵摄于该概念,要判断该对象是否逐一具备概念所内含的所有特征。如果所有特征均具备,这一事物便可与该概念对接,并被该概念所描述;反之,只要任意一个要素不具备,事物便无法被该概念涵摄,而不得不被排斥于该概念之外。这样的思维方式,可被视为是一种"集合填充式"的操作。

类型同样是要素的集合体。但是,在事物能否归属于类型的判断中,重要的却并非个别特征的逐一吻合。在不同的个案中,个别事物可能在某一要素上显现出程度上的减弱,甚至是完全欠缺某一要素,却不至影响其类型的归属性。

威尔伯格(Wilburg)最早触及了此点。在关于德国、奥地利的损害赔偿法研究中,他认为,"损害赔偿责任可以归结到多个要素上,它们以不同的方式及强度相互结合而构成赔偿义务的根据"。因此,在损害赔偿问题上,威尔伯格放弃了提出"确定的要素目录"的努力,而以下述设想代替之——以各种不同变化形态而显现出来的"诸要素的协作"。如此一来,在能否引起损害赔偿责任的问题上,并不存在某种固定的、缺一不可的要素衡量框架,相反,这实际上是某种"可变的体系"——一种以不同方式及强度相结合的要素体系——在起着支配性作用。[1]

此种"可变体系"的思想,[2] 受到了拉伦茨言辞至极的称赞。在其看来,这种可变体系与传统注释法学或概念法学所强调的固定体系有着极大不同。在固定体系中,强调的是某些不可动摇的固定观点,这些观点被概念视为是千真万确的"真理"。在这一固定的体系内,只有"非此即彼"的可能性,不像可变的体系,基于构成要素的共同作用,有各种不同的组合可能性,有着"或多或少"的可能性。进一步地,拉伦茨还明确指出,可变体系与类型思维具有内在的相似性。因为,类型所代表的,正是其特征的可变性,中间层级的可能性,以及不同的"特征组合"的可能性。一个类型并非由多个特征的总和来加以确定,相反地,它是一种有机的组合,一种具有弹性的特征之有机组合,一种有意义的结构性整体。[3]

与上述学者类似,雷讷(Leenen)也将类型解释为一种"有弹性的复数要素之组织"。恩吉施则强调类型中多数因素的可变性及其在程

---

[1] 参见〔德〕卡尔·拉伦茨:《法学方法论(全本·第六版)》,黄家镇译,商务印书馆2020年版,第584—585页。不过,值得注意的是,对于威尔伯格而言,在基于损害赔偿而提出的动态体系论中,特定要素可以整个地欠缺,而只要其他要素的满足程度足够高即可;但是,也有学者反对此种观点,认为动态体系中的要素具有固定性与确定性,尽管可能在充足度上有不同程度,但却不允许某要素整个地欠缺。参见〔奥〕瓦尔特·维尔伯格:《私法领域内动态体系的发展》,李昊译,载《苏州大学学报(法学版)》2015年第4期,第112页;〔日〕山本敬三:《民法中的动态系统论——有关法律评价及方法的绪论性考察》,解亘译,载梁慧星主编:《民商法论丛》总第23卷,金桥文化出版(香港)有限公司2003年版,第214—215页;解亘、班天可:《被误解和被高估的动态体系论》,载《法学研究》2017年第2期,第49页。

[2] 威尔伯格所创设的方法论也被称为"动态体系论"。这一方法论在民法学界有广泛运用。例如:在侵权法中过错要件的理解、损害赔偿范围的确定、缔约过程中说明义务的解释等问题上均有运用。参见李中原:《论侵权法上因果关系与过错的竞合及其解决路径》,载《法律科学》2013年第6期,第103页;叶金强:《论侵权损害赔偿范围的确定》,载《中外法学》2012年第1期,第164—167页;尚连杰:《缔约过程中说明义务的动态体系论》,载《法学研究》2016年第3期,第103—105页。

[3] 参见吴从周:《类型思维与法学方法》,台湾大学法律研究所1993年硕士论文,第42页。

度上的差别性等特质。[1] 如果将上述论述中的"有弹性"换作"可变的","要素"通约为"因素",就会发现,他们的论述具有基本的一致性。

由此看来,虽然概念式思维与类型思维都关注要素,但在对待要素的态度上并非一致。对于概念而言,不但要素的数量是固定的,而且要素的组合方式也是固定的,此种组合关系就是"总和"或"相加"。经由一个个要素的累积,每一个要素的逐一具备,概念的形象得以形成。从这种"简单相加"的模式中也可看到,要素与要素之间缺乏某种整体性的联系,要素与要素是彼此孤立的存在。与之不同的是,在类型的思维当中,要素的数量并非总是固定的,在特定情况下可以缺乏个别要素,也并不至于影响类型的整体形象。同时,要素与要素之间乃是一种弹性的组合关系,存在或多或少的变化可能。这种变化乃是基于,在不同的个案中,部分要素可以在程度上减弱甚至完全欠缺,而其他要素则可能在程度上不断加强。如此一来,就可能演化出要素间的不同组合方式。进一步地,类型虽然由要素组成,但是类型并不等于要素的简单相加,并非由"特征的堆砌"所形成,而是一种基于"要素间的相互协作"所形成的结构性整体。要素与要素之间,并非孤立或零散的关系,而是处于一种紧密的相互作用之中,一种有机的结合之中。由此,必须特别留意要素之间的意义关联。

2. 整体图像

如果认为类型并非要素的固定组合,那么,下面两个问题便不可回避:

第一,当类型呈现出不同要素的弹性组合状态,因而并不存在绝对必要的、不可舍弃的要素时,"类型"仍得以维持的关键是什么? 换言之,为什么不同的要素组合形态仍然能够在观念上收归到同一类型之下? 某个特定要素欠缺时的组合形态,是在什么意义上仍然可以与完全的要素组合形态相等置?

第二,与上一问题相关联的是,在对象能否归属于特定类型的判

---

[1] 参见〔德〕卡尔·拉伦茨:《法学方法论(全本·第六版)》,黄家镇译,商务印书馆 2020 年版,第 583 页。

断中,是何种终局性的标准决定了类型的归属？特别是,当现象之间经由流动的过渡而相互连接,在现象之间并不能提供区分的固定界限时,是什么使"对象是否归属于类型"的判断仍然得以可能？

不难发现,这两个问题实则一体两面,都可归结到对类型得以维持的基础的追问。只不过,在问题意识上略有不同。前一问题,乃是着眼于类型要素的组合关系;后一问题,则立足于对象与类型的归属关系。

对上述问题,传统类型论者的回答是,类型是某种弹性的要素组合结构,特定类型性的维持基础乃在于,要素以不同数目或强度相结合所呈现出来的"整体图像"。同时,也正是此种"整体图像",在要素能否归属到特定类型的判断中,起着决定性的作用。关于此点,拉伦茨的论述可谓精到。某一对象是否应归列于某一类型中,并非根据该对象是否包含了所有被视为无法放弃的特征来加以决定,而是取决于是否被视为典型的重要特征以某种数目与强度存在,使该对象在"整体上"符合类型的外表图像。此外,在评述个别契约是否归属于特定契约类型时,他进一步指出,重要的倒不是个别特征的逐一吻合,具有决定性的毋宁是"整体图象"。[1]

然而,"整体图像"仍然是某种暂时的回答。完全可再次追问,到底是什么建构了此种整体图像？当要素呈现出不同数目与强度的组合时,当对象缺乏某种要素却仍然可以归属到特定类型时,是什么决定了它们之间仍具有基本的"家族类似"？此种"家族类似"得以成立的根基何在？

3. 评价观点

对于这些追问,可能的回答只能是——主导类型构建的"评价性观点"。这不但是类型得以维持其"整体形象"的基础,而且是不同对象(特别是典型对象与欠缺部分特征的非典型对象)之间具备家族类似性的关键。对此,斯特拉赫(Strache)率直指出,与概念不同,如果没

---

[1] 参见〔德〕卡尔·拉伦茨:《法学方法论(全本·第六版)》,黄家镇译,商务印书馆2020年版,第583页。

有重要性观点或评价观点,类型就会失去其存在的根基。[1] 而雷讷则更进一步认为,斯特拉赫将重要性观点或评价性观点并列,指出了法学上类型建构的要素。在此,经验的现象系在规范性标准的角度下被"联结看待",法律类型系由总结法律上"有同等意义"的现象建构而成。[2]

的确,在事物存在多面意义的情形下,评价性的观点至关重要。我们总是站在某一角度,或是基于某种目的,来把握社会生活中的生动事实。对同一现象,存在从不同径路予以观察的可能,同一现象可以在不同角度下被类型化。比如,一个简单的买卖行为,在社会学、经济学和法律学上,就可能会被提炼为不同的类型。这完全是基于相异的考察视角、理论兴趣与目标定位使然。由此可见,评价观点在一个类型的建构中,实在是有着关键性的意义。正是在一定的评价观点之下,不同对象才得以结合为一个可以统一把握的整体,并在价值上开始被同等对待。不同对象才得以摆脱其形式上的差异和束缚,并获得某种意义性的连接。

在上述层面,类型显示出某种非同寻常的思维特性。也即,在判断某些类型要素的缺乏是否足以导致类型性的丧失时,在判断一定对象能否归属于类型时,必须不断回溯至主导类型构建的评价观点,并在此种观点下评定它们之间是否具有类似性。正是在特定的价值观点下,不同的要素组合、相异的存在对象,才得以在意义上连接起来。我们可以把类型思维的这一特质,称之为"意义性"。

四、类型的逻辑结构

(一)概念的涵摄模式

早在1936年,逻辑学学家亨普尔与奥本海默就合作发表了《现代

---

[1] Vgl. Karl-Heinz Strache, Das Denken in Standards, Zugleich ein Beitrag zur Typologik, 1968, S.46.

[2] Vgl. Detlef Leenen, Typus und Rechtsfindung, Die Bedeutung der typologischen methode für die Rechtsfindundargestellt am Vertragsrecht des BGB, 1971, S.43.

逻辑观点下的类型概念》一书。该书不仅对传统的概念思维(分类概念)在逻辑上的缺陷提出了尖锐批评,更基于此种自觉,进一步提出了类型思维(次序概念、层级概念)的理论设想与逻辑形式。直到今天,在概念与类型的逻辑结构这一问题上,这一著作仍是一座无法绕过的里程碑,给人以深刻启迪。

一开篇,作者就开门见山,提出了两种不同形式的逻辑范畴:一种是传统上广泛运用的分类概念(Klassifikationsbergiff);另一种则是所谓的次序概念(Ordnungsbegiff),或称层级概念(Stufenbegriff)、类型概念(Typusbegriff)。在其看来,这两种概念对于把握生活现象而言各有胜擅。然而,传统逻辑学却完全忽视了后者的存在,而以前者为专宠。

分类概念是透过穷尽列举所有特征来加以严格定义。在对象与概念的关系上,只有两种可能性:要么,对象充分地、逐一地满足所有特征,因而可以将对象涵摄于特定概念之下;要么,在任意一个特征无法被满足时,对象便整个地、绝对地被排除在该概念之外。换言之,对象不是具备所有特征而得以适用该概念,就是不具备任一特征而不能适用该概念,绝无第三种中间可能。在对象与概念的关系上,如果对象能够被概念涵摄,两者即被视为"同一",如果对象不能被概念涵摄,两者即被视为"相异"。在此对象与彼对象的关系上,如果两者都能涵摄于特定概念之下,那么它们就被完全等同;如果此对象能够被涵摄而彼对象不能被涵摄,则被完全区别对待。质言之,在概念的世界中,只有"同"与"不同",没有"类似性"可言。对此种逻辑形式,我们可称之为"非此即彼"的涵摄模式。

在逻辑学上,这是一种典型的"单值逻辑"。要么"是",要么"不是",要么"符合",要么"不符合",要么"白",要么"黑"。也就是说,在谓语的表达上,它具有"一元性"或"单值性"的特征。因此,我们可以将此种传统的概念逻辑称为是"一元的谓语理论"或"一元的命题函数理论"。从逻辑形式上讲,这种分类概念意味着,"一个客体当且仅当在下述情形下,才能被称为 ϕ 的对象:即在它具备 F 之特征时。详言之,对每个可能值 X 而言,当且仅当 F(X) 为真时,Xεϝ"。[1] 从中可以看到,对于一个概念的适用而言,F 特征乃充分且必要之条件,当且仅当 F 具备之时,对象才能涵摄于特定概念。对于该特定概念而言,F 构成了强制性的要求,也可谓唯一要求。

(二)类型的归类模式

在亨普尔与奥本海默看来,传统逻辑无法超出分类性概念的模式。在进行科学的概念构建时,传统逻辑总是试图严格按照或至少类比适用分类性模式来建构概念,并将"无明确界限的类型"(其可能与相邻类型具备流动性的过渡地带)评价为退化的、模糊的分类概念。从这个角度来看,类型范畴就似乎偏离了唯一正确的、科学的概念构建之路——分类性的概念构建模式。[2]

而事实上,这种试图在事物之间划分出明确界限的传统逻辑思维,却可能忽略了生活现象中每一处中间地带的迷人隐约之处,并不足以帮助我们把握所有的事实经验。相反,一种类型式的思维,却有助于我们真正进入事物间复杂的连接状态。类型思维所强调的不同强度的层级性特征,正可以弥补概念范畴留下的思维罅隙。透过此种层级性,我们看到的是,对象不仅可以具备或者不具备某种要素,而且在逻辑上还存在"或多或少"地具备某种要素之可能,或者说,还存在要素以"或多或少"之程度来归给某一对象的可能。同时,根据此种特征在不同对象之内显现程度的强弱,可进一步发现在对象之间所形成的某种次序性的排列状态。在对象之间并无僵硬的隔栅,而是某种渐进性的过渡。如此一来,在对象能否归属于特定类型的问题上,我们无法依照传统的概念式思维,仅视对象是否具备所有的固定要素而定。相反,需要考察的是,该对象是在何种程度上具备特定要素,由此在"整体形象"的指导下,能以何种程度归入某一类型。质言之,这里所涉及

---

[1] Vgl. Carl Hempel & Paul Oppenheim, Der Typusbegriff im Lichte der neuen Logik, 1936, S.13.

[2] Vgl. Carl Hempel & Paul Oppenheim, Der Typusbegriff im Lichte der neuen Logik, 1936, S.15f.

的,乃是一种比较意义上的程度关系,一种比较意义上的判断操作,而绝非简单的"是与非""黑与白"。在"是"与"非"之间,还存在无数的中间可能性;在"黑"与"白"之外,亦存在大片程度不同的灰色空间。类型的此种逻辑形式,可称为"或多或少"的归类模式。

同时,在对象与类型、对象与对象之间的关系上,类型思维亦与概念思考不同。在"完全相同"与"完全不同"这两种逻辑可能之外,类型更多地是在"类似"的意义上来理解上述关系。一个对象之所以被归入类型,是因为其与类型具有"整体图像"上的类似性;而之所以不被归入类型,则是因为它与这一"整体图像"偏离太远。归入类型的对象与对象之间,并不被视为是完全相同,而只是在"评价观点"的检视下大致相似;归入的对象与不被归入的对象之间,也并非完全相异,而只是在某一重要的价值观点下无法被等置处理。

在现代逻辑学上,此种"或多或少"的思考模式,正是一种"多值逻辑"。也即,在"是"与"非"、"白"与"黑"、"符合"与"不符合"等二元对立的逻辑选项之间,还承认广阔的中间情形,我们可称之为"二元或多元的谓语理论"或"二元或多元的命题函数理论"。亨普尔与奥本海默的研究对此种逻辑结构进行了补充说明。在他们看来,在次序概念(类型)中,层级性的特征使考察对象呈现出一种序列性的排列状态。这种排列秩序的形成,必须至少采用两个基本函数(G 与 V)方能描述。他们用 G(X,Y)表示在满足某种条件的前提下,X 与 Y 在该序列中的位置是相同的。他们将此种位置关系称为可移转的、对称的关系;同时,他们又用 V(X,Y)表示在满足某种条件下,X 与 Y 在该序列中的位置是前后的,此种位置关系被称为不可移转的、非对称的关系。在此,亨普尔与奥本海默采用二元函数理论,强调了对象 X 与 Y 在位置关系上至少具有二元性,甚至是多元性。同时,他们进一步提出,G 与 V 是互相连接的,这样的一组{G,V}关系,就形成了一种排列的顺序。"这种排列顺序可理解为一组关系……例如,'同等重量的,较轻的'这组概念,就是一种排列顺序。"[1]由此，"一个分类性特征的概念是一种单值的谓语，而一个层级性特征的概念则是一种次序性排列"。[2]

五、类型与概念的基本关系

通过以上考察，我们对类型的思维特征获得了一定认知。然而，以下问题便马上无法回避：类型与概念之间的关系应如何定位？类型与概念是两种相互独立的思维，抑或根本无从区分？进而，如果两者具有相对的独立性，那么它们是处于某种紧张与对立的状态，还是应定位于合作与互补的关系？

不难发现，从拉德布鲁赫以降直至考夫曼的学术主流，都是立基于"传统类型论"。也即，将类型思维定位为不同于概念思维的一种新的思考方式，并着力突出两者的不同特质。但事实上，在传统类型论的确立过程中，却始终遭遇到概念思维的强烈阻击。比德林斯基（Bydlinski）、齐佩利乌斯（Zippelius）、库伦（Kuhlen）等学者站在某种统合性的概念思维的立场上，试图消解概念与类型之间的对立，由此显现出"传统类型论"与"类型批判论"、"独立论"与"统合论"的激烈对抗。在我们看来，这两种思维之间虽存在明显差异，但绝非简单地相互排斥或相互统合，而是处在一种相对独立、彼此配合、交互补充的关系之中。

（一）类型与概念的差异

作为后起的思维形式，欲在概念思维一统天下的格局中谋得一席之地，类型思维必须具有独特性格。这也是传统类型论者所着力强调的。虽然，相较于个别事物而言，概念与类型都是抽象而普遍的思维形式，都是在反复出现的事物中提炼出重要特征而形成的，但两者的差异还是较为明显的：

其一，概念的特征在数目上是固定的，容不得随意增减。同时，特

---

[1] Vgl. Carl Hempel & Paul Oppenheim, Der Typusbegriff im Lichte der neuen Logik, 1936, S.31.

[2] Vgl. Carl Hempel & Paul Oppenheim, Der Typusbegriff im Lichte der neuen Logik, 1936, S.32.

征与特征之间的结合方式也是固定的,即"总和"或"累积"。也由此,要素与要素之间缺乏明显的意义联系。与之不同,类型的特征在数目上只是相对固定的,在特定情况下可以缺乏个别要素,也不至于影响类型的整体形象。同时,要素与要素之间乃是一种弹性组合关系,存在或多或少的变化可能。要素与要素之间并非简单累积的关系,而是处于紧密的相互协作之中,共同表现某种评价观点,并构成一种结构性的整体。

其二,基于上述特性,在对象与概念的关系上,体现出"非此即彼"的择一判断。要么,对象逐一符合概念的全部特征,从而可涵摄入概念之中,与概念同一;要么,对象不符合概念中的任一特征,被完全排斥在概念之外,与概念殊异。在这两种情形之外,不存在第三种可能。与此不同,在对象与类型的关系上,则可能呈现出"或多或少"的程度性判断。对象不仅可以具备或者不具备某种要素,而且在逻辑上还存在"或多或少"地具备某种要素之可能。或者说,还存在要素以"或多或少"之程度来归给某一对象的可能。此时,需要考察该对象是在何种程度上具备特定要素,能否在"整体形象"的指导下归入某一类型。质言之,这里所涉及的,乃是一种比较意义上的判断操作。

其三,在对象与概念的关系判断之中,价值观点隐而不显,它被挑选出的形式要素取代。在概念判断中,不允许无节制地回溯至其得以被构建的价值观点,它已经在要素、特征的限度内伴随性地被考虑。与之不同,在类型式思维中评价观点始终处于主导地位。类型整体形象得以维持的基础,正在于主导类型构建的价值观点。因此,在类型适用的过程中,必须不断回溯至类型背后的价值观点。对于价值观点而言,要素仅具有指示性的意义,它仅仅是作为评价观点形式的、暂时的固化。每一要素都并非不可舍弃的,只要根据其他要素的显示程度,对象在评价观点之下仍保持其价值的一致性即可。

其四,概念的价值在于界定,而界定必然导致分离与隔绝。不但概念与概念之间泾渭分明,而且对象与概念之间亦非此即彼。由此,概念呈现出明显的封闭性。相反,类型虽然有一个固定的核心,但没有固定的边界。在类型与类型之间的边缘地带,过渡是和缓、渐进而流动的,因此,必须承认类型的开放特征。同时,在对象与类型的关系上,也时刻保持着相互开放的可能。此种开放的根源在于类型的层级性特征,以及在意义评价相似的前提下所可能带来的形式扩张。

其五,与个别事物相对应,概念与类型都是相对抽象的思维形式。但相比概念而言,类型更接近个别事物,因而更具有直观性与具体性。在概念化的思考当中,抽象是唯一的向度。但是,概念在功能上的归纳性,却是以远离具体事物为前提,换言之,是以抽象性为代价。然而,类型思维却呈现出明显的双向性。一方面,它是对抽象概念等"元叙事"的进一步区分和演绎,表现为一种具体化的精致思考;另一方面,它更是对个别事物的提炼与归纳,体现为一种抽象化的概括思维。由此,类型成为一种"抽象概念与具体事实"之间的中介,成为抽象与具象、普遍与特殊之中点。

其六,在逻辑意义上,概念是一种相对精确的思维,而类型则不可能达致精确的逻辑判断。抽象概念是可以被定义的。通过穷尽列举所欲描述对象的特征,概念可以被精确界定。反之,类型则无法被定义,只能通过一连串具有不同强度的特征的组合来加以描述;当概念适用于事实时,要求在概念特征上具有"同一性"。相反,在将事实归属于类型时,则并不是在"同一性"的意义上被把握,而只是在一定的价值观点上可获得"类似性"的看待;在对象能否涵摄于概念的问题上,只有"是"或"否"的回答,而在对象归属于类型的判断中,则可能仅得到"或多或少""某种程度"符合的模糊结论。也因此,概念是一种单值逻辑的思考形式,而类型则必须被归入多值逻辑的范畴。

在上述的意义上,如果说概念是断裂性的思维,那么,类型就是结构性的思维;概念是择一性的思维,类型就是层级性的思维;概念是形式性的思维,类型就是意义性的思维;概念是封闭性的思维,类型就是开放性的思维;概念是抽象性的思维,类型就是具象性的思维;概念是精确性的思维,类型就是模糊性的思维。

(二)类型与概念的合一

然而,也不是没有学者反对上述区分。其中,可代表性地举出三位:比德林斯基、齐佩利乌斯与库伦。尽管观察的角度不同,但他们统一的理论意图均在于,瓦解概念与类型之间的思维对立,将类型消融在传统的概念思维之下。

在其大作《法学方法论与法律概念》一书中,奥地利学者比德林斯基率先对"传统类型论"发起挑战。他坦率指出,类型论者所强调的法律概念与类型对立以观的想法,实在大可质疑。在法律概念之外,根本没有必要多此一举地承认类型理论。比德林斯基以拉伦茨为主要攻击目标来展开自己的论述。

在《法学方法论》中,拉伦茨曾以《德国民法典》第833条"动物占有人"为例,来说明规范类型的运用。然而,在比德林斯基看来,"动物占有人"根本不是一个必须与狭义概念相区别的类型,它涉及的恰好是一个概念。就其定义而言,"利益"乃是一个绝对必要的特征,而与其他特征相互分离。由此可证,在法学上,根本没有比较级的类型概念,相反地,它只是某种具有特殊性质的狭义概念。此种概念的特性在于:其一,其特征至少有一部分是并非相连的;其二,它们的定义是根据个体之间的家族类似性,亦即根据类型归属性来加以确定。进而,比德林斯基指出,就法学方法论而言,传统类型观虽然致力于提供方法论上的有用规则,却只在极小的范围内有所贡献——实际上所得出的效果,似乎基本只是一种目的论的法律适用的重复而已。当类型没有"主导的评价观点"便不足以思考时,对法律适用而言,区别概念与类型几乎没有太多帮助。也就是说,如果在个案中能够探求立法意旨,而且对系争案件有所助益时,那么一个起初是模糊的、但经由目的论解释之后便可以被精确化的概念,就已经足够了。反之,如果该评价性的观点无法确定或根本与待解释的观点无关时,那么即使假定一个与概念相区别的类型,也并无实益。[1]

如果说,比德林斯基是将类型论等同于概念的目的论操作,从而消解类型的独立意义,那么,齐佩利乌斯则试图从类型与概念的适用

---

[1] 参见吴从周:《类型思维与法学方法》,台湾大学法律研究所1993年硕士论文,第84—85页。

方式出发,颠覆两者对立的意义与价值。齐佩利乌斯直接关心的并不是类型与概念是否在原则上对立的问题,而是一个法律规定到底是以何种方式来适用的问题。也即,一个法律规定是应该以严格证明为同一的方法来运用,还是以衡量比较式的方法来运用?是以概念式的逻辑涵摄来适用,还是以类型式的归类方法来适用?

按照他的想法,一方面,法律概念在适用上不仅与"严格证明为同一的方法"有关,而且与"比较的——归类的思维方法"相关。质言之,"比较的——归类的思维方法"对概念也同样适用。此种方法明显出现在概念外缘的适用问题之上。概念外缘之范围如何,须透过特殊案件的归类或筛除,进一步加以精确化。经由此种比较的程序,某些个别的概念特征被认为对于概念适用并不重要,而加以筛除;其他的特征,则可能对于适用具有重要性而被加以强调。另一方面,在齐佩利乌斯看来,类型也可以严格证明为同一的思维作为其适用方法。他引述拉伦茨的论述并试图表明,开放的类型也可能因为固定某些特征而变成一个封闭的类型:如果我们确定,一个法律规定永远且只能在具备了类型中所详列的特征才能适用,那么开放的类型表面上就变成了一个封闭的类型;对此,拉伦茨曾说:案例可以如同涵摄在抽象概念之下般地涵摄在封闭的类型之下。因此,类型也可以"严格地证明为同一"的思维作为其适用方法,类型并不必然要比概念不确定。于是,对齐佩利乌斯而言,区分类型与概念的主要理由并不在于范畴学上的对立,而在于一个法律规定在适用方式上的区分。[1]

库伦是对传统类型论最为彻底的宣战者。在其1977年出版的博士论文《法学理论上之类型观念》中,他从语言分析哲学的角度,全面检讨了自亨普尔与奥本海默提出所谓次序概念(类型概念)以来,经过拉德布鲁赫的继受,再到拉伦茨的发扬光大,这一整个学术脉络中所犯的语言哲学上的错误。在库伦看来,遵循亨普尔与奥本海默关于分类概念与次序概念的区分,而在法学上划分出抽象概念与类型概

---

[1] Vgl. R. Zippelius, Die Verwendung von Typen in Normen und Prognosen, In: P. Bokelmann, A. Kaufmann, U. Klug (Hrsg.), FS Engisch, 1969, S.226ff.

念,这根本上是法学理论的一个错误继受。而其中,拉德布鲁赫又是这一错误继受的始作俑者。库伦指出,拉德布鲁赫曾顾虑到,将次序概念运用到法学上的主要难题在于,可能会引发法律安定性的疑问。而根据库伦的分析,拉德布鲁赫的这一顾虑,实际上根源于其一贯的立场:次序概念或类型概念不如分类概念明确。也即,拉德布鲁赫是以明确与否为基点来区分分类概念与类型概念,并将明确概念称为分类概念,将不明确概念称为类型概念。而在语义学上,概念的模糊性乃是某种不可否认的普遍事实。不仅在次序形式的概念中会遭遇模糊性问题,在分类概念上也同样难以避免。分类概念并非绝对可以划出"明确的界限",这不仅是语言哲学上众所周知之事,也是法学研究上有名的难题。因此,是否如拉德布鲁赫所认为的那样,次序概念必然会特别地不明确,就有待商榷。传统类型论之所以将范畴类型与语义学上的问题相混淆,无疑是由于其未能充分掌握这种语义学上的现象。[1]

(三)类型与概念的关系重整

在上述批评中,既有一矢中的之论,也有不着边际之言。针对这些批评,类型论需要在其自身的学理建构与方法实践中不断展开反思。对于新生事物而言,一个恰当的批评,比起那些盲目的附庸,无疑更具建设性的意义。它使类型论在其开展中,能不断审视自身、修正方向;而有时,即使是一个不恰当的批评,也并非毫无价值。它至少提醒我们,对于类型思维,人们容易产生什么样的误解与怀疑,以至于需要在知识建构和阐释中予以妥善澄清。

1. 对类型批判论的回应

比德林斯基的批评意见首先是针对拉伦茨而来。拉伦茨在《法学方法论》中,特别以《德国民法典》第833条"动物占有人"为例,说明了法学上规范类型的运用。在比德林斯基看来,"动物占有人"根本就不是一个"类型",而是一个"开放的概念""特殊性质的狭义概念"。

---

[1] 参见吴从周:《类型思维与法学方法》,台湾大学法律研究所1993年硕士论文,第88—90页。

但在何谓"开放概念""特殊性质的狭义概念"的解释上,比德林斯基却提出了"其特征至少有一部分是并非相连的""它们的定义是根据个体之间的家族类似性,亦即根据类型归属性来加以确定"等标准。如果以这种标准来衡量,所谓的"开放概念""特殊性质的狭义概念"实际上已完全偏离了传统逻辑学上的概念含义,而趋近于传统类型论所强调的类型特征。由此看来,比德林斯基只不过玩了一个不算高明的"概念偷换"游戏,将"类型"代之以所谓的"开放概念""特殊性质的狭义概念",而在实质上早已退回到类型论的立场。

不过,比德林斯基的另一批评,却值得高度注意。在他看来,类型建构之评价观点与概念形成之立法意旨实无从区别,类型论的操作基本只是一个目的论的法律适用的重复而已。这里,他提出了一个极为关键的问题:依评价观点所作的类型归属性判断与概念的目的论操作之间有何区别?关于此点,比德林斯基似乎忽略了,概念的形成虽然是以立法目的或立法意旨为基础,但一旦根据特定立法意旨形成法律概念之后,在概念的适用过程中就原则上不再考虑概念形成中的价值观点,因为它已经在概念特征的意义上伴随性地被考虑。当然,这并不是说,在概念适用中就绝对地禁止回溯价值观点。实际上,在概念需要具体化或明确化时,也可以借助这一指引。只是,必须注意的是,在概念判断中绝不允许无节制地回溯至其立法意旨,绝不允许以突破概念特征的限定为代价而无条件地退回到价值判断的立场。也因此,在概念适用的过程中,关注的焦点仍落在概念的特征,落在用以界定这些特征的语言及其含义,落在"可能的文义范围"之上。一旦在个案的适用上,立法意旨与"可能的文义范围"发生冲突,就必须坚守"可能的文义范围"这一底线,这构成了目的论操作的内在约束。然而,在类型判断的过程中,特征并非不可舍弃的。因此,用以界定这些特征的语言的文义范围,并不构成有约束意义的界限。只要根据其他特征的显示程度,对象在评价因素之下仍保持其价值的一致性即可。在此意义上,类型归属性的判断,既可能遵循语言的文义,也可能突破语言的文义。在价值评判面前,特征或语言形式都成为相对次要的标准。

齐佩利乌斯则试图从类型与概念的适用方式出发,颠覆两者的对立。按照他的想法,一个法律概念不仅可以"严格证明为同一的方法"加以适用,而且可以"比较的——归类的方法"加以适用。反过来,类型不但可以"比较的——归类的方法"来适用,也可以"严格证明为同一的方法"来适用。由此,对齐佩利乌斯而言,之所以应区别概念与类型,并不在于"概念与类型本身的对立",而在于法律规定的适用方式上应区分"概念涵摄式的适用"与"类型归类式的适用"。质言之,应加以区分的是适用方式而非思维本身。然而,齐佩利乌斯或许忘了,思维与其适用方式之间,并非是某种断裂的关系,而是不可分割地联系在一起。如果它是一个概念,就必须以"严格证明为同一的方式"适用之;如果它是一个类型,就只能以"比较的——归类的方式"加以运用。反过来,如果一个法律规定是以"严格证明为同一的方式"加以适用,它就是一个概念;如果是以"比较的——归类的方式"加以适用,它就是一个类型。质言之,范畴的特性在本质上决定了它的适用方式,而适用方式则反过来表征着范畴的思维内核。

按照齐佩利乌斯的说法,"如果我们确定,一个法律规定永远且只能在具备了类型中所详列的特征,才能适用的话,那么,开放的类型表面上就变成了一个封闭的类型"。然而,"封闭的类型"还是真正的类型吗?抑或,它根本就是一个概念?对此,拉伦茨在新版的《法学方法论》中已经有所修正:"透过一个定义,开放的类型变成了封闭的类型,也就是说,最后变成一个(抽象)概念!"正由于它是一个概念,才能以涵摄的方法加以适用;此外,如果一个范畴"须透过特殊案件的归类或筛除,进一步加以精确化"的话,那么,它就已经不是概念,而是一个类型。在概念的世界中,所谓"比较性的确定方法"是难以想象的。

那么,齐佩利乌斯为什么会在思维形式与适用方式的问题上产生混淆?为什么他会错认为,同一法律规定一会以"严格证明为同一的方式"适用之,一会又以"比较的——归类的方法"适用之?此种追问将带给我们一个新的思索。在我们看来,导致上述疑惑的根源在于,概念与类型只是两种思维方法的区别,它们在法律规范上可能有着相同的表达形式。同一个用语,既可能意味着某个概念,又可能意味着一个类型。这种用语的双重意义性,或者说,概念与类型在语言符号上的一致性,容易使人以为,同一规定既是概念亦是类型,既可以"涵摄式的方法"加以适用,也可以"比较的——归类的方法"加以适用。于是,就可能产生考夫曼所评批的"辩证的吊诡":类型是概念,却又不是概念;类型是类型,却又不是类型![1] 事实上,用语的同一性,并不能使我们认为,隐藏在其背后的思维方法也是同一的,更不能跳跃到,适用方式上亦可以混用。对同一种语言形式,完全可以做不同的解读,也应该做出理性的定位——它是概念,还是类型?由此,应当以涵摄式的方法加以适用,还是以比较的、归类的方法加以适用?

相比比德林斯基和齐佩利乌斯而言,库伦的批评更是直指问题的核心。他提醒我们,概念是否也具有一定程度的不明确性?类型与不明确概念之间到底有何区别?这一点,的确被传统类型论者所忽略。他们的理论阐释总是不遗余力地强调概念的明确性、单义性与可靠性,由此拉开概念与类型之间的距离。这可从拉德布鲁赫、拉伦茨、科勒(Koller)等人的论述中窥得一斑:拉德布鲁赫说,分类概念之间因界限明确而相互分离;拉伦茨说,概念系可以明确定义的、界限固定的;科勒说,概念系以明确地切割事物为目标,是专为毫无疑义的涵摄而设计。然而,必须留意的是,此种逻辑上对概念的精确性与单一性要求,并不能立刻适用到法律概念之上。这不仅是因为,法律概念不能完全脱离生活语言来表达,而生活语言不可避免地具有多义性、模糊性与易变性;而且是因为,法律概念具有紧密的现实关联性,但现实并非是僵化固定的,毋宁说总是处于不断的流动变化之中,此种变化必然在一定程度上导致概念内涵与外延的不确定;再加上,法律概念乃是根据一定的目的考量与规范评价而形成,此种价值衡量尽管不能突破文义范围,但仍然会在一定程度上加剧概念的伸缩性与灵活性。因

---

[1] 参见〔德〕亚图·考夫曼:《类推与"事物本质"——兼论类型理论》,吴从周译,学林文化事业公司1999年版,第179页。

此,法律概念绝非如同逻辑上所期待的那样,能够被绝对精确地定义。相反,概念必然会在一定程度上具有不明确性、多义性与模糊性。由此,疑问便随之产生:如果不仅在类型中会遭遇不明确的问题,概念也同样具有不明确性,那么,它们之间到底有何区别?

在雷讷看来,既然类型与概念同样有其不明确之处,就必须放弃类型与概念在明确性上的区别,转而在类型的开放性与概念的封闭性上寻求突破。然而,在我们看来,这一思路并不可行。因为,是否明确与是否开放,实则一体两面。明确便意味着边界的清晰与封闭,不明确则必然导致边界的模糊与开放。承认概念(特别是其边缘)的不明确,也就是承认了概念至少具有一定程度的开放性。

因此,我们倾向于从另一角度来澄清上述疑问。亦即,虽然概念与类型均有其不明确之处,但就其程度而言还是有所差别。也就是说,一个概念即使再不明确,仍然必须受到固定特征的约束,受到表达这些特征的语言的文义范围的约束,不能突破这一底线。但是,类型的个别特征是可以放弃的,由此,类型就难以受到"可能的文义范围"的约束(至少是被放弃的特征的文义拘束),而是直接诉诸主导类型建构的价值观点。尽管"可能的文义范围"本身也没有绝对清晰的界限,但毕竟还是构成了某种形式上的拘束。同时,它也具有特定情形下的消极排除功能,即对彻底偏离文义而落入对立范畴核心语义范围的对象加以排除。从这个意义上讲,概念的明确性依然要高于类型。

2. 类型与概念的关系反思

在对批判论者予以必要回应之后,在下面的文字中,我们试图进一步对概念与类型的关系予以整理。

(1)类型式的区别而非概念式的区别

必须肯定的是,概念与类型间的区分应在相对意义上被维持。在传统的法律思维上,人们习惯且擅长的是概念思维,即试图以"穷尽列举其特征"的定义方式来表述法律,并竭力在法律现象之间划分出明确界限。然而,这样的努力常常力有未逮,也往往归于失败。这在根本上是源于,此种思维无法深刻洞察和准确描述生活现象之间的层级变化与流动过渡。同时,由于概念缺乏必要的张力,也无力随着时代的变迁而开放性地处理生活的创设。基于此,以拉德布鲁赫、拉伦茨、考夫曼等学者为代表,试图在法学方法上引入某种全新的思维方式——类型,以弥补概念思维的上述缺陷。应当说,这样的理论努力无论受到怎样的称赞也不为过。

然而,如果说在理论确立之初,强调两种思维的差异以谋求类型论的独立地位是可以理解的,那么,在遭遇到传统概念论的阻击时,却有必要汲取其中的合理成分,对类型与概念间"过于夸张的对立"予以反思。在传统类型论那里,概念与类型被认为是"截然对立的思维形式",有着原则上的差异。然而,这正是一种概念式的思维,而非传统类型论者所力挺的类型思维!事实上,从逻辑意义上看,概念与类型的区别乃是某种类型式的区别,而非概念式的区别。换言之,两者的区别仅仅是某种程度上的差异,而非质的差异。

比如,通常认为,特征是概念形成中强制性的最低要求,亦是最高要求(必要充分条件)。任何一个特征均不可舍弃,同时,特征的逐一吻合即足以使概念成立。与之不同,类型的特征则并非不可舍弃,某些要素的丧失可能并不会影响其整体形象。但是,在类型中如果某一要素越是显得重要,因而越是不可舍弃,它就会越趋于固定;相反,如果某一要素越是显得轻微,因而越是可以放弃,它就会越趋于丧失要素的资格。如此一来,伴随着某些要素逐渐凸显与固定,而其他要素逐渐削弱与隐退,类型就会不断接近于概念。这正是拉伦茨指出的,开放的类型也可能因为固定某些特征而变成一个封闭的类型,变成一个概念。相反的趋向也完全可能存在。

又比如,类型具有层级性,被描述为某种次序性的、连续排列的状态。但是,当某一现象的层级数目越少时,我们就越不会认为它具有层级性,它就越显现为一种概念逻辑式的划分。甚至可以说,用来说明类型特性的"层级性",其本身就是某种层级性的概念。从合二为一到一分为二,再从一分为二到层次的无限递增,层级数目处于不断的变化之中。

再比如,概念具有抽象性,而类型则被认为更加直观和具体。显然,这也只能在相对意义上被承认。因为,我们也完全可以想象"或多或少"直观的思维形体,以至于精确地区分所谓具体的事物与非具体的事物,本身就是一种痴妄。也因此,恩吉施才极具弹性地指出,类型或者以此种方式,或者以彼种方式,或者同时以此种及彼种方式,较概念为具体。[1]

此外,前面所讨论的明确性问题也一再显示,概念与类型间只存在着某种程度性的区别。

当然,强调概念与类型间只是一种"类型式"的区别,并不是要否认区别。正如同,虽然是层级性的排列,也可以无疑地区分白与黑、善与恶;尽管是流动性的过渡,也可以清楚地确定其核心或端点的差异。概念与类型依其重心仍应被区别。

(2)相互补充、相互支持

概念与类型并非相互排斥的关系,而是应相互补充、相互支持。正如考夫曼睿智地提醒:"如下问题:概念还是类型?并不能以牺牲二者之一的方式来决定。因为,如果稍微变化一下康德的名言:概念没有类型是空洞的,类型没有概念是盲目的。"[2]的确,我们不应当以某种择一式的思维来看待概念与类型。事实上,无论是概念还是类型,都不可能彻底取代对方。问题提出的方式可以转换为:类型如何帮助概念克服其失灵?而概念又怎样帮助类型弥补其不足?两者如何在功能上实现相互的支持与配合,从而帮助我们更好地认识与处理生活事实?

一方面,概念不能脱离类型。概念一旦脱离类型,就会陷入抽象与空洞的境地。拉伦茨将概念性思考中的此种危险,称之为"内含于抽象化思考中的意义空洞化趋势"。因为,依照逻辑规则,概念的外延愈宽,即适用范围愈宽,则其陈述的内涵便愈少。如是,概念的抽象化程度愈高,由法规范所产生的评价内涵、法制度所能采纳的意义内容便愈少。被抽象掉的,被略而不顾的,不仅是生活现象中的诸多个别特征,而且包括用以结合这些个别特征的连接物,而这正是该生活事

---

[1] 参见[德]卡尔·拉伦茨:《法学方法论(全本·第六版)》,黄家镇译,商务印书馆2020年版,第578页。

[2] [德]亚图·考夫曼:《类推与"事物本质"——兼论类型理论》,吴从周译,学林文化事业公司1999年版,第119页。

实的法律重要性及规整的意义脉络之所在。[1] 质言之,过分的抽象化和概括化,就完全可能失掉描述对象的具体特征和彼此联系,导致"空洞化"的效果。在上述的意义上,概念必须以类型加以补充。这不仅是因为,类型是对抽象概念的进一步区分和演绎,表现为一种具体化的精致思考。类型的具体化机能,为抽象概念提供了实在的内容支撑。作为普遍与特殊之中点,作为一个比较意义上的具体者,类型在它的接近现实性、直观性、具体性中,可有效降低概念的抽象性;而且是因为,类型使我们得以注意生活现象中的诸多具体特征,并深入其中地、逻辑地把握各种特征之间的结合关系。类型对意义脉络的洞察,弥补了抽象概念在意义线索上的缺失,从而舒缓了抽象概念的"空洞化"效果,避免了仅使用抽象概念来把握社会生活的内涵弥散问题。

另一方面,类型也不能脱离概念。类型如果失去概念,就将失去统领,失去目的与方向。诚如上述,类型不但是对抽象概念的演绎和细化,而且是对具体事物的归纳和概括。但是,如果只是形成了一个个具体的类型,却没有更加抽象的上位概念予以统领,就只能是众多散乱的集合,缺乏体系的形成契机。我们不仅需要中间层级的类型来帮助我们把握具体事实,更需要高层级的概念来凝聚具体类型。事实上,类型在某种意义上构成了抽象概念形成的先前阶段。在逻辑上,形成类型恰恰是概念建构的起点。先前在类型形成中所摄取的特征,其中一部分不断被证明其重要性,而逐渐凝固成不可舍弃的要素;而另外一些特征,则可能不断被实践抛弃,逐渐消退无痕。于是,类型创建成为概念形成的某种中介,某种实验性的发展阶段,成为迈向更高的概念形态的中间道路。在此意义上,类型构建者的心中应始终抱持概念,在概念的指引下创建类型。

(3)类型与概念间的循环运动

具体到立法与司法的场域,概念与类型亦处于某种紧密的辩证关系之中。这是一种从类型到概念,又从概念到类型的不断演进的过

---

[1] 参见〔德〕卡尔·拉伦茨:《法学方法论(全本·第六版)》,黄家镇译,商务印书馆2020年版,第569页。

程,不断循环展开的过程。

在立法的过程中,类型的掌握极为关键。立法者如果试图以立法来规制和调整社会生活,就必须以生活世界中形成的经验类型为依托,方能切中现实。否则,立法就是无源之水、无本之木。就此而言,类型乃是制定法之基础。在立法的过程中,立法者的任务便是去描述类型,并在规范意旨的形塑下使其成文化。但是,由于类型并不要求穷尽地列举所有特征,而且在判断上只能求得"或多或少"的相似性,因而,在逻辑形式上其难以符合法的清晰性、明确性与可预测性要求。所以,立法外在的、形式的表达不得不借助于具有更大明确性与封闭性的概念形式来达成。诚如考夫曼所言,在制定法的建构上抽象概念具有极大的重要性,因为它给予了这项建构所需的外形,并担保着法律安定性。[1] 由此,在立法的过程中,我们可以看到一个由"类型不断迈向概念"的努力过程,一种将"类型完全概念化"的内在冲动。正是在这样的意义上,拉德布鲁赫恰切地指出,类型只是一种被追求的分类概念的先前形态,是一种从类型概念导向分类概念之逻辑操作的起点。[2]

可以设想的是,如果在立法过程中已完全达致了上述目标,已使得"类型完全概念化",那么,在司法适用的过程中,法官的任务便是将当下案件涵摄至该当的概念之下。这正是三段论逻辑带给我们的结论。然而,它显然低估了问题的复杂性。幻想将各种重要的生活事实,逐一分配到一个个被精致思考所得的概念抽屉中,只要将适当的抽屉抽出,就可以发现完全吻合的事实,此种构想是不可能实现的。姑且不论生活本身经常会产生新的创设,其并非当然符合既定的界限,就是在已存生活事实之间,也并不具有概念所要求的僵硬隔栅。[3] 在司法过程中,在法律规定遭遇到当下个案时,那些被严格界定的概念可能不得不被再度松开。司法者在具体的法律发现中,须不

---

[1] 参见[德]亚图·考夫曼:《类推与"事物本质"——兼论类型理论》,吴从周译,学林文化事业公司1999年版,第117页。
[2] 参见吴从周:《类型思维与法学方法》,台湾大学法律研究所1993年硕士论文,第52页。
[3] 参见[德]卡尔·拉伦茨:《法学方法论(全本·第六版)》,黄家镇译,商务印书馆2020年版,第568页。

断地去探求隐藏在制定法背后的模型观念,去回溯作为概念形成基础的类型,而不是固守于抽象概念的形式特征。[1] 这样的一个过程,实际上就是"概念不断迈向类型"的过程,是"概念开放为类型"的运动。

在此,我们看到了在立法与司法场域中从类型到概念、再从概念到类型这样一种交互作用的辩证过程。这是一种在法律实现的过程中,由类型不断封闭为概念、由概念不断开放为类型的循环运动。沃尔夫将其理解为:类型法学——特别系在社会发生根本变化之时,但不限于此——一再地沸腾法律的僵硬冷漠,却又一再地固定类型成为分类概念。[2] 考夫曼则从诠释学的角度来把握此种运动:"立法者尝试尽可能精确地在概念中掌握典型的生活事实,但判决则必须重新去开放这些显得过分被界定(被定义)的概念,以便能正确评价生活现实;然而,透过系争概念被给予——例如经由法律注释者——一个新的'修正过'的定义,这个定义本身又因为生活现象的复杂多样,也只能多多少少满足一段时间,而又立刻开始一个重新循环的过程——一个永无止境的过程。"[3]

上述的辩证过程,实际凸显了法律上两种相互对立的倾向:一方面,基于法律安定性的考虑,立法者一再地透过定义的方式,将类型予以概念化;另一方面,基于实质正义的考量,司法者在遭遇具体个案时,又会基于妥善调整社会生活的目的,一再地放松那些被不恰当界定的概念,使之开放成为类型。某种意义上讲,这种在法律实现上类型与概念间的交互运动,这种一再地固定与放松、封闭与开放,正体现了法律安定性与妥当性、形式正义与实质正义间永恒不断的紧张关系:形式正义需要目的思想与实质正义来填充其内容,而目的思想或是实质正义,也需要法律实证性与安定性来维持其形式外观。这显现出两者相互需要、相互补充的一面,但两者的矛盾也始终无法消解。

---

[1] 参见〔德〕亚图·考夫曼:《类推与"事物本质"——兼论类型理论》,吴从周译,学林文化事业公司1999年版,第119页。
[2] 参见吴从周:《类型思维与法学方法》,台湾大学法律研究所1993年硕士论文,第53页。
[3] 〔德〕亚图·考夫曼:《类推与"事物本质"——兼论类型理论》,吴从周译,学林文化事业公司1999年版,第121页。

正义本身就是一个充满张力与紧张关系的矛盾体。

尽管形式正义与实质正义之间蕴含着深刻的矛盾,它们仍然共同支配着法的全部。在这样的意义上,概念与类型绝非舍此求彼的关系。它们应一起成为法学上不可或缺的思维工具。在不同的价值追求下,它们各自具有妥当性的一面,也都存在失灵的可能性。相对概念而言,类型完全可以成为辅助性的、改良性的工具,并在其具象性、层级性、开放性和意义性中证明自己。

第十二章
刑法规范的形成机理[*]

一、为什么要关注刑法规范的形成?

在传统的刑法学理上,解释论被视为正宗,并得到高度重视。相比之下,立法论则显得极受冷落,不但在学理体系上没有位置,而且在立法实务上也毫无作为。没有人会否认解释论的重要意义。作为一门以操作性和运用性为实践品格的部门法学,解释论当然是刑法学的首要方法。但同样不可忽视的是,刑法学绝非仅是"司法裁判之学",其探讨范围也不应限于刑法解释的知识与技术。作为一种规范性的学问,不仅要关注既存规范的意义探寻,而且更要关注规范的形成过程,以及伴随这一过程的可能经验与方法。

对司法裁判及内含其间的解释学的重视,对立法过程及规范形成方法的轻视,可能不得不归咎于这样的偏见:立法作为不同压力集团、不同意见交锋与妥协的产物,仅仅是一个政治过程,没有多少学问性生成的空间。相反,只有司法裁判的发现过程,才能真正体现法学的科学性、职业性与技术性。而在我们看来,即使在一个本质上是作为政治过程的立法场域中,(刑)法学、(刑)法学方法论都绝不是一个旁观者的角色。相反,它们仍大有可为:

其一,规范的形成有赖于对生活事实的把握。立法者并不一定是分析生活事实并将之抽象定型的高手,所以必须给他们提供一整套事实认知与规整方法,来帮助他们把握生活素材。

---

[*] 原题为《刑法规范的形成机理——以"类型"建构为观察视角》,载《法商研究》2010年第1期,略有修改。

其二，在上述基础上，必须将拟解决的生活问题，转化为可辨识的法律问题，并将之清晰地呈现出来。与此同时，法学上应当将与此问题相关的重要因素加以梳理，并在这些重要因素之间寻求结构性联系，使之成为一种可理解的、具有意义关联性的整体，由此提供某种立法方案。

其三，在单个规范形成之后，如果缺乏整体性的脉络贯连，立法就无法获得体系性的面目，从而无法被整体性、协调性、经济性地加以理解。因而，在零散的规范与规范之间，还必须由方法论来提供体系形成之工具，以获得整体图像。

其四，在上述过程中，法学家与立法者必须一再地研究社会事实，进行统计调查，将规范设计建立在扎实的经验基础之上。由此，法学需要与其他社会科学相配合，特别是与社会学、经济学、人类学等学科展开合作。这一合作过程，不仅是一种知识对话的过程，而且是一种方法的交融过程。

其五，在提供解决方法的同时，法学还必须为立法提供起草技术上的协助。

从上述五个方面来看，（刑）法学及其方法论的关注范围，显然不应局限在司法活动的场域，而必须延伸到立法过程之中。在生活事实的把握、法律问题的转化、立法体系的形成、立法技术的辅助等方面，都蕴含着方法论的成长空间与契机。在这样的意义上，将法（刑法）学方法论等同于"适用方法论"，就不仅是短视的，而且是跛足的。相反，将立法方法论从适用方法论的长期遮蔽和压制下解放出来，却可能成为方法论上重要的增长点。

基于这样的问题意识，本章试图对刑法规范的形成过程予以考察。我们的观察将集中在具体规范的形成机理之上。之所以如此，主要是基于两点考虑：一方面，它构成了刑法体系化的前提。刑法体系化的构建，乃以具体刑法规范的形成为必要条件。只有在构建个别规范的基础上，才可能在个别规范之间寻求整体性的贯连，以形成体系性的格局；另一方面，它构成了选择立法技术的前提。立法是科学与技术的结合。如果对具体规范的形成机理缺乏足够的理解，就无法找到恰当的表达技术。因此,在我们看来,具体规范的形成机理可谓是立法方法论中的原点性问题,值得认真对待。

二、为什么要以类型建构为视角?

从实质意义上讲,具体刑法规范的形成,就是一个"法类型"的确立过程。对此,考夫曼曾率直指出:立法者的任务便是去描述各种类型。立法的成功与失败,端赖立法者能否正确地掌握类型。[1] 这是将规范的形成视为了类型的建构。之所以将规范与类型联系起来考虑,主要是因为:

首先,从逻辑层次上看,无论是规范还是类型,都处于某种"中等抽象程度"的地位。规范不但比原则、理念来得具体而生动,而且更比个案来得凝练和恒久。规范(规则)恰好处于抽象理念与具体个案之间。规范的这种"中等抽象程度"与类型的"中间地位"具有相似性。类型正是抽象中之具体者,具体中之抽象者。

其次,此种逻辑层次上的相似地位,决定了两者在体系位置上的接近性。由于其固有的"中等抽象程度",类型不但构成了体系的一个层面,而且使抽象理念与具体事实得以联系,在类型的层面形成对接。由此,体系内部呈现出清晰的三层结构:抽象理念——类型——具体事实。类型既是整个体系中一个极为重要的实体层次,也构成了整个体系得以沟通的"连结要素"。类型的此种体系连接功能与规范具有相通性。规范正处于抽象理念与具体个案之间,在体系上具有某种"中间安排"的特质。由于抽象理念与具体个案之间距离过远,它们之间根本无法直接对接。我们无法从抽象理念中直接推导出适宜于个案的结论,亦无法从个案中径直抽象出基本原则。抽象理念需经由某种具体化的操作,方能发展出适合于个案裁判的规则,实现对个案的规制。个案也必须在反复整理的基础上,方能形成稳定的、可重复适用的裁判规则,从而回归到抽象理念。在太过抽象的理念,与太过具

---

[1] 参见〔德〕亚图·考夫曼:《类推与"事物本质"——兼论类型理论》,吴从周译,学林文化事业公司1999年版,第115页。

体的个案之间,无法完成直接对接,必须经由规范这一中介。由此,规范与类型相似,也具有体系连接的重要价值。抽象理念(原则)——规范——具体个案的体系,可方便地转化为抽象理念——类型——具体事实的体系。

最后,从功能角度观察,两者也起着极为相似的作用。正是在规范或类型之中,杂乱的生活事实被规整化与条理化,并开始显示出其价值关联性与理念规定性。也正是在规范或类型之中,抽象价值被具体化、特殊化,并开始显现出与生活事实的关联。规范或类型,成为存在与当为、事实与价值之间的沟通桥梁。

由上可见,无论从思维层次、体系位置及功能发挥等角度看,类型与规范都有着相近的定位。由此,具体规范的形成过程,就是法律价值与生活事实之间、抽象理念与个别事物之间的不断调适过程。这是一个彼此向着对方,不断拉近和对接的进程。而对接的成果,就是一种处于当为与实存、抽象与具体之中点的"规范类型"的形成。具体而言,这一过程是由"事实类型的发现""规范类型的构建""规范类型的补足"及"规范类型的检验"等多个环节衔接而成,兹分述如下。

三、事实类型的发现

(一)典型事实的想象

在立法者试图对特定对象进行规范时,他必须首先了解这些对象。他必须首先形成一个关于拟规范的生活事实的图像。在这个意义上讲,对生活事实本身的观察,以及由此抽象出一个生活事实的原型,就是至关重要的。它不但使刑法对生活的规整建立在可靠的经验基础之上,而且也为进一步的价值调整提供了必要的方向性帮助。此种生活图景的确立,就如同数学计算上的"辅助线",能为刑法的准确规制提供"思维的拐杖"。这种意义上的类型,是歌德(Goethe)所谓的"原始事物",是某种生活的"原型"。[1] 对它,我们无法随意建构,而

---

[1] 参见〔德〕亚图·考夫曼:《类推与"事物本质"——兼论类型理论》,吴从周译,学林文化事业公司1999年版,第113—115页。

只能以尽可能符合真实的方式去描述和还原。

那么,究竟应如何去观察、分析和把握此种经验生活的原型呢?事实上,在立法者的规范加工过程中,首先想到的并不是抽象的刑法理念,也不是过度繁复的生活事实,而可能仅仅只是某个个案。拉德布鲁赫曾极富教益地指出,立法者并不通观所有案例,也并不满足于非直观的思维形式的抽象普遍性。浮现在立法者脑海中的系典型的个别案例,系最常出现或最引人瞩目的案例。拉伦茨也说,立法者会将他的注意力自然而然地指向他所认为的典型案例,由立法者所发现的评价,主要与立法者所想象的"生活类型"相关联。史洛普(Schluep)也认为,立法者通过现实的直观获致一个典范(典型图像),以便尽可能地在以规范技术形成一个制度时遵守这个典范(典型图像)。[1]

上面的论述从不同角度表明,所谓生活原型的发现,所谓生活事实中普遍、恒常者的发现,往往是从典型事实开始的,它们成为具有参照和启发意义的模本。应当承认,类型并非个别事物或个别现象,只出现过一次的事物绝不是类型。"只有在可比较的事物范围内,才有类型。"但是,如果没有典型个案的参照,就不会有比较的基点,也无法形成类型抽象的契机。只有确立起这样的基点,才可能在与之对照的意义上,收集素材、整理规制对象,并在此基础上进一步形成有意义的比较和抽象。立法者是人不是神,他不可能在穷尽地观察了所有对象之后,再进行周延的、完全的归纳。那不但已经超出了立法者的理性与能力范围,而且从逻辑的角度看也根本不可能。因为,如果没有参照,他无从判断哪些才是具有相关性的对象,更谈不上周延、完全的归纳。

在实践中,或许就是受到了某个个案的刺激,才会引发人们创制立法或变更规则的冲动。我们都有这样的经验,一旦社会上出现某个极端案件,社会影响恶劣、民愤极大,就容易产生强烈的处罚冲动。这

---

[1] 参见吴从周:《类型思维与法学方法》,台湾大学法律研究所1993年硕士论文,第45—46页。

时,如果刑法规范在语义上无法涵盖(无论通过何种解释方式),就会引起人们对立法妥当性的怀疑,并产生修改法律的念头。每一个具体个案都是法治的细胞,正是在这些个案当中,我们才能具体地推进立法,才能积沙成塔、积木成林地去实现法治的宏大目标。可以很清晰地看到,像佘祥林这样的案件,对推动中国死刑制度的发展、对推动死刑复核程序改革具有催化性的价值;像孙志刚这样的案件,对中国废除《收容遣送条例》则有刺激性的意义。如果没有这些生动、鲜活的个案,法治包括立法就很难实现实质性的突破与进展。立法者正是在这些典型案例中,获得了自己的问题模本,也获得了立法改进的动力。

而且,从个案出发,也更加符合立法者思维的便利性与经济性。实际的过程常常是,立法者首先想到了所欲调整的典型个案,并透过这些个案,以设证与归纳为方法发展出一个带有普遍性的类型。以个案为切入点,通过联想其他类似的个案,我们可以获得一个综合的推论。但是,这个推论建立在不完全的基础之上,并且是有疑问的判断。从这个意义上讲,它具有设证的意味,有着假设的成分。从逻辑上看,只有在所有的对象都被注意到时,归纳才是必然的、完全的,但立法过程中对生活类型的抽象不可能是这样。因此,从典型个案中发展起来的归纳性判断,必然是带有风险的。为了降低此种风险,我们应当在预设的典型个案之外,增加具有关联性的观察对象,使归纳建立在一个尽量扩大化的基础之上。

在归纳的过程中,人们常犯的错误是,将"典型事实"视为"唯一对象",将"熟悉"视为"必须"。由此,在生活类型的抽象过程中,就可能疏漏掉那些非典型的事实,而形成视野上的"黑洞"。这种"生活类型"的残缺,又可能进一步在规范加工时产生影响,损害"规范类型"的涵盖力与适用力。比如,在进行诈骗罪的立法时,对生活现象的观察和分析就必须力求全面。不能将视点仅仅局限在典型的诈骗行为,进而将这些行为视为是"唯一的"诈骗,而将其他不那么典型的诈骗行为排除在外。通常的诈骗常发生在双方主体之间,一方是诈骗人,一方是被骗人,被骗人同时就是被害人。但在有些情形下,如诉讼诈骗或信用证诈骗中,就完全可能出现三方主体:诈骗人、被骗人与被害人。此时,被骗人与被害人角色并不重合,而是分离为两个主体。如果仅仅注意到典型的"对向性诈骗",而忽视此种"三角诈骗",就可能影响经验类型的完整性,进而影响刑法规范的形塑。

(二)核心要素的发掘

要对经验类型进行抽象,从点的方面看,其素材应当以典型个案为基础,同时以非典型事实相补充;从面的角度讲,这些素材必须建立在一个尽可能宽的覆盖面之上。在收集了这些素材之后,立法者进一步的思维操作,就是对这些素材进行必要的加工整理,以提取其"最大公约数"。也就是,在仔细观察素材的前提下,提炼出反复出现的、具有普遍性的共同特征,以之为核心来形成关于生活类型的整体形象。这里所涉及的是归纳性思维的一般特点,即任何归纳性的思考,都是对不同对象共同特征的抽象和整理。事物的形象总是建立在"重要特征的聚合"之上,而不可能是面面俱到的描述。而所谓的重要特征,就是在观察对象中一再出现、从而被认为是不可或缺的关键要素。

必须注意的是,此种普遍要素的发掘,并不是在立法者穷尽地观察了所有对象之后的作业。相反,它永远只能是某种局部观察的结果,某种暂时的结果。法律思维的一个基本特点就在于,它必须在一个有限的时间段落内完成,立法工作同样如此。它不可能毫无休止地延续下去,而必须在一个给定的时间范围内形成成果。因此,归纳上的完全、逻辑上的周延,并不是立法者考虑的首要问题,相反,在给定时间内完成立法才是最重要的。通常来说,立法者总是先以一定范围内的典型事实为基础来进行部分地观察与归纳。由此所得到的共同要素,被认为具有暂时的重要性。其后,立法者会将这些要素带入其他对象之中,带入非典型事实之中进行验证。这一验证的事实基础越是广阔,要素的代表范围就越是宽阔,要素的普遍性就越为可靠。然而,从思维的角度看,这一验证程序是没有尽头的,永远不可能将所有的经验对象通通纳入。因而,立法者只能在一个有限的时间内、一个尽可能扩大化的基础上来进行此种操作。

在这一过程中,反思和修正会不断涌现。对要素的普遍性的认可,只是在一定范围内成立。随着素材与对象的增加,原先被认为是共通性的要素,因为无法在新的对象上被清晰地观察,而可能丧失其普遍性的地位;与此同时,一些原本不被看好的要素,随着在新的对象上的不断呈现,其重要性与普遍性会日益凸显,从而促使我们重新评价它的地位;不仅如此,那些已得验证之要素,其形式或面目都可能经历变化。经过这样一个不断反思的过程,一些经受住考验的要素会真正沉淀下来,成为理解和把握特定生活类型的坚强内核,而另外一些要素则可能被逐渐淘汰或是修正。

(三)要素关系的把握

在抽象出核心要素之后,进一步的工作便是对这些要素之间的关系进行分析。从某种意义上讲,类型是一个系统或模型。类型是由要素结合而成的,要素与类型的关系是部分与整体的关系。要对一个类型进行完整把握,便必须对组成该类型的要素进行逐一分析,并在此基础上妥当地把握各要素之间的有机联系,以便最后将各要素合并以观时,能够形成该类型的"整体形象"。不仅类型的内部结构由要素间的组合关系所决定,而且类型的基本功能也必须以要素间的组合关系为基础。

在概念系统中,要素与要素之间是简单相加的关系。从维度上观察,它是平面的而非立体的,要素之间不存在特定的位阶,也不存在渐进的关联;从作用方式上观察,它是单一的而非多元的。只存在一种"累积"或"相加"的关系模式,而不可能有其他的作用模式。由此,从要素关系上观察,要素与要素之间是孤立而零散的,缺乏有机联系,完全可以做单独的描述与评价。

与之不同的是,在类型系统中,要素与要素之间构成某种弹性协作的关系。从维度上看,它既可能是平面的,也可能是立体的。要素间既可能没有特定的逻辑顺序,也可能存在固定的逻辑顺序。在后一种情况下,不但要素间的位序不可颠倒,而且要素间可能存在逐步推导的逻辑关联;从作用方式上看,要素间的关系呈现出弹性组合的特点,存在着或多或少的变化可能。在不同的个案中,部分要素可以在程度上减弱甚至整个地欠缺,而其他要素则可能在程度上不断加强。如此一来,就可能演化出要素间的不同组合方式;从要素关系上看,类型并不等于要素的简单相加,并非由"特征的堆砌"所形成,而是一种基于"要素间的相互协作"所形成的结构性整体。要素与要素之间并非孤立或零散的关系,而是处于一种紧密的相互作用之中,一种有机的结合之中。类型中的每一要素,只有从与其他要素的联系中,并且与其他要素合并以观时,才能被真正掌握。只有在参照其他要素之后,才能理解特定要素的含义、适用范围及其对类型归属的意义。

关于此点,可以用刑法上的过失犯为例加以说明。通常认为,过失犯是不同于故意犯的一种类型。尽管过失犯最终是作为某种规范类型而存在,但它仍不能脱离于生活的原型。从生活关系上看,要追究一个人的过失责任,必须考虑到几个关键要素:对行为人有注意的要求、存在注意的可能性以及事实上的不注意。

首先,从这些要素的位阶上看,它们并非处于一个平面,而是构成某种纵向的、层层深入的递进关系。首先必须考虑"要不要注意",才有必要考虑"能不能注意",最后再考虑"有没有注意"。尽管在过失的成立上,最终需要三个要素同时具备,但要素之间的判断顺序却相对固定,容不得前后颠倒。

其次,从要素的彼此关系上看,要素之间决不能被拆开理解,而是处于一个逻辑性的结构整体之中。单独地看,"注意要求""注意能力"及"有没有注意",都没有独立的意义,只有将它们结合到一起来观察,才可以发现这样的一个意义整体——"对生活上的必要谨慎的违反"。同时,每一个要素的意义,都必须在与其他要素合并以观时,才能获得恰当理解。比如,"有没有注意"这一要素,孤立来看并没有意义,只有在参考"要不要注意"及"能不能注意"这两个前提之后,才有考量的价值,其意义也才能被真正把握。

最后,从要素的结合方式上看,三个要素之间存在弹性组合的可能。因为,像"注意要求"与"注意能力"这样的要素,不仅仅具有质的规定性,而且具有程度上的变化可能。既可能存在一般生活意义上的必要的谨慎要求,也可能存在像重大飞行事故中那样的高度注意要求;到某一具体事务上,专业人士的注意能力与普通公众的注意能力也显然有所区别。正是由于"注意要求"与"注意能力"在程度上的变化,使得"有没有注意"也必须在与前者相适应的程度上才能判断。于是,这三个要素都呈现出程度性的层级差异,彼此之间存在不同程度的结合可能。比如,普通过失与业务过失之间,在注意要求与注意能力上就有着明显区别。如果说,普通过失中只是低度的注意要求,一般公众只具备平均化的注意能力,那么,业务过失中则存在高度的注意要求,业务人员也有比一般人更高的注意能力。与前两个要素相匹配,普通过失与业务过失在"事实上有没有注意"这一要素上,也存在明显的程度差异。在普通过失中,只要履行了低度的注意要求,就不存在过失责任,而在业务过失中,则必须履行了高度的注意义务,才不存在过失责任。由此,普通过失呈现出"低度注意义务+低度注意能力+低度履行要求"的组合模式,而业务过失则呈现出"高度注意义务+高度注意能力+高度履行要求"的结合形态。

四、规范类型的构建

规范形成的首要步骤,是从纷繁芜杂的社会事实中,观察、抽象出一定的事实类型。这一过程的关键,乃是对组成要素的发掘和要素间关系进行恰当把握。在获得了这一生活原型之后,接下来的工作便是在此种经验类型的基础上进一步予以法价值的加工,以便形成规范类型。这是一个逐步将生活类型转化为规范类型的过程,是一个法类型的构建过程。在这一过程中,立法者不但要思考如何将生活事实的特征"翻译"成刑法上的构成要素,将"生活事实间的协作"通约为"法律要素间的协作";更为重要的是,必须在实存的前提下考量当为,在经验的基础上浇筑价值。质言之,立法者必须基于规范性的观点来进行选择、界分和调整。由此,如何处理发现与构建、实存与当为、典型与混合这三组关系,就显得尤其重要。

(一)发现与构建的平衡

在规范类型的塑造中,发现与构建的关系是应当正视的问题。规范类型到底是发现出来的?抑或是构建出来的?这涉及类型化处理的基础思路。如果说刑法类型是发现的,那么它便应当尊重生活事实,完全反映客观实际,容不得想象力的发挥。这样,刑法类型便完全是生活类型的忠实模本。反过来,如果说刑法类型是构造出来的,那么它便可能是立法者创造性的智力成果,即使根本没有生活中的原形,立法者也完全可以主观化地予以构建。

在规范类型的形成中,发现是基础。这正是我们反复强调的,刑法源于生活,刑事立法绝不可能脱离生活去凭空创造。刑法对生活的规整必须建立在可靠的经验基础之上,而不能仅依凭立法者的虚幻想象。因此,刑法规范的形成,必须不断地回溯到生活世界中的生活原型,回溯到那些直观的、原始的事物。但另一方面,刑法规范也绝不是对生活事实原封不动的模拟。它作为一种规范性安排,必然包含了立法者创造性的评价和主观性的构建。毕竟,刑法虽源于生活,但其根本目标却不在于描述和还原生活事实,而在于规范生活事实并引导生活秩序的形成。因此,它就不必与生活类型毫厘不爽。它应当在揉入立法者的规整目标与法律思想的前提下,对生活原型做必要改造。

或许该换一种思考方式才对。如下问题:发现还是构造?并不能以舍弃二者之一的方式来解答,规范类型的形成中同时包含着这两种思维工序。规范类型的形成,是以经验类型的发现为基础的。立法者往往是在生活世界中先发现原型,掌握其类型特征,然后再形成适合此类型之法律规则。只要不是直接取自于法律传统,立法者就绝非在"发明"而毋宁是在"发现"类型;即使是取之于法律传统,法律传统也绝非空中楼阁,其本身就源于生活的创设。因此,规范类型无论如何难以摆脱经验的约束。然而,在以规范的面目来表达某种类型时,在选择标准的"表现形象"时,立法者并不需要原封不动地袭取生活世界中的原型,他既可以增添新的要素,也可以舍弃原先的某些要素;既可以对要素加以实质内容的修正,也可以仅仅以法言法语进行形式上的包装。同时,不同的立法者对生活原型完全可能有不同的观察结果,或不同的规整思路,从而以相异的面目形成最后的规范类型。在一些立法者看来是关键性的特征,在其他人那里却可能整个被忽略;对一些立法者而言不太重要的特征,却可能被其他人赋予极高程度的价值。这里,无论做何种能动性地调整,其背后决定性的因素都在于立法者的规范目的及支撑此种目的之法律思想。在立法者有意的强调和刻意的改变之间,充满着行动主体的意念、欲求与创造。

因此,在发现与构造的关系上,可以这样总结:首先,在规范类型的形成中,既包含着经验上的发现,也渗透着规范性的构建,两种因素不可分割地交织在一起;其次,从工作的先后次序来看,先发现,后构造;最后,从两者的作用关系来看,发现是基础,它为立法者的规范构建提供经验上的指引,而立法者的构建则是决定性的力量。在选择、取舍及界定特征时,始终取决于类型建构的主导观点。

在过失犯的形成中,就可以清晰地看到此点。过失犯有四个公认的构成要素:"注意义务""注意能力""事实上的不注意"及"严重危害结果的发生"。不难发现,前面三个要素直接来自于经验上的一般要求,而第四个要素即严重危害结果的发生,则较为典型地体现了立法者的能动创设。在生活世界中,过失的成立并不需要严重后果的发生。比如,护士因为打牌而忘记了给病人换药,尽管没有造成严重后果,但仍可以说存在过失。然而,这种生活意义上的过失行为,与立法者所欲规范的过失犯之间,却存在一定的距离。一旦来到刑法规范的世界,就需要考虑附加上现实的危害结果。因为,一方面,刑法不是针对轻微过失行为的规制,而是直接针对必要谨慎义务的重大违反。另一方面,刑法是主客观相统一的评价,只有当此种行为造成了现实的危害结果,刑罚的发动才具有客观上的正当根据。再加上,过失犯是作为故意犯的例外而存在,而未遂又是作为既遂的例外而存在。因而,以明确的结果要求来排除过失犯的未遂形态之成立可能,以限制基于"例外之例外"的处罚,警惕刑罚的过度扩张,就成为立法者的必然选择。在上述考量的推动下,立法者才在过失犯的类型创设中特别添附了危害结果这一要素。

(二) 实存与当为的调和

在法的现实化道路上,我们可以看到三个明显的层次:第一层次是抽象的、普遍的、超实证的、甚至是超历史的法理念;第二个层次是中等抽象程度的、实证的、历史性的法规范;第三个层次则是具体的、实证的、历史性的法判决。[1] 也即法理念——法规范——法判决。在法的现实化层面上,从法理念到法规范是一个立法的过程,从法规范到法判决则具有司法的性质;在逻辑的层面上,这是一个不断具体化、实质化的过程;而在当为与实存的层面上,则是一个价值不断接近事实的过程。显然,具体的法判决比法理念更接近实存。

在刑法规范的形成中,实存与当为构成了不可舍弃的两个维度。一方面,单纯从法理念是无法得到法规范的。换言之,我们无法从刑法理念中仅仅依靠逻辑演绎推导出刑法规范。在法学史上,一直存在着某种价值论的努力,它只考虑当为、理念与评价性观点,并认为由此出发便可以推演出法律规范。这使人们产生幻觉,法价值中便自然包含着产生规范的力量,只要坐在书斋中,对几个最为抽象的法理念做一些"思维体操"或逻辑演绎,便可以得出一整套规整严密的法律规范。"规范的事实力"由此成为一种有用的咒语,足以构成由理念直达现实,由当为直抵实存的桥梁。[2] 根据考夫曼的判断,此种幻想最为纯粹地显示在概念法学之中。据其设想,制定法的概念不仅是对生活事实的规整,而且也是一种有生命力的思维创造物。它不但可以不断演绎、展开,而且可以自我复制、结合、衍生甚至创新,概念本身就可以促成法律的成长。这正是概念法学的核心观点:概念不仅表达了存在,它还产生存在。[3] 这里,概念法学与自然法学竟不期而遇。依照传统的自然法学说,经由严格的逻辑操作,从最高的、绝对的法律原则

---

[1] 参见〔德〕亚图·考夫曼:《类推与"事物本质"——兼论类型理论》,吴从周译,学林文化事业公司1999年版,第29页。

[2] 参见〔德〕亚图·考夫曼:《类推与"事物本质"——兼论类型理论》,吴从周译,学林文化事业公司1999年版,第33页。

[3] 参见〔德〕亚图·考夫曼:《类推与"事物本质"——兼论类型理论》,吴从周译,学林文化事业公司1999年版,第33页。

可以推导出实证的法律规范。而在概念法学那里,概念本身就是最高准则,经由严格的逻辑操作,可以从抽象概念中推导出具体的法律规则。概念法学与自然法学这两个公认的死敌,竟然在规范的生成逻辑上存在着惊人类似性。而按照考夫曼的分析,这种相似性绝对是有其内在理由的:两者都是理性主义的哲学体系。按照此种哲学,经由纯粹理性的途径,就可以建立起圆满完备的知识体系。[1]

另一方面,单纯从事实也无法得到法规范。我们必须拒绝这样一种判断,即认为无须加入任何价值观点,便可以直接从存在中推出当为,从事实中发现规范。只从事实的层面来探寻和证立法律,是法学史上一种由来已久的倾向。较早的思想线索可以追溯到诡辩学派,而晚近的表象则显现为某些法社会学的尝试、"事物之本质"等学说。其中,特别可以指出的,还有哈耶克意义上的"内部规则""自生自发的规则"等主张。在上述的思想观念中,所谓"事实的规范力"这一术语一直有其迷惑性。[2] 仿佛无须任何价值的预设或加工,规则已经圆满地包含在经验世界之中,只待人们去挖掘和发现;似乎只要凭借着"事实的规范力"这一媒介,就可以由存在跳跃到当为,由现实直达价值。然而,这种"事实的规范力"实际并不存在。当我们误认为从事实中可以直接得出规范时,这里所涉及的事实,已经不是纯粹的经验事实,而早已是一种与价值紧密关联的事实。[3]

必须承认,在存在与当为、事实与价值之间,根本无法实现直接的跨越。它们必须经由规范获得连接。在这个意义上讲,规范正是存在与当为之调和,事实与价值之中介。任何一个规范,都不能直接由价值演绎而得出,也不可能直接由事实归纳得来。在形成规范的过程中,立法者的眼光必须在存在与当为、事实与价值之间来回顾盼。在思维层面,它具体表现为两种进程的复合:一方面,在观察生活事实的

---

[1] 参见〔德〕亚图·考夫曼:《类推与"事物本质"——兼论类型理论》,吴从周译,学林文化事业公司1999年版,第33—34页。
[2] 参见〔德〕亚图·考夫曼:《类推与"事物本质"——兼论类型理论》,吴从周译,学林文化事业公司1999年版,第31页。
[3] 参见〔德〕亚图·考夫曼:《类推与"事物本质"——兼论类型理论》,吴从周译,学林文化事业公司1999年版,第31页。

基础上,立法者必须以法律理念或价值为导向,对所预见的生活事实进行整理、建构与形塑,使之获得可以辨识的、结构化的形式;另一方面,在实现法律价值的意义上,立法者必须面向生活事实,使抽象的法价值能够在对生活事实的规整中不断得以实证化、具体化。这不是两个独立的、分开进行的过程,而是交互的、同时进行的操作,显现为一种典型的"诠释学循环"。立法者不但要使法律理念开放地向着生活事实推进,而且要使生活事实开放地向着法律理念推进;不但要通过法律价值对生活事实进行过滤、纯化和导引,而且要以生活事实对法律价值予以充实、贯彻与检验。最终,法律理念与生活事实不断逼近并形成对接。而此种对接的成果,就是某种规范的形成,某种法类型的形成。

(三)典型与混合的兼顾

在刑法规范的形成中,典型与混合的关系也必须妥善澄清。典型意味着一种齐全的整体特征。当我们说这是典型的"藏北牦牛""荷兰风车"时,我们意指的是一个整体特征最为齐备的类型。然而,这些特征并不是在任何情况下都必然同时出现,其表现强度也可能存在区别。在具体个案中,某些特征的表现可能较弱甚至欠缺。这时,藉着若干要素的全然消退、新的要素的加入或居于重要地位,一种类型可以交错地过渡到另一种类型。

类型虽有一个固定的核心,却没有固定的边界。在类型与类型之间的边缘地带,过渡是渐进而流动的,绝非一蹴而就。在这里,很难说存在截然两分的界限,无法做出"非此即彼"的判断。相反,"既如此亦如此"的中间类型或混合类型是难以避免的。

考虑到上述情况,在刑法规范的形成中,典型性的类型建构与混合性的类型建构都不可舍弃。相对而言,我们对于前者的关注并不缺乏,对于后者倒需格外重视。因为,在传统的概念思维中,相邻概念处于完全隔绝的关系。这种强硬的一刀两断,使人们忽略了事物过渡处的复杂与微妙。更为重要的是,借着确立典型类型与中间类型,我们可由此形成一种"类型的谱系",相邻类型之间将呈现出连续性的排列状态。此时,通过指定某类型在整个谱系中的位置,及表明该类型特色之特征,可以使它与毗邻类型相连的特征更清楚地显示,要素上的区别也彰显无遗。由此,类型间的意义脉络便逐步凸现出来。在这个意义上讲,典型与混合都是类型建构不可或缺的基本方面。借着典型与混合的交错相接,整个刑法才能成为一个具有清晰脉络联系的整体。因此,无论是从事物本身的状态看,还是从规范体系的形成看,典型与混合都是必须兼顾的两个方面。

还是以刑法上的例子加以说明。以往,因果关系被武断地区分为"必然因果关系"与"偶然因果关系"。[1] 其中,前者是指先行现象与后续现象之间内在的、必然的联系;后者则指先行现象与后续现象之间外在的、偶然的联系。如果从概率论的角度看,必然因果关系意味着现象之间的引发概率为100%,偶然因果关系则意味着现象之间的引发概率处于大于0而小于100%的整个区间。在广阔的偶然性空间里,既有概率大的偶然性(趋近于100%),也有概率小的偶然性(趋近于0)。日常用语中的"多半""很可能"等语汇用来表述前者,"罕见""极难得"等语汇则意指后者。可以看到,在机械决定论的基础上,必然因果关系论者只承认必然性的因果联系(100%),而偶然因果关系论者却将因果联系延伸到那些极低概率的偶然性(趋近于0)。"相当因果关系说"的出现,则可被视为两者的中间类型。因为,相当因果关系乃是一种高概率的因果关系,是处于必然性与低概率偶然性之间的过渡形态。此种因果关系以一般人的常识和经验为判断基准,而常识或经验上的"相当""通常",其实就是一种高概率联系。

五、规范类型的补充

(一)类型补充的思路与方法

在完成了生活类型的寻找和规范性的加工之后,规范类型的雏

---

[1] 参见高铭暄主编:《刑法学原理》(第一卷),中国人民大学出版社1993年版,第578—591页;张文:《刑法因果关系若干理论问题研究》,载刘生荣、黄丁全主编:《刑法基础理论研究》,法律出版社2001年版,第188—218页。

形便已形成。然而,这并不意味着大功告成。因为,此种规范类型的雏形经常是"残缺不全"的。换言之,类型要素很可能在立法中得不到完整而清晰地显现。此时,要追寻类型的真实意蕴,便必须使类型向着要素开放,在类型观念的"整体形象"下去寻找和补充该类型应该具备、但却在立法上有欠规范的要素。诸如不作为犯的作为义务、过失犯的注意义务、目的犯中的目的等内容的补充都是类型补足的表现。

类型补充的基本思路是寻找意义脉络,换言之,寻找类型系列之间的意义联系。具体而言,此种意义脉络的寻找可通过两种路径进行:其一,是通过与更高层次的类型比较,补足本类型所欠缺而本类型系列一般具有的常规要素。例如,杀人罪可以用不作为的形式实现,但在杀人罪这一条文中并没有关于作为义务的任何规定。然而,作为不真正不作为犯的一种,其应当具有"作为义务"这一通常要素,故在实际操作中需要补足。其二,是通过与同系列的其他类型进行比较,寻找其共同要素。例如,保险诈骗罪与破产诈骗罪是属于同一系列的两种类型。如果保险诈骗罪需具备以"非法占有为目的"这一要素,那么根据保险诈骗与破产诈骗在主观心态上的相近性特征,我们可以推断,破产诈骗也应该具有以非法占有为目的这一要素。

类型补充的具体方式是推导,即通过演绎推理和类比推理来进行。从推导所依据的规则来区分,又可分为法则意义上的推导和经验意义上的推导。其中,法则意义上的推导主要是根据既有的法律规范或通行的法学理论来进行。比如,总则的规定适用于分则是一条通行的法则。共同犯罪、未完成形态等都是刑法总则的一般性规定,它们都适用于刑法各罪的具体判断。在司法操作中,在判断具体各罪的未完成形态、共犯形态时便可以依照法则的推定进行相应补足。经验意义上的推导则主要不是依据法则来进行,而是依照经验规则。有时,相关的经验规则已为法律所指示参照并因此而提升为法规则,这时经验意义上的推导演化为法则意义上的推导。当然,即使是纯粹意义上的经验推导,在类型补足方面的作用也是不可忽视的。刑法类型中相当多的因素需要依据经验进行判断。例如,作为义务中"条理上的义务"的补充,注意义务中的"生活上必要的谨慎注意义务"的补充,都更多地依赖于经验。

(二)开放性构成要件要素的补充

在类型补充问题上,刑法上的"开放性构成要件理论"提供了最值注意的素材支撑。这一理论由德国学者韦尔策尔首倡,并在刑法学界得到了普遍肯认。在韦尔策尔看来,构成要件不仅有封闭的、完满的类型,而且有开放的、需要补充的类型。前者是指刑罚法规在构成要件的规定上,已经将所有要素完全地表示出来;后者则指刑罚法规只记录了犯罪构成要件要素的一部分,其他部分需要法官在适用时进行补充。[1] 例如,在过失犯的判断中,必须补充确定注意义务的内容;在不真正不作为犯的判断中,必须补充确定作为义务的内容;在目的犯的判断中,必须补充确定主观目的的内容。[2] 尽管开放性构成要件的补充,主要是在司法场域中进行的操作,但就其基本思路、操作方式而言,对于立法中的类型补充仍不失参考意义。在开放性构成要件中,构成要件要素的残缺,其实质是一种类型要素的残缺,而构成要件要素的填补,无非是一种类型轮廓的还原。这一还原的过程,就是一种类型要素的回归过程,就是一种在类型整体形象的指导下,在类型要素彼此间的意义关联下,去拾回该类型应该具备、但却在立法上没有规定的残缺要素的过程。由此可想到的是,类型的补充应力求在立法阶段内完成,以使立法者所呈现的"作品"接近完美。立法者应尽量将禁止行为的所有要素予以详细而圆满的规定,以提供清晰、完整的预测可能。但是,对此也不可苛求。有时,基于经济性的考虑,立法者不需要将某些要素完整无遗地规定;或者,基于社会情势的复杂多样与变动不居,根本无法将构成要素周延无缺地规定。此时,承认类型补充的操作在司法阶段的延续,也不失为一种明智而务实的态度。

---

[1] 参见张明楷:《外国刑法纲要》(第三版),法律出版社 2020 年版,第 66—67 页。
[2] 参见刘艳红:《开放的犯罪构成要件理论研究》(第二版),中国人民大学出版社 2022 年版,第 104—128 页。

六、规范类型的检验

（一）可检验性的要求

经过类型补充的操作，规范类型的面目便完整地呈现出来。然而，从逻辑的角度而言，刑法规范的确立过程尚未结束。接下来的工作，便是对此种立法成果进行必要的检验。应当说，规范类型愈是经得起证伪的尝试，便愈为可靠。通过对规范类型的检验，反思性的维度被不断带入，规范类型可能逐渐被修正以趋于完善。

规范类型应当具备起码的可检验性。即便我们不能将刑事立法活动与自然科学相比，其作品也必须是某种思想上可以理解、实践上可供操作的东西，经得起事后的审查。依波普尔的见解，自然科学的理论最初不过是一个"突想"，一种揣测。因此，最初的构想既不适宜也不需要作逻辑分析。[1]"突想"首先必须被表述为陈述语句的体系（理论），然后必须对之进行审查。在自然科学中，此种审查可通过经验、观察或实验来进行。按照波普尔的观点，自然科学的理论根本不可能被确证，因为从未来的经验中完全可能获致不同的结论。但是，它却可能被证伪，只要经验或实验显示出其与结论语句的抵触即可。

与自然科学不同，法学或刑法学的结论语句（规范设计），既不能单凭事实来证伪，更不能凭它来确证。因为，自然科学的任务在于澄清自然法则、描述和解释自然事实，而法学、刑法学的任务则不是澄清任何自然事实，而是在某些价值观点的指导下去规范和引导事实的形成。因此，是否与经验事实相符，就绝非检验规范设计是否正确的根本标准。

与自然科学的性质差异，及由此所导致的经验验证的非重要性，并不意味着这样的结论：刑法规范之验证根本没有可能！恰恰相反，此种验证不仅必要而且可能。只是说，验证或审查的基点，必须从

---

[1] 参见〔德〕卡尔·拉伦茨：《法学方法论（全本·第六版）》，黄家镇译，商务印书馆 2020 年版，第 564—565 页。

经验事实上移开,而落在与既存法规范、法律原则或理念之间的无矛盾性,以及与主导性建构观点之间的适配性之上。在上述意义上,刑法的规范类型仍然是可以审查的,也是可以证伪的。如果规范类型无法与其他法规范、法理念保持兼容,无法贴切地反映和传达其建构观点,就可以认为此规范类型的建构存在失误。尽管这样的验证无论如何不能达到像自然科学的测量或实验结果那样无可置疑的地步,但是,仍然可以获致一定程度的妥当性。

(二)检验的标准与流程

由上可知,树立起科学的检验标准是至关重要的。标准的妥当性从基础上决定了整个检验的科学性。也因此,即使是检验标准本身,也需时时受到审查。在我们看来,对刑法类型的检验可从以下三个基本方面着眼:其一是"论理性"的检验;其二是"协调性"的检验;其三是"目的性"的检验。它们相互补充,相互配合,共同构成了规范类型检验的基本标准。

论理性的检验主要着眼于规范类型内在的理论逻辑,注重从逻辑的连贯性、一致性、周延性等方面对类型予以检验;协调性的检验,主要是将当下的规范类型置入刑法规范的体系之中,进而置入与之关联的实证法整体秩序之中,将之与既存规范、一般法律理念或原则等加以对比,观察其是否会产生评价上的矛盾与失调;目的性的检验则主要立足于规范类型的实际功用,偏向于从规范类型的设置是否与其建构目的相吻合这一角度进行审查。其不仅要看,规范类型是否涵盖了其所欲描述的生活事实,而且要看,规范类型是否准确蕴含和传达了主导性的建构观点。不仅如此,目的性的检验还要观察,从规范类型出发所进行的规整,是否具有事理上的妥当性。这里,实际案例(或判例)与规范类型间的相互比照显得尤为重要。因为,一方面,从生活事实中抽象出的刑法类型,通过目的论的解释,必须能够涵盖所预想的生活类型。从个案出发,能够较为方便地审查规范类型的适用性与涵盖性;另一方面,从个案出发,规范类型的事理效果能够被相对地具体化,从而容易清晰地加以判断。

从类型的内外关系上看,论理性的审查主要侧重的是规范类型的内部关系,如要素是否齐备或过剩、要素间关系是否理顺、要素间位序的安排是否合理等问题;协调性的审查,侧重的则是规范类型的中间关系,如此类型与彼类型是否协调,类型与一般法律理念是否相悖等问题;而目的性的审查,则关注的是规范类型的外部关系,即规范类型与其待处理的生活事实之间能否契合,是否存在规整上的疏漏或溢出,是否存在类型与价值观点间的偏离等问题。在操作的流程上,审查最好循着由内而外的次序进行,即先进行论理性检验,再进行协调性检验,最后进行目的性检验。这不仅合乎思维的一般规律,而且也合乎思考的经济性要求。

(三)检验的范围与主体

检验的范围,也会对检验的最终可靠性造成影响。必须看到,规范类型的形成总是在有限的对象范围内予以观察的结果。因此,它永远只能是某种局部性的、未完全归纳的描述。也因此,在规范类型的轮廓形成之后,必须始终具备强烈的"证伪"意识,将此类型带入其他的相关对象之中进行检验。从思维的角度看,这一验证不可能是穷尽的,永远不可能将所有的经验对象都纳入其中。因而,立法者只能在一个有限的时间内、一个尽可能扩大化的基础上来进行此种操作。这一验证的范围越广,规范类型的根基便越是牢固。

检验的主体不仅包含了立法者,也包含了司法者。尽管这样的一种反思过程可以不断持续下去,但立法者却必须在一个确定的时间内完成任务。因此,立法者不得不在一定的时点上截断这一思维,并将此种思维上永远是暂时的、局部的成果,作为一种最终的、完整的立法作品呈现出来。这一被截断的思维过程,很可能会在后续的司法过程中被接续起来。因为,在具体的法律发现中,司法者会不断地回溯到存在于制定法背后的生活原型,站在立法者的角度进行思考。特别是,当一个制定法的类型无法涵盖当下面临的案件事实时,此种在立法者那里已被中断的反思历程,必然再次浮现在司法者的头脑之中,并以其特有的司法技术对立法加以续造。其后,如果形成了相对成熟的司法成果,又可能不断积累并反馈到立法者那里,形成新的立法刺激。在前辈立法者不得不停止的地方,立法者又开始了新的反思。这是一个不断循环的"连锁作业式"结构,许多作者都加入到特定规范类型的加工创作之中。就像一个陶瓷作品,你捏一下,我捏一下。这个作品的成型,必然蕴含着包括立法者、司法者在内的无数作者的共同努力。

由此可知,刑法类型的建构绝不是一劳永逸的,它必须不断地接受实践理性的检验。在此意义上,刑法类型只能逐步得到改进和完善。

第十三章
基于类型思维的刑法解释[*]

如果说,刑事立法是法律理念与预想的生活事实的相互调适,从而形成规范类型;那么,刑事司法则是规范类型与当下案件事实的相互对接,从而形成刑事判决。

在本章中,我们首先可以看到一种对司法过程的重新理解。在概念法学的思维中,立法中的概念不仅是对生活事实的恰当把握,而且在逻辑上绝对自足和周延,制定法与法融合为一。如此一来,刑事司法的过程,仅仅是将具体的案件事实涵摄于概念之下,仅仅是"制定法的精确复写"。任何司法的结论,都已经完满地包含在制定法的前提之中,司法适用无非是简单的三段论演绎。然而,在类型思维的视野中,这种设想过于天真了。三段论演绎仅仅是作出判决的最后一个环节,一种形式上的、逻辑上的正当性需要。在这之前,实际上饱含着规范的发现、解释与续造,饱含着事实的包装、裁剪与格式化。这样的操作过程,不仅是当为与存在间的目光往返,而且是类型与事实间的交互开放。

在上述方向上,完全可能从类型思维中发展出一种新的解释思路与方法。此种思路与自萨维尼以来的传统解释方法,如文义解释、体系解释、历史解释、目的论解释等均存在一定差别,我们将之称为"合类型性解释"。这一解释方法强调,法律解释必须以类型为指导观念,努力探求制定法背后的类型基础。通过案型比较的方式,解释者可以逐步摸索出类型的轮廓与边界。此种解释方式,在以类比推理为

---

[*] 原题为《刑法解释的另一种路径:以"合类型性"为中心》,载《中国法学》2010年第5期,略有修改。

主要操作模式的判例法传统中,得到了更为突出的重视,有必要在制定法传统下加以强化。

一、概念式的涵摄思路

(一)涵摄的逻辑结构

刑法适用的传统思路,是基于概念思维的涵摄模式。这一模式的源头,则是逻辑学上的演绎推理。这种推理通常表现为从一个普通规则推出一个特殊事例。反过来,也可以说是将一个特殊事例置于一个普遍规则之下。最为古老而经典的例子为:

> 所有的人都是会死的
> 亚里士多德是人
> 亚里士多德会死。

从上述例子可以看出,演绎推理首先是从一个大前提(普遍规则)出发,然后通过将当下事例归入大前提之中形成小前提,进而得出一个具体结论或判断。这种逻辑演绎的操作,因为通常表现为三个前后相连并有明显分际的逻辑过程,通常亦被称为"三段论式"的演绎推理。[1]

与上述的逻辑结构相似,传统的刑法适用机制,一般被理解为一种三段论式的逻辑操作模式。在这一模式中,一个制定法上的法律规范构成"大前提",某具体的案件事实被视为一个事例,将这一事例归属于法定构成要件之下的过程,则是"小前提"的形成过程,大小前提相对应便能得出结论:对此案件事实应该赋予该法条所规定的法效

---

[1] 不过,在逻辑学上,三段论与演绎推理不是完全相同的概念。三段论本身还有着不同的表现形式。波兰逻辑学家卢卡西维茨(Lukasiewicz)曾经从"所有的人都是会死的,亚里士多德是人,亚里士多德会死"这样的普遍三段论形式推起,接连推出 6 种三段论形式。参见〔波〕卢卡西维茨:《亚里士多德的三段论》,李真等译,商务印书馆 1981 年版,第 8—11 页。下文所称的三段论,如果没有特别指出的,都意指最典型的、演绎式的三段论。

果。[1] 这一模式,可以更为直观的图式表达如下:

任何一个案件事实实现构成要件 T,则应赋予其法效果 R。(大前提)

特定案件事实 S 实现 T,质言之,其系 T 的一个"事例"。(小前提)

对 S 应赋予法效果 R。(结论)

如果省略上述图式中的文字表述,单以符号的形式加以表达,上述图式可进一步简化为:

T→R(意指:对于 T 的每个实例均赋予法效果 R)
S=T(意指:S 符合 T,S 为 T 的一个事例)
S→R(意指:对于 S 赋予法效果 R)

上述的描述仅仅是针对最简单的情形而言。如果出现想象竞合或法条竞合的情况,一个案件事实就可能同时符合两个或两个以上的构成要件。这些构成要件彼此相异,但最终并不能同时适用。法官只能根据相关的竞合理论进行选择性适用。这种情形可描述如下:

T1→R1　　　　　T2→R2
S=T1　　or　　S=T2
S→R1　　　　　S→R2

而如果在数罪并罚的情况下,一个案件可能同时符合两个(或两个以上的)构成要件,这些构成要件彼此相异却应当并用。然而,需要注意的是,这里表面上是同一案件,实际上却包含了可以纳入不同规

---

[1] 参见〔德〕卡尔·拉伦茨:《法学方法论(全本·第六版)》,黄家镇译,商务印书馆 2020 年版,第 345 页。

范予以评价的数个事实,因而本质上只是三段论的叠加适用。这种情形可描述如下:

$$T1 \to R1 \qquad T2 \to R2$$
$$S1 = T1 \quad \text{and} \quad S2 = T2$$
$$S1 \to R1 \qquad S2 \to R2$$

就刑法而言,基于罪刑法定原则的要求,刑罚的发动须有法律上的明确根据。是否会产生刑法上的法效果,会产生何种效果,不能只根据个别规范的合致与否来进行判断。与具体规范的合致,不能立即否定其余规范的适用可能,因为仍有法条竞合或想象竞合之存在余地;具体规范的不合致,也不能立刻得出无罪判断,案件还可能与剩余规范形成对应。由此,司法者必须彻查所有的刑罚规范,方能确定犯罪是否成立,会产生何种刑罚效果。这样一来,为解决一个刑法案件,法官可能须反复进行三段论操作或排除性的试错操作。

当然,这只是严格意义上的设想,实际的司法操作不可能如此。因为:一方面,司法裁判总有时限要求,法官必须在相对迅速的时间内作出判决;另一方面,法官凭借长久积累的学识与经验,对案件可能适用的规范会有整体性把握。由此,司法判断会在"相关性"的范围内进行,而不可能过度蔓延。当然,这一"相关性"的范围到底如何,可能取决于特定法官的法意识、学识基础与司法经验,不会完全相同;再加上,刑法规范总被假定为一个逻辑森严的体系,具体规范各有自己的适用范围,相互之间既无交叉也无重叠。因而,一般情况下,与某个规范的合致即能排除其他规范的适用,切断三段论的循环。而所有相关法条的不吻合,也会提醒法官:这里可能是一个法律的漏洞,或是法律有意的沉默。在意识到此点之后,法官不会再漫无目的地寻求其他法条的适用,而可能径自作出无罪之判决。

(二)涵摄之难题:前提如何形成?

当法官在审判中遭遇到案件事实时,摆在他面前的首要问题是:

如何找到可能适用于这一案件的刑法法条？这是一个"找法"的过程，也是一个大前提的探求过程。法官凭借自己的法感觉和经验，凭借对事实的规范意义和价值结构的洞察，可能从法典的汪洋大海中迅速捕捉到相关法条。然后，法官必须将相关法条与待决的案件事实相互比较和权衡，看这一案件事实是否与相关法条一致。这是一个将案件事实涵摄于大前提之下的过程，亦即小前提的形成过程。如果涵摄成功，便自然能得出结论，而一旦不能作相关的涵摄，便必须重新开始"找法"的过程，如此循环反复。

从表面观察，此种三段论模式逻辑清楚且方便实用，但实际情形却并非如此简单。最为棘手的难题在于，如何正确地形成前提，尤其是小前提。

一方面，如何确定大前提？这里面主要有如下问题：(1)"大前提"并不是预先地、清楚地被给出，而是需要法官去寻找。法官必须在法条的汪洋大海中锁定相关条文。此时，由于个人知识、经验以及对案件的理解差异，不同法官寻找到的具体规范及其范围可能有很大差别。(2)"大前提"需要综合判断。换言之，大前提并非由刑法整体性地提供给法官，而是需要法官在分散、零碎的规范中去捕捉和整合。在此过程中，难以担保每个法官都能以最完满的方式来整合这些前提。(3)"大前提"可能存在疏漏。大前提并非一定完整地包含在法规范之中，它可能需要法官在立法之外寻求超规范的渊源，进行补充判断。由于这些超规范的渊源不具有实定法的形态，因而难免在理解上存在分歧。(4)"大前提"可能交叉、重叠甚至相互矛盾。立法中大量存在着法条竞合的情况，此时，法官只能根据竞合的法理进行选择性适用。如果案件事实可以对应不同的规范前提，而这些规范在法律定性、效果规定上存在矛盾，就可能更加棘手。上述问题的提出，意味着"大前提"的形成绝非如此轻易，而是一个蕴含着寻觅、整合、填补、筛选、决断等操作在内的复杂流程。

另一方面，更为关键的是，小前提如何形成？通常来说，传统的三段论思维是将小前提的形成视为一种涵摄的过程。这一过程的核心，乃是一种形式逻辑的推演。其基本模式为：

T 由要素 A、B、C、D 而被穷尽地界定；
S 具有 A、B、C、D 等要素；
因此，S 是 T 的一个事例。

可以看出，这是一种典型的概念式的涵摄模式。逻辑学上将此种涵摄推论理解为，将某一对象划归入特定概念之下的过程。从事这一推论，首先必须对该概念进行界定，将决定其性质的重要特征予以明确列举，然后确定，该概念的所有特征在对象中完全重现。当然，在逻辑的位阶上，对象低于概念，所以对象必然至少含有该概念不具备的另一个特征，从而在外延上显得更窄。例如，亚里士多德可以被涵摄入"人"这一概念之下，因为，所有定义"人"的必要且充分之要素，在亚里士多德这一对象中均会一一重现。但是，亚里士多德所具有的"哲学家天分"，却不是每一个人都能具备。

不难发现，在三段论式的司法适用过程中，小前提占据着枢纽位置。小前提能否形成，是司法操作中能否获得确定结论的关键。然而，这一看似简单的涵摄过程，却可能会遭遇意想不到的困难：

其一，要形成涵摄，必须以所有要素都可以被穷尽地定义为前提。换言之，只有在立法者可以描绘 A 至 D 的所有要素，并以此种概念式的方法对 T 加以界定时，才能将案件事实以涵摄的方式归于 T 之下。然而，我们已经一再指出，这种概念式的界定并非总是可能。这不仅是因为，立法者的理性是有限的，未必可以对特定对象的充分、必要特征予以穷尽地认识与抽象；而且是因为，即使在认识上可以抽象出上述特征，立法者也未必可以找到恰当的表述来准确完成界定；更为重要的是，某些待规整领域的特性决定了，我们只能通过具体个例的列举、指导性观点的提示或不完全的特征描述来获取其轮廓，根本不适合做出定义。那些在立法上以概念形式呈现出来的规范，如果仔细探究起来，完全可能存在特征上的残缺、过剩或者偏离，远未达到看起来的周延与准确。

其二，要形成涵摄，必须以法律规范或构成要件的意义清晰为前提。然而,实际情形并非总是如此。申言之,涵摄的前提不仅在于,所有的重要特征都已被一一举出,而且在于,每一特征的意义都明确清晰。然而,构成要件的特征不但可能残缺不全,而且其意义经常模糊难辨。这主要是因为,构成要件要依靠语言来描述。除了符号性的语言(如数字语言),其他语言都难以达到绝对的明确与清晰,而毋宁带有多义性、流动性、活泼性的特点。构成要件常常需要通过解释,其意义才可能真正显现。

其三,事实如果不经过必要加工,就无法被构成要件涵摄。如果仔细审视就会发现,不是案件的原始事实被涵摄,被涵摄的毋宁是经过加工的事实。任何构成要件都是以具有刑法意义的重要特征为基础而形成,而裸的案件事实则可能涉及更为广阔的行动背景、社会关联与多重细节。如果不对这些纷繁芜杂的生活事实进行挑选、过滤、裁剪和组合,它们就不可能转化为法律意义上的事实——"构成事实",就不可能真正与刑法规范形成对接。因此,真正被带入小前提的事实,并非纯粹的、作为生活事件的事实,而是以各种手段加工或处理过的事实。如果不在规范主义的观点下对事实予以格式化,就不可能进行涵摄。

其四,要形成涵摄,必须以规范与事实的完全一致为前提。在涵摄的逻辑中,如果事实能充分地、逐一地具备概念特征,就能够被概念涵摄。此时,两者即被视为"同一"。反之,如果对象在任一特征上不能充分满足,就不能被概念涵摄,两者即被视为"相异"。然而,实践理性反复地表明,"完全的同一"在这个世界上是难以获得的。在那些典型的、无疑可被涵摄的案件中,事实是如此接近规范之核心,以至于乍看来,它们就是"同一"的。而事实上,人们只是将某种"极其类似"无意识地视为"同一"。与这些典型案件相比,更为常见的则是非典型的、以不同程度偏离于规范核心的案件。对它们而言,涵摄式的逻辑将失灵,我们只能以某种近似的方式,将案件事实归入特定规范之下。于此,恩吉施持有不同看法。[1] 在他看来,涵摄的特征并不在于案件

---

[1] 参见〔德〕卡尔·拉伦茨:《法学方法论(全本·第六版)》,黄家镇译,商务印书馆2020年版,第349页。

事实与概念要素相吻合,毋宁在于待决案件与之前经裁判的案件相同。他将此称为"固有的涵摄"。然而,恩吉施忘了,即使是在个案之中进行比较,也不可能有完全的等同,而只是说,在一定的价值观点之下,将待决案件事实与那些典型事实相似地看待罢了。即使是针对同一规范,不同的案件特别是典型案件与非典型案件之间也不可能是相同程度的吻合,而是与规范意旨之间存在着不同程度的偏离,存在着标准样本与边缘样本的差别。

其五,规范与事实的对接绝非简单地推论,而是隐含着价值判断甚至是决断。拉德布鲁赫曾指出:在法律中"到处都是评价在做决定"。[1] 这的确指出了被涵摄遮蔽的重要思维特征。如上所述,在大多数非典型的案例中,法官都不可能仅根据构成要件的特征来推论,而是需要以如下操作取代涵摄:依据相关的比较点,将待决案件与那些典型的、无疑可以被涵摄的案件作相似处理。在此过程中,不仅比较点的获得需要决断,而且所谓"相似性"的成立,也无非是一种价值判断。一方面,对任何事物进行比较,都可以有不同的视角。因此,在多样的可能性中确立比较的基点,绝不是某种纯粹认识的过程,而是一种选择,一种判断。它需要司法者有清晰的目标、敏锐的嗅觉与果敢的决断。另一方面,在确定基点之后,在不同案件之间所进行的比较性操作,实质上也是一种价值判断。也即,在一定的评价观点之下,将不同案件事实等同处置。正是在特定的评价观点下,不同的案件事实、相异的存在对象,才得以在价值上连接起来并被近似地把握。

总之,传统的法学方法论只看到了法律适用过程的最后环节——涵摄,而使涵摄之外或之前的一切思维过程都陷入迷雾。由于这些思维并未被清晰地加以反思,使司法操作常常在混沌中进行,并总是生硬地、跳跃式地、糊里糊涂地便涵摄成功。法律适用的过程不能被过度简化为涵摄,相反,其真实性乃在于,扩大我们对这一问题的难题意识,并妥当清理在该过程中并非以形式逻辑进行的所有操作。它们至

---

[1] [德]考夫曼:《法律哲学(第2版)》,刘幸义等译,法律出版社2004年版,第132页。

少包括:规范前提的寻找、整合、填补与筛选;规范意义的解释与探寻;案件事实的加工与纯化;案例间的权衡比较。更毋论,那些超越立法的利益衡量、漏洞填补或法的续造。当然,对这些复杂的思维过程的揭示,并不是要完全否定涵摄。毕竟,涵摄不但对一些典型个案仍有用武之地,而且对其他案件而言,即使在进行了解释、续造等工作之后,也仍需以涵摄的方式来进行终结性的包装,以使其司法操作获得正当化的外观。

(三)结论之困惑:精确的法效果如何获得?

在前提如何形成这一问题以外,三段论思维还存在另一重大问题:不能确切描述当下案件的法效果。

我们知道,规范中法效果的赋予,通常必须考虑到适用此规范的所有可能情形,这些案件依不同的危害客体、行为手段、可能后果、主观心理及其他具体情节,形成一种由最严重案件到最轻微案件的排列状态。由此,规范中所预定之法效果,往往呈现为一种幅度或区域,法官可获得一定的自由裁量空间。在大前提中所描述的法效果 R,正是此种抽象法效果。藉由一个演绎式的推导,结论中的 R 也只能是此种法效果。对于当下案件而言,此种抽象法效果的获得,显有未足。为终局性地确定其法效果,还需要结合具体情节做进一步的精确化。由此可以看到,藉由三段论法得出的结论,只是某种暂时性的结论或初步结论,是一种仍需继续填补的法效果范围。在此基础上,法官进一步为精确化法效果所进行的工作,则早已超出了三段论的操作范围,远非演绎推理所能描述。

当然,上述分析只是针对常规情况而论。不能排除,在特定的情形下,经由三段论之推导亦能得出具体化结论。比如,《日本刑法典》第 81 条之规定,"与外国通谋,致使已对日本国行使武力的,处死刑";《刑法修正案(八)》出台以前,中国《刑法》第 264 条盗窃罪中之规定,"有下列情形之一的,处无期徒刑或死刑,并处没收财产:(一)盗窃金融机构,数额特别巨大的;(二)盗窃珍贵文物,情节严重的"。这是所谓"绝对确定的法定刑"的情况。在此情形下,立法者针对特定的、极端化的类型,赋予了(相对)精确的法效果。只要能够依法条形成涵摄,便足以得出具体的法效果。但在相对确定的法定刑占据主流的背景下,上述情况显然只是例外情形。

二、类型式的归类思路

(一)诠释学循环:类型与事实的交互开放

通过上面的分析,我们已经明了:法的适用绝非简单的三段论演绎。在这一形式逻辑之下,还隐藏着诸多复杂而微妙的操作。以下,我们试图循着三段论的逻辑顺序,启用类型思维的视角,对这一适用过程予以重新阐释和说明。

第一,大前提并非预先给定的,它需要法官去寻找。然而,面对法条的汪洋大海,法官如何能在有限时间内迅速锁定相关法条? 这一寻找建立在如下基础之上:法官对案件事实可能的刑法意义的洞察与把握。只有这样,此种"找法"操作方有可能成功。在我们看来,所谓大前提的寻找,就是一个"事实向着类型开放"的过程。其核心在于,法官必须凭借对案件事实的可能刑法意义的把握,去探索和追寻其规范前提。这在实质上是去寻找一个与既定素材可能匹配的规范类型的过程,是一个案件事实让关联类型"显身"的过程,是一个对案件事实的类型轮廓和规范意义的洞察过程,是一个生活事实向着类型开放的过程。与这一过程相伴随,规范前提可能还需要整合与填补。这不得不让人联想起"类型补充"的操作。类型补充乃是试图去还原一个完整的类型轮廓。这一还原的过程,就是在"整体形象"的指导下,在类型要素彼此之间的意义关联下,去拾回该类型应该具备、但却在具体规范上未被规定的残缺要素的过程,就是一种类型要素的回归过程,一种"类型向着要素开放"的过程。

第二,小前提的形成机制则更为复杂。它要将找出的可能匹配的类型,与待决的案件事实进行更为细致的权衡与比较。这一反复衡量、比较的过程,显现为两种进程的复合:一方面,案件事实必须与刑法规范产生关联,换言之,必须与刑法类型产生关联,必须符合刑法类型;另一方面,刑法类型也必须与案件事实进入一种关系,刑法类型必须符合案件事实。由此,最为重要的问题便定格在,刑法类型与案件事实必须在意义与价值上实现彼此的对接。唯此,才能形成小前提。

但问题是,刑法类型的意义并非如传统理论所认为的那样,仅仅隐藏在类型或规范本身,仅仅隐藏在法条文字的规定之中。相反,为了探寻这种意义,我们必须回溯到有关的具体案件事实。刑法类型的真实意蕴只有在这些事实之中才能逐步开放,才能清晰而完整地呈现。同样,案件事实的意义,也并非仅从事实本身分析得出,只有以类型为观照,才能显现出其规范性的意义与价值。这样一来,刑法类型与案件事实的遭遇,也呈现出"诠释学循环"的关系:一方面,必须针对生活事实来认识类型,另一方面,必须针对类型来认识生活事实。按照恩吉施的说法,上述的"诠释学循环"便是一个"目光不断往返于规范与事实"之间的过程,[1]是一个类型与素材之间不断交互作用的过程。更为本质地讲,这一过程绝非将案件事实简单涵摄于刑法规范,而是一种逐步进行的,从事实的领域探索前进至类型的领域,以及从类型的领域探索前进至事实的领域的过程,是一种在素材中对类型的再认识,以及在类型中对素材的再认识过程。或者,更为形象地讲,是一个类型唤醒事实,事实唤醒类型的相互"呼唤"的过程,是一个类型让素材说话、素材令类型发言的相互启发的过程。

如此一来,刑法适用的机制便不能被理解为单纯的涵摄,而是隐含着一种更为复杂微妙的归类模式。从司法的实际状态看,此种类型式的思考常常被概念式的涵摄所掩盖。法官常常将一种本属正当的类型式论证,宣称为一个事实上不能维持的概念式涵摄。似乎,只有概念式的涵摄才具有真正的科学性,才能担保裁判的客观与公正。按照福克斯(Fuchs)的说法,这是某种"隐藏的社会学",它将真正的裁判理由及论证过程隐藏起来。而这,也正是许多法院裁判与现实生活脱节的最重要原因。

---

[1] 参见〔德〕卡尔·拉伦茨:《法学方法论(全本·第六版)》,黄家镇译,商务印书馆2020年版,第266—268页。

在刑法操作中,我们经常体验到上述的归类过程。例如,中国《刑法》第267条第2款的规定,携带凶器抢夺的,以抢劫罪定罪处罚。在一般情况下,当行为人携带枪支、管制刀具或棍棒进行抢夺时,我们很容易判断,这无疑是携带凶器进行抢夺。但是,当行为人携带"盐酸"或是"训练有素的动物"进行抢夺时,就不容易迅速得出结论。这会迫使我们去思考"盐酸"或"训练有素的动物"是否属于"凶器"这样的问题。在对"凶器"的认定上,人们很可能会习惯于将其理解为一种杀伤性的器具。这是因为,人们在探寻凶器这一类型的真实含义时,习惯于将自己"熟悉的事实"视为"该当的事实",并趋向于认为刑法类型描述的事实仅限于自己熟悉的事实。这是一种对类型意义的"前理解"。[1] 事实上,这种熟悉的事实,这种典型事实(如枪棍等),仅仅构成了刑法类型的核心,它们是无疑地可归属于该类型的事实。一旦出现非典型事实(如"盐酸""训练有素的动物"),我们不能轻易作出排除的决定,而是应该一方面不断对"凶器"进行再理解,一方面不断对非典型事实进行再分析。判断者必须一方面对照"盐酸""训练有素的动物",去探寻"凶器"的真实含义,去推敲将"凶器"局限地理解为"器具"是否合适;另一方面,判断者还应该对照"凶器",对照无疑地纳入凶器之中的刀枪剑棒,去考察"盐酸""训练有素的动物"的法价值与意义,去考虑依照此种意义将其纳入"凶器"的可能性。这样的过程,是一种"凶器"向着"盐酸""训练有素的动物"不断拉近的过程,也是一种"盐酸""训练有素的动物"不断逼近"凶器"的过程。此种过程,绝非分开进行的单向度过程,而是一种同时进行的"交互澄清和阐明"的过程。在这一过程中,始终伴随着刑法类型对生活事实的过滤、筛选和导引,亦始终伴随着生活事实对刑法类型的充实、检验和挑战。

类型应当始终向生活事实开放。我们必须懂得,生活事实会不断

---

[1] "前理解"是任何理解的前提,但决不能将对类型意义的理解,局限和固定在前理解之上,而是应该始终让前理解处于开放之中,处于可能的调适和修正之中。关于前理解问题,参见〔德〕卡尔·拉伦茨:《法学方法论(全本·第六版)》,黄家镇译,商务印书馆2020年版,第269—272页。

填充、更新和发展类型的意蕴,使类型具有活力。在刑事司法的过程中,正是个案事实督促刑法类型开口讲话,它使刑法类型说出其具体的、与个案关联的意义,它引导出刑法类型革新的力量,它将刑法类型从其僵硬的文字表述中唤醒,并在生活现实中展示自己真正的含义。

(二)法效果之具体化:以类型比较为思路

从三段论之中,法官可以推出一个法效果。但通常来说,这是一种抽象的、中间性的法效果,是一个法效果的基本范围。在此基础上,法官必须结合当下案件的各种情节,对上述法效果进一步具体化和精确化。后一阶段已远非三段论的形式推导所能描述,但它却恰是量刑操作之核心。

在我们看来,这一刑罚量定的过程,实质上就是一个"通过类型比较以精确化法效果"的过程。其不断取向于具体案型间的比较,以最终确定当下案件在整个刑罚区间内的位置,并锁定其法效果。从操作的思路上看,这一过程又可细分为三个环节:

首先,法官必须在一个整的刑罚区间内,对当下案件的位置予以估定。关于此点,拉德布鲁赫曾极富见地地指出,量刑所课予法官的任务,就是在两个极端的类型之间——某种犯罪行为所可想象的最严重案型与最轻微案型——根据其距离此两类型的远近程度,来排列所有的案型。在此种排列中,具体参数包括行为人之犯意、国民生活共同体保护之必要、行为人所引起之危险与损害、犯罪后之态度等,将其作为量刑事由的客观标准。依案型排列之次序,可决定罪责之程度,最终决定刑罚之轻重。[1] 按照拉德布鲁赫的意思,法官在量刑时必须确定,在一个由刑罚最低点(最轻微案型决定)与刑罚最高点(最严重案型决定)所划定的区间内,当下个案处于更靠近哪一端点的位置? 其远近程度如何? 在确定其远近程度后,可依此确定具体的刑罚效果。的确,这样的预估在量刑中普遍存在。然而,问题在于,一方面,它只能是模糊的、大致的估计,不可能是精确的测度;另一方面,仅

---

[1] 参见吴从周:《类型思维与法学方法》,台湾大学法律研究所1993年硕士论文,第31页。

凭刑罚的最低点与最高点这两个参照，显然不足以确定当下个案在刑罚之轴上的具体坐标，法官还需要更多的参照点，来帮助他进行比较式的判断。因此，拉德布鲁赫虽然指出了量刑中的基本思维方式，但距离精确的法效果赋予尚有相当距离。对此种坐标或位置的预估，充其量只是刑罚量定中的一个预备环节。

其次，法官可通过与"量刑基准"的比照，进一步限定待决案件的位置。在法定刑之轴上，刑罚下限以所能预想到的最轻微案型来决定，刑罚上限则以所能预想到的最严重案型来设定。在这两个基点之外，还有另一个不可忽视的参照点，这便是通常所称之"量刑基准"。这一基准的确立，实质上是一种"理想类型"的确立。从具体指标上看，它仍然是参照行为人之主观恶性程度、行为所引起之实害与危险、法益保护的范围与程度、行为人之事后态度等因素而确立。不过，从取值上看，它则是根据各项指标所通常呈现的样态建构出来。因此，它构成了某种"经常类型"或"平均类型"。其不但在经验世界中反复出现，而且具有统计学上的代表性。值得注意的是，此种"平均类型"的获得，并非在最高刑和最低刑之间取其平均值而建立，而是以统计意义上高频率出现的"通常情形"为基础而确立。因此，其对应的刑罚量，既可能高于刑罚的中间值（平均值），也可能低于刑罚的中间值（平均值）。这样一种"量刑基准"的建立，可以为待决案件的刑罚量定提供进一步的参照。法官通过将当下案件与量刑基准所对应的典型案件加以比较，特别是对上述具体指标仔细衡量，就可以估计，待决案件的刑罚是高于还是低于这一量刑基准，超出或不及的程度如何。通过此种操作，法官进一步将待决案件的位置，限定在"量刑基准以上到最高刑的区间"或"量刑基准以下到最低刑的区间"，从而为进一步的裁量奠定基础。

最后，法官可通过与类似案型的比照，将法效果继续精确化。关于此点，英美国家的量刑模式极具参考性。在英美法系中，判例的拘束性不仅体现在犯罪性质的认定上，而且体现在刑罚裁量上。只要经过识别，某一先例的基本事实与当下案件类似，就应当按照先例所指示的规则来处理，并赋予相似的法效果。尽管判例浩如烟海，要在其中寻找到相关判例并不容易,但是,一旦锁定了相关判例,就会立刻带来三个好处:第一,判例是极为具体的案件,法官易于比较;第二,判例的法效果是确定的,因此,如果能够与判例对接,就可直接使刑罚精确化;第三,通过判例比较,可最大限度地担保"相似案件相似处理",贯彻平等原则。在成文法国家,尽管不承认判例的正式法源地位,但也应在一定程度上参考先例。就法效果的拘束力而言,犹有必要。因为,成文法上的法效果,通常是针对某种普遍的犯罪类型而规定。为适应各种极端情形,它往往表现为具有一定伸缩幅度的、宽泛的法效果,一种"相对确定的法定刑",无法为当下案件的法效果的精确化提供具体指导。而这,恰好是"个案出发型"的英美模式的优势所在。通过与类似案例的比较,为当下案件的法效果确立具体参照;同时,通过先例的不断积累,可逐渐丰富可资参考的基准;进一步地,如果能对这些先例予以类型化的整理,不仅将增进量刑操作的便宜性,而且将为更为精细化的立法提供反馈。

总之,经由三段论所获得的结论,仍有待进一步填补。这一填补的过程,就是不断取向于具体类型的比较,以精确化其刑罚效果的过程。其中,最严重类型、最轻微类型、经常类型及近似类型等,都可能对法效果的具体化有所助益。从逻辑的层面上看,上述三个环节可谓层层递进、环环相扣,逐步锁定当下案件在刑罚之轴上的具体坐标。但从实际的操作上看,它们并不存在固定的位阶顺序,法官完全可能在其间自由腾挪。

(三)将反思带入适用:刑法的发现机制

如果放弃以往的想法,不再将刑事司法的过程看成是简单的三段论涵摄,我们对它的理解就将焕然一新。这一过程不能再被归结为简单的适用,而是镶嵌着微妙的法律诠释、归类性的尝试与复杂的价值判断。这一过程,也许以"法律发现"来概括会更为合适,因为它饱含着对既有规则的审视及对新规则的探寻。与涵摄模式相比,这一法律发现的过程带有明显的反思性:

其一,从逻辑角度考虑,涵摄模式无法拓展我们的认识,而法律发现的过程则可以丰富我们的新知。这是因为，涵摄模式乃是单纯的演绎推理，而法律发现的过程则含有设证、归纳、演绎、类推等复杂多样的推理形式。

演绎是从普遍规则出发得出一个个别的推论。只要前提无误，从中推出的结论就必然正确。由此，演绎推理是一种带有必然性的、没有风险的推理形式。但另一方面，在演绎推理中，结论是被找到的，或者说，结论早已被包含在前提之中。因此，我们只是在当下个案中重现了这一结论而已，它并未扩展我们的认知。演绎只是对既存规则的运用，无法激励人们去探索新的规则。

与之不同的是，法律发现的过程明显带有设证、归纳、类比等思维痕迹。法律诠释乃是以一定的"前理解"为起点的，这明显具有设证的意味。换言之，它是假设性的，以一定的意义预设为暂时的、辅助性的方向来开始问题的探寻。这是一种从结论出发的，由结论来发现法律的推论，因而也是不确定的、大胆的、有疑问的推论。当然，诠释性的思考从来都不会固守于前理解的框架之中，它从不忌讳对此种预设加以调整与修正。准确地说，正是在对此种前理解的不断反思中，法律诠释才得以推进。不仅如此，在法律发现的过程中，也不可能脱离类比推理。在前述的归类性操作中，就明显可以看到类推的影子。类比推理不是一种严格意义的逻辑推论，而是一种带有复杂结构的比较。这种比较常被认为是某种"水平推论"，是从特殊到特殊的推论，从一个案件推论到另一个案件。[1] 然而，这是一种误解。类推绝非单纯地在个案与个案间比较，如果不借助某种一般性的评价观点，不归纳出一个位于比较点之上的普遍规则，就无法实现此种个案间的比较。由此，试图从特殊直接推论到特殊，乃是一种妄想，只有通过某种普遍性的规则，才可能在具体事物之间进行贯连。在这种"特殊——普遍——特殊"的思考过程中，永远同时混杂着归纳、演绎与设证：比较基点的寻找与确定，意味着一个大胆的假设，一种"设证"；从特殊提

---

[1] 参见〔德〕考夫曼：《法律哲学（第2版）》，刘幸义等译，法律出版社2004年版，第116页。

升到普遍,代表了一种归纳,一种不完全的归纳;从普遍推论到另一个特殊,则是直白的演绎。由此,在类推中显示出极为复杂的结构,设证、归纳、演绎等因素都可以在其中找到。这一结构尽管蕴含着风险与不确定性,但却具有明显的扩展性,将我们从"已知"带入"未知"。这不仅体现为,经由上述的归纳过程,我们可以获得某种更具一般性的经验与知识;而且体现为,经由整个的类推操作,我们从某个"已知的特殊"跨越到另一个"未知的特殊"。

其二,与上点相连的是,涵摄模式缺乏对既有规则的挑战意识,而一个真正的法律发现过程则始终伴随着对既有规则的反思、修正与弥合。

在涵摄模式中,法官将一个既定规则适用到当下案件之中。司法过程被视为自动售货机,只要输入相关的事实与法条,就能自动得出判决。法官只是"宣告及说出法律的嘴巴",一种"无意志的生物"。他的工作无非是,将现有的案件与法律文字作比较,不必考虑法律的意义与精神,当文字是诅咒时,就诅咒,是赦罪时,就赦罪。[1] 由此,法官成为制定法的奴隶,完全丧失了对既有规则的反思意识与能力。然而,此种司法状态是以制定法规则的绝对正确与毫无漏洞为预设的。而事实上,与此恰好相反,没有任何制定法可以宣称自己的绝对完备与正确,任何制定法都可能存在疏漏、矛盾甚至是错误。由此,严格地、赤裸地拘束于既有规则,不但失去了修正问题的机会,而且使错误在一个个案件中不断重现和延续。如果我们认识到,法律发现是一个伴随着归类性尝试、法律诠释的过程,那么,自我反省就是其内在性格。任何归类性的操作,以及蕴含其中的法律诠释,都是以某种"先前理解"为基础的。所谓"诠释学的循环",必须首先获得一个起点才能得以展开。这一起点就是——对语词及其文义的先前理解。这是一种预定的意义,一种对意义的期待。在法的领域内,它的获得乃是一种长期学习与领悟的过程。这一过程不仅包括专业学识的养成,而且包括通过职业性实践所获得的经验,更包括由广泛的社会实

---

[1] 参见〔德〕考夫曼:《法律哲学(第2版)》,刘幸义等译,法律出版社2004年版,第72—73页。

践所积累起来的基本常识。在司法之中,法官就是带着这种先前理解来开始一个裁判的过程。对此,不必加以责难。因为,如果缺乏此种先前理解,法官该在何种方向上整理事实、取舍证据或解释法律? 如果他没有任何感觉,他将何去何从? 当然,法律诠释的过程绝不是把此种"先见"等同于"成见",等同于一种预先固定的、不可更改的教条。相反,它仅仅是某种预设性的方向,一个随时可能修正的、思考上的"辅助图像"。经由新事实的发现,或是意义脉络的启发,法官对制定法规则的理解完全可能发生调整。即使先前理解获得确证,法官也并非简单地回到原点,因为原先的推测或假定于此已获得充分验证。由此,一个法律诠释的过程,就是要将开放、反思与论证带入前理解之中,并随时准备作修正。

其三,事实与规范、存在与当为,不能被视为是两种完全分离的事物,只有在事实与规范的交互开放中,在存在与当为的相互启发中,反思才可能实现。

可以清楚地看到,涵摄模式是将"探求事实"与"解释法律"想象为两个独立的、前后相继的过程。德国法学家施密特(Schmidt)曾生动地描述了此种状况:法官的判决是在两个严格相互分离的行为中作成。一方面是探求事实的任务。在此任务上,法官是在一种"纯粹客观的气氛""自信的冷静"及"内在的自由"中,免去任何的"先前判断",怀着"真理的欲求",以"纯粹的认识"去深思熟虑一个对他而言"完全未知的事实",而且必须不混杂主观因素地从过去之中重建这个事实;另一方面则是适用法律。它在时间上紧跟在探求事实之后,其任务在于:免受所有外在影响的干扰,完全不带政治立场,怀着"正义的欲求"去解释一个(或多数)现行的、完备的法律规范的意义。[1]

然而,将"探求事实"与"适用法律"僵硬地予以隔离,并将其设想为两个前后相继的过程,是对法律发现过程的严重误读。这一理解乃是建立在当为与实存截然两分的方法论之上。难以想象的是,以此种

---

[1] 参见〔德〕考夫曼:《法律哲学(第 2 版)》,刘幸义等译,法律出版社 2004 年版,第 130—131 页。

方法二元论为基础,如何能够将案件事实涵摄于规范之下？如果当为不含有任何存在的成分,存在也不含有任何当为的成分,那么存在(案件事实)如何能够适应当为(规范)？当为(规范)又如何能够适应存在(案件事实)？如何能将其互相归类并对接到一起？这样的归类,只有根据"应然与实然间的结构性交织"才有可能！并且,只有在规范与事实的交互开放中方有可能！事实的探寻与规范意义的认知,并不是两个分开的、前后相继的过程,而是某种同时进行的、相互对流的进程。法官的目光必须在规范与事实的两端来回穿梭,在事实中认识规范,在规范中认识事实。规范与事实之间,存在着某种相互启发的关系：只有在规范的观点下,案件事实才得以被整理、过滤和重新结构化,才能显示出其与刑法关联的意义；只有在案件事实之中,规范才显示出其具体的、与生活关联的意义,生活事实会不断填充、更新和发展规范的意蕴。

总之,一个完整的刑事司法过程,绝非简单的涵摄可以概括,而是一种蕴含着归类、诠释及意义判断在内的复杂结构。刑事司法的过程,无可争辩地带有论证、开放与反思的品格,其不但在刑法与社会现实之间提供媒介,而且在规则的维持与动态发展之间寻求平衡。

三、"合类型性解释"的基本原理

在上面的分析中,我们已经认识到：刑法的适用过程,就是将当下的案件事实归入特定的刑法规范。这一归类性的操作,离不开规范类型与案件事实的相互开放与说明。事实上,此种分析不仅是对司法过程的整体性观察,而且隐含了刑法解释中的某种具体方法。这一方法与自萨维尼以来的传统解释方法,如文义解释、体系解释、历史解释、目的论解释等,均存在一定差别,我们将之称为"合类型性解释"。与所有解释方法一样,我们不能将它视为是一种精确的、统一有效的规则或公式,无法仅仅依凭它,便导出一个唯一正确的法律解答。但是,它的确揭示出某种新的解释方向与思路,从而为当下案件的解决提供动力。

在下面的文字中,我们试图对这种解释方法的基本原理详加讨论。我们所关注的问题主要是:此种解释方法的基本思路为何?正当性基础何在?它在具体操作上如何开展?与传统解释方法应如何区分?

(一)根本思路:回溯规范背后的类型

通常所称的法律解释,就是探寻规范的法律意义。规范是通过文字来表达的,因而,认真凝视文字本身,从中读出作者所要传递的信息,正是探寻法律意义的一种重要方式。但一方面,文字含义并非总是清楚的;另一方面,直接从文字中传达出来的意义,放在当下案件的语境中甚至可能是荒谬的。因此,为克服此种文义解释的难题,学者们提出了体系解释、历史解释、目的论解释等诸多方法加以弥补。

尽管上述方法的解释思路并不相同,但饶有意味的是,它们都是在制定法的具体规范之外寻求启发。这提醒我们,法律的真实含义并非仅仅隐藏在制定法本身,隐藏在具体规范的文字规定之中,隐藏在抽象而意义空洞的法律概念之中。相反,为了探求此种意义,有时需要我们跳出制定法的藩篱,转而回溯到某些更先在、更具意义感的事物。没有这些原始的事物,没有这些直观的价值载体,有时根本无法探求所谓的法律真义。

类型,便是那种存在于立法之前的事物。一个刑法规范的确立,在某种意义上就是一种类型的构建。立法者的任务便是去发现此种生活的原型,并在规范观点下对其予以加工,以形成规范类型。在此基础上,为了使制定法获得更为安定、客观的外在形式,立法者会进一步将此种规范类型转换为实定法上的概念装置。也即,通过将弹性的类型特征提升为固定的形式特征,尝试将开放的类型予以封闭,并将其捕捉在法律概念之中。因此,在立法中我们可以看到下述过程:"生活类型"→"规范类型"→"概念规定",一个由"类型不断迈向概念"的过程。规范在立法中所呈现出的面目,与立法者所预想的生活类型息息相关。在每一个刑法规范的背后,都矗立着某种原始意义上的"生活类型"。尽管生活类型在轮廓上并非僵硬而不可变化,尽管在生活类型向规范类型转换的过程中,立法者也存在一定的调整空间,但必须承认的是,它脱离于立法者的肆意支配之外,立法者无法任意建构类型。

沿着上述思路,既然立法者的任务在于准确描述类型,并将之以概念的形式在立法上固定下来,那么,司法者的任务便在于,不断地探求隐藏在制定法背后的类型,回溯到作为概念之基础的模型观念。在立法的过程中,我们看到的是一种类型不断被封闭为概念的过程,而在司法中,我们要处理的则是一种概念不断被开放为类型的过程。这是某种立法与司法间的辩证循环:立法者试着尽可能精确地在概念中掌握生活事实,但判决则必须重新去开启这些显得被过分界定的概念,以便能正确地评价生活现实。同时,这些经由法官的判决被修正过的定义,可能经由各种途径重新反馈到立法之上,形成新的立法刺激。于是,透过立法的改进,这些概念可能被"重新概念化"。而因为社会生活的复杂多变,这些被修正过的定义也只能多多少少满足一段时间,而后开始一个重新循环的过程,一个永无止境的过程。[1]

此种概念与类型间的辩证运动,向法官提出了某种合类型性的解释要求。亦即,法官应在法律规范所意涵的类型中去把握案件事实。从积极侧面而言,这种解释方法要求对规范意义的探询必须回溯到作为规范基础之类型;从消极侧面而言,则要求对超出类型轮廓的行为予以排除。质言之,刑法解释必须以类型为指导观念,同时以类型轮廓为法律发现之界限。

(二)正当根据:立法意图与事物本质

之所以刑法解释必须回溯到作为规范基础的类型,主要有两点根据:

其一,从形式、主观的根据看,这是尊重立法者意志的体现。一般来说,作者、读者与文本构成了法律解释中的三个基本要素。立法者作为法律规范的"作者",其试图在法律文本中实现的原旨,值得作为

---

[1] 参见〔德〕亚图·考夫曼:《类推与"事物本质"——兼论类型理论》,吴从周译,学林文化事业公司1999年版,第121页。

"读者"的法官来探寻。在法律解释中,"探求立法者或准立法者于制定法律时所作的价值判断及其所欲实现的目的",构成了某种准则性的要求。[1] 这是因为,基于法律制定与法律解释之间权力分配的预设,法院应当对立法机关的意志决定予以尊重。

通常,人们是通过立法的文字表述去追寻立法意图的。因为,"法律是立法者有意识反复思考的作品,立法者不仅精确地设想其要确立的规范,而且字斟句酌地选择表达其思想和意志的语言"。[2] 但是,法律语言所传达的意义,与立法者的真实意图之间是否总是一致,却殊为可疑。自古以来,人们就无法摆脱"书不尽言,言不尽意""意之所随,不可尽言"等问题,而且基于各种原因,法律的表达完全可能出现矛盾与错漏。由此,在探求立法意图时,尽管要尊重文义的表达,但有时又不得不跳出文义的范围,追溯到某些更加实质性的渊源上。可以认为,立法者在制定法律的过程中曾经参照过的"原型",就是探寻立法目的时不可忽略的参照。当立法者欲形成法律规范之时,浮现在他脑海中的是一种类型式的"标准图像"。这一图像是立法者确立规范时的"模本",唯有参照它才可能形成立法,也唯有借助它,才可能洞悉立法者的规整目标与价值设定。由此而论,立法者的成功与否,端看他能否正确地描述类型,而司法者的成功与否,则端看其能否真实地还原类型。类型成为贯通立法与司法的内在线索,成为司法者直抵立法者意念世界的必要中介。在法律解释中,回溯到作为规范基础的类型,既是探寻立法者意图的需要,也是解释获得正当性的途径之一。

其二,从更为实质、客观的根据看,这是一种基于"事物本质"(die Natur der Sache)的论证。何谓"事物本质",尽管各家说法不同,但其意思却基本相同:在拉德布鲁赫看来,"事物本质"是"生活关系的意义"。此种意义是"在存在中现实化的当为,在现实中显现的价值";在迈霍夫(Maihofer)看来,"事物本质"是"存在与当为间的桥梁",它

---

[1] 参见梁慧星:《民法解释学》(第五版),法律出版社2022年版,第185—186页。
[2] F. Geny, Method of Interpretation and Sources of Private Positive Law, Transl. Louisiana State Law Institute, West Publishing Co., 1963, pp.186—212.

同时是"既存事物与负有任务事物的建构";在施特拉滕韦特(Stratenwerth)看来,"事物本质"或"事物的逻辑结构",均是在某种特定观点下被凸显为重要的存在事实,它涉及"某一特定价值观点与对应事物间无法解开的关系";在拉伦茨看来,"事物本质"意味着一种在存在意义中所具有的、以及在存在中或多或少一直被现实化的当为,一种在现存事物中负有任务的事物。[1]

整理上述看法,可以发现:"事物本质"无非是一种特殊中的普遍、事实中的价值现象。一方面,它并不是偶然性现实或个别性事物,而是某种重复出现的关系,即类型性的生活关系;另一方面,它兼跨事实与价值、存在与当为等不同领域,是从反复出现的事实中所抽象出的特定意义内涵或价值观点。如果从"事物本质"出发进行思考,那么,我们便同时处于事实与价值之中,并会经历"存在与当为间无法解开的结构交织"。

应该看到,"事物本质"与类型有着内在的勾连。它们之间构成了某种"神形"关系。没有"事物本质",个别事物之间便无法建立起价值性的连接,从而无由形成类型;没有类型,事物间的价值关联便难以获得直观的载体形式,从而难以被现实地把握。因此,考夫曼非常清楚地指出:"事物本质"是指向类型的,从"事物本质"中产生的思维是类型式思维。当代法律哲学上最具现实重要意义的难题之———"事物本质",将汇入当代法律理论上最具现实重要意义的难题之———"类型"之中。[2] 在上述意义上,法律解释取道于作为规范基础的类型,就是诉诸"事物本质"的思考。只有当法官遵循类型式的思考时,才能期待他打破法律的僵硬冷漠,并得到与生活贴近的裁判。

(三)具体路径:个案比较

1. 个案比较的策略

上文提到,法律解释必须以"合类型性"为基本要求,类型轮廓成

───────

[1] 参见〔德〕亚图·考夫曼:《类推与"事物本质"——兼论类型理论》,吴从周译,学林文化事业公司1999年版,第106—107页。

[2] 参见〔德〕亚图·考夫曼:《类推与"事物本质"——兼论类型理论》,吴从周译,学林文化事业公司1999年版,第110—111页。

为法律解释的基本界限。然而,此种想法仍然停留在某种宏观思路的层面。当我们试图将此种思路化为具体操作时,难题便油然而生:所谓的类型轮廓,该如何获得?

类型并不是一种精确的形式逻辑思维。类型虽然有一个固定的核心,但却没有固定的边界。[1] 因此,要寻获作为制定法基础的类型轮廓,将是一个有难度的问题。然而,困难并不意味着完全无望,我们还是可以某种不断接近的方式来加以探寻。其中,最为重要的方法就是个案比较。

一般而言,如果当下案件处于类型的核心地带,构成所谓的典型案例时,在判断上不会存在问题。需要澄清的情形往往是:那些在一定程度上偏离了核心的案件,是否可归属于特定类型。此时,我们可将这些属于类型边缘地带的、有疑问的系争案件,与那些处于类型核心地带的、无疑义的案件加以比较。此种比较,将始终环绕在某种重要价值观点的周围而展开,并以能否在此价值观点下做类似评价为判断方向。如果系争案件与典型案件相比,有所偏离,则法官必须判断此种偏离是否重大,会否影响"价值上的等置",从而决定是否将系争案件归入特定类型以适用该规范。与涵摄式的思考不同,此种方法是一种归类式的思考,它拒绝对类型的边界做出一刀两断式的僵硬划分;同时,它也不对此种界限给出固化的、一般性的判断。这是一种通过个案比较,而使规范之内涵逐步精确化的方法:从该规范的核心地带出发,透过比较的方式,将有疑义的案件归入或不归入该规范之中,规范的肯定性内涵与否定性内涵会逐渐沉淀。而通过个案的持续积累,我们可以在一个不断扩大化的基础上,去逐步摸索规范的意义范围与边界所在。

还是通过刑法上的例子,来了解这种解释方法的操作方式。中国《刑法》第67条第2款规定:"被采取强制措施的犯罪嫌疑人、被告人和正在服刑的罪犯,如实供述司法机关还未掌握的本人其他罪行

---

[1] 参见〔德〕亚图·考夫曼:《类推与"事物本质"——兼论类型理论》,吴从周译,学林文化事业公司1999年版,第111页。

的,以自首论。"现有如下案件:某保险公司筹建职工住宅楼和办公楼。甲先后收受乙和丙的贿赂款2万元和28万元,并帮助他们分别获得住宅楼、办公楼的中标。检察机关只掌握了甲收受乙2万元贿赂款的犯罪事实。在审查期间,甲主动供述了收受丙28万元贿赂款的犯罪事实。显然,本案涉及的正是第67条第2款的"余罪自首"或"准自首"。具体来看,问题定格在:《刑法》第67条第2款中的"其他罪行"应如何理解?可否将案件中甲供述的其他"同种罪行"归入此处的"其他罪行"?围绕这一问题,最高人民法院于1998年4月6日通过的《关于处理自首和立功具体应用法律若干问题的解释》(以下简称《解释》)中的第2条做出了详细规定。该《解释》认为:"根据刑法第六十七条第二款的规定,被采取强制措施的犯罪嫌疑人、被告人和已宣判的罪犯,如实供述司法机关尚未掌握的罪行,与司法机关已掌握的或者判决确定的罪行属不同种罪行的,以自首论。"不难看到,最高人民法院的《解释》,是将"其他罪行"限制性地理解为"其他异种罪行"。如果从严格的实定法立场出发,最高人民法院的《解释》自然具有拘束力,结论不言自明。但是,如果以更为开放的视野来观察,问题仍有进一步探讨的余地。事实上,最高人民法院的《解释》,仅仅是提出了对"其他罪行"的一种通常理解。异种罪行构成了"其他罪行"的核心地带,属于无疑地可归属于这一规范的典型事例。面临当下案件,法官必须以异种罪行为基准,将同种罪行与之仔细比较。由此可以发现:两者的最大不同是罪行的性质,以及由此可能带来的并罚处理之差异;相同之处则在于供述的主体、供述的时间阶段、供述罪行均未被司法机关掌握等。于此,法官要衡量,此种罪行性质之差异,是否构成某种重大偏离?是否足以瓦解"自首性"之成立?是否足以导致对两案作不同处理?自首之成立,是以何种规范观点为考量核心?在此规范观点下,"同种罪行"能否与"异种罪行"做等置之处理?如果认为,自首制度的规范目的在于通过刑罚利益的赋予促使当事人悔过自新,同时通过自首促进案件的及时侦破和审判,那么在此种评价观点上,实在难以看出同种罪行与异种罪行区别对待的必要。[1]

此外,如果对上述案例稍作调整,假定检察机关掌握的是收受丙28万元贿赂款的犯罪事实,而甲主动供述了收受乙2万元的犯罪事实。那么,法官将面临再一次的"案型比较"。不过,此次操作的核心有所变化:不再是"同种罪行"与"异种罪行"之比较,而是"较严重的同种罪行"与"较轻微的同种罪行"之比较。法官要考虑,此种罪行之严重程度,是否构成某种重大区别?是否会影响自首性的成立?通过这一比较,我们对于《刑法》第67条第2款的规范含义将获得更为具体的认知。

如果案情再次变化,假定甲前后之同种罪行不是两个受贿行为,而是两个故意伤害行为。那么,法官关注的焦点又会转移到:"能够作为一罪合并处理的同种罪行"与"必须数罪并罚的同种罪行"之间的差别是否重大?会否影响自首性的成立?这样,通过个案的持续累积,规范的意涵会不断精确化,我们会逐步探索出规范的意义范围与边界所在。

2. 典型案例的获取

对于案型比较而言,首要的步骤就是找出与系争案件相关的、可作为其比较基础的典型案例。当基于特定的评价观点,有疑义的案例与典型案例一致性程度愈高之时,就愈足以将这两个案件做相同处理。透过这样的方式,可以尽量减少法官的恣意,而将其置于理性的监督之下。同时,亦有利于法平等原则的实现。但问题是,这样的典型案例如何获得?这并不如我们想象中那般简单。

对于两大法系而言,此种"源案例"的寻找难度大不相同。整体而言,在判例法传统下,源案例的获取会较为困难。这不仅是因为,判例浩如烟海,要从其中找到正好可与当下案件相对应的判例,可谓大海

---

[1] 也有人认为,即使不以自首论,也可以对当事人予以刑罚上的优待。而此种优待,可以同样实现上述的规范目标。比如,该《解释》第4条接着规定:"被采取强制措施的犯罪嫌疑人、被告人和已宣判的罪犯,如实供述司法机关尚未掌握的罪行,与司法机关已掌握的或者判决确定的罪行属同种罪行的,可以酌情从轻处罚;如实供述的同种罪行较重的,一般应当从轻处罚。"但是,上述刑罚利益与自首成立后所带来的刑罚利益相比,显然存在程度上的巨大区别。由此,两者带来的激励效果也会有很大差别。

捞针;而且是因为,每一个判例可能包含的事实特征极为繁杂。事实特征具有多面性,到底哪些事实特征与当下案件具有最直接的相关性,很难事先判断。在司法场域中,法官往往会凭借他以往的经验、学识与积累,直觉性地作出判断:当下案件与源案例 F 类似,而不是与案例 G、H 等类似。但是,更深入地思考就可能会发现偏见或错误。此时,法官会从前次比较的经验中,进一步感知比较的方向,并在此方向上继续寻找相关案例。可见,源案例的获得实质上是一种不断试错的过程。相比而言,在制定法的背景下,典型案例的获取会相对容易。这是因为,法官在法律解释中面对的是一个以成文法形式表现出来的规范,而不是孤零零散落一地的个案。此时,处于规范核心的典型案例,可以通过凝视法律文字本身,并推敲其通常含义(平义)而得出。例如,前述《刑法》第 267 条第 2 款中"携带凶器抢夺"的解释,通过对其文义做"外行人的平行理解",就可以找到如携带管制刀具、枪支抢夺这样的典型事例。

有时,为了突出典型案例的特征,还可以反向寻找极端案例。也即,通过锁定一个明显不能归属于该规范的反面事例来确立一个参照,进而逆向思维式地推导典型案例的特征。例如,旧《德国刑法典》第 360 条第 11 款违警罪规定了"不当惹起妨害治安之行为"。为了获得一个典型的、不当惹起妨害治安的行为,我们可以设想一个与之对立的、完全合法的行为。比如,某人在星期天晚上的营业时间内,在一家卡拉 OK 的包厢内,以正常的音量唱歌。借着这一参照,另一极端化的行为会马上浮现:另一个人在追思礼拜日,在一家墓地狂欢大叫并点燃爆竹。后者明显属于第 360 条违警罪所规范之"不当惹起妨害治安的行为"。在这两个案例里,存在着在时间、地点、种类、强度等因素上有不同表现方式或程度的噪音滋扰行为。通过反向案例的相互比较,我们会逐步明了该规范之处罚对象、条件与范围。[1]

有时,典型案例并不意味着单一的个案,而是一个案例群。比德

---

[1] 上述案例参考了齐佩利乌斯所提出的例子。不过,本章的论述角度与他有所差别。关于齐佩利乌斯的论述,参见吴从周:《类型思维与法学方法》,台湾大学法律研究所1993 年硕士论文,第 125 页。

林斯基曾指出,应尽可能考虑每个人均认为可以毫无疑义地归于法律概念之下的许多案例,以便举出其共同的特征。换言之:对于有疑义的法律概念,应找出一个切中其"概念核心"的第二定义。[1] 的确,规范类型的核心地带是一个区间,而非一个点。处于这个核心地带的案件,毋宁是一些复数的案件。以某个典型性的个案为切入点,通过联想其他类似的个案,我们可以在比较与归纳的基础上,得出一些较具综合性的共同特征。以这些共同特征为元素,我们可针对规范类型之核心,形成一种"焦点性的形象"。当然,这种形象是建立在不完全归纳的基础之上,即使是从典型个案的集合中发展出来的"群像",也仍然是有风险的、不确定的。由此,应不断增加具有关联性的观察对象,使归纳建立在一个尽量扩大化的基础之上。加以比较的案例数量越多,由此所得的"焦点形象"就越是可信,进而比较的基础就越为牢固。

3. 比较基点的确立

对合类型性的刑法解释而言,其核心不在于一种逻辑的推论,而在于一种比较——个案间的比较。这种比较如果没有标准、没有比较点,是不可能完成的。

问题在于,比较点并不具有唯一性,毋宁说总是存在多样的选择可能。当我们问,毒品与枪支是否类似时,我们无法给出绝对的、唯一的答案。因为,这取决于从什么样的角度或基点来观察:物理性状、主要用途还是被管制的法律性质? 比较总是可以在复数的方向上展开。但是,作为法律解释而言,不能在无数的可能性中反复摇摆。为了得出确定的结论,法官必须确定相关的比较基点。法律解释的妥当性,在相当程度上取决于比较基点的选择。但问题是,如何确立此种基点?

在考夫曼看来,比较点的确立主要不取决于理性的认识,而是很大程度上取决于权力的运用,而这种现象未曾被反思过。他同时强调,尽管人们不愿意去承认这一点,但是如果我们不认清这种结构,这

---

[1] 参见吴从周:《类型思维与法学方法》,台湾大学法律研究所1993年硕士论文,第125页。

种程序是没有科学性可言的。法律发现的科学性正在于反思其真实的结构。[1]

在我们看来,考夫曼的精明之处在于,他认识到比较基点的形成同时包含了理性认知与权力决断的成分。但其失误之处在于,他将对法律发现真实性的反思,偷换为对其科学性的肯认。因为,如果权力运用构成了支配性的因素,导致比较点更多地是依赖权力决断而形成,就难免使人视之为主观的、任意的因而难以理性审查的操作,并对这一过程的科学性产生怀疑。

在我们看来,比较点的获得既非仅根据纯粹的理性认识,亦非仅根据赤裸裸的权力,而是同时渗透着这两种因素的作用。我们不可能设计出一种普遍有效的公式,凭借它便可以确定绝对合理的、正确的比较点。在这一问题上,任何公式化的努力都将归于失败。换言之,在比较点的确定上,没有绝对的唯一性,而是一种掺杂着难以言说的嗅觉、主体性的理解与能动性选择的微妙操作。但另一方面,我们又不能认为,这是一个完全恣意的、毫无说明可能性的神秘过程。相反,它完全可以也需要通过一定的理由来进行合理化论证。尽管要完整地捕捉这些理由并将其逻辑性地组织安排起来,是一种充满风险的作业,但我们还是尝试着将其中几个关键性的论证规则整理如下:

其一,就其性质而言,比较点乃是带有一定普遍性的规则或评价观点。对于案型比较的操作而言,其核心过程包含如下五个步骤:(1)通过整理典型案例 A,发现其有 X、Y、Z 等几个特征;(2)通过整理系争案例 B,发现其有 X、Y、H 等几个特征;(3)A 在法律规范中是以某种方式处理的,被赋予特定法效果 G;(4)在将 A、B 进行比较时,发现了一些能够解释为什么那样处理 A 的原则;(5)因为 A、B 在这一原则上具有共同之处,B 也应当得到同样的处理,被赋予法效果 G。可以看到,在上述五个环节中,最为重要的是第四个环节,即识别出一个规则或标准,这一规则可用以解释典型案例与系争案例的处理

---

[1] 参见〔德〕考夫曼:《法律哲学(第 2 版)》,刘幸义等译,法律出版社 2004 年版,第 116、133 页。

方式。如果无法获得这样一个可以适用的规则,案型比较就根本无法展开。正是这一规则,成为沟通典型案例与系争案例的中介,成为一个比较的基点。从性质上看,这是一个或多或少带有普遍性的规则,可在一定程度上反复适用。只有通过此种规则的媒介,才可能在具体事物之间进行贯连,才能实现从典型案例到系争案例的跨越。这里,我们看到的是一种"特殊——普遍——特殊"的连续运动。

其二,比较点并非是预先给定的,而是在典型案例与系争案例的对照中呈现的。菲肯切尔(Fikentscher)曾指出,"个案规范思维"是拟判断个案(系争案件)的起点。这里的"个案规范思维"是指:从最可能的适当判决中援引事实与相应的法律规则,组合为"个案规范",以作为解答之用。[1] 菲肯切尔是正确的,因为他看到了典型个案的参照意义,以及在比较时法律规则的不可或缺。但当他认为,"相应的法律规则"仅是从典型个案中引申出来时,却存在严重失误。事实上,相关规则并非预先地被包含在典型案例及其处理之中,而是在将典型案例与系争案例进行比较时才被揭示出来。换言之,是在思考典型案例与系争案例间的相互关系时,在两者的反复权衡中,才发现此种共通的评价观点。而在进行这些案例的评估之前,根本无法想象这是一种什么样的观点。在上述的五个步骤中,单凭步骤(1)、(2)或(3),我们难以提炼出相关规则,只有通过步骤(4),才能发现 X、Y 是典型案例与系争案例的共同特征,才会进一步去探究、识别 X、Y 与 G 之间的内在联系,并抽象出相关的规范观点。据此,前述所谓的"特殊——普遍——特殊"的连续运动,并不是从典型案例 A 中提炼出规则,再将该规则适用到系争案例 B;而是在典型案例 A 与系争案例 B 之间反复比较,以往返对流的方式提炼出规则,再将此规则适用到系争案例 B。

其三,评价观点的妥当性,需要通过其他案例的检验来巩固。杜威(Dewey)指出,一般的法律规则都是已经投入运用的假说,需要在

---

[1] 参见[德]考夫曼:《法律哲学(第 2 版)》,刘幸义等译,法律出版社 2004 年版,第 135 页。

具体情形中根据它们运用的方式不断地加以检验。[1] 解释者将典型案例与系争案例进行比较,并抽象出一定的评价观点,这实际上只是提出了一种假设。在评价观点与法效果取得匹配性之后,这一假设可谓获得了初步的巩固。解释者进一步要做的,就是一个持续进行的决疑操作:解释者要将这一评价观点带入到其他案例中,去逐步验证其合理性。随着验证范围的不断扩大,随着验证结果的一再巩固,规则的确定性与妥当性也会不断强化。这是一项没有止境的操作,解释者只能在一个尽量宽泛化的基础上加以检验,并随时准备修正。

4. 案型偏离及其限度

在将典型案件与系争案件进行比较时,两者可能存在一定的区别。也即,系争案件可能在一定程度上偏离于典型案件。此时,解释者必然要面临如下的问题:此种偏离可在何种程度上被允许?偏离到何种程度,便不能再被归入特定的规范类型?质言之,在系争案件能否归属于特定类型的问题上,是何种标准决定了类型的界限?

关于此点,首先需注意的是科勒的观点。这位瑞士学者对"合类型性解释"的边界作出了极其狭窄的限定。在针对《瑞士公司法》的适用解释中,他明确指出:《公司法》之法律规定只能适用到典型的公司上,至于与法定类型有偏离的非典型公司,则不应适用该《公司法》之规定。之所以如此,是因为抽象的公司形态是考虑到某些直观的类型而制定的,这些类型作为立法者公布许多个别规范时的导像。由此,一种关于公司形态的法律规定,系根据符合法定类型的利益状态而来。这些规定所决定的是典型的利益状态,至于披上抽象概念外衣的法律规定,只是复述了对典型案件的利益衡量与评价结果而已。因此,法律规定只有在针对典型的公司时才有意义。至于非典型公司的利益状态,则根本不在该法律之评价范围内,当然不应适用。若要求在《公司法》规范的解释上,找出一种对所有典型的与非典型的公司均适用的意义,不仅会要求太过普遍性的规范,也会阻碍原本想达成的、

---

[1] See John Dewey, Logical Method and Law, Vol. 33:(6), The Philosophical Review, 1924, p.26.

较详细地确定法律规范内涵的解释目标。[1] 与科勒惊人相似,拉伦茨也明确认为,偏离标准类型将导致排除任意法的适用或成为类推的基础。[2]

按照上述想法,法律规范只能适用于典型案例。任何偏离于典型情形的案件,都无法适用该规范。由此,是将"典型案件之偏离"等同于"类型之偏离",而将所有非典型案件都排除在规范适用范围之外。这显然存在问题。一方面,典型案件是那些处于类型核心地带的案件,非典型案件则往往处于类型的边缘。对于非典型的案件而言,尽管其可能在某些特征的显示程度上有所欠缺,可能在特征的组合方式上有所变化,但这并不会改变其"整体形象",也不会影响其对特定类型的归属性。类型的轮廓并非由典型案件所限定,而是更多地由边缘案件所形塑,类型的轮廓取决于非典型案件的延伸范围。另一方面,典型案件与非典型案件之间的界限为何,也并不是非常清楚。因为,类型内的案件呈现出某种连续性的排列状态,处于一种流动的过渡之中。所谓典型案件与非典型案件之分,只是一种大致的、观念上的区分,相互间并没有绝对界限。因此,相比典型案件而言,待决案件偏离至何种程度始成为非典型案件,难以得到精确说明。基于这两个方面的理由,将"典型案件之偏离"等同于"类型之偏离",而将所有的非典型案件都排除在规范适用范围之外,并不妥当。

尽管在一般意义上,不能将非典型案件排除在特定类型之外,但这并不是毫无限定的。因为,当非典型案件不断向边缘处扩散,以至于跨入另一类型的疆域时,就无法再归入原本的规范类型。此时,真正意义上的类型偏离已然形成,如果再适用原初的法律规范,就显然违背了"合类型性"的解释要求。因此,紧接着要考虑的问题是,非典型案件对典型案件的偏离,可在何种程度上被允许?在非典型案件能否归属于特定类型的问题上,是何种标准决定了类型的界限?类型的

---

[1] 参见吴从周:《类型思维与法学方法》,台湾大学法律研究所 1993 年硕士论文,第 114—115 页。

[2] 参见吴从周:《类型思维与法学方法》,台湾大学法律研究所 1993 年硕士论文,第 114 页。

轮廓范围究竟如何确定？

对于上述追问，可能的回答只能是——"作为类型构建的评价观点"。这不但是类型得以维持其"整体形象"的基础，而且是不同对象之间（特别是典型对象与非典型对象之间）具备"家族类似性"的关键。非典型案件对于典型案件的偏离，既可能体现为特定要素的弱化甚至隐退，也可能体现为不同的要素组合形态。但是，在对象是否能归列于某一类型的判断中，最为重要的标准既非要素的表现程度，也非要素的固定数目，亦非要素的组合形态，而是该对象是否在整体上符合类型的图像。进一步地，对于建构和维持类型的"整体形象"而言，评价性的观点可谓起到了关键作用。不同的经验现象，系在规范性的标准下被联系起来。法类型是通过总结法律上具有同等意义的现象建构而成。正是在一定的评价观点之下，不同对象才得以结合为一个整体，在价值上被统一把握。不同对象才得以摆脱其形式上的差异与束缚，取得某种意义上的连接。因此，是否能在特定的评价观点下被等置处理，就成为所有问题的核心。在非典型事实的偏离限度上，在类型轮廓的确定上，在对象能否归属于类型的终局标准上，都只能回溯至"主导类型建构的评价观点"这一基础。

由此，必须再次澄清，在作为类型构建基础的评价观点面前，要素的数量、组合形态及用以表达的语言文字，都不构成有约束力的标准。它们都不是类型维持的关键，都可在一定程度上被超越。这里需特别讨论的，是所谓"可能的文义范围"。在通说看来，"可能的文义范围"具有重要意义，它是法律解释与法的续造之界限。也因此，法律解释乃以"可能的文义范围"为限，不能跨越这一边界。然而，此种见解是以传统的概念思维为基底的。在概念式的思考中，价值观点开始隐而不显，它被挑选出的形式要素所取代。正是基于对要素的固守，在概念的适用中，关注的焦点便自然落在"用以界定要素的语言及其含义"，落在"可能的文义范围"之上，并以"可能的文义"取代了对评价观点的重视。然而，对于类型思维而言，"可能的文义范围"并不构成有绝对约束意义的标准。以类型为取向的法律发现，既可以遵守这一范围，也可以超越这一范围。它既不会因此而逾越界限，也不会因此而发生性质的转变,从法律解释转化为法的续造。这是因为,对于类型而言,特定的单个特征都只具有指示性的意义,最后都有可能被完全放弃。只要根据其余特征的显示程度,在建构该类型的评价观点之下,类型仍保持其"整体形象"即可。既然具体特征是可放弃的,那么,用以描述该特征的语言的文义范围,便不构成基于类型思维之法律发现的绝对界限。类型性的维持是不断诉诸于实质性评价观点的结果,形式特征及以此为根据的语言界限都可在一定程度上被跨越。

(四)与其他解释方法的关系

自萨维尼以来,法律解释便被区分为文义解释、历史解释、体系解释、目的论解释等诸种方法。这些方法之间并不互相排斥,而是处于某种协力合作的关系。没有任何一种解释方法可以宣称自己的唯一正确性,它们只是各自体现了不同的解释思路,以供解释者斟酌和选择。任何主张其解释结果正确者,都必须对这些所有的解释观点一并考量;另一方面,这些解释方法并不总是处于协调一致的状态。有时,从不同解释方法中所推出的结论会相互矛盾;有时,在特定的案件中,某些解释方法会陷入失灵(例如,不见得总是能确认历史上的立法意图)。这时,就特别需要解释者在不同解释方法与观点之间,进行比较性的衡量。解释的成功,有赖于各解释因素之间相互补充、共同协力,而非依个人意愿或偏好而任意挑选。对解释观点间可能的比较、斟酌和筛选,解释者应提供可合理批判和讨论的理性论证。

当"合类型性解释"作为一种解释方法被提出时,必然要面对如下问题:其与传统的解释方法之间是何关系？如果这一思路能够被其他解释方法所消化,那么,就没有必要承认其作为一种独立的解释方法;相反,如果其不能被其他解释方法涵盖,就必须肯定它的独立性,进而考虑它与其他解释方法的合作或冲突关系。因此,这一讨论事关"合类型性解释"的体系地位与功能问题。

1. 合类型性解释与文义解释

一般而言,通过文字的含义(通常含义或法律共同体内的专业含义)来理解法律,与通过回溯制定法背后的类型来理解法律,是两种互不交叉的思路。前者更多地借助于形式语言的解读、语言含义的挖掘，而后者则更多地诉诸于实质的价值判断。在"合类型性"的解释理念中，"可能的文义范围"并不构成决定性的界限，屈从于文义的拘束与取向于类型的思考可能呈现出相互背离的状态。这一点，在前面的分析中已有详细交代。

当然，也不能认为两者毫无关联。形式性的语言对于主导类型建构的评价观点而言，仍具有指示性的价值。基于词与物的分离，尽管语言含义存在偏离、疏漏或溢出评价观点的可能，但在通常情况下，我们还是可以透过语言文字来领会立法者注入到法律规范中的意义。此外，语言文字的另一重要价值在于，它可以较为清晰地显示出规范类型的核心地带。通过凝视法律规范的文字表述，特别是通过理解其通常含义，我们可以较方便地挑选出某种典型的事例。这一事例处于类型的核心地带，代表了其最为通常、最众所周知的表现形态。以此种事例为参照，可进一步通过比较式的衡量，对其他以不同程度偏离的事例予以把握。就此而言，文义解释特别是平义解释的方法，往往成为"合类型性解释"的首要步骤。

2. 合类型性解释与体系解释

再来看看"合类型性解释"与体系解释的关系。要理解法律规范，体系性背景是不能忽略的。尽管人们常常忽视此种语境的存在，但它实际上是任何法律解释都无法挣脱的支撑性条件。特别是，当某种语言表述有多种意义可能性时，通过推敲上下文的脉络关系，依循"一致性处理"或"区别对待"的原理，往往可起到澄清歧见、拨云见日的效果。在体系解释的思路中，"相同情形相同处理"及由此反向推出的"不同情形不同处理"，可谓其最高准则。

法律体系可区分为外部的、形式的概念体系与内部的、实质的原则体系，而类型则构成某种补充性的体系工具。在这样的知识背景下，我们可以发展出如下认识：

第一，从外部体系出发的解释，与"合类型性解释"差异明显。这主要是基于类型思维与概念思维的不同特质。对于概念思维而言，概念的一致性不仅意味着形式要素及其数量的一致性，而且意味着要素组合方式的一致性。对于概念而言,要么是完全的一致、形式上的完全相同,要么是绝对的不同、形式上的绝对相异;而对于类型思维而言,类型的一致性非但不要求形式要素及其数量的一致性,也不要求要素组合方式的一致性。类型的一致性是依靠某一评价观点下的意义相当性来维持。因此,对于类型而言,完全相同或完全相异尽管在逻辑上可能,但在现实之中,事物之间的关系更多地是在类似意义上来把握。基于不同的性格,由"合类型性解释"所得出的结论就可能有悖于从概念体系出发所得出的推论:前者可以突破形式特征的拘束,在不同的要素特征、数量关系及组合方式之间,仍然作类似的评价处理,仍然维持类型一致性的判断;而在后者看来,要素特征、数量及其组合方式具有绝对的拘束性,任何一个方面被突破,概念的一致性都将被打破,都已经是全然不同的概念。由此,在"合类型性解释"下仍可维持的结论,可能早已被外部体系出发的解释所排斥。

第二,从内部体系出发的解释,与"合类型性解释"既有联系也有区别。法律原则是构筑内部体系之基石,它使法体系的价值脉络清晰可见。与"合类型性解释"类似,从原则出发的法律解释,也是以实质的价值评判为旨归并明白地作出评价。但同时,两者的区别也是极为明显的:一方面,原则几乎无法被形式化为几个主要特征,因此,基于原则的解释只能是一种直白的价值判断,而不能借道于形式特征来表达实质的价值评判。与之不同,尽管类型也以实质的价值观点为指导,但类型仍然可以在要素或特征的层面被具体化。虽然这些要素的数量、表现程度、结合方式并不会完全固定,但在通常情形下,还是可以通过一些重要的特征来传达、指示其核心价值。另一方面,与上一点相关,基于原则的解释固然能显示整体的价值秩序,但却无法深入到具体事物之中。相反,"合类型性解释"的作用领域恰好是具体事物及其相互关系。

第三,从类型体系出发的解释与"合类型性解释"有着更为紧密的勾连。一方面,前者试图通过横向与纵向之比较,来洞悉类型间的联系与区别,并维持类型形象的一致性与融贯性。由此,以类型体系为基础的解释可部分地归入体系解释之范畴。另一方面,从类型体系出发的解释,不仅是以类型为思维方式,而且是以类型为思考的基本单位。它与"合类型性解释"实在是有着相同的血脉。结合上述两个方面,可以认为,从类型体系出发的解释,同时具有体系解释与"合类型性解释"的基因,可谓两种思路之交集。

但进一步地,当我们仔细考量两者之间的关系时,还是会发现某些微妙差异。"合类型性解释"侧重的是典型案件与系争案件之间的比较。此种比较以特定的规范类型为基本轮廓和界限,可谓类型内部的权衡。从类型体系出发的解释,则可能从横向与纵向两个方面进行。然而,无论是横向的"兄弟式类型"的比较,还是纵向的"母子式类型"的比较,都是在特定类型与相邻类型、上下位类型之间展开,都是此类型与彼类型的比较,都是一种类型外部的权衡。如果说,"合类型性解释"是通过典型案例的中介,来正面指示特定类型的轮廓,那么,从类型体系出发的解释,则是透过相邻类型间的比较,来反向廓清特定类型的边界。认识到此点,就无妨将从类型体系出发的解释视为是反向的"合类型性解释"。两者从不同方向出发,共同为规范意义的澄清提供思路。

3. 合类型性解释与历史解释

当我们依据法律的文义或体系来进行解释,其所得的结果仍然包含着不同的可能性之时,就可能面临如下问题:何种解释最符合历史上的立法者的规范意图?由此,我们进入到某种历史解释的思路之中。[1] 基于权力分立理论,立法者曾经的规范意向与价值决定,对法官具有拘束力。但问题是,我们该如何去探寻立法者的意志

---

[1] 根据立法意图或目的来展开解释的思路,也有学者将其视为"原意解释"或"法意解释"。由于其同样表现为某种意图或目的之探寻,因而容易被误解是"目的解释"。但事实上,它与目的解释有着很大的区别:前者是向后看的,强调忠实于历史,也即立法者在立法时的意图,后者根本上是面向当下与未来的,强调为适应现实而解释法律;前者尊重立法者的原意或"主观目的",拒绝构建的想法,后者则更强调根据现实情事构建"客观目的"。由于立法意图的寻找主要建立在对立法的历史背景与历史资料的解读上,因而更多地与历史研究结合起来,被归入"历史解释"之中。

或规范想法?[1] 通常,可以从法律制定时的历史文献中觅得立法者的规范想法的线索。这些历史文献包括:立法的不同草案、辩论的记录、添附在草案中的理由说明、立法机关的正式出版物、会议纪要等等。当然,这并不是说,从上述文献中立刻就可以获知立法者的想法,这些文件本身也可能需要解释。此时,立法当时的语言用法、学理与司法裁判,以及立法者当时所面临的社会情境等,都可能成为解读立法者意图的重要参照。

如果认为,立法者是以类型为导像来形塑法律规范,那么,在解释时回溯至类型,就正是尊重了立法者的意图。在这里,"合类型性解释"与历史解释竟不期而遇。一定意义上,"合类型性解释"是在"意图论"的方向上将历史解释具体化了。因为,它率直地指出:所谓历史上的立法意图,不过是立法者试图在某种规范的观点下去把握生活类型。在这一思路上,立法者的成功与否,端看他能否正确地描述类型,而司法者的成功与否,则端看其能否真实地还原类型。类型成为沟通立法与司法的重要中介,成为司法者直抵立法者意念世界的重要途径。唯有透过它,我们才可能洞悉立法者的规范目标与价值设定。为了使此种曾经存立于立法者头脑中的"原型观念"准确地还原出来,就必须具体参考立法当时的背景文献,分析立法者身处的规范环境,以及"同情式地"理解立法者所面对的事实状态。

另一方面,承认两者的可沟通性,并不意味着"合类型性解释"就可以完全消融在历史解释之中。这主要是因为,历史解释是回顾性的、向后看的,它强调忠实于历史,忠实于立法者当时的规范意图。因此,这种解释方法不得不是保守的,难以得出同时代的或面向未来的解释结论。相反,开放性与回应性却是类型的内在品格。类型在整体上应被视为一种历时性的、不断发展的范畴。尽管在司法过程中,解释者必须尊重

---

[1] 关于立法者意图的寻找,是否必要以及可能,当然存在争论。但是,为了恰当摆正立法与司法、作者与解释者的正当关系,可能还是无法在整体上否定此种解释思路。由此,历史解释仍然作为一种重要的解释方法被承认。更为详尽的分析,参见刘星:《法律解释中的大众话语与精英话语:法律现代性引出的一个问题》,载梁治平编:《法律解释问题》,法律出版社 1998 年版,第 111—120 页。

作为立法基础的生活类型,但这一类型本身并不是僵化固定的,而是永远面向生活开放。生活事实会不断填充、更新和发展类型的意蕴,使类型具有活力。由此,立法者所预想的类型,只是法律解释中的一种"思维拐杖",它构筑了思维的起点并提示着思考的方向。但是,司法者并非一定要固守于此。在面对新的社会情势时,他要不断将开放与反思带入解释之中,并随时准备修正。"合类型性解释"不会束缚于历史上的立法者意图,而是指向一种扎根于现实的解释方向。

4. 合类型性解释与目的论解释

目的论解释意指,依可认识的规范目的及评价观点而为解释。在个别规范的字义范围内,同时在与法律之意义脉络一致的范围内,应以最能配合法律规整之目的及其阶层关系的方式,来解释个别规定。[1] 换言之,当不同解释方法会得出多种结论时,应由目的论解释来决定最终的取舍。因为,目的是全部法律的创造者。不仅法律体系应有一种整体性的追求,而且每一规范的产生都应是此种整体目的之具体化。

得出符合事理的结论,乃是法律的最高目的。为了追求适合事理的恰当结论,解释者不得不顾及到拟调整对象本身的结构。这是一种立法者也不能改变的既存状态,假使他要合理地立法,他就必须对此加以尊重。解释者假定,这一事物结构已经为立法者所认识并考虑。而事实上,立法者在立法之时是否真正意识到它的意义,已不重要。认识它、尊重它,并且以它为依凭而得出符合事理的解答,乃是目的论解释所发出的"绝对命令"。正是看到了此点,穆勒(Müller)才说,法规范并不是一种权威式地覆盖在事实之上的形式,毋宁是从被规整的事物领域之事物结构中获得的,对前者所作的整理或安排之结论。[2] 这正是从所谓"事物本质"出发来展开思考。

在"事物本质"之中,目的论解释与"合类型性解释"再度相遇。诚如上述,类型直接指向"事物本质",从类型中产生的思维正是"事

---

[1] 参见〔德〕卡尔·拉伦茨:《法学方法论(全本·第六版)》,黄家镇译,商务印书馆2020年版,第421页。

[2] 参见〔德〕卡尔·拉伦茨:《法学方法论(全本·第六版)》,黄家镇译,商务印书馆2020年版,第176页。

物本质"式的思维。[1] 一方面,"事物本质"寓居在类型性的生活事实之中;另一方面,"事物本质"又是一种事实中的价值现象。结合这两个方面,可以发现:类型与"事物本质"相互依存地联系在一起,处于一种相互反映的关系之中。站在前面的是类型,而站在背后的却是"事物本质"。两者之间存在无法解开的结构交织。

由此,我们不得不再次回到考夫曼的洞见:"目的论解释的本质在于:它并非以抽象的、被定义的法律概念,而是以存于该概念背后的类型来进行操作的,亦即,它是从'事物本质'来进行论证的。"[2]在下述的意义上,考夫曼是对的:目的论解释,是超越于法律的形式束缚之外进行解释,是追溯到某种根本性的价值观点来帮助说明。在此方向上,它趋向于"合类型性"的思考,并以"事物本质"为根本性的论证方向。但是,如果考夫曼认为,目的论解释完全抛开了概念式的思考,而彻底转向了类型思维,那他就可能忽略了这一解释方法的前提。事实上,作为传统解释方法的一员,目的论解释始终对"可能的文义范围"不敢或忘,并以之为不可逾越的界限。就此而言,目的论解释仍带有概念式思维的烙印,难谓是彻底的类型式操作。讲得更直白一些,目的论解释与"合类型性解释"有着相同的动力与方向,但在操作限度上却截然不同。后者比前者走得更远,对它而言,"可能的文义范围"不成为有拘束力的界限。

总的来看,"合类型性解释"的确指出了某种极有前途的解释方向。这种方向与既存的思路之间既有部分交叉,又有差别。在传统的解释方法之中,我们似乎都能提炼出一些与类型相关的因子:通过凝视文字的通常含义,解释者可以获得类型的典型事例,并以此作为解释的"辅助图像";借助体系的结构,特别是通过类型体系的参照,解释者可以明了不同类型间的区别,厘清类型的基本轮廓;循着历史的脉络,通过对立法时的背景文献与历史资料的分析,解释者可以捕捉到

---

[1] 参见〔德〕亚图·考夫曼:《类推与"事物本质"——兼论类型理论》,吴从周译,学林文化事业公司1999年版,第110—111页。

[2] 〔德〕亚图·考夫曼:《类推与"事物本质"——兼论类型理论》,吴从周译,学林文化事业公司1999年版,第119页。

立法者所预想的类型,从而为当下问题的解决提供起点与方向;而透过对法律意旨的解读,尤其是与当下的情势相结合,解释者可在"客观的目的论"的指引下,得出贴近事理、趋向类型的解释结论。由此可见,类型性的思考于人们并不陌生,作为一种弥散性的线索,它一直潜藏在传统解释论的底层。但是,它却从来没有像今天这样清晰可见,从来没有形成一种整体性的解释方法。将之揭示出来,并予以尽可能的系统化,正是我们的理论追求。

第十四章
刑法上"类推禁止"的反思[*]

一、问题的提出:"类推禁止"如何可能?

在当下的刑法理论中,"类推禁止"无疑是一种常识。[1] 尽管在一般法学方法论上,类推的漏洞补充功能仍得到普遍承认,[2] 但在刑事法领域,此项漏洞补充技术却遭到了极为严酷的拒绝。这不仅是因为,类推在形式推理上具有或然性,无法获致完全可靠的逻辑结论;也不仅仅是因为,一旦承认类推,它就极有可能随时突破制定法的文字边界,从而使刑法的客观性、明确性及可预测性等重要价值被彻底虚置;更为关键的是因为,类推从始至终都是罪刑法定原则的"死敌",隐含着破坏、瓦解罪刑法定的巨大现实能量,由此对个人自由形成莫大威胁。基于上述考量,极度倚重形式理性之保障价值的刑事法领域,自然会对此种"邪恶的幽灵"施以最坚决的压制,对此种可能破坏刑事法治的危险形式表达最极端的警惕。

如此一来,"禁止类推"已成为刑法学理上的某种"禁忌",学者不敢轻易置喙。因为,任何在这一问题上发起的追问或是挑战,都将面临巨大的理论风险:一方面,"禁止类推"构成罪刑法定原则的一个当

---

[*] 原题为《刑法上之"类推禁止"如何可能?一个方法论上的悬疑》,载《中外法学》2006年第4期,略有修改。

[1] 刑法上的类推禁止,是就不利于被告人的类推而言的。一般认为,有利于被告人的类推可以允许。因此,以下所讨论的类推,除特别申明外,都指不利于被告人的类推。

[2] 在一般法学方法论上,类推是一种重要的法律漏洞填补方式,亦有学者称之为"法的续造"。参见黄茂荣:《法学方法与现代民法》,中国政法大学出版社2001年版,第290页以下;[德]卡尔·拉伦茨:《法学方法论(全本·第六版)》,黄家镇译,商务印书馆2020年版,第185页以下。

然推论,[1]已然成为与罪刑法定相为表里、浑然一体的自在之理,任何偏离于这一主流话语的奇谈怪论,都必将遭受罪刑法定的排斥;另一方面,"类推禁止"作为1997年刑法修订中的标志性成果,已经凝结了某种"刑法现代化"甚至是"法治进步化"的宏大意义。因而,凡是试图对这一命题予以挑战的学者,都难以摆脱这样的指责——他/她是不是仍然受到阴魂不散的1979年刑法所驱使?甚至,他们还必须随时做好准备,接受诸如"法治的反动""历史的倒退"之类重磅炸弹的狂轰滥炸。这将促使他们背负太过深重的历史与政治包袱。在这样的知识背景下,学界自然失去了对这一问题哪怕是最为基础的反思意识与能力。

我们无意于对"禁止类推"命题进行结构性的颠覆。我们始终坚信:绝非每种刑罚的扩张均为合理且正当,刑罚的发动应该有所节制。在此意义上,"禁止类推"尽管留下了刑法规整的空隙,但在整体上仍应得到维持。只是,当进一步追问,刑法上的"类推禁止"如何得以实现时,我们很可能会失望。在通说看来,刑法可以进行解释,包括扩张解释,但必须禁止类推。解释与类推存在性质上的区别,依其本质应被明确区分。[2] 如此一来,何处是可允许的解释之结束,何处是应禁止的类推之开始,自然便成了问题的关键。因为,这一具体界限的厘定,不仅构成了区分类推与解释的一个根本标识,而且构成了"禁止类推"之所以可能的技术性基础。类推能否得以禁止,如何得以禁止,统统均牵系于这一技术上的可行性支撑。如果没有切实可行的区分技术,所谓的"禁止类推"就只能是纸上谈兵,所谓的类推与解释间的界限(特别是与扩张解释的界限)就将变得模糊难辨,进而,所谓解释与类推间的本质区别也必将变得十分可疑。

通说非常自信地提供了这个标准——"可能的文义范围"。在其主将拉伦茨看来,类推属于法的续造范畴,而解释与法的续造之间的

---

[1] 参见张明楷:《外国刑法纲要》(第三版),法律出版社2020年版,第20—24页;马克昌:《比较刑法原理——外国刑法学总论》,武汉大学出版社2002年版,第70—72页。
[2] 参见杨仁寿:《法学方法论》,中国政法大学出版社1999年版,第163页;陈兴良:《刑法适用总论(上卷)》(第三版),中国人民大学出版社2017年版,第29—32页。

界限,只能是语言上可能的字义,实在不能发现其他的界分标准。[1]由此,"可能的文义范围"构成了区分解释与类推的重要标志:法律解释活动只能在可能的文义范围内为之,而一旦超出了可能的文义范围,就进入了规范续造和类推适用的领域。

然而,问题在于,"可能的文义范围"是否足以构成解释与类推之间可靠的区分基础?其能否切实承担起"类推禁止"的门神之职,并为"类推禁止"提供充分的可行性支撑?在我们看来,这仍大可探究。问题还在于,如果"可能的文义范围"标准出现了功能性障碍,无法完成解释与类推的有效区分,那么,这到底是由于这一标准本身缺乏稳定而清晰的品格所致,还是根源于解释与类推间更为深刻的内在缠绕?更为明畅地讲,当某个备选答案无法解题时,只有两种可能,要么是答案出错,我们应转而寻求更好的解答;要么是问题出错,根本没有适格的答案,我们应重新探求更为恰切的问题提出。同理,当"可能的文义范围"无法完成既定的任务时,我们也只能遵循上述思路,或转而寻求更加实在可行的界分标准,或再度凝视主流叙事的问题设定本身,即刑法解释与类推之间,是否真的存在本质区别?抑或,两者根本就是性质上无从甄别的交织之物,在外延上混沌而渐进的流动过渡?人们应如何看待解释与类推之间复杂而又微妙的关系?以及,伴随着这一关系的重新定位,将会对刑法上"类推禁止"命题产生怎样的影响?刑法上绝对的"类推禁止"能否实现?人们是在何种意义、程度和范围内来讨论"类推禁止"?

总之,尽管刑法上的"类推禁止"已成为某种不可动摇的宏大叙事,但其在方法论上的疑问还远未澄清,殊值进一步精微细致的理论反思。

二、"可能的文义范围":不可能完成的任务

正如上述,通说以"可能的文义范围"作为区分刑法解释与类推的

---

[1] 参见〔德〕卡尔·拉伦茨:《法学方法论(全本·第六版)》,黄家镇译,商务印书馆2020年版,第185页。

标准。然而,这一标准是否具有稳定而清晰的品格,是否足以承担起界分解释与类推的任务?这是一个亟待求证的问题。这一问题的证成或证伪,将直接关涉类推禁止在技术上是否可行,在方法上是否可靠。

下述研究将表明,"可能的文义范围"根本不足以承担起这一艰巨的任务。这主要是因为,所谓"可能的文义范围",绝非仅是一种单义,而毋宁是一种意义的集合,一个意义的区间。更为紧要的,此种集合和区间的外在界限并非清晰明了,其不仅难以获得主体间性的普遍确认,而且往往存在共时性与历时性的理解分歧。特别是,随着大量概括性条款和模糊性概念的引入,刑法文本的明确性正面临日趋严峻的挑战,弹性化与开放化的文本观念将更加深入人心。而此种弹性化与开放化的倾向,必然会进一步扩张文义的伸缩范围,促进其灵活性和模糊性的快速增长。如此一来,所谓"可能的文义范围"乃极富弹性的范畴,它饱含细微的差别,并始终具备或多或少的意义变化可能,外在界限变动不居。以这样一个本身界限并非清晰、稳定的"区间概念"或"集合概念",去充当界分解释与类推的隔栅,就势必勉为其难,也定将令人们失望。更为致命的问题还在于,尽管主流理论始终认为,只要将司法活动的区域限定在"可能的文义范围"之内,就能够保证国民对此司法行动之结果具有足够预期。但是,我们仍要指出,这很可能是一个天大的误会。有证据一再表明,可能的文义范围并非总是与国民的可预测范围保持一致,对文义范围的遵从也并不能担保国民的可预期性。质言之,在文字的意义范围和国民的可预测范围之间,根本不存在一种可观察的、协调一致的对接关系。在下面的文字中,我们将进一步展开分析。

一个前提性的认识是,刑法文本中的语言从来都不是单义的。恩吉施曾按照明确性的程度,将刑法概念分为以下四种:(1)数字性的因而是绝对确定的概念;(2)以在整个社会中广泛且一致的应用为基础的分类性概念;(3)功能性的概念,其并非通过相同的含义展示,而是通过相同的社会性功能得以构建;(4)纯价值概念。[1] 可以看到,刑法语言并不是一种科学语言,其语素不是由单义的、完全数字化的符号构成。事实上,只有完全形式化的数字概念或符号概念才具有精确的、单义的品格。而刑法中使用的语言,无论是专业用语还是普通生活用语,无论是描述性的构成要件要素还是规范性的构成要件要素,无论是功能性概念还是纯价值概念,都始终存在模糊性、多义性和流变性的特点,都始终只是一种可能意义的集合。这一点,只需从一个稍微极端一点的例子就可看出:故意杀人罪是一个相当常见的犯罪。其中,"人"这一范畴普遍被认为是一个相当精确的描述性概念。然而,在18世纪以前,杀害一个黑人,在美国很可能就不构成普通法上的故意杀人。因为,按照当时的习惯性理解,"人"这个概念不涵盖黑人。[2] 同样,在今日之刑法上,胎儿、已经宣告死亡的人、行为人自身等个体,到底属不属于这里的"人",也并非没有疑问。如此看来,即使像所谓"人"这样一个公认的明确性概念,也同样存在一个或多或少的、可变化的意义空间,而绝非我们想象的那样一目了然。

澄清刑法语言的非单义性,这算不上一种发现。主流理论也正是看到了这一点,才将其界分标准称为"可能的文义范围",这实际上也是承认了语词是一种意义的集合。然而,问题在于,"可能的文义范围"作为一种意义的综合体,其外在界限绝非清晰、明确,而是一个含有相当之变化可能、在一定程度上可自由伸缩的意义区域。申言之,这一所谓的"可能性"能灵活伸展到何种地步,到底包含多大范围的"可能",在很多情形下难以清晰地确定。之所以如此,主要是基于如下原因。

(一)主体性分歧

首先,对文义范围的理解人言人殊,根本无法获得一个众口称是的结论。在日常生活中,存在一个由来已久的假定,即所有的文字意

---

[1] 转引自劳东燕:《罪刑法定的明确性困境及其出路》,载《法学研究》2004年第6期,第81页。
[2] 参见苏力:《送法下乡:中国基层司法制度研究》(第三版),北京大学出版社2022年版,第211页。

义均隐含在语言之中,锁定在言说者用以表达的文字载体之中。如果当真如此,那我们就必须承认,只要懂得语言,就一定能畅通无阻地理解法律。然而,事情绝非如此简单。即使认识刑法典当中的每一个字词,也并不必然能准确地理解刑法。只有当我们很好地掌握了相关的学理脉络和司法实践之后,才能真正从刑法的字里行间"读出"意义。之所以有这样的转变,其真实原因在于,作为读者的我们发生了变化。理解是读者的一种活动,在理解过程中,读者也同时参与了对文本意义的创造。

既然如此,语言意义的理解过程,就绝非是一种纯粹发现或领受的过程,而一直是并且主要是理解者的一种自我参与的过程。在这一过程中,文字含义的确定,离不开理解者的能动构建,离不开理解者对文本含义的揭示和开发。理解者本身构成了确定文字意义的一个不可挣脱的背景。文字的含义如何,将在很大程度上依赖于主体本身会如何解读,如何确信。诚如伽达默尔(Gadamer)所言,这是一种文本与读者之间的"视域融合"。如此一来,要对所谓的文义范围形成"主体间性"的共识,就将变得相当困难。因为,在任何理解活动中,理解主体必然会进入一种相对独特的"理解视域",必然会将自己诸多的个人因素带入到理解之中。这些因素是一个复合体,杂糅了政治、经济、学术、利益等太多方面的考量,因而必定是含混的、不确定的和个性化的。同样,每一位理解者的切入视角、智识背景和情感体验都会有很大差别,无法形成一个全然相同的阅读情境。考虑到这些,我们就不得不承认,对"可能的文义范围"根本无法形成一种普遍认同的、主体间性的结论。这也说明了,为什么同样是将"电力"解释为"物",有些学者就认为是扩大解释,而有些学者则认为是类推解释。[1] 人们很难获得一种对"物"的含义范围的普遍共识。

(二) 历时性变迁

对文义范围的理解,还存在着历时性差异。语言文字的一个基本

---

[1] 参见〔日〕西原春夫:《罪刑法定主义与扩张解释、类推适用》,载西原春夫主编:《日本刑事法的形成与特色》,李海东等译,法律出版社、成文堂1997年版,第129页。

特点就是其意义的变迁性。一个语词在某个历史时期被普遍认可的意义,在另一个时期很可能会窄化甚至消失,相反的情况亦在所多有。随着时间的流逝,一个语词的意义很可能会不断扩张膨胀,一些以往不可想象的意义也会填充进来。例如,两百年前法律对婚姻的理解不像今天一样,包含所谓的"事实婚姻"。几十年前颇具贬义的"保守"一词,在今天已经具备相当的褒义。[1]

这也部分地解释了,为什么一部好的刑法典可以援用上百年的真实原因。既然刑法典的文字始终不变,它又是凭借什么,能从容面对瞬息万变的社会生活?唯一的可能是,尽管文字的符号载体已经固定,但文字的含义却会不断变迁。制定法的意义并非完全隐藏在法条文字之中,它同样孕育于生动而鲜活的社会生活。制定法的意义无法仅从枯燥的法条文字中读出,它只有在直面生活事实、应用于具体案件时才会真正显现。文字的意义范围,到底会随时间的车轮走到多远,谁也不能预测。但可以肯定的是,法律文字的可能意义是一种历时的、可延展的、可伸缩的意义场域,它需要随时接受生活的挑战。

一般说来,立法者是以语言的当时用法为据来进行表达和创制的。而理解者,特别是公众,则无疑是以语言的今日用法为准来进行理解的。这样一来,一旦语言用法出现了历时性的差异,那么"可能的语义范围"究竟是以什么时点的用法来确定?这不能不说是一个疑问。如果以语言的当时用法来确定,就明显违反了理性预期的要求,超出了国民可有效预测的范围,从而侵犯了国民的基本权利。因为,人们只可能以今日的语言用法来理解现行刑法;如果以语言的今日用法来确定,则又背离了立法者的规范意图,脱逸了文字的本来指向,很可能已经是身处某种语义的历史性扩张之中了。这种意义范围的变迁性,始终是一个不易解决的难题。

(三)共时性差异

对文字意义的解读,不仅在不同历史阶段存有差异,即使在同一历史时期也很可能会存在差别。这一点,在不同社会文化区域和职

---

[1] 参见汪晖:《关键词与文化变迁》,载《读书》1995年第2期,第107页。

业团体中表现得尤为明显。

在这方面,刑法为我们提供了最值得注意的例证。在对规范性构成要件要素的理解上,就特别能体现文化区域的背景差异和认识分歧。许多国家的刑法中都规定了强制猥亵罪。然而,何谓"猥亵",并没有一个大写的、普适的概念。不同地域、不同民族可能会有相当悬殊的理解。公然接吻的行为在现代西方国家和我国汉族地区一般不被认为是猥亵行为,然而在有些少数民族地区,如藏族地区,便可能是一种相当严重的伤害风化的猥亵行为。女性露出乳房、裸体表演(脱衣舞)等行为,在不同国家、不同文化群落也会存在不同看法,其是否构成"猥亵",则具体地依赖于当时当地的性文化习俗与观念。在对"淫秽""善良品行"等其他规范性构成要件要素的理解上,也无不存在着同样的问题。

此外,不同职业团体对同一语词的含义也可能有迥异的理解。孟子有句名言:"尽信书,则不如无书。"普通人很可能将这句话中的"书"理解为泛指性概念,但据有关历史学家的考证,此处的"书"是专有名词,特指"尚书"。[1] 于是,可以很清楚地看到,在普通人和历史学者之间,对同一语词的含义可能有重大的理解分歧。在法律上,我们可随处发现这些平凡的、取之于周遭生活的概念。但诚如恩吉施所指出的,确实存在一个特殊的"法律人的世界观"。在这个小宇宙中,法律人的规范理解与一般人的生活理解不会完全相同。[2] 在刑法上,"行为""结果""因果关系"等概念均来自于现实生活,但它们的含义绝非仅仅由日常生活意义来决定。它们必须在构成要件中寻求定位、评价和决定,从而在当为的维度上获得另一种规范意义,获得一种不同于普通生活意义的职业性理解。此时,到底是以普通的生活理解为准还是以专业的规范理解为准来确定语词的文义范围,便自然成为一个特别的问题。更加困难的是,在法律的言辞世界中,一个语词并非总是保持同一含义,有时同一个语词在不同的法律中会有不同

---

[1] 参见杨伯峻译注:《孟子译注》(下卷),中华书局1960年版,第325页。
[2] 参见〔德〕考夫曼:《法律哲学(第2版)》,刘幸义等译,法律出版社2004年版,第149页。

的规范含义,甚至是在同一法律的不同场合中也会有不同的规范意义。[1] 此时,究竟又应该如何确定文义的可能范围? 最为极端的是,在同一部法典的不同场合中,有时必须遵守特殊的规范含义,有时又必须回归到朴素的生活理解;在此处要采用这一规范含义,在那处又要采用另一规范含义,真是令人晕头转向、如坠云端。[2]

只需看看下面的例子,就会明了这种复杂性。"物"这个概念在日常生活中,含义可谓是相当清楚的。但刑法却完全可能采取不同的专业理解。例如,盗窃的对象如果是电力、热能或电磁记录,它们是不是"物"? 可以肯定,它们不是日常理解中的"物",因为它们不属于某种实体概念。但在刑法上,却很有可能被看成是"物",因为它们同样具有"物"的有用性价值,可以在规范上等同处理。如此一来,刑法上所理解的"物",并不一定是指物的实体,而完全可能亦指甚至仅指物的价值。由此,某种不同于生活理解的"法律人的世界观"的确是存在的。此时,到底要根据哪一种标准来确定"文义的可能范围",不能不说存在疑问。如果以专业理解为准来确定"文义的可能范围",就会超出普通国民的预测范围,从而背离遵循文义范围的本来趣旨;如果以生活理解为准来确定,又将脱逸于刑法调节社会生活的规范目的。

来看看更为复杂的情况。在今天的中国《刑法》上,共有四种犯罪涉及"贩卖"行为:走私罪、拐卖妇女儿童罪、贩卖毒品罪和贩卖淫秽物品罪。从一般生活理解上讲,"贩卖"是指买进后再卖出以获取利益的行为。它包含了买进和卖出两个环节,与单纯的"出卖"有别。然而,是否上述四种犯罪中的"贩卖"一词都遵循此种生活含义? 按照有些学者的理解,它们都必须遵循普通的生活用法;而另一些学者则认为,为了不致形成处罚的漏洞,就必须作出如下理解:在走私罪和拐卖妇女儿童罪中,"贩卖"应被理解为单纯地"出卖""出售",因为在罪状

---

[1] 例如,关于"文书"概念的内涵,在证据法和刑法中可能不尽相同。
[2] 例如,刑法上的"暴力"一词便有最广义、广义、狭义、最狭义等四种不同含义。抗税罪、暴力危及飞行安全罪、抢劫罪等不同犯罪中,都涉及对"暴力"的阐释,但都各取不同的含义。相似的情形还在所多有,如对"胁迫""伪造"等词的理解。参见张明楷:《刑法分则的解释原理》(下册),高等教育出版社2024年版,第835—841页。

的表述中,法条是将"收购"或"收买"与"贩卖"相并列的,这便意味着"贩卖"一词中已不再包含"买入"的含义;而在贩卖毒品罪和贩卖淫秽物品罪中,"贩卖"应被理解为既包括单纯的"出卖""出售",又包括"买入后再卖出",因为法条没有将"收购"或"收买"与"贩卖"相并列。[1] 于是,何处应依循法言法语的特定含义,何处又应复归到朴素的生活理解,同一法律中,何处应遵循文字的此种理解,何处又应遵循文字的彼种理解,真有如"无知之幕",让国民无法捉摸。有时候,法官也不得不在日常生活含义和法律专业理解之间来回穿梭。当专业人士内部也存在不同意见,法条用语本身亦非协调一贯时,应遵循哪种理解根本无从判断。

(四)概括性条款与不确定概念的影响

对文义范围的理解,还将随着大量概括性条款和模糊性概念的引入而变得难上加难。在今天的成文法国家,随着社会生活的急剧变迁,立法者不得不放弃过度僵硬、严格的明确性要求,转而寻求法的安定性与灵活性之间适度张力与平衡。作为立法技术上重要的应对措施,概括性条款和不确定概念开始大量引入刑事立法。尽管这些概念的运用曾长期受到刑法学界的抵制,尽管立法者亦尽量保持使用上的节制,但难以否认的是,这些概念和条款的扩张运用已成为一种引人注目的现实。[2]

概括性条款和不确定概念的引入,在增强了刑法张力的同时,亦给其明确性、客观性和可预测性等价值造成了极大损伤。一般而言,概括性条款与不确定概念具有两个重要特性:一是内容的不明确性,即法官的裁判不再建立在形式逻辑的认知方式上,而是更多地让位于自由裁量;二是外在价值的介入,即对这些概念的判断,并非仅仅涉及法律的内在价值,而是应更多地参考外在于法律系统的评价,如

---

[1] 参见张明楷:《刑法分则的解释原理》(下册),高等教育出版社 2024 年版,第527—528 页。
[2] 在中国《刑法》上充斥着此类模糊性概念。例如,大量存在的情节犯、数额犯,极为含混的生活性概念(如"行凶"),口袋罪名(如寻衅滋事罪、非法经营罪)等都使《刑法》用语的明确性大大折损。

伦理的、心理的和政治的评价。这样的一些特性,一方面使"可能的文义范围"的判断,必须经由法官的裁量去完成,从而使主观性的成分大幅增长;另一方面,它也使所谓的"可能的文义范围"的界定,成为一种开放性的认知,一种更倚赖于外在变量(如政治的、伦理的、心理的因素)的认知,由此带来极大的变数。在此种双重影响之下,"可能的文义范围"将变得更加不易判断。

(五)可预测性的神话

以"可能的文义范围"作为界分解释与类推的标准,据说还有一个非常坚实的理由。也即,国民对于自己行为的性质、后果的可预测性,被认为是一种基本人权,一种不能忽视的重要价值。之所以必须在"可能的文义范围"内活动,是因为只有这样才能保障国民的预测可能性。[1] 而类推之非理性,也部分地根源于其对理性预测价值的背离。于是,"预测可能性"成为支撑"可能的文义范围"作为界分标准的一个关键性论证。

然而,"可能的文义范围"是否总是与国民的可预测范围保持一致?对文义范围的遵从,是否必然能保证国民可预期性的获得?

一个前提性的质疑是,普通民众对于自己行动的性质与后果真是通过法条来预测吗?应当看到,社会生活的规则往往不是透过法律传达给公众。人们对这些规则的了解,主要是通过日常生活沟通完成,在互动与实践中习得。也因此,公众对行为性质的认识,对于行为后果的判断,对于合法与不法的想象,并非透过专门的法律学习和研读而产生,而主要是通过亲身的社会行动而达成。换言之,人们是在具体的、生动的社会实践中累积对于行动规则的感知,而不是从抽象、僵硬的法律文字中读懂这些规则及后果。经验也常常显示,人们并不是在决定任何冒险行动之前,都要去翻阅一下刑法这个"备忘录"。既然如此,法条文字传递信息的功能就可能退让出来,而主要应该以司

---

[1] 参见[日]西原春夫:《罪刑法定主义与扩张解释、类推适用》,载西原春夫主编:《日本刑事法的形成与特色》,李海东等译,法律出版社、成文堂1997年版,第129页;张明楷:《外国刑法纲要》(第三版),法律出版社2020年版,第22页。

法操作的功能为先。法条文字的第一目标可能并不是什么资讯传达,而更可能是限定司法权利。[1] 如果是这样,所谓通过法条文字来预测行为的后果,是不是可归结为一种虚幻的臆想?

有人会质疑,就算公众在行动前通常不参阅法条,但万一如此,我们还是必须保证立法准确地传递相关信息。如此一来,法条文字便仍是公众理性预测的重要凭借。然而,即便如此,是否如主流理论所预想的那样,可能的文义范围总是与国民的可预测范围保持一致?一旦坚守了"可能的文义范围",就必然能够保证国民可预期性的获得?对此,我们持怀疑态度。因为,其一,人们即使阅读法律,也可能只是按照通常含义来理解法律的文言。此种通常含义是一种常规含义、典型含义,转换为哈特(Hart)的说法,即核心含义。此处,"通常含义"与"可能含义"之间存在重要区分:外延上,通常含义必然小于等于可能含义。因此,即使是在可能语义的界域之内,但如果超出了通常理解的语义,也仍可能有损国民的理性预期,因为国民是以通常含义来进行理解和判断的。其二,还存在这样的情形,即虽然超出了"可能的语义范围",但国民仍有预测之可能。西原春夫极具洞见地指出:"从一般国民的规范意识看,按照法律条文的语言学意义,这种行为类型既然为国家所禁止,其周围相似的行为在内容上也大概是同等性质了,达到这样认识的场合也是存在的。"[2]的确,在某些情况下,对于与法律规定相类似的情形,即使已经超越法律文言的语义范围,国民也仍有可能保持一定的敏感与疑虑,仍有预测之可能。心理学上的"联想律",难道不正是一种有力的旁证?

主流学说的失误在于,一方面,它罔顾国民往往是通过文字的通常含义来理解和预测法律的事实,其透过所谓"可能的文义范围"扩张了国民预测的范围。由此,即使是在通常含义之外,只要仍在含义的最大集合之内,便仍在预测的可能性范围之内。然而,此种所谓的文

---

[1] 参见[德]考夫曼:《法律哲学(第2版)》,刘幸义等译,法律出版社2004年版,第180—181页。
[2] [日]西原春夫:《罪刑法定主义与扩张解释、类推适用》,载西原春夫主编:《日本刑事法的形成与特色》,李海东等译,法律出版社、成文堂1997年版,第126页。

义之"可能范围",所谓的预测之"可能性",往往是一种与事实不符的、极度扩张的"可能";[1]另一方面,主流学说又忽视了这样的事实,即在某些特别情形下,即便是超越了法律语言的语义范围,只要相关情形与法定类型有一定的相似性,国民也仍有可能对之保持敏感和认识。可以发现,主流学说时而扩大了预测的范围,时而又缩减了预测的空间。其更深的目的乃在于,试图在预测的"可能性"与文义的"可能范围"之间,创设一种貌似一致的对应关系。然而,上述论证已经显示:在文字的意义范围和国民的预测范围之间,根本不存在某种可观察的、协调一致的对应关系。

综合以观,"可能的文义范围"无法获得主体间性的普遍共识,又往往存在历时性与共时性的理解分歧。晚近刑事立法中,随着大量概括性条款和不确定概念的渗入,更是使此种文义范围的判断充满模糊与含混。如此一来,所谓"可能的文义范围"乃一极富弹性的范畴,它饱含微妙而繁复的差别,并始终具备或多或少的意义变化之可能,外在界限变动不居。其根本不具有稳定而清晰的品格,无法完成解释与类推之间的界分任务。更为关键的是,对国民预测可能性的保障,难以成为支撑"可能的文义范围"的有效论证,在预测范围与文义范围之间并不存在某种稳定的对应关系。这对通说而言,无异于釜底抽薪。

哈特曾极富教益地指出:一般的规则语言,只要跨出其核心的意义领域,就将不可避免地遭遇不确定性的问题。[2] 尽管哈特提出这一"空框结构"的初衷,仍在于维护某种文义的确定性,但在我们看来,除了在个别情况下法官可就对立语词的核心意义作出排除性的判断,在一般情况下,当法官面对两个语词之间大片的交界地带,根本无法积极确定所谓"文义的可能范围"。这里,并没有任何决然的界限,而毋宁只是一种"连续体上的差别",一种"渐进而流动的过渡"。

---

[1] 正是此种虚幻之可能,加大了法律解释自由行走的空间。因为,它们无论如何突破文字的"通常理解",只要仍在所谓的"可能的文义范围"内,便仍然没有损害那虚无缥缈的预测"可能性"。如此一来,虽然事实上已经一再地损害国民的预测权利,但在"可能性"的掩饰之下,仍然享有所谓"解释"而非"类推"的美名,仍然拥有无可置疑的正当性与合法性。

[2] See H.L.A.Hart, The Concept of Law, Oxford University Press, 1994, pp. 124-128.

这里,可以清楚排除的"不可能",通常只是极少数情况,而不能明确界定的"可能性",则是更为通常的情形。因此,是否真如拉伦茨所言,在大多数情况下可以确定某种解释结论已逾越界限,[1]仍大有可商榷之余地。

三、解释与类推的交织:对几种法律解释方法的追问

通过上面的讨论,我们仅仅只是得到了一种否定性的结论:"可能的文义范围"尚不足以清晰地界分解释与类推。然而,任何学术研究都会进一步要求某种建设性的姿态:能不能提供一种更为优秀的标准,并以之取代"可能的文义范围"?的确,我们有时根本无法提供尽善尽美的答案,而只能寻求某种最不差的解答。

然而,如果不执着于某种偏一性的思路,不是仅仅从更优解答的角度来探寻出路,局面就可能会焕然一新。一般说来,当某个备选答案无法解题时,只有两种可能:要么是答案出错,应转而寻求更好的解答;要么是问题出错,根本没有适格的答案,应重新探求更为妥当的问题提出。在我们自认为最圆满的解答都无济于事时,问题很可能就出在"问题"本身。

于是,就极有必要进行某种"原罪式"的拷问,并再度审视主流叙事的问题设定本身:"解释与类推存有性质上的区别,依其本质应相互分离。"正是在这一前提预设下,人们才会去追寻所谓稳定而清晰的界分标准。然而,解释与类推是否真的存在性质上的绝对区别?应当如何看待解释与类推之间复杂而又微妙的关系?以及,伴随着此种关系的重新定位,将会对刑法上的"类推禁止"命题产生怎样的影响?

(一)类推适用、类推解释与类比推理

对于"类推"本身的理解,将在很大程度上影响上述问题的推进。在法学方法论上,存在"类推适用""类推解释"和"类比推理"等不同范畴。

首先,关于"类推适用"的基本含义,学者们的看法并无本质差

---

[1] 参见〔德〕卡尔·拉伦茨:《法学方法论(全本·第六版)》,黄家镇译,商务印书馆2020年版,第407页。

异,仅在表述上略有不同。杨仁寿先生认为:"类推适用,系就法律未规定之事项,比附援引与其性质类似之规定,而为适用";[1]黄建辉先生亦认为:"法律上之类推适用,系指法无明文之系争案件,比附援引与其类似性质之案型规定";[2]沈宗灵先生则指出:"类推适用,又叫'比照适用'……是指执法、司法机关在处理案件时,对法律没有明文规定的,可以在一定条件下比照适用最相类似的法律条文进行处理。"[3]总结而言,在法学方法论上,类推适用是作为一种漏洞填补技术而存在。亦即,当法律无法以涵摄或解释而达致具体判决时,换言之,当法律缺乏规范而存有漏洞时,可以通过比附援引的方式引用相类似的条文处理。我国1979年《刑法》所确立的"类推制度",也正是建立在上述理解之上。

其次,关于"类推解释"的性质,则存在激烈争议。总结起来,大致有三种见解:第一种见解认为,类推解释与类推适用是同一概念,两者没有区别;[4]第二种见解认为,类推解释与类推适用存有极大的差别,前者属于狭义的法律解释之范畴,后者则是一种法律漏洞的补充技术,两者应严格区分;[5]第三种见解认为,在狭义的法律解释观念下,类推是一个外在于解释的范畴,因而类推解释概念本身就自相矛盾,根本无成立之余地。[6] 在我们看来,对类推解释这一范畴性质的澄清,必须建立在对解释与类推之关系的精准把握之上。如果类推与解释真是水火不容的关系,则不可能存在类推解释这样的怪胎;如果类推与解释并非水火不容,则可能存在以类推为动力的解释活动。关于类推与解释的紧密关联,容后详述。

---

[1] 杨仁寿:《法学方法论》,中国政法大学出版社1999年版,第163页。
[2] 黄建辉:《法律漏洞·类推适用》,蔚理法律出版社1988年版,第77页。
[3] 沈宗灵主编:《法学基础理论》(第二版),北京大学出版社1994年版,第399页。
[4] 如有学者认为,类推解释是指:"对于刑事法律虽然没有明文规定为犯罪、但具有一定的社会危害性的行为,可以比照规定最相类似性质的行为的刑事法条进行定罪处罚。"这无疑是将类推解释等同于类推适用。参见陈兴良主编:《刑事法总论》,群众出版社2000年版,第153页。
[5] 参见杨仁寿:《法学方法论》,中国政法大学出版社1999年版,第161页。
[6] 参见周少华:《"类推"与刑法之"禁止类推"原则——一个方法论上的阐释》,载《法学研究》2004年第5期,第62—63页。

最后,对于"类比推理"而言,法学方法论毫无例外是将其视为一种法律推理的基本形式。在逻辑学上,类比推理是根据两个对象的某些属性相同,从而推出它们在另一些属性方面也相同的推理。[1]在法学上,作为逻辑学理论的一种自然延伸,它是指基于某种重要属性的相似性,而将一类案件的法律效果归之于待决案件。可以很清楚地看到,类比推理构成了类推解释和类推适用重要的思维基础。在类比推理的思维指引下,类推解释(如果成立)与类推适用的区别仅在于应用范围的广狭,即究竟"走了多远"的问题。按照主流理论就是,前者是在"可能的文义范围"内运用类比推理,后者则是在"可能的文义范围"外运用类比推理。然而,正如前述,所谓的"可能的文义范围",根本不具有稳定而清晰的品格,因此,它根本不能有效界分类推解释与类推适用。惟其如此,所谓的类推解释与类推适用之间的区分,至少在现有标准下,不具有可行的技术性基础。类比推理是其共同的逻辑思维底色,运用范围并不足以成为区分两者的基准。下文讨论的类推,其核心指向便是类比推理。

(二)作为思维方式的类推

类推的真谛就在于,使相似事物能得到相似处理。法律上一直存在的平等原则,实质上就是一种类推的原则。因为,在这个世界上,完全相同的事物根本不会存在,所谓"相同事物相同处理",一直是将"相似事物相似处理"。

类推既非相同,亦非相异,而是介于两者之间,两者兼俱。按照海德格尔(Heidegger)之说法,就是"同一与相异之休戚相关";依雷克布林克(Lakebrink)之提法,则是"同一与矛盾之中点";或者如黑格尔所言,乃是"统一与对立之统一"。[2] 在类推的操作中,此种雷克布林克意义上的"中点"或黑格尔意义上的"统一性"的求得,就是在重要的评价观点之下的一种"相似性"的求得。申言之,在类推时,待处理的

---

[1] 参见吴家麟主编:《法律逻辑学》(第2版),群众出版社1988年版,第227页。
[2] [德]亚图·考夫曼:《类推与"事物本质"——兼论类型理论》,吴从周译,学林文化事业有限公司1999年版,第43页。

事物并不是从孤立的单独观察中去认识,而是在一种与其他事物的关联中加以认识。此种关联性的考察,首先有赖于一个比较点的选择、一种重要评价观点的确立。两个事物只有在这一比较点上存在"相似性",方能作相同之处理。由此而论,类推的认识始终是一种比较的、关系性的认识,是一种在重要评价观点之下,将相比较的事物不断拉近并最终形成对接的过程。

这样一种思维方式,早在西方的形而上学传统中,特别是在亚里士多德及阿奎因(Aquin)的学术思想中占据了核心位置。[1] 而在今天,类推思维早已渗入很多基础学科领域:生物学、医学(特别是解剖学)、艺术史、物理学、农业学、社会学、历史哲学,更遑论神学。[2] 只有在法学上(特别是在刑法学上),类推才被贬抑为一种漏洞填补者的可怜角色。难道,类推在法学中的表现与其在其他领域之成就真有如此巨大的落差?事实上,作为"人类精神最高度发展的创作",[3] 类推思维在法学中理应扮演更为重要的角色。正是清醒地看到了此点,考夫曼才豪迈地宣称:"法的现实性本身是根基于一种类推,因此法律认识一直是类推性的认识。法原本即带有类推的性质。"[4]

值得特别指出的是,决不能将类推局限地理解为"类推适用"。固然,79年刑法确立的类推适用制度可能会为这种理解提供合理的支撑,但是,这样的一种理解存在浓厚的"以事说理"之嫌。类推适用作为制度形态的存在(况且还只是一种曾经的存在),并不构成对类推进行正确理解的唯一合法来源。与其说类推是一种司法上的特别适用制度,不如说其是一种思考上的根本方法、一种法律推理的思维模式。这样的一种类推理解,很可能与传统的类推概念(将类推界定为类推

---

[1] 参见〔德〕亚图·考夫曼:《类推与"事物本质"——兼论类型理论》,吴从周译,学林文化事业有限公司1999年版,第45页。

[2] 参见〔德〕亚图·考夫曼:《类推与"事物本质"——兼论类型理论》,吴从周译,学林文化事业有限公司1999年版,第47页。

[3] 〔德〕亚图·考夫曼:《类推与"事物本质"——兼论类型理论》,吴从周译,学林文化事业有限公司1999年版,第49页。

[4] 〔德〕亚图·考夫曼:《类推与"事物本质"——兼论类型理论》,吴从周译,学林文化事业有限公司1999年版,第45页。

解释或是类推适用）相去甚远，因而极易被指摘为一种"概念偷换"。然而，在我们看来，一方面，对于类推的理解完全可能有多元化的把握，不存在也绝不应该存在定势化的、唯一正确的理解；另一方面，如果说类推解释或类推适用只是类推思维的运用方式，只是类推概念的"皮囊"，那么，类比推理则构成类推解释或类推适用的思维基础，构成类推概念的"硬核"。我们应该透过表象，直指核心。

（三）解释与类推的交织

按照考夫曼的说法，法律认识从来都是类推性的认识。如果法律解释也还算是一种法律认识的话，那么，解释与类推之间究竟会是一种什么样的关系？在各种所谓的法律解释方法中，渗透的究竟是一种什么样的思维？

罗克辛极富洞见地指出，解释与类推在逻辑上绝非相互分离，因为解释必须以类推来操作。[1] 尽管罗克辛没有进一步论证，解释是如何以类推的方式来操作的，但这毕竟让我们看到了一个重要的方向。事实上，只需沿着前人的足迹勇往直前，立即就会有一种豁然开朗的感觉。在下面的分析中，我们便试图通过对几种常见的法律解释方法的解剖，撩开那层一直不愿被人们所揭开的面纱，展示解释与类推在思维操作层面的紧密勾连。我们的研究将表明，解释与类推并不对立，法律解释如果不以类推为基本思考方式，将根本无法实现。经由文义的、体系的、历史的、目的论的或其他种类的解释来澄清法律意义，只有在类推的思维操作中方有可能。

1. 类推与文义解释

首先，让我们来看看文义解释。海奥兹（Hayoz）指出，文义具有双重任务，它是法官探寻意义的出发点，同时也划定其解释活动的界限。[2] 文义是否能清晰地划定解释的界限，上文已有详述，但文义的确构成了解释法律的第一步，尽管不是终结的一步。人们总是首先通

---

[1] 参见〔德〕亚图·考夫曼：《类推与"事物本质"——兼论类型理论》，吴从周译，学林文化事业有限公司1999年版，第151页。

[2] 参见〔德〕卡尔·拉伦茨：《法学方法论（全本·第六版）》，黄家镇译，商务印书馆2020年版，第406页。

过推敲文本的语言意义来进入文本的。

正如前述,文字的意义始终不是一种精确的单义,而是一种具有或多或少的意义可能性的集合。在这样一个集合内,核心含义与边缘含义,此含义与彼含义,从来都不能达到一种精确的相同,而只是一种相似性的联系。其关系正如维特根斯坦(Wittgenstein)所指出的,最多只是一种"家族类似"。[1] 同理,既然这些含义只是一种类似性的联系,那么,它们所指向的实体之间也只能是一种类似性的联系。我们之所以会把这些意义都归结为同一个语词,之所以会把这些对象都纳入到同一个范畴,正是基于此种"类似性"的比较和确定。由此,当人们说解释可及于"可能的文义范围"时,当人们说文义存在核心/边缘之分时,其实已经是身处类推之中了。因为,这种可能的文义,这种核心与边缘意义,既非完全相同也非完全相异,而从来只是一种类似。当人们从此种核心意义推论到边缘意义,从典型意义跨越到非典型意义,从通常理解进入到专业理解时,无不是在一种"意义类似性"的观点指导下,从事一种类推的操作。当人们将"具有证明作用的符号"视同为"文书",将盗窃"电磁记录"视同为"窃取公私财物",将"盐酸"或"训练有素的动物"视同为"凶器"时,难道不正是在进行一种"含义"的类似性推定?就此而言,施雷伯(Schreiber)的见识的确是高人一筹:所有在自然的、非精确的语言中进行的法律发现,都指向类推。因为,在法律适用于事实的过程中,不断涉及"类似性的"比较与确定,在语言的范围内无法达到一种精确形式的"相同性"。[2]

这里,不得不尤其提到扩张解释。通说认为,扩张解释乃论理解释的一种,是指法律规定的文义失之于狭隘,不足以表明法律的真实含义,于是扩张其意义,使其符合法律的真实意义的方法。[3] 扩张解释的特点在于,其对语词的解释超出了文字的通常含义,但并没有超

---

[1] 关于"家族类似"问题的详细分析,参见维特根斯坦:《哲学研究》,汤潮、范光棣译,生活·读书·新知三联书店 1992 年版,第 1 节以下。

[2] 参见〔德〕亚图·考夫曼:《类推与"事物本质"——兼论类型理论》,吴从周译,学林文化事业有限公司 1999 年版,第 149 页。

[3] 参见张明楷:《刑法分则的解释原理》(上册),高等教育出版社 2024 年版,第 43 页。

出"可能的文义范围"。于是,关于扩张解释与类推的区别,通说将其归纳为:(1)从形式上看,扩张解释所得出的结论,并未超出刑法用语可能具有的含义,是在刑法文义的"射程"之内进行解释;类推所得出的结论,超出了刑法用语可能具有的含义,是在刑法文义的"射程"之外进行解释。(2)从思考方向上看,扩张解释是从能否纳入刑法条文解释的范围这一观点出发来考察社会生活中的各种行为;类推则并不是对某个词句进行解释,看行为是否包括在此解释内,而是从国家、社会全体的立场看某一行为的不可允许,然后再设法找出类似的法条以资适用。(3)从实质上看,扩张解释没有超出公民预测可能性的范围;类推解释则超出了公民预测可能性的范围。[1]

然而,根据前面的讨论,"可能的文义范围"不具有稳定而清晰的外在界限,因此不能构成扩张解释与类推之间可靠的区分基础。所谓公民可能预测的范围,也并非总是与文义的可能范围保持协调一致,两者之间不存在可观察的、稳定的对应关系。因此,第一点与第三点区别根本无法成立。

第二点区别变得尤为关键。在我们看来,扩张解释与类推在思考方向上,并不存在以上过于夸张的对立。事实上,任何解释活动,首先都有一个前提,即寻找可资适用的法律规范,再将规范与事实相对应。在任何解释者的心中,无论是凭借其正义感、法意识、理论滋养还是司法经验,其实也都事先存在着目标规范。并且,在具体的解释活动中,法官对法律文言的理解也不能摆脱前见的指引,尽管在理解过程中随时可能修正。拉德布鲁赫指出,解释是解释结果的结果,解释方法是在结果已经被确定了之后,才被选择的。[2] 从这个意义上讲,扩张解释也无非是在某种"前理解"引导下进行的"找法"过程,以及法律与案件间的权衡比较过程,这与类推在思考方向上没有差别。

实际上,扩张解释与类推不但在思考方向上没有区别,而且在思维方式上本就系出同源。坎托罗维奇(Kantorowicz)清楚地指出:除了

---

[1] 参见张明楷:《刑法分则的解释原理》(上册),高等教育出版社2024年版,第93页。
[2] 参见[德]考夫曼:《法律哲学(第2版)》,刘幸义等译,法律出版社2004年版,第120页。

案件的类似性,扩张解释也不具有其他的动力与方法。[1] 的确,扩张解释在思维上的操作过程,就是一种类比推理的过程。只有在语词的字面意义无法回答当下案件时,人们才会跨出文字的字面意思,将其扩张到文字的其他可能含义。而之所以可以从文字的字面意义推论到溢出意义,从核心意义延展到边缘意义,就是因为它们在案件类型上具有相似性,在法律的规范意图上具有相通性。正是基于这一"比较点"上的对接,人们才具有了跨越的动力和理由。这里,可以明显地看到,作为一种扩展性的认知,扩张解释只有在类推的思维中才能操作。两者唯一的区别在于,此种扩展是否停留在一定的合理限度之内。正如,两者都踏上了同一趟思维的列车,只是该在哪一站下车的不同。然而,想要清晰地界定这一思维上的地标,控制那匹奔逸的骏马,绝非易事,它很可能构成了现代解释论上的最大难题。

2. 类推与体系解释

体系解释体现了一种整体主义的解释观念,是将法律文本预设为一种意义整体来理解和认知的。此时,必须以一种联系的、结构化的观点来进行把握,必须考察法律用语在整个体系脉络中的位置和相邻关系,而决不能孤立化、碎片化地理解法律文本。如此一来,"协调化"可以说是体系解释的最高境界。正如法谚所言,"使法律之间相协调,是最好的解释方法"。从思维上讲,所谓协调化的解释,就是必须做到相似情形相似处理、不同情形不同处理。这里,我们又分明地看到了一种类推的影子在不安地涌动。

在进行体系解释时,所谓相似情形相似处理,就是一种正向的类推。此时,解释者的目光必须不断往返于待比较对象之间,检视其在法言表述、体系位置或意义脉络上的相关特征,并寻求其中重要的相似之处。然后,基于此种相似性,解释者推论待比较对象应作相同处理。所谓不同情形不同处理,则是一种反向的类推。此时,解释者更加关注待比较对象之间的某种重要差异,并以此为据作出区别化的对

---

[1] 参见〔德〕亚图·考夫曼:《类推与"事物本质"——兼论类型理论》,吴从周译,学林文化事业有限公司1999年版,第13页。

待。例如,在中国《刑法》上,"妇女"一词散见于诸多个罪之中,如第236条强奸罪,第237条强制猥亵、侮辱罪,第240条拐卖妇女、儿童罪等。基于刑法体系协调性的考量,同时基于上述罪名在"妇女"一词上统一的文言表述,必须对上述各罪中的"妇女"一词进行统一解释,正所谓相似情形相似处理。然而,刑法典当中又数次出现了"幼女"一词。而且,非常明显的是,立法者是在一种相当清醒的意识下,有意使用了区分性的文字表述。于是,基于规范用语上的重大不同,同时也是基于规整对象上的重大区别,我们又必须对"幼女"一词做出不同于"妇女"的解释,正所谓不同情形不同处理。所以,毫不夸张地讲,体系解释无非就是一种以"体系协调性"为导向的、类推式的比较确定方式。

由体系解释发展出来的所谓"只含同类规则",更是以类推为基础。[1] 在刑事立法中,立法者经常在列举了若干确定的构成要件要素后,紧接着使用"等""其他"等措辞,来堵截式地完善刑事法网。从体系解释的角度看,在认定这些"等""其他"的含义时,必须始终观照前面所列举的要素,并做出与之性质相同的解释。也即,我们必须在这些明确列举的对象的基础上,以某种"同类型性""同价值性"的观点为指导,发展和推论出其他性质相当的事物。这是再为明显不过的类推。关于此点,中国《刑法》第114条提供了最可注意的例证:该条在明确列举了放火、决水、爆炸、投毒等危险方法之后,又紧跟着兜底性地规定了"以其他危险方法"危害公共安全。在对"其他危险方法"的理解上,便只能局限地理解为与放火、决水、爆炸、投毒等具有相当危险性的方法,而不是泛指其他任何可能危害公共安全的方法。

3. 类推与目的论解释

所谓目的论的解释,乃是通过确定法律规范所欲实现之目的,来实现文义的明朗化。在拉伦茨看来,在目的论的诸标准之中,来自正义思想,要求同种事物应予以相同处理的原则,尤具重要意义。[2] 此

---

[1] 关于"只含同类规则"的具体讨论,参见梁根林:《罪刑法定视域中的刑法解释论》,载梁根林主编:《刑法方法论》,北京大学出版社2006年版,第169页以下。
[2] 参见〔德〕卡尔·拉伦茨:《法学方法论(全本·第六版)》,黄家镇译,商务印书馆2020年版,第421页。

点固然没错,但在目的论的语境下,这种议论容易流入泛泛。事实上,在目的论的解释之中,究竟何谓"同种事物",何谓"相异事物",只能根据规范目的来确定。亦即,如果待决案件与已知案件能够在规范目的上求得一致性,那么,它们就可以称得上是"同种事物",否则就只能是"相异事物"。这样看来,所谓的目的论解释,实质上就是通过确立规范目的这一比较点,来对不同案件进行比较和权衡。在此种思维下,目的论解释与扩张解释极易形成联姻之势,发展成为一种以"目的一致性"为导向的法律扩张。据此,只要是在法律意旨或规范目的上一致,人们就可以超越僵硬的文字束缚,在语词的核心意义甚至是可能意义以外自由行走。这里,类推的思维底色又若隐若现。

施雷伯极为敏锐地指出,当我们将事实与规范意义进行关联并且决定:该规范的法律效果是否容许类似性时,目的论解释也是类推的操作。[1] 的确,一方面,目的论解释不过是在"规范目的"上求得相似性,并以此为据进行类推;而另一方面,类推也同样是一个评价性的过程,而绝非仅仅是形式逻辑的思考。在此种评价过程中,必须不断回溯到作为构成要件之基底的规范意旨、目的等,才能真正为类推提供方向,提供正当化的基础。因此,在思维上,目的论解释与类推无从分割。

例如,中国《刑法》第 116 条规定了"破坏交通工具罪"。法条明确列举了"火车、汽车、电车、船只、航空器"五种法定的犯罪对象。其中,在对"汽车"的理解上,一种意见认为应包括"作为交通工具使用的大型拖拉机"。[2] 之所以产生这样的理解,无非是因为,第 116 条的规范目的就在于保护公共交通运输安全,而对上述大型拖拉机的破坏,无疑会发生同样的危害公共安全后果。因此,基于法益保护目的的相似性,应该将上述大型拖拉机与汽车作相同处理。可以很明显地看到,如果没有类推思维的支撑,这种解释方案根本没有足够的动力

---

[1] 参见〔德〕亚图·考夫曼:《类推与"事物本质"——兼论类型理论》,吴从周译,学林文化事业有限公司 1999 年版,第 149 页。

[2] 参见王作富主编:《刑法》,中国人民大学出版社 1999 年版,第 13 页;张明楷:《刑法学(下)》(第六版),法律出版社 2021 年版,第 894 页。

与方法。

4. 类推与当然解释

最后,让我们看看其他的一些解释方法。在法解释学中,当然解释也是一种重要的解释方法。按照杨仁寿先生的概括,当然解释是指"法文虽未规定,惟依规范目的衡量,其事实较之法律所规定者,更有适用之理由,而径行适用该法律规定"。[1] 这一解释方法,蕴含了"举轻以明重""举重以明轻"等解释规则。例如,中国《刑法》第329条第1款规定,"抢夺、窃取国家所有的档案的,处五年以下有期徒刑或者拘役"。倘若行为人抢劫国有档案,又该如何处理?《刑法》虽未就抢劫国有档案行为加以明文规定,但抢劫较之抢夺罪行更严重,而且从规范意义上讲,抢劫行为是在符合抢夺的前提下超出了抢夺的要求,因而自然应该包含在该条中予以处罚。

不难看到,所谓当然解释的进路,实际上仍然是以类推思维来操作的,我们可以把它视为是一种"类推的特例"。因为,其论证的逻辑无非是:从法律规整的意图来考察,某个法律未包含的事项比起该规范直接包摄的事项更为接近和符合法的旨趣,因此,该未包含的事项无疑应适用该规范。如果说,在类推中,待处理事物与参照事物(往往是典型事物)相比,只是接近地符合规范目的,那么在当然解释中,待处理事物与参照事物相比,则在更高程度上符合规范意旨。换言之,更为贴近规整的核心。正是建立在这样一种"超过的相似性"之上,理解者才推论出相同处理之必要。从这种意义上讲,当然解释可以被理解为一种"超出的类推"。

上述所有论说最终形成一股合力,并带给了我们一个重要的结论:解释与类推之间无法截然分离。解释与类推不仅没有性质上的绝对区别,而且在思维方式上始终如出一辙。无论是文义的、体系的、目的论的或其他的解释方式,都必须以类推为基础来推动和展开。从说理的结构和操作的程序上看,根本无从区分解释与类推。主流理论正是看不到此点,才顽固坚持:解释与类推依其本质应相互分离,尽管界

---

[1] 杨仁寿:《法学方法论》,中国政法大学出版社1999年版,第120页。

限之划分并不容易。然而,在我们看来,学理上提供的种种界限,之所以一再让人们失望,之所以注定让人们失望,并非仅仅由于标准本身的无能。因为,这里所涉及的绝非仅仅是一种高难度的区分,而是一种在性质上根本无从甄别的结构交织,一种在外延上混沌而渐进的流动过渡。解释与类推就如同一对孪生兄弟,从其诞生的那一刻起,就势必在其整个生命历程中编织出不可分割的意义关联。

如此一来,我们就极有必要在另一种价值和维度上,重新评估类推的方法论角色和地位。同时,伴随着对类推地位的更为清醒的认识,我们确有必要重新审视刑法上所谓的"类推禁止"之命题:刑法中绝对的"类推禁止"能否实现?我们是在一种什么样的意义和范围内来讨论"类推禁止"?

四、问题的重新提出:"允许的类推"与"禁止的类推"

在贝卡利亚(Beccaria)看来,"法律的精神需要探寻,没有比这更为危险的公理了"。[1] 因为,一旦放弃了法条文字的守护,一旦诉诸于法官的自由解释,刑事司法就将不可避免地让位于汹涌的歧见。无独有偶,在1813年10月19日巴伐利亚邦的一份敕令中,立法者也明确禁止所有的国家公务员和学者发表对德国1813年《刑法典》的注释。按这部《刑法典》的起草人费尔巴哈(Feuerbach)的意思,由于《刑法典》本身已具有足够的明确性,故无论是官方的或私人的注释,都是多余的。它作为法官舒适的坐垫是危险的,甚至它将是"新立法真正的坟墓"。[2]

时至今日,禁止解释已被看成是一种天真的表现。我们不再禁止合理的解释,甚至允许扩张解释,但却对类推表达了严酷的拒绝。然而,如果说,禁止解释是一种天真,那么,禁止类推是否同样是一种幼稚呢?我们是否仍然低估了类推的方法论角色与地位?

---

[1] 〔意〕贝卡利亚:《论犯罪与刑罚》,黄风译,中国大百科全书出版社1993年版,第12—13页。

[2] 参见〔德〕亚图·考夫曼:《类推与"事物本质"——兼论类型理论》,吴从周译,学林文化事业有限公司1999年版,第9页。

一方面,应当明了,类推是英美法系和大陆法系共通的思考方式。在美国学者孙斯坦(Sunstein)看来,"为什么我们会通过类推进行思考?……部分答案乃在于人类认识的本质"。[1] 这样的理解,与德国学者考夫曼可谓英雄所见略同。孙斯坦与考夫曼,一位具有英美法系背景,一位具有大陆法系背景,且都对类推理论有宏阔精微之研究。两位学者间的不谋而合,不正显现出类推思维在不同法系背景下的兼容性价值吗?哈特率直地指出:规范语言似乎只是选出一个权威的例子,也就是构成这一规范的普通案例。这种方式与先例大致相同。……需回答的问题只是,当前的案例是否与普通案例在"相关方面"充分相似。[2] 这样看来,无论是在大陆法系,还是在英美法系,类推都构成了法律推理最为基本的方式,具有普适性的思考价值。

另一方面,还应该看到,不仅是解释,甚至整个司法适用过程都始终贯穿着类推的操作。诚如上述,类推与解释之间呈现出思维上的胶着状态。如果没有类推的支撑,解释也就失去了足够的方法与动力。实际上,绝非仅仅是解释,整个法律适用过程都到处弥漫着类推的思维。法学方法论普遍认为,法律适用的通常过程,要么是径直涵摄,要么是解释。[3] 然而,通常所谓的涵摄,事实上也是一种类推。只有在相同性与相似性之间存在一种逻辑的界限时,人们才能将涵摄与类推加以区分。然而,这种界限并不存在。因为,实质的相同,一直都只是一种类似。而形式的相同,在现实中从未存在,它只存在于数字与符号中。[4] 人们之所以未能认识到涵摄亦是一种类推,只是因为此种类似性的比较和权衡是在一瞬间内完成的。待决案件与法律欲规范之类型是如此相似,如此贴近,以至于让人误认为是一种简单的"相同",误认为可以径直地涵摄。事实上,只是因为待决案件是内在于该类型的典型案件,它位于该规范类型的核心,以至于我们毫无疑义地

---

[1] [美]凯斯·R.孙斯坦:《法律推理与政治冲突》,金朝武等译,法律出版社2004年版,第91页。

[2] See H.L.A.Hart, The Concept of Law, Oxford Univeisity Press, 1994, pp. 127-128.

[3] 这里当然是指通常的法律适用过程,不排除有时也要进行创造性司法——法律漏洞的补充或法的续造,特别是在私法领域。

[4] 例如,A=A。

将之涵摄而已。正是因为看到了整个法律适用过程的这种类推性格，恩吉施断言："如果我们对'解释'这个概念采取得太狭或太广……那么在第一种情形下，类推就已经出现在尚被认为系涵摄之处。……或者类推（在第二种情形，即对解释概念理解过广）就已经被包含在概念范围之中，亦即被算入'解释'之中了。"[1] 按照这一理解，类推不是在涵摄之中，就是在解释之中。

如此看来，类推的确是法律适用中的一种基础性思考方式，它总是潜伏在法律发现的底层。所以，尽管主流理论始终对类推施以最极端的压制，但它在刑事司法中却总是表现出相当顽强的生命力：当人们将法人与自然人并举，并一同归入到法律上"人"的范畴；当人们将股份有限公司的声誉受损，视同为自然人的名誉受损，而以侮辱罪加以处罚；当人们公然将"变造或倒卖变造邮票的行为"解释为"伪造或倒卖伪造邮票的行为"，并施加同样的处罚；[2] 当人们在不真正不作为犯中寻求作为与不作为的等置性，并予以同等的处罚……这都意味着什么？不是类推还能是什么？

人们虽然试图在刑法中禁止类推，却并不对"目的论限缩"予以压制。[3] 然而，与扩张性的类推相似，目的论限缩也同样可能损害法的安定性价值。如果说，类推是对语词外延的扩张，那么，目的论的限缩就是对语词核心的剥离。无论是哪种方式，都可能会导致可预测性的丧失。更为紧要的是，当存在两个彼此在适用范围上紧密衔接的规范时，如果以目的论限缩来限制其中一个规范的适用，便会相应地使另一个规范的适用范围扩张。因此，在客观效果上，目的论限缩不仅可能导致规范适用范围的缩小，亦可导致关联规范适用范围的扩大，从而间接达致类推的效果。如此一来，对目的论限缩的放任与不禁，是

---

[1] 〔德〕亚图·考夫曼：《类推与"事物本质"——兼论类型理论》，吴从周译，学林文化事业有限公司1999年版，第151页。

[2] 在最高人民法院2000年11月15日发布的《关于对变造、倒卖变造邮票行为如何适用法律问题的解释》中明确规定："对变造或者倒卖变造的邮票数额较大的，应当依照刑法第二百二十七条第一款的规定定罪处罚。"

[3] 根据我们有限的阅读范围，刑法中从未见到禁止目的论限缩的主张。一个推测性的原因是，人们可能认为此种方法只会限制刑法的调整范围，而不涉及刑法的扩张。

不是同样有间接允许类推之嫌?

总之,尽管刑法主流理论对类推采取了某种严重贬抑甚至是明确拒绝的强硬姿态,但类推仍会在司法实践中顽强地表现自己。类推在司法适用中基底之深厚、作用之广泛,要远远超过我们的自以为是。而所有这些,都深刻地根源于类推在思维操作上的普适性价值,根源于类推与法律发现之间无法解开的结构交织。考虑到类推的此种方法论地位,要想在刑法适用中绝对禁止类推,就无异于天方夜谭。

由此,我们就极有必要重新反思刑法上的"类推禁止"命题:一方面,解释与类推之间,并不存在某种截然两分的界限。至少到目前为止,我们尚未发现一种合理且实用的隔栅。何处是可允许的解释(扩张解释)之结束,何处是应禁止的类推之开始,实在难以清晰确定。"类推禁止"缺乏技术上的可行性支撑。另一方面,问题更深的症结在于,解释与类推之间并非誓不两立,两者毋宁在思考方式上高度交织。如果没有类推作为内在的动力与方法,解释就无从推动和展开。基于上述的考虑,我们无法将类推完全驱逐出刑法适用的领域,刑法上绝对的"类推禁止"只能在教科书中艰难度日。

然而,敏锐的读者可能会问,难道凭此我们就对类推放任不禁,并任由其恣意运用吗?的确,作为一种极具扩张性的思维方式,类推的无限制运用很可能导致刑罚权的侵略性膨胀,从而对公民自由形成莫大威胁。一种混乱而四处弥漫的类推情感,完全可能成为瘫痪法治国的终结性力量。因而,刑罚权的运用必须有所节制,绝非每种刑罚的扩张均为合理且正当。

如此一来,一方面类推根本无法禁绝,但另一方面,对类推又有适当约束与控制的需要。因此,类推禁止的问题就只能转化为:在承认类推无法绝对禁止的基础上,在类推的内部范围中,如何根据合理且实用的标准,划分出"可允许的类推"与"禁止的类推"。换言之,转换为恰当区分"合理的刑罚扩张"与"不合理的刑罚扩张"的问题。也即,类推禁止的问题是一个内在于类推的问题。[1] 这是一种新的、更

---

[1] 参见〔德〕考夫曼:《法律哲学(第2版)》,刘幸义等译,法律出版社2004年版,第189页。

具说服力的问题提出方式。

强调这样的一种问题设定,并以之取代长久以来所坚持的——区分可允许的解释与应禁止的类推,我们可因此获得什么？这样一种新的问题提出方式有何价值？此乃不容回避的问题。实际上,强调每一个法律适用都含有类推的因素,强调类推禁止只是一个内在于类推的问题,将对法官施加某种特别的论证义务,去正当化每一个不利于行为人的法律扩张。换言之,法官无法再貌似权威地宣称——这里涉及的只是一种(扩张)解释,而不是类推——来逃避其进行法律论证与说理的责任。毋庸讳言,司法实践中一直存在着某种由来已久的倾向,即"把一切类推适用都往扩张解释里塞",以扩张解释的名义偷运自己的类推意图。之所以如此,一方面固然是因为,每一个法律适用都无法摆脱类推的思维底色,法官具有一种尽量填补刑事法网的内在冲动;另一方面,更为重要的是,由于整个法治氛围对类推的极度敏感和怀疑,法官无法为此种扩张性的冲动找到制度化、台面化的支撑,因而只能在扩张解释的掩护下"暗度陈仓"。如此一来,此种"隐形化的类推",一直在润物无声地腐蚀着刑事法治,它实际上蕴含了比制度化的类推更深的危险。因为,法官只是稍微使用了一点修辞之术,就躲过了烦琐而恼人的法律论证与说理义务。而这看似简便的处理方式,却暗藏着侵犯人权的巨大风险。所以,明确每一种法律解释中都有类推的因素,强调任何刑罚扩张都可能是类推的结果,将课予法官不可推卸的责任,去正当化每一个不利于行为人的刑罚扩张。

五、界限的难题：取道于"犯罪类型"与法律论证

(一)"犯罪类型"作为实质标准

问题的重新提出,只是开启了一种新的思考方向。它仍未解决内在于类推的界限难题。换言之,"允许的类推"与"禁止的类推"究竟如何区分？有没有清晰而实用的界分标准？此种标准的合理性与正当性何在？这些仍然是挥之不去的疑问。

我们知道,类推、类型及"事物之本质",处于一种相互反映的关系之中,必须关联性地加以思考。从类推本身的特质出发,它无疑指向了一种类型的观念,我们是在类型的轮廓内来思考"相似性"及"可推理性"。因此,类推运用的界限,应当退回到作为制定法基础的类型中去寻找。此种类型的轮廓,就决定了刑法上类推可允许的范围。

考夫曼最早触及这一思路。在关于罪刑法定原则与类推禁止的讨论中,他提到,罪刑法定不可能意味着严格的类推禁止。因为这种禁止必须具备以下前提:犯罪已在法定的构成要件中经由明确的概念完全地加以定义了。然而这是不可能的。相反地,"无法律无犯罪"这个原则应该意味着,可罚的行为类型已经在一个形式的刑法典中被固定下来,也就是说,它或多或少完全被描述了。因此,刑法中的类推应该在作为法定构成要件基础的不法类型中寻找其界限。[1]

当考夫曼提出,构成要件不能被视为严格的概念式规定,而必须被理解为不法类型时,无非有两层意思:其一,由概念开放为类型,本身就意味着法律的扩张,这是为刑法上的类推运用扫清道路;其二,既然不法类型是构成要件形成之基础,那么,回到不法类型中去寻找类推的界限,在逻辑上就顺理成章。这不仅为类推的限制适用提供了思路,而且为这一界限标准提供了正当化基础。

进一步地,此种犯罪类型的轮廓该如何确定呢?这一点,考夫曼并没有详细展开。按照我们的想法,这应该是一种不断取向于典型的案例事实,而对制定法的规范意旨加以揭示与界定的过程。西原春夫曾指出,解释的基准应当在于:"如果那个行为按这项条文加以处罚的话,那么这个行为也按同样的条文加以处罚是理所当然的。"[2] 可以清楚地看到,这里涉及的显然是一种类比思考,是以典型事例为参考,而对规范类型的边界加以限制。施特拉滕韦特也有类似观点。在他看来,可容许的解释界限,只是一种精确取向于当时不法类型(化)及罪责类型(化)的

---

[1] 参见〔德〕亚图·考夫曼:《类推与"事物本质"——兼论类型理论》,吴从周译,学林文化事业有限公司1999年版,第123页。
[2] 〔日〕西原春夫:《罪刑法定主义与扩张解释、类推适用》,载西原春夫主编:《日本刑事法的形成与特色》,李海东等译,法律出版社、成文堂1997年版,第126页。

案例事实,而对制定法的基本思想加以界定。[1] 上述说法,虽然是针对解释与类推的界限而论,但其实质上讨论的,仍然是可容许的法律扩张与应禁止的法律扩张之间的边界。因此,它为界限难题指明了方向。

应当承认,基于类型的开放性,犯罪类型的轮廓也难言精确。于是,一定会有人反问:以"犯罪类型"取代"可能的文义范围"有何价值?这是否意味着,从一种模糊的界限退回到另一种模糊的界限?的确,仅从明确性角度考虑,"犯罪类型"相比"可能的文义范围"而言难有明显优势。但问题是,即使将所有的规范都想象为概念式规定,也会存在不安定因素。在刑事司法实践中,概念由于其固有的僵硬性与狭隘性,而经常招致被突破的事实,就一再证实了此点。实际上,根本无法找到绝对明确的标准。绝对的明确性,只能以意义上的极度空洞性为代价。既然绝对的明确性无法获得,继续在这条路上摸索只能碰壁,那不如转而寻求更具实质合理性的标准。在这样的方向上,"犯罪类型"将脱颖而出。它不断探寻规范的意旨,并诉诸清晰的评价,因此更能得出具备实质合理性的结论。于此,我们再次看到了:法律安定性与实质正义间永恒不断的紧张关系。

让我们再次回到刑法上的思考。《日本刑法典》第129条有如下规定:"……因过失而致火车、电车颠覆或毁坏者,处……"被告人驾驶汽油动力列车,在弯道上未及转向而使得该车颠覆,引起了多人死伤。如果从文义出发,此案中的汽油动力列车,显然超出了"火车"或"电车"所指涉的文义范围。然而,日本大审院认为,蒸汽机火车与汽油动力列车仅仅在燃料上相异,而作为沿铁路运转、迅速安全方便地大量运输客人与货物的陆上交通工具这一点上,两者是同性质的。因此,汽油动力列车被包含在"火车"的概念中,被告人被宣判有罪(昭和15年[1940]8月22日刑集19卷540页)。[2] 可以看到,这是一个典型的超出文义范围的类推。然而,事实上大部分学者都支持这一判例。诚如判决所言,两

---

[1] 参见〔德〕亚图·考夫曼:《类推与"事物本质"——兼论类型理论》,吴从周译,学林文化事业有限公司1999年版,第159页。

[2] 参见〔日〕西原春夫:《罪刑法定主义与扩张解释、类推适用》,载西原春夫主编:《日本刑事法的形成与特色》,李海东等译,法律出版社、成文堂1997年版,第130—131页。

种交通工具的实质区别在于动力的不同,对于乘客或驾驶者而言,这只是声音和气味的差异。这些差异就交通工具而言,都不过是非本质的东西。相反,在针对驾驶者的规范这一点上,以及在可能引起的公共安全危险这一点上,两者没有本质区别。因此,如果将第129条视为某种"犯罪类型"而非"概念规定",大审院的判决并未逾越类型之界限,却超出了文义的可能范围。这说明了,固守于文义,以拙劣的形式语言的理解来处理案件,将是多么有害。相反,以典型事例为参照,探寻规范类型背后的评价意旨,却总能得出妥当的判决。

与上例相对,还可能存在这样的状况:即使在文义范围之内,却已经超出了类型的边界。此时,遵循文义仍然无法得出妥当的结论。比如,在20世纪50年代至60年代的日本,街头的群众运动激化,与警察发生冲突时,经常出现向警察队伍投掷燃烧瓶的情况。日本早就存在《爆炸物管理罚则》这样的法律,因此,燃烧瓶是否属于该罚则中所称的"爆炸物",就成为法律适用上的焦点问题。昭和31年(1956年)发生了下述的案件:被告人以加害于他人的身体、财产为目的,使用挥发性油、发烟硫酸、氯化物、玻璃瓶等制造了四个燃烧瓶。这一行为被以违反《爆炸物管理罚则》而起诉。然而,第一、二审及最高裁判所的终审,都宣告了被告无罪。[1] 从字面的意思看,燃烧瓶可以引起轻微之爆炸,因此可被归入"爆炸物"之中,其并未超出文义的可能范围。但是,诚如判决所言,由于上述法令与日本刑法相比加重了刑罚,因此,该法令所说的"爆炸物",应是指爆炸性能构成对公共安全的威胁,而且其爆炸力足以危害人的身体和财产之物。换言之,在规范意旨上,只有爆炸力上达到一定程度,才能被归入此处的"爆炸物"类型。此案说明,即使是在文义范围之内,也可能逾越犯罪类型的轮廓,构成不能允许的类推。

(二)法律论证作为程序辅助

如果在实质标准之外,再辅之程序性保障——法律论证,禁止肆

---

[1] 参见〔日〕西原春夫:《罪刑法定主义与扩张解释、类推适用》,载西原春夫主编:《日本刑事法的形成与特色》,李海东等译,法律出版社、成文堂1997年版,第136—137页。

意的类推就有了更为充分的技术性保障。在类推操作中,法官并不是随心所欲的,他随时要面临各种约束性条件。探寻实体性的制约标准固然重要,程序上的保障机制同样不可或缺。甚至,在实体界限不甚明朗的情况下,后一种思路可能更是一种实用主义的约束途径。当然,对程序性论证的强调,绝不意味着在实体不明的情况下,退回到某种神秘主义的程序立场或不可知论,而是试图通过强调说理、对话和沟通等论证形式,达致一种主体间意义上的正当性。关于此点,列维(Levi)曾颇有见地指出,类推操作必须具有起码的可验证性。它要求法官必须进行类推的说理,这是一种不可推卸的任务。而正是在这一点上,公众的愿望、社会的共识、专业的意见等得以帮助决定和控制类推的范围。类推推理具有一种极重要的民主成分。[1]

由于类推指向了一种刑法的扩张,并可能造成权力与权利间更为紧张的对抗关系,因此,对它进行论证的要求可谓极高。总的来看,论证的需要主要来自以下几个方面:其一,对法官自身而言,通过法律论证的过程,可以更为清晰地意识到事理的结构、规范的意旨及法律的意义脉络,明了类推的基础与目标。这不但是法官清理自己的思路并进行自我说服的过程,而且是反复检查错漏、不断展开反思的过程。因此,法官要取得对判决的"自我确证",法律论证显得极为关键。其二,对当事人而言,法律论证是得以"进入"法官内心世界的重要途径。透过法官的论证,当事人能够了解法官推理的核心理由、基本过程与逻辑结构,从而对法律上的问题点及可能继续提出的异议做到心中有数。对当事人来说,法律论证是否理据扎实、逻辑严谨且论说充分,将直接决定判决的可理解性与可接受性。其三,对社会公众而言,法律论证是将法官置于公共理性的监督之下。社会公众可根据法官的理由及论证过程,对其进行验证与批评。由此,不但可有效抵制法官的主观肆意与枉法裁判,而且将增强人们

---

[1] 参见[美]凯斯·R.孙斯坦:《法律推理与政治冲突》,金朝武等译,法律出版社2004年版,第89页。

对类似法律问题的可预测性。其四,对职业共同体而言,法律论证亦具有重要意义。学术界与司法实务界可通过对判决的研读,展开严肃的批评与反思。这不仅可以督促法官不断加强学识与能力,而且也为法学的知识生产积淀养分。不仅如此,对上诉法院而言,法律论证的过程,也成为其对下级法院判决予以审查的重点,判决的合法性与正当性部分地来源于此。

与为什么要论证相比,更为重要的可能是如何论证。这涉及论证的具体思路与方法问题。在我们看来,要形成绝对公式化、规程化的论证规则,是不太现实的想法。论证中到处渗透着主体性的理解与能动性的选择。但是,也有一些基本的论证方法值得留意:

其一,类推的基础应尽可能宽广。作为类推之基础的评价观点,最初可能来自于对个别典型案例的提炼。但是,应当尽可能将此种观点带入更多的案例中进行检验。关于此点,拉伦茨所提出的"个别类推"与"整体类推"的区分,具有特别意义。在拉伦茨那里,个别类推是指,将针对某一构成要件而定之规则转用于类似(即应作相同评价)的案件事实上;整体类推则指,将由多数——针对不同构成要件赋予相同法效果的——法律规定而得出的"一般的法律原则",适用到法律未规定的案件事实之上。[1] 可以明显地看到,拉伦茨所谓的"整体类推",并不是在同一个构成要件(规范类型)内开展,而是在不同构成要件之间进行抽象和提炼。因此,其并不旨在提供特定构成要件内的评价规则,而是试图归纳出横跨不同构成要件的一般法律原则。可见,所谓的"整体类推",并不是传统意义上的类推适用。但是,这样一个术语却带来了格外的想象:即在同一个构成要件内,应存在以多种案件事实为基础,而非以单一典型事实为基础的类推。从不同的推论基础出发,可将前者称为"整体类推",而将后者视为"个别类推"。术语的使用及其内涵的界定,离不开定义者的主观能动性。我们完全可以在上述区分的基础上借用这一组范畴。其价值在于,提示我们应在

---

[1] 参见〔德〕卡尔·拉伦茨:《法学方法论(全本·第六版)》,黄家镇译,商务印书馆2020年版,第481—482页。

一个尽可能扩大化的基础上来抽象评价观点。事实基础越是广阔,以此为根据提炼出来的评价观点就越是可靠。因此,一般地来讲,"整体类推"的效度要优于"个别类推"。

其二,类推的法效果必须妥当。质言之,作为类推操作之核心的——评价观点的妥当性,需要通过与法效果的相互配合来证成。从个案比较中识别出来的规则或评价观点,应当适宜于特定的法效果。在评价观点与法效果之间应具备某种均衡性、一致性与合比例性。在刑法上,人们常常谈论的罪刑均衡原则,就是试图在构成要件与法效果之间实现均衡。宪法与行政法上极为重要的比例性原则也包含了同样的要求。从这一原理出发,可以反向推出,如果从个案比较中识别出来的规则或评价观点不能配合特定的法效果,那么,这一规则或评价观点就可能存在问题;相反,如果两者能相互适应与妥当配合,那么,这一规则或评价观点就应具有正当性。这是一种从法效果的适当性出发,从与法效果的匹配性出发,来反向论证评价观点及类推基础之妥当性的思路,是一种取向于结果的论辩。关于此点,雷讷曾适切地指出,由其所规定的法效果在事理上的适当性出发,来规定构成要件要素,这是一种——为评价性归类预作准备之——类型取得的正当程序。[1]

其三,类推应不断以反思性的辩证来巩固。质言之,作为类推操作之核心的——评价观点的妥当性,需要充分考虑其他的不同点,并对其不断展开反思性检讨。当法官认为,系争案件与典型案件充分相似时,实际上同时意味着两点:一方面,从相关的评价观点或规则上看,两个案件没有差异,可作相似之处理;另一方面,两个案件间的其他差异,不是有实质意义的、真正原则性的区别,不能导致案件的区别处理。显然,从思考的方向上看,前者是肯定性的论证,而后者则是否定性的论证。为了对案件做类似处理,法官不仅要积极地说明两者在核心观点上的一致,而且要消极地排除其他差异的重要性,否定其可能对案件处理带来的区别化影响。这一否定性论证的核心,并不在于

---

[1] 参见〔德〕卡尔·拉伦茨:《法学方法论(全本·第六版)》,黄家镇译,商务印书馆2020年版,第586页。

否认差异,而是在承认差异的基础上,否认此种差异的重要性。要获得这一效果,法官要做到两点:一方面,必须充分调查其他的不同点。在没有充分考虑到某一不同点之前,任何人都无权说它不重要;另一方面,在充分调查的基础上,将这些不同点与先前确立的相似点进行比较,并论证后者在价值上的优先性。

第十五章
刑事政策与刑法的目的论解释*

一、背景与问题

"刑法是刑事政策不可逾越的樊篱"——李斯特的这句名言道出了刑法与刑事政策之间的紧张关系,也成为横亘在刑法教义学与刑事政策学之间的一条巨大鸿沟。1970年,罗克辛教授发表了《刑事政策与刑法体系》一文,创造性地将刑事政策这一外在视角引入到刑法学体系之中,并探讨由此引发的规范刑法学上的构造性影响。[1] 罗克辛教授的这一尝试,使人们清晰地意识到,一种以刑事政策为价值根基、以刑法教义为形式载体的规范刑法学体系如何得以可能。从此出发,刑事政策与刑法教义学之间的长久隔阂被逐渐打破,两者呈现出日益紧密的融合与沟通态势。

近年来,中国刑法学界对于刑事政策与刑法的关系也兴趣日增。现有的研究主要沿着四条路径展开:一是围绕刑法的刑事政策化现象展开宏观论述;[2] 二是探讨刑事政策对刑事立法的影响;[3] 三是概括地阐释刑事政策对刑法解释的价值或功能,包括刑法解释中贯彻刑

---

* 原题为《刑事政策与刑法的目的论解释》,载《法学论坛》2013年第6期,略有修改。
[1] 参见[德]克劳斯·罗克辛:《刑事政策与刑法体系》,蔡桂生译,载陈兴良主编:《刑事法评论》第26卷,北京大学出版社2010年版,第244页以下。
[2] 参见黎宏:《论"刑法的刑事政策化"思想及其实现》,载《清华大学学报(哲学社会科学版)》2004年第5期,第42—48页。
[3] 参见严励、孙晶:《刑事政策刑法化的理性思考》,载《政治与法律》2005年第4期,第106—107页;柳忠卫:《刑事政策刑法化的一般考察》,载《法学论坛》2010年第3期,第70—75页。

事政策的正当根据与可能路径;[1]四是专注于某种具体的刑事政策在刑法解释中的运用,特别是宽严相济政策的解释论机能。[2] 毫无疑问,这些研究都有助于中国学界在更为紧密的意义上把握刑事政策与刑法体系之间的关系,并在不同面向上推进两者的深度融合。然而,问题在于,在立法与司法的不同阶段,刑事政策与刑法的结合方式与程度都有着明显差异:立法本质上是一个政策角力与价值选择的过程,立法中的政策性判断甚至可以直接通过投票形式而无须逻辑地、科学地辩论来解决。在这种"前规范"的阶段上,政策与立法的融合是宽松而自由的;相反,在司法过程中,基于刑法规范与刑事政策的二元区分,政策性考量必须通过特定的操作途径与论证过程才能被规范所吸收并转化为裁判依据,而且在作用程度上显然受制于规范的文义范围。于是,就刑法方法论而言,关注重心无论如何都应放在后一方面。

立足于上述知识背景,我们的理论兴趣在于:在刑法适用中,刑事政策是通过何种特定的操作途径或管道"进入"到刑法解释之中?这种基于刑事政策的刑法解释,是否只是一种目的论的法律适用的重复而已?如果不是,它会在何种意义上区别于传统的目的论解释并有所推进?另一方面,尽管刑事政策之于目的论操作有其价值,我们也不能忘却此种影响的界限所在。因此,还需特别讨论,如何对这种刑事政策为导向的目的论解释加以控制?

二、以目的论解释为管道的政策考量

显然,无论在成文法还是判例法背景下,刑事政策都不可能直接作为刑事裁判的依据,它并不具有正式的法源地位。如果要在刑事司法中引入政策性考量,就必须借助某种特定的作用渠道,并进行操作上的方法论转换。那么,这一方法论上的连接点是什么?

---

[1] 参见劳东燕:《刑事政策与刑法解释中的价值判断——兼论解释论上的"以刑制罪"现象》,载《政法论坛》2012年第4期,第36—41页;曲新久:《刑事政策与刑法适用》,载《国家检察官学院学报》2007年第3期,第146—154页。

[2] 参见欧阳本祺:《宽严相济刑事政策的刑法解释功能》,载《湖北社会科学》2009年第12期,第155—158页。

在罗克辛教授看来，"刑法是这样一种形式：在这种形式中，人们将刑事政策的目的设定转化到法律效力的框架之内。如果人们目的性地将犯罪论建立在这种意义上，针对自实证主义时代一直流传下来的抽象——概念性教义学的反对声音，就可以彻底消弭了"。[1] 在这里，罗克辛教授清晰地指出，只有经过目的性地改造，抽象概念式的刑法教义学才能与刑事政策贯穿起来。尽管这一议论是针对教义学知识体系的改造而言，但无疑也道出了在刑法解释上可能的操作路径。那就是，以刑事政策作为规范目的的实质性渊源，通过目的解释这一方法论路径，将政策性思考注入到规范意义的阐释之中。无独有偶，李斯特同样写道："刑事政策给予我们评价现行法律的标准，它向我们阐明应当适用的法律，它也教导我们从它的目的出发来理解现行法律，并按照它的目的具体适用法律。"[2] 由此出发，刑事政策不仅是刑事立法的老师，更是刑法解释的老师，它应当也可以通过目的论解释的管道，实现对刑法适用的政策性引导。李斯特与罗克辛，一位是"分离命题"的提倡者，一位则试图打破这一鸿沟，实现刑事政策与刑法体系的贯通。他们的理论旨趣虽大相径庭，但在经由目的论解释引入刑事政策性的考量这一点上，却可谓英雄所见略同。

之所以确立目的解释这一管道，主要是因为，在诸种解释方法之中，只有目的论解释能够容纳实质的价值考量。自萨维尼以来，解释学上的传统解释方法包括文义解释、体系解释、历史解释、合宪性解释、目的论解释等。[3] 一方面，文义解释的主要功能在于控制解释边界，在法治国界限内维护解释结论的安定性。文义解释并不考量价值上的妥当性，也无法导出明确的、有价值指向的解释结论。也许有人会说，扩大解释与缩小解释也包含在文义解释之中，它们不正是考虑到平义解释无法得出实质合理的结论才作出文义调整吗？其实，扩大

---

[1] 〔德〕克劳斯·罗克辛：《刑事政策与刑法体系》，蔡桂生译，载陈兴良主编：《刑事法评论》第26卷，北京大学出版社2010年版，第275页。

[2] 〔德〕弗兰茨·冯·李斯特：《德国刑法教科书》，徐久生译，法律出版社2000年版，第2页。

[3] 参见〔德〕卡尔·拉伦茨：《法学方法论（全本·第六版）》，黄家镇译，商务印书馆2020年版，第431—434页。

还是缩小,只是反映了最终的文义范围与文字平义之间的关系,只是一种解释结论而已。如果不是考虑到语词的字面意义与规范目的间的不匹配性,我们就失去了扩大或缩小的动力。就此而言,这两种解释方法仍是以规范目的的考量为其内核,其蕴含的价值思考也应归因于目的论的操作。另一方面,历史解释、体系解释及合宪性解释可被归入广义的语境解释之中,不过在语境的所指上有所区别:是一种历时性的、发展变动的语境,还是一种共时性的、刑法规范体系的内部语境,抑或是一种共时性的、整个宪制秩序支配下的外部语境。我们知道,语词的含义必须被置入其运用的背景中去把握。语境是任何理解活动都不可能挣脱的支撑性条件。由此出发,语境解释正体现了一种整体主义的解释观念,它将语词放在范围不同的背景、脉络或秩序中加以认识,以一种联系的、结构化的观点来加以分析,而非孤立地、碎片化地理解法律文本。语境解释的最高境界就是逻辑上的协调一致,而非以价值上的妥当性为其重心。也许存在这样的反驳,合宪性解释也是一种价值性的思考,它考虑的是宪法价值在部门法上的贯彻与渗透。这一说法不无道理。不过,从根本而言,合宪性解释关注的是解释结论是否与既有的宪制秩序相冲突,其核心在于逻辑上的相容性而非价值上的正确性。或者说,这只是一种基于逻辑上的无矛盾性而推定的价值正确性。[1] 退一步讲,即使合宪性解释也可被归入广义的价值性思考,但由于刑事政策未必在宪法上被全面确认,这种解释方法也无法直接推导出刑事政策上妥当的价值判断,至多只能对由他处(目的论解释)引出的价值决定进行控制而已。质言之,它只能审查价值决定,而无法生成价值决定。

由此可见,目的论解释在诸种解释方法中占据着关键位置,唯有它可以引导出实质性的价值判断,并容纳刑事政策性的考量。现代所谓的刑事政策,是以预防和控制犯罪为目标,以包括犯罪人处遇在内的犯罪对策为其核心内容,旨在组织起对犯罪的合理而有效反应的综合措施体系。在这些具体措施的背后,实际上体现的正是一种合目

---

[1] 其推定的前提在于,实证法上的宪制秩序与宪法价值具有价值上的正确性。

的、讲效率、重后果的实用主义价值诉求。以目的解释为管道，上述价值目标可以顺利地完成"目的论"的转换，并成为指导构成要件解释、重构正当化事由根据、再造罪责的重要契机。

　　罗克辛教授在其《刑事政策与刑法体系》一文中，以其宏阔而精微的研究，几近完美地展示了这样一种思考的成果：在构成要件阶层，刑事政策的目的定位为"辅助性地法益保护"。也即，既要实现刑法的法益保护目标，又受制于刑法的不完整性及罪刑法定主义的约束，以实现刑法的安定性与明确性；在违法性阶层，刑事政策的目的表现为"利益对立场合下的调节与平衡"，从而实现对不同社会利益的妥善管理；在责任阶层，回答的是"应予处罚的举止是否应由行为人加以答责的问题"。因此，必须在传统的"可非难性"范畴之外考虑政策性的处罚根据，即预防的必要性。由此，责任的实体应由两大要素共同构筑——"谴责必要性"与"预防的必要性"。分开来看，"谴责的必要性"与"预防的必要性"都是刑罚发动的必要前提，但各自来看，又都不能构成刑罚发动的充分根据。这两种因素彼此限制又相互补充地引起行为人的责任。传统的罪责观念没有考虑刑罚发动的政策性目的，因而必须以"预防必要性"观念加以补充。[1] 经由上述努力，一种以建立在刑事政策基础上的目的理性的刑法教义学体系得以形成。

三、刑事政策对目的论解释的影响

　　上述分析表明，目的论解释是刑事司法中输入政策性考量的合适管道，经由这一管道也已发展出令人瞩目的教义学成果。然而，我们还是必须面对以下问题：这一操作是否只是将"目的"替换为"政策性思考"的一种修辞性转换，因而构成一种目的论适用的简单重复？如果不是，它又会在哪些方面区别于传统的目的论解释？

　　在我们看来，在目的论解释的框架下进行政策性思考，将对传统

---

[1] 参见〔德〕克劳斯·罗克辛：《刑事政策与刑法体系》，蔡桂生译，载陈兴良主编：《刑事法评论》第 26 卷，北京大学出版社 2010 年版，第 256—257 页；〔德〕克劳斯·罗克辛：《德国刑法学总论——犯罪原理的基础构造（第 1 卷）》，王世洲译，法律出版社 2005 年版，第 124 页以下。

的目的论操作带来巨大的深化与拓展效应。这具体表现为以下五个方面。

(一)目的来源的凸显

所谓目的论的解释,乃是通过确定法律规范所欲实现的目的来实现文义的明朗化。然而,目的论解释本身难以回答的是,规范目的的内容究竟是什么?解释者应当从何处来探寻规范目的的内容?存在哪些目的内容上的实质性渊源?

毫无疑问,"目的"是一个开放性范畴,它反映了主体的自由思考、愿望与诉求。因此,目的内容的填充具有一定的能动性、灵活性与自主性。就此而言,道德哲学、伦理规则、习惯、政策以及其他社会规范上的要求,都可为刑法的规范目的提供内容上的来源。也正因为如此,在历史上,我们可以看到刑法目的具有多样化的构建可能:"规范违反说"主张刑法的任务在于维护伦理;"权利侵害说"主张刑法的任务在于保护市民权利,从而与维护伦理区别开来;"法益侵害说"坚持,刑法的任务在于提供法治界限内的法益保护,这种法益来源于丰富的社会生活上的需要,并经过规范的确认而上升为法益;"义务违反说"则认为,刑法的任务与其说是法益保护,不如说是对国民之社会共同体义务的确认与保障。[1] 上述学说虽然以讨论犯罪本质为其趣旨,但却是反面的刑法目的学说,反映了关于刑法社会机能的诸种不同设想。

在目的解释中,当解释者以特定刑事政策目标的实现作为规范目的时,实际上就使得目的的来源、具体内容与价值取向都清晰地显示出来。尽管一般来看,伦理、习惯、道德哲学等均有转化为规范目的之可能,但如果解释者明确表示,是以刑事政策上的目标设定为目的性思考的指针时,就等于排除了上述渊源作为目的论的来源。进而,如果目的来源得以确定,其内容便可以相应确定,价值基础也会自然浮现出来。这是因为,尽管刑事政策具有不同程度的抽象性,无法细化为构成要件式的具体规则,但是其政策内涵绝不是空洞的。随着从根

---

[1] 参见张明楷:《外国刑法纲要》(第三版),法律出版社2020年版,第45页。

本刑事政策向基本刑事政策再向具体刑事政策的下移,其政策内容会逐渐变得丰富、具体和确定。与此同时,规范目的所关涉之政策在整个刑事政策体系中的位置、相邻关系、阶层隶属等都会呈现出来,理解者可循着这样的体系脉络摸索出其具体的价值追求及价值根基所在。这种价值内容及根据的清晰显示,是进一步寻求正当化论证的前提。目的论解释要成为一种思想上可得理解、事后可得审查的思考流程,就必须将目的之来源、内容构成及其蕴含的价值判断毫不隐讳地展现出来,而诉诸刑事政策的过程就是这样的一种展现过程。诚如罗克辛所言,"只有允许刑事政策的价值基础进入到刑法体系中去,才是正确之道,因为只有这样,该价值选择的法律基础、明确性和可预见性、与体系之间的和谐、对细节的影响,才不会倒退到肇始于李斯特的形式—实证主义的体系的结论那里"。[1]

(二) 目的的正当化

当法官尝试进行目的论解释之时,他时刻面临着一种正当化的压力。一方面,法官必须回答,为什么必须以目的解释的方法来阐明规范含义,而不是以其他解释方法? 换言之,当不同解释方法可能得出不同的解释结论时,为什么必须为目的论解释优先? 另一方面,目的本身存在多样化的构建可能,因此法官还必须回答,为什么规范目的必须作这样的理解而不是那样的理解? 如何能证明法官所阐明的目的就是规范的客观目的? 前一问题涉及的是目的解释的外部正当化,后一问题则涉及目的解释的内部正当化。

一方面,当刑法解释上存在不同的解释方案时,目的论解释常常被推到决定性的位置,成为带领人们走出解释迷宫的"阿里阿德涅红线"。然而,为什么目的论解释要被置于优先位置? 对这一问题人们却从未正视。在分析许霆案时,苏力教授曾间接触及这一问题:"这些精细却局限于教义的分析本身无法解救教义分析(或法条主义分析)给许霆案留下的那个重大难题:为什么当教义分析得出的判决与直觉

---

[1] 〔德〕克劳斯·罗克辛:《刑事政策与刑法体系》,蔡桂生译,载陈兴良主编:《刑事法评论》第 26 卷,北京大学出版社 2010 年版,第 252 页。

冲突时,必须或应当换另一个教义分析?"[1]的确,刑法解释不是专断的、一元性的思考过程,其中总是充斥着不同解释方案的竞争与博弈。那么,促使人们选择此种而非彼种方案的真实原因是什么?这当然不是盲目的随机选择,也不会是纯粹的直觉性冲动,而是一种以政策思考为基底的策略性选择。在法律的教义分析中,"没有展示出来却实际支配和引导学者和法官的起始的和更改的教义分析的,正是一个或一些政策性的甚至在功能上是政治性的判断,尽管有些学者可能为回避政治而愿意美其名曰'价值判断'"。[2] 这提示我们,在不同解释方案间进行转换或抉择时,是政策性思考起着决定性的作用。对不同的判决方案预测其政策效果并权衡其利弊得失,是隐含于法律解释中的思维过程,正是这种思维过程决定了法律应如何解释。各种解释方法的选择往往不是智识性的,而是策略性的。

当我们以政策性思考作为目的理性之引导时,就使目的解释从诸种解释方法中脱颖而出,成为最具能动性、最能有效回应社会需求的解释方案。刑法不是僵化封闭的体系,在无法及时进行立法变更时,刑法应通过法解释的方式进行局部式的、累积式的修正与发展。为使刑法适当发挥社会控制的机能,它必须对外部世界的变化保持适度敏感。此时,刑事政策便成为刑法体系与外部世界之间的重要沟通媒介,它通过目的解释这一特定的方法论管道,为刑法的发展提供目的性指引,并使之适应国家与社会所赋予的现实治理需求。如此一来,才能避免如下质疑:"我们运用精致的概念精心构建了教义学,而教义学中这种体系化的精工细作是否会导致在深奥的学理研究与实际收益之间产生脱节。"[3]

另一方面,在目的解释的内部,也存在着正当化的压力。目的论解释面临的最大难题在于:目的应如何确定?是历史上的立法者的目的("主观目的论")?还是规范文本所内含的客观合理之目的("客观

---

[1] 苏力:《法条主义、民意与难办案件》,载《中外法学》2009年第1期,第98页。
[2] 苏力:《法条主义、民意与难办案件》,载《中外法学》2009年第1期,第99页。
[3] [德]克劳斯·罗克辛:《刑事政策与刑法体系》,蔡桂生译,载陈兴良主编:《刑事法评论》第26卷,北京大学出版社2010年版,第246页。

目的论")? 如果是后者,凭什么说解释者所提供的目的就是法律应有之目的,而非解释者的"想象式重构"? 一般认为,在今天的解释论上,"主观目的论"已相对式微,"客观目的论"则渐居主流。然而,所谓"客观目的论"真的是客观的吗? 人们在对目的予以解读时,常常对规范目的究竟是什么产生巨大分歧。这部分地说明,根本不存在完全客观的目的,目的总是带有主体性的探求或构建的意味,离开主体性的目的概念是不可想象的。所谓文本的客观意思,无非是解释者所赋予的意思。客观目的论是用臆想的客观性概念偷换了主观解释的实质,容易陷入任性与肆意之中,并使解释受法律约束的伦理性要求在相当程度上被架空。因此,客观目的论必须明确的是,目的从哪里获得其合法性? 如何证明它不是解释者个人的意志表达?

事实上,规范目的的探求过程包含着两个阶段:在前一阶段上,解释者应当以"潜在参与者"的角色,来对规范的合理意思予以探求,并考虑此种规范目的的表达语境及其支撑性理由。这是解释者与文本对话的过程,不可避免地带有主观性;在后一阶段上,解释者应就自己认同的规范目的明确提出有效性的主张,并提出论证理由以说服他者。这里涉及的是解释者与他者对话的过程,是一个"主体间性"的达成过程。可以清晰地看到,目的解释活动中的"主观性"因素难以被彻底舍弃,目的之探求总是蕴含着解释者个体的价值偏好。可以做到的只是,通过主体之间的相互论辩与批评,以主体性限制主体性,最终达成"交谈意义上"的客观性与确定性。此处的关键在于,当解释者在"目的究竟为何"这一问题上产生争议时,应当将各方的对话限定在一些具有共识性的、相对稳固的价值决定之上,并以此种价值决定为中介来调适和化解各方的分歧。也即,"在个人价值、理念与刑法解释之间必须有一个中介,以便在相互矛盾的各种价值、理念中做出抉择。这个中介就是刑事政策,法官的个人信仰只能够屈从于政策选择"。[1]

---

[1] 欧阳本祺:《论刑法解释的刑事政策化》,载陈兴良主编:《刑事法评论》第 26 卷,北京大学出版社 2010 年版,第 118 页。

围绕刑事政策来确定规范目的,无疑具有以下实益:首先,刑事政策具有实践效果上的可欲性,是现实社会需求与政治智慧的切实体现,具有实用主义和功利主义的价值妥当性;其次,刑事政策具有内容上的可把握性与可操作性,可以避免目的探询陷入抽象、空洞的思辨主义泥潭;再次,刑事政策是常年法律实践与学术讨论凝聚下来的共识,代表着主流的价值判断,人们容易在这一层面上达成妥协;最后,刑事政策也并非完全固化、僵硬的价值决定,它可以赋予刑法规范以合乎时代精神与现实需要的价值判断。基于上述原因,在解释者之间产生目的之争时,刑事政策性的目标应当被作为首选的、具有推定合理性的方案而置于优先地位,并成为规范目的之正当化来源。

(三)目的与后果的贯通

目的论解释是依可得认识的规范目的及指导思想而为解释。在个别规范的字义范围内,同时在与法律之意义脉络一致的范围内,应以最能配合法律规整之目的及其阶层关系的方式来解释个别规定。[1] 它所追求的,乃是以某种价值上的实质合理性来贯彻法律。然而,这种解释思路忽略了,"目的"实际上是与特定结果相联系的概念,人们通常是基于对某种可欲的行动结果的预测与追求来设定自己的目的。就此而言,目的解释应当与某种实用主义的后果考量相贯通。

以刑事政策为规范目的之来源,有益于我们清晰地确立上述思路。劳东燕教授曾指出,"刑法的功利化,构成刑事政策侵入刑法领域的逻辑前提,也为刑事政策成为刑法体系的构造性要素奠定了基础"。[2] 而在我们看来,刑法的功利化可能不仅构成刑事政策输入的前提,它也反过来成为这种输入所强化的结果,两者实际上是相互影响与塑造的关系。通过目的论解释,刑事政策将一种功利主义的理性引入到刑事司法之中,自此,规范目的的妥当性至少部分地由其所带来的功利主义后果所证成,而绝非仅由抽象的价值妥当性所决定。如

---

[1] 参见〔德〕卡尔·拉伦茨:《法学方法论(全本·第六版)》,黄家镇译,商务印书馆2020年版,第421页。
[2] 劳东燕:《罪刑规范的刑事政策分析——一个规范刑法学意义上的解读》,载《中国法学》2011年第1期,第123页。

果借用马克斯·韦伯的分析工具,前者体现的是某种工具合理性,后者则体现了价值合理性。

在韦伯看来,合理性的行为可被分解为"工具合理性行为"与"价值合理性行为"。前者以能够计算和预测的后果为条件来实现相关行为,它通过对达到目标可资运用的手段的评估,确定某个特定的追求目标,并设法预测其可能的后果。其立足于某种后果的合理性;后者则相信行为具有无条件的、排他性的价值,不顾后果如何、条件怎样都必须去完成。其立足于信念、理想本身的合理性。[1] 值得指出的是,工具合理性与价值合理性之分,只是某种"理想类型"的差别,它们并未以纯粹的形式在现实中存在过。合理性行为总是同时包含着这两个方面。因此,如果刑法的目的解释还算一种符合理性的行为,那么在固有的价值妥当性之外,进而追求解释结论的实用主义效果,便是一种符合工具理性的行为。刑事政策的引入,无疑有利于强化目的解释的工具合理性。因为,刑法解释的核心任务在于,筛选出值得以刑罚加以处罚的行为。而行为是否值得处罚,行为是否处于规范意旨的覆盖范围之内,不可能不考虑刑事政策上的后果,即能否及多大程度上可通过刑罚来预防、控制此类行为。只有当上述政策性效果可以实现时,才能将此种行为解释为被规范目的所涵盖。

从这里出发,实际上还可抽象出一种更宽泛意义上的目的证成思路——"后果主义的证成模式"。质言之,作为目的解释之核心的——评价观点的妥当性,需要通过与法效果的相互配合来证成。从个案解释中识别出来的规范目的,应当适宜于特定的法效果,在规范目的与法效果之间应具备某种均衡性、一致性与合比例性。必须指出的是,这里的法效果是一个综合的范畴,既包含着实定法上的法律效果,也包含着社会效果、政策性后果与事理上的后果等。从这一原理出发,我们可以推导出如下结论:如果从个案解释中识别出来的规范意旨不能配合特定的法效果,那么,这一规范目的就可能存在疑问;相反,如

---

[1] 参见苏国勋:《理性化及其限制——韦伯思想引论》,上海人民出版社1988年版,第73—90页。

果两者能无矛盾地相互适应,那么,这一评价观点就具有正当性。这是一种从法效果的适当性出发,从与法效果的匹配性出发,来反向考察规范目的之妥当性的思路,是一种取向于结果的论辩。

(四)目的的开放性权衡

自耶林以来,法律作为"目的性产物"的观念已深入人心。不同的只是,在各个具体的法领域之中,目的的设定可能有所差异。从刑法角度而言,尽管存在分歧,法益保护目的仍被大多数学者所承认。[1] 然而,问题在于:所谓刑法规范目的,是仅仅考虑刑法自身的规范任务,还是必须考虑到其他法领域、甚至是更为广阔的社会生活领域之任务?毕竟,不同法领域的价值诉求与社会任务可能存在冲突与紧张,刑法作为保障法的特殊地位决定了,它不可能对这些价值分歧与目的纷争坐视不理。

就传统的目的解释而言,重心无疑是放在了刑法自身的规范目的之上。这也是为什么,刑法的教义学总是以法益保护为基本脉络,在总论中讨论刑法的一般目的与任务,然后在各罪解释中贯彻和展开这一思路的原因。由此,各罪的规范目的往往被解释为对特定法益的保护。然而,当政策性思考被引入进来以后,目的论的操作就可能进一步朝着更为开放的方向推进。法益保护固然是一种重要的规范使命,但其不可能涵盖所有的政策性思考。随着规范环境的复杂化,刑法必须不断提升自我运作的能力,以应对更为多样化的风险规制任务。而法益理论为了妥善处理现代刑法的复杂性,势必不断扩张其范围,由此导致概念内涵的空洞化、精神化与稀薄化。例如,有日本学者指出,"将那些仅仅具有抽象危险的离实害、危险还很遥远的行为,比实害、危险的发生更早阶段的预备行为犯罪化,这就意味着,作为刑事立法特征的犯罪行为'法益关联性'的丧失被充分表现出来"。[2] 立足于这一背景,刑事政策上的目标设定开始呈现出多元化的发展态势。在

---

[1] 参见张明楷:《外国刑法纲要》(第三版),法律出版社2020年版,第27—30页。
[2] [日]关哲夫:《现代社会中法益论的课题》,王充译,载赵秉志主编:《刑法论丛》第12卷,法律出版社2007年版,第345页。

法益保护目标之外，更开辟出（伦理）规范维持、早期风险的规制与风险分担等诸多政策引导方向。出现这种现象的根本原因在于，刑事政策本质上是一个开放性的体系，它所处理的不仅仅是刑法的规范保护目的本身，而且更要围绕"如何组织起对犯罪合理而有效的反应"这一目标，处理所有可能出现的不同社会政策与规范间的冲突与合作问题。由此出发，刑事政策实际上成为沟通刑法体系与其他法领域及更为广泛的社会规范体系之间的重要媒介，成为化解价值冲突、衡平不同政策目标的调节装置。这也正是广义的刑事政策概念之精髓所在。

具体而言，在构成要件与违法性等不同阶层，刑事政策的考量有着明显差异，法解释的目的性设定也应当有所区别。在构成要件阶层，主要考虑的是刑法自身的合目的性——法益保护问题；而在违法性阶层，主要处理的则是刑法的合目的性与其他法领域的合目的性，甚至是与其他更为广阔的社会领域之间的价值冲突问题。一个该当构成要件的行为，之所以具有刑法上的重要性，归根到底是因为它侵犯或威胁了刑法所意欲保护的重大生活利益（法益）；而一个该当构成要件但存在违法阻却事由的行为，虽已经现实地侵害或威胁了刑法所保护的法益，却例外地不构成实质上的违法。因为，此种法益的侵害或威胁经由与更大利益的权衡而最后被屏蔽。于是，在构成要件与违法性之间，就存在着明确的分工：在构成要件阶层，刑法自身的规范目的具有主导性的地位，其他的价值考量必须依附于这一目标；而在违法性阶层，则全面引入其他法领域、社会领域的重要价值，并允许价值之间的相互限制与竞争。[1] 由此，违法性阶层的政策性任务就在于：站在统一的法秩序立场，对刑法与其他法域、一般社会领域间可能的价值冲突予以协调，在复杂而多元的利益之间进行开放性权衡。

---

[1] 这也是为什么，刑法中具有重要意义的正当化根据，都是来源于法律制度的全体领域的，这些事由可以毫不困难地适用于刑法之中。与此相对，纯粹从刑法中产生的正当化根据却是绝无仅有的，即便如正当防卫、紧急避险等也通常被其他法领域（如民法）采用。参见〔德〕克劳斯·罗克辛：《德国刑法学总论——犯罪原理的基础构造（第1卷）》，王世洲译，法律出版社2005年版，第397页。

(五)目的的例外创设

对规范目的的探求,是刑法解释上贯彻实质合理性的重要保证。然而,我们绝不能对规范目的作固化的理解。这是因为:其一,规范目的不是完全客观的存在,而是存在多种解释的可能性。其二,规范目的具有流动性,即使其曾经是稳固而确定的,但随着社会生活的持续变动,也有必要对规范目的进行重新解读。其三,规范目的与文义之间并非一定协调,文义之于规范意旨可能存在一定程度的偏离、溢出或疏漏。此时,如果尊重"可能的文义范围",就可能需要对规范目的进行适度调整。其四,规范目的只能实现一般的合理性,并不能确保在所有个案中都能得出实质妥当的结论。毕竟,生活事实是丰富而个性化的,而规范目的只是对既有事实的抽象概括,其无法在各个局部兼顾法律素材的特殊性。

当既有的规范目的不足以满足生活的流动性、与载体形式的协调性及个别正义的要求时,就可能需要重新构筑规范目的。不过,从实际情况看,此种调整往往不是以激进的、一蹴而就的方式进行,而是逐步推进地、累积渐进式地完成。它常常从疑难或特殊案件开始,通过突破既有规则并创设例外,进而形成重新规则化的契机。在这一"新陈代谢"的过程中,刑事政策的引入扮演着重要角色。它成为某种刑法解释中的衡平性机制,当解释结论需要背离既有评价观点之时,政策性考量往往作为一种例外的、反思性的调整思路,并为特别化处理提供正当性支持。这不仅是因为,刑事政策性的考量具有开放的视野,它不会局限于刑法本身的价值追求与机能定位,而是试图处理更宽阔的社会政策及不同法域间的价值冲突与衡平,因而常常突破既定的规范目的;也不仅仅是因为,刑事政策更多的是基于一种功利主义的逻辑而行事,只要可以获得实用主义的效果它就倾向于摆脱现有的束缚;更为重要的是,政策性的思考具有灵活性,容易关注到丰富多样的法律素材的具体细节,并实现个别正义。

在现行法上,可以找到许多例证来支持上述结论。比如,中国《刑法》第201条第4款规定,即使纳税义务人进行虚假纳税申报或者不申报,并且逃避缴纳的数额达到规定的限度,但经税务机关依法下达追缴通知后,补缴应纳税款,缴纳滞纳金,已受行政处罚的,不予追究刑事责任。从规范目的上看,上述情形均已对税收法益造成现实侵害。显然,只有基于刑事政策上追回税款的功利考虑,才能理解为什么上述情况可不作为犯罪来处理。类似地,《刑法修正案(九)》出台以前,中国《刑法》原第 241 条第 6 款也规定,收买被拐卖妇女、儿童的行为人,只要不违背被收买妇女的意愿,不阻碍其返回原居住地的,对被买儿童没有虐待行为,不阻碍对其进行解救的,便可以不追究刑事责任。这一规定也只能从解救被拐卖妇女、儿童的现实需要与政策考量入手,才能得以解释和说明。

四、以刑事政策为导向的目的论解释的控制

"目的问题犹如流动的蜡,它会融化任何法律概念。"[1]这意味着,目的解释在带来实质妥当性的同时,也将对刑法解释的安定性造成威胁。而如果我们在目的论解释的框架内导入刑事政策性的思考,无疑会加剧这一威胁。一种四处弥漫的政策性情感,在将刑法机能主义的适用提升到极致的同时,也可能使刑事司法流于专断与任性,法体系的防堤将在无形中被侵蚀乃至崩溃。这向我们提出了如何监督与控制的问题。由此,必须郑重发问:刑事政策作用的边界何在?它通过何种方式或载体方能发挥作用?又将在怎样的程度和范围内表现自己?

在谈到刑法体系时,罗克辛曾认为一个有效益的体系必须同时满足三个要求,即概念性的秩序及明确性、与现实相联系、以刑事政策上的目标设定为指导。[2] 从这里,可以抽象出概念(教义)、实存、政策、体系等几个要素。在我们看来,这几大要素之间实际上存在着相互作用、相互限制的关系,对政策性影响的控制也必须从这几个方面着手

---

[1] [德]魏德士:《法理学》,丁晓春、吴越译,法律出版社 2005 年版,第 303 页。
[2] 参见[德]克劳斯·罗克辛:《刑事政策与刑法体系》,蔡桂生译,载陈兴良主编:《刑事法评论》第 26 卷,北京大学出版社 2010 年版,第 256 页。

展开。

(一) 实存的控制

在罗克辛看来,刑法教义学的主要任务在于贯彻刑事政策的目标设定,并以一种体系化的方式加以展开。他的基本出发点在于:在一个依据目的和价值的论证原则里,寻求解决实体的和体系的问题。这是某种纯粹的规范论想法,强调价值与事实、当为与存在的二元分离。用罗克辛自己的话说,刑法的体系性形成不是与本体的预先规定性相联系的,而只允许从刑法的目的设定性中引导出来。[1]

不难看到,这种纯粹的方法二元论切断了目的理性与事实基础间的联系,将本体的、实存的限制从价值的视野里完全放逐。就连罗克辛自己也承认,立法者在概念形成和规范方面是完全自由的,"所谓目的,完全取决于法律制度的目标设定",由此,"不是范畴的实在结构,而是犯罪构成要件作为立法者的产物和创造性构建物,充实了目的概念"。然而,刑事政策或法律制度的目的设定是否完全自由?目的概念真的是纯粹的构建物?这样的观念显然大为可疑。如果真是这样,纯粹的规范论将以相当激进的方式滑向价值绝对主义,并与法律实证主义不期而遇。因为,这些思想在实质上均将政策或立法的目标设定完全委诸于制定者本人的价值判断,导致人们丧失对内容正当性与价值正确性的反思意识与能力。

事实上,韦尔策尔很早就表达过相反的想法。在他看来,有一系列的"物本逻辑"的结构,一开始就预设给了立法者,并划定了他们自由创造的界限。这些物本逻辑的结构,位于法的实然领域——而不是法的应然领域——在每一个法律秩序里都留下了踪影。它们是客观的、真实的,因为只要出现后,就不论是被接受还是被拒绝,它们都依然存在;而且也是逻辑的,因为不遵守它们就会造成内部矛盾、法律秩序的不统一。韦尔策尔把此种物本逻辑描述为"本质的结构",立法者必须遵从而不得肆意更改,否则其所立之法必然是错误的、不完善的,

---

[1] 参见〔德〕克劳斯·罗克辛:《德国刑法学总论——犯罪原理的基础构造(第1卷)》,王世洲译,法律出版社2005年版,第124页。

也是无效用的。[1] 韦尔策尔的观点展现了一种由实存决定当为的方法一元论。尽管未必妥当,但也为我们提供了某种限制目的与政策性决定的可能思路。

在我们看来,有必要从事物的内在秩序出发,对基于刑事政策的目的设定进行限制。对此,应特别明确以下几点:

首先,从常识出发,任何价值与目的设定都不能脱离其现实关联性。刑事立法也好,刑事政策的制定也好,刑法教义学的构建也好,都必须首先对拟规整或研究的对象有所认识,必须首先形成一个关于拟规范的生活事实的图像。只有这样,才能使相关规范建立在一种可信的、扎实的经验基础之上。不可设想的是,对相关对象毫无认识或完全是错误认识,却能够建立起具有实际效用的规则或刑事政策。刑法与刑事政策均是一种当为的秩序,是在自然世界的基础上构建并旨在对其予以恰当规整的秩序。如果在事实层次的判断上出现错误,或没有得到充分、有效的认识保障,就会导致相关的规范描述或政策调整产生方向性失误,甚至是自始无效。

其次,任何规范目的的设定都有其事实意义上的前提,将其明确出来,有利于提升讨论的透明性。规范目的或刑事政策都体现了某种价值判断,在规范目的或政策目标上的分歧,说到底是一种价值判断的分歧。然而,任何价值判断的对象都是事实,都离不开本体论上的事实基础。当我们清楚地区分价值判断的事实基础与价值判断本身之时,就有利于明确分歧之焦点所在,甚至缩小分歧。比如,远处走过来一位姑娘,两位路人同时发出惊呼。甲说:"看,来了一位美女。"乙则说:"看,来了一个恐龙。"此时,价值判断上的分歧明显产生了。然而,当我们进一步追问为什么会产生此种分歧时,则可能出现两种回答:第一种情况是,这两人都认为远处走来的女孩很胖,但甲以肥为美,而乙则认为肥胖很丑;第二种情况是,这两人都认为肥胖很丑或都认为肥胖很美,但在女孩的身材是否属于肥胖问题上存在不同意见。

---

[1] 参见〔德〕汉斯·韦尔策尔:《目的行为论导论——刑法体系的新图景》(增补第4版·中文增订版),陈璇译,中国人民大学出版社2024年版,前言第4页。

显然,如果属于第一种情况,双方在事实基础上见解一致,价值分歧源于审美或价值判断的标准差异;而在第二种情况下,双方在价值判断的标准上存在共识,价值分歧源于作为前提的事实认知上的差异。由此看来,在设定规范目的时,应在作出规范性判断的同时明示其事实基础,这不但有利于增强价值决定的透明性,而且在产生价值争论时,可以剥离干扰、聚焦分歧并缩减争议。

最后,在设定规范目的时,事物的内在秩序可提供方向上的帮助,但并非一定是决定性的影响。如果仔细观察我们所身处的自然世界,会发现事物本身并非是一团乱麻,而是蕴含着某种内在规律或客观秩序。无论我们将其称为"物本逻辑"还是"自生自发秩序"抑或"事物本质",都无法否定这是一种特殊中的普遍、事实中的价值现象。它们是生活关系的意义所在,是从存在领域探索至当为领域的纽带所在,亦是"一种在存在中或多或少被现实化的当为"。[1] 认真对待它、尊重它,将使刑法对生活的规整建立在坚实的经验基础之上,同时也为进一步的价值调整提供必要的方向性帮助。无论在刑事政策的制定上,还是在规范目的的设定上,这种事物的内在秩序都可为刑法的规范性思考提供"思维工具"。当然,我们也不能由此滑韦尔策尔意义上的纯粹本体论。不能认为,从事实中可以直接推论出当为规范,或者受规范的生活关系已经预设了或规定了某种法律思想。[2] 事实上,对规范意旨的确定而言,这种前规范范畴的思考只是辅助性的、取向性的,而并非是决定性的。在此基础上,立法者或政策制定者仍有着相当大的规范性思考空间。在立法者有意的强调和刻意的改变之间,饱含着行动主体的创造、意念与欲求。无论作何种能动性的改变,其

---

[1] 〔德〕亚图·考夫曼:《类推与"事物本质"——兼论类型理论》,吴从周译,学林文化事业公司1999年版,第106—107页。
[2] 齐佩利乌斯就强调,"不能由事实推论出当为规范"。假使"事物的本质"意指,在事物的结构中"包含有应当实现的正当基准",对这样的概念他就抱持怀疑的态度;此外,在恩基希那里,也只愿意采纳如下理解的"事物本质"概念:作为法的评价或规整对象的"既存状态"。任何认为"受规范的生活关系中已包含并预示着某种法律思想"的观点,他都一律排斥。参见〔德〕卡尔·拉伦茨:《法学方法论(全本·第六版)》,黄家镇译,商务印书馆2020年版,第176页。

背后决定性的因素都在于立法者本身的规范意向及支撑此种意向的法律思想。这里要明确区分的是：内存于事物关系中的秩序与意义，以及法律所期待的意义与价值。"事物本质"或"自生自发秩序"之类的概念，指涉的只是前一层面的价值，而非后一层面的价值。前者对于规范方案的形成仅具有一定程度的指引性，而非决定论意义上的拘束性。毕竟，刑法不是对现存生活秩序的简单描述或重现，而更旨在引导和革新秩序的形成。

(二)边界的控制

对刑事政策的边界思考，还是必须回到李斯特的名言——"刑法是刑事政策不可逾越的樊篱"。刑事政策在增进刑法体系的开放性、提升社会回应能力的同时，不可能逾越法治国的边界。换言之，时刻不能忘却的是，必须在刑法的界限内进行政策性思考，而不能动辄在法外考虑政策。这便是所谓"刑事政策法治化"命题的根本意义所在。

毫无疑问，罪刑法定原则承担着法治国的边界坚守任务。罪刑法定主义兼具实质理性与形式理性，旨在为实质正义的追求划定最低限度的形式正义底线。它将实质合理性的内容即规范目的及刑事政策的影响，严格限制在法律文本所明确表达的范围之内。由此，政策性思考能否顺利进入刑法解释之中，就取决于其能否与罪刑法定原则相容：一些政策性的判断能够为刑法文本的开放性所吸纳，便可通过刑法的目的论解释而顺利进入刑法体系，由外在的政策性判断转换为体系内的政策性思考；另一些政策性判断则可能超越了规范文本的文义范围，无法为既有的刑法文本所容纳，便只能停留在刑法体系之外，除非立法进行修改。由此，罪刑法定主义成为刑法解释过程中的某种政策筛选机制，划分出"法外的政策性思考"与"法内的政策性思考"，并仅仅允许后者发挥作用。诚如学者所言，"刑法解释刑事政策化的目标是探求刑事政策与罪刑法定原则的最大公约数"。[1]

当然，罪刑法定主义的约束主要着落在思想与理念层面。就技术

---

[1] 欧阳本祺：《论刑法解释的刑事政策化》，载陈兴良主编：《刑事法评论》第26卷，北京大学出版社2010年版，第124页。

而言,它必须具体化为"可能的文义范围"的判断问题。"可能的文义范围"是否清晰而确定,始终极具争议。尽管语词的核心部分("语言核")是相对清晰的,但一旦跨出其意义的核心领域(进入"语言晕"),就将不可避免地遭遇不确定性的问题。[1] 此时,可能无法获得主体间性的普遍共识,也往往会存在历时性与共时性的理解分歧。特别是,随着大量概括性条款和不确定概念的渗入,更是使文义范围的判断充满含混与模糊。[2] 面对两个语词之间的"交界地带",可以清楚排除的"不可能",通常只是少数情况,而不能明确界定的"可能性",则是一大片相当广阔的疆域。因此,文义范围的控制并非始终可靠,还需要其他标准加以补强。

(三)教义的控制

在罗克辛教授的设想中,刑事政策是刑法学体系化构建的出发点,只有以刑事政策为基础,刑法教义学才能获得目的性地引导。但另一方面,对刑事政策的贯彻也绝不是毫无限制的,政策性指引必须被约束在教义学的框架之内。这是一种"信条外衣下的政策性思考"。

在金德霍伊泽尔(Kindhäuser)教授看来,刑法教义学与两种制度性权力紧密联系在一起。这两种制度性权力便是:(1)制定法及议会决定的刑事政策;这两者就预先确定了教义学工作的研究对象,也就是说,确定了教义学的输入端;(2)司法判决:其将教义学中所发展出来的成果和方法付诸实践,这样,其便对教义学的输出端产生了决定性影响。[3] 尽管刑法教义学处于刑事立法、刑事政策与刑事司法之间的狭小空间内,但它并非是毫无作为的,相反显现出巨大的理论潜能。在我们看来,正是由于教义学这一承上启下的体系位置,使它成为刑事政策进入刑事司法的重要媒介,一种政策性的思考必须经由刑法教义学的转化,方能进入刑法适用的过程。政策性的价值判断不能

---

[1] See H.L.A. Hart, The Concept of Law, Oxford Univeristy Press, 1994, pp. 124-128.
[2] 关于"可能的文义范围"的详细讨论,请参见本书第十四章。
[3] 参见[德]沃斯·金德霍伊泽尔:《适应与自主之间的德国刑法教义学——用教义学来控制刑事政策的边界?》,蔡桂生译,载《国家检察官学院学报》2010年第5期,第145页。

被刑事司法所直接援引,也不能成为直接的裁判依据,它只有经由教义规则这一载体形式,才能内化为一种裁判上可被辨识、理解和接受的根据。一种刑事政策性的考量,仅仅是向司法者呼吁了某种解释方案,但这种方案必须经由教义性的改造始得以正当化。之所以如此,主要是因为:

其一,刑事政策作为回应社会需要的产物,具有不断变化更迭的灵活性。然而,也正因为如此,它在裁判准据所应当具有的稳定性、安定性方面有所缺失。与之相对,刑法教义作为经年研究与实践的累积,可提供一系列相对稳定的解释规则和适用规范,避免不连续、前后断裂的法律后果发生。由此,刑法教义学的一个重要功能便是,在法治国中给予公民以刑事政策效用上的确定性与安定性。[1]

其二,刑事政策尽管也存在不同位阶或效力等级的区分,但总是或多或少地带有抽象性。我们知道,刑事政策可分为根本刑事政策、基本刑事政策与具体刑事政策等不同层级,并在内容上逐渐丰富和具体。然而,基于其固有的抽象性,政策性判断只能在相对宏观的层面来显示价值关系,如果深入到个别事物之间甚至是个别事物的内部,政策就很难在这一层面描述其评价关联。[2] 这也是为什么,政策性思考总是无法被具体化为构成要件式的裁判规则而直接适用于个案裁判的真正原因。相对而言,教义学规则则有着更为具象化的特征,它可以细致区分不同的事实情况、不同的条件特征,在更为微观和局部的领域形成适用规则。在刑事政策之下,教义规则可以将政策性思考所蕴含的价值判断加以具体化、有形化和实在化。可以说,教义缺少刑事政策的指导是盲目的,而刑事政策缺乏教义的填充则是空洞的。正是经由政策向教义规则的转化,裁判所依据的具体条件和法律效果才得以清晰和确定。也正是由于具体化教义规则的存在,使得我们不能在刑事司法中动辄向抽象的政策性判断逃逸,径自跳过、质疑

---

[1] 参见〔德〕克劳斯·罗克辛:《形事政策与刑法体系(第二版)》,蔡桂生译,中国人民大学出版社 2011 年版,第 4—6 页。
[2] 政策与原则在抽象程度上具有类似性。尽管原则也可以不断具体化,但其抽象程度整体上高于教义规则。

甚至否定教义规则的效力。以刑事政策为导向的解释,绝不意味着抽象主题式的法律思考大行其道,人们可以随意动用刑事政策来解释任何问题,或者什么也解释不了。

其三,在刑法解释的过程中的确离不开政策性的思考,但是,最重要的并不是是否作出政策判断,而是如何使得政策判断得以规范化和定型化。教义规则本身虽不能生产出刑事政策,但作为贯彻某种政策性判断的媒介,它们反映的正是某种特定的政策选择。当特定的政策选择被整合入法教义之中时,贯彻教义规则的逻辑便是在维护此种政策决定。作为长年学术研讨与司法实践的批判性检验成果,教义规则使得特定的政策性价值得以定型化与规范化。由于在适用条件的形成上已经考虑到特定的政策性价值,因此,在教义规则的适用过程中,重要的是适用要件是否——具备,而不允许无节制地回溯至其构建观点。这些作为评价基础的政策观点已经在条件、特征的限度内伴随性地被考虑。这样一种处理方式,不仅可以避免抽象政策判断可能导致的随意变形、流于恣意,从而获得一致性的裁量结果;而且可以使政策判断编码式地被转化为特征或条件判断,实现价值判断的规范化处理,并便于事后审查与控制;进一步地,它还可以减轻裁判者政策衡量的负担,无须每一次裁判都重复进行类似的思维过程。由此,经由教义学规则可径自得出符合刑事政策要求的决定,从而实现思考的经济性。

整体而言,经由刑事政策的教义学转化,可以形成更为安定、具体并更具规范质量的裁判根据。在刑法解释中虽必须引入政策性的思考,但必须高度强调其教义化的"对外形象"。刑事政策是刑法教义的价值基础,而刑法教义则是刑事政策的表达形式。教义规则虽是从刑事政策的考量中推导而来,但也反过来对刑事政策施加限制,避免刑事政策的乖张或滥用。

当然,对教义的坚持也不能绝对化,教义化的控制仍可能出现失灵。首先,在教义规则发展不充分的地带,由于缺少教义规则,就只能退回到抽象的政策性思考,并通过政策的不断具体化来逐步接近个案,以期形成指导裁判的评价性观点。其次,教义规则虽有利于政策性考量的安定化与规范化,但也容易陷入价值决定上的自以为是,缺少反思意识。刑法教义学是为一定的刑事政策服务的理论体系,其正当化、具体化了某种刑事政策学的主张。但是,政策性思考一旦被固化为教义规则之后,也可能形成价值上的休眠。在德国历史上,就不乏刑事政策思想很极端,试图维护并合法化独裁政权的刑法教义学体系,如20世纪30年代纳粹德国的基尔学派。这提醒我们,单纯依靠教义学可能无法有效约束刑事政策的滥用,我们还需要更具实质合理性的控制机制。最后,从前一点出发,教义规则虽不能被轻易否定,但绝非在任何情况下均不能背离既有的教义规则。在社会发生剧烈变迁时,新的政策观念可能与教义规则所体现的价值判断相矛盾,以致有必要对规则做出修正。法教义规则不能被当作是终极真理,而只能被视为某些具有暂定合理性的假说,"它们在那些重大的法律实验室——司法法院——中被不断地重复检测。每一个新案件都是一个实验。如果人们感到某个规则产生的结果不公正,就会重新考虑这个规则"。[1] 当然,值得注意的是,当解释者选择背离既有的教义规则时,他负有特别的论证义务,必须提供有充分说服力的根据。教义规则不能被轻易打破,否则刑法适用就会陷入偶然与专断之中。

从上面的认识出发,我们还可以对刑法教义学与刑事政策的关系略加延伸。从系统论的角度看,如果认为教义学体系构成某种系统,那么,这一系统的基础环境包括犯罪学、刑事政策学等相关学科。刑法教义学体系并不是一个完全封闭的系统,而是必须与环境发生持久互动,它具有"认知的开放性"与"运行的相对闭合性"特征。[2] 一方面,它必须从环境中吸收养分与素材,具有认知的开放性。这不仅表现为对拟规整对象的规律与内在秩序加以描述和概括,而且表现为对"如何组织起对犯罪合理而有效的反应"进行策略性的思考。如此一来,才能保证教义学系统对社会的有效回应,避免陷入僵化。另一方面,如此多的外部素材,又必须根据教义学系统的内在逻辑而被识别、筛选和结

---

[1] [美]本杰明·卡多佐:《司法过程的性质》,苏力译,商务印书馆1998年版,第10页。
[2] 参见[比]马克·范·胡克:《法律的沟通之维》,孙国东译,法律出版社2008年版,第54—56页。

构化。只有通过系统的自我组织和转化,这些外在的价值、素材与信息才会内化为教义学系统的一部分,并被系统所接受和采用。这是教义学系统的一种"自我组织性"或"自我指涉性",体现了系统运行的闭合特征。当然,也应看到的是,尽管刑法教义学系统具有一定的吸收、整合功能,但这一功能是有限的。当某种价值与既有的体系秩序之间无法契合时,它就很难被有效吸收。这时,价值侵入会引发环境与系统之间的剧烈冲突,因而构成某种强烈刺激,促使系统进行新一轮的组织和重新结构化。就此而言,教义学系统运行的闭合特征又只是相对的,它永远处于自治型法与回应型法的螺旋性循环之中。[1]

(四)体系的控制

对教义学的坚持,会将我们带到体系性的思维之中。我们应思考如下问题:为什么一种体系性的控制是可欲的?我们能够期待什么样的体系?如何进行体系化的控制?

可以说,对体系化思考的强调,在法与法学的发展中始终难以割舍。体系化的思考与问题化的思考相对应。问题化的思考有着创新性工作的意义,我们往往是通过对一个个具体问题的分析来形成一般化的问题解答,从而逐渐摸索出法秩序的内在脉络。在这样的意义上讲,体系化的契机常常来源于具体问题的思考,体系可被视为是具体化的问题探索所获得的认知状态的凝结。另一方面,仅对个别问题进行思考,显然不够。我们更需要以某种系统化的思考,来合理地控制对个案的解决,也方便对个案进行事后的审查。如果没有此种体系化的控制,法律的个别决定就难以获得一致性、协调性和贯通性。不仅如此,体系化的实益还在于,只有借助体系,透过个别规定的比较,才能清晰地显现具体规定之间的脉络关联,才能逻辑性地、整体性地把握具体规定。此种内在的脉络关联,可能进一步成为发现新知的源

---

[1] 美国学者诺内特(Nonet)和塞尔兹尼克(Selznick)将法的发展形态区分为压制型法、自治型法和回应型法三种理想类型。然而,在我们看来,现代的刑法教义学体系很难被生硬地归入自治型法或是回应型法之中,而是一种辩证的综合体系。参见〔美〕P. 诺内特、〔美〕P. 塞尔兹尼克:《转变中的法律与社会:迈向回应型法(修订版)》,张志铭译,中国政法大学出版社 2004 年版,第 16—20 页。

泉。透过它,我们可以不断发展出新的个别规则,并填补可能存在的法律漏洞。总的来看,问题化的思考与体系化的思考均不可或缺,它们不仅在时间上前后相继,而且在功能上相互配合、相互声援。任何一个体系的成长,都会不断经历这样的知识循环:"发现问题——形成原则——巩固体系——发现问题—— ……"[1]

在《刑事政策与刑法体系》一文中,罗克辛教授分析了自李斯特以来的教义学体系所面临的难题。其中,最大疑问在于:"教义学这种体系化的精工细作是否会导致在深奥的学理研究与实际收益之间产生脱节?"[2]在这里,罗克辛已经意识到,传统教义学体系在带来明确、稳定的结论的同时,却容易陷入到体系的自我封闭之中,与社会环境产生疏离。然而,这一发现并不意味着如下结论:应放弃体系思维!罗克辛清醒地指出:"主张放弃体系的想法是不严肃的……其实批评的对象乃是体系性思维在教义学上有缺陷的那些发展变化,而不是体系性思维本身。"[3]的确,体系性思维之所以产生僵化与封闭的缺陷,乃是囿于某种实证主义的概念体系观所致,而绝非体系化本身的问题。因为,这种概念体系具有明显的硬伤:首先,概念体系总是试图在事物之间划分出一条明确的界限,其基本特征就在于隔绝与分离。这既是其实现法律之安定性、明确性的重要保证,也恰恰是其陷入僵化与封闭的根源;其次,概念体系将自己设想为圆满的、无漏洞的体系,所有事件均可涵摄于概念之下。然而,没有任何体系可以宣称自己是圆满的、终结的标准,没有一种体系可以演绎式地支配所有问题;最为重要的是,概念体系是一种依据形式逻辑标准而构建的体系。如此一来,价值观点开始隐而不显,完全被形式特征所遮蔽。如何为妥当评价的问题,被如何为适切涵摄的问题所替换,价值判断的空间被彻底压缩。

---

[1] 〔德〕卡尔·拉伦茨:《法学方法论(全本·第六版)》,黄家镇译,商务印书馆 2020 年版,第 219 页。

[2] 〔德〕克劳斯·罗克辛:《刑事政策与刑法体系》,蔡桂生译,载陈兴良主编:《刑事法评论》第 26 卷,北京大学出版社 2010 年版,第 248 页。

[3] 〔德〕克劳斯·罗克辛:《刑事政策与刑法体系》,蔡桂生译,载陈兴良主编:《刑事法评论》第 26 卷,北京大学出版社 2010 年版,第 248—249 页。

尽管概念式体系一直有极为独特的魅力,但自耶林的转向以及利益法学派的创建以来,风气为之一变。人们逐渐认识到,法学不应该只是一种"价值中立的概念操作",而更多的是一种不断取向于价值判断的思维方式。由此,越来越多的学者开始质疑概念式体系所主张的逻辑上的完满性与自足性,法学思潮也逐渐由强调概念式的逻辑操作,转向为以利益衡量为重心。相应地,对于法律体系的要求,亦开始由封闭的、形式的概念体系,演化为开放的、实质的价值体系。在后一体系之中,抽象概念丧失了其体系化工具的地位,法律原则、主导性的评价观点则成为最重要的思考手段。法体系开始尝试以"若干有意义地相互结合的并存在不同位阶的法律原则"而构成。

概念还是原则?问题不应以择一的方式提出,刑法教义学体系需要不同形式的建构工具。人们常常面临这样的两难:在刑法教义学上认为是正确的、合乎逻辑的结论,在价值评判上却难以被接受;相反,一种符合正义感的价值追求,却往往找不到形式逻辑的根据与支持。在过往极端强调逻辑正确性的刑法教义学框架内注入价值评价并重新进行体系整合,实际上就是方法论解决此种冲突的途径。由此,一种以概念为外在装置并担保刑法的安定性与明确性,以评价性观点、原则为内核并确保刑法的妥当性与实质合理性的体系得以形成。这是一种逻辑体系与价值体系的"辩证综合体",是符合价值追求的逻辑一贯性。

在这样的一种体系内,当我们以目的解释为管道进行政策性思考之时,体系就发挥着重要的控制与审查功能。它有利于我们对抗极端的功能主义与目的论思维所可能导致的体系消融甚至崩溃。具体而言,审查可依两种途径展开:通过合宪性审查,我们可以观察该刑事政策是否与宪政价值或一般法价值存在冲突,以确保外部协调;而通过刑法体系内的价值性审查,特别是与既有规范、原则间的关系审查,我们可以在最大程度上维护内部协调。这样,能够在目的解释中被引入的刑事政策,一定是与既存的法体系相协调的政策,应避免那些可能造成体系性震荡或结构性矛盾的政策进入刑法体系。

后 记

如果从2001年进入北京大学攻读法学博士学位算起，我踏上刑法学研究之路已20余载。本书可谓这20余年研究心得的结晶。

在攻读博士学位的3年间，我的主要研究兴趣聚焦于习惯法在刑法领域中的地位与价值这一问题。众所周知，"排斥习惯法"是罪刑法定主义的下位原则。从这一原则出发，习惯法在刑法中的地位自然是等而下之，其功能与价值也基本处于被遮蔽的状态。然而，受苏力教授的启发，我对这种主流叙事保持适度警惕，并尝试对这一问题予以重新探究。这一探究最终转化为我的博士学位论文，并于2005年在北京大学出版社出版。该成果得到了张文老师、陈兴良老师等授业恩师的肯定，也陆续获得北京大学优秀博士学位论文奖、上海市哲学社会科学优秀成果奖等荣誉。对于初出茅庐的我而言，这些肯定与荣誉给予我极大信心，并坚定了我毕生从事学术研究的志趣。

在接下来的几年间，受习惯法研究的影响与启发，我对刑事和解这一新兴领域抱有浓厚兴趣，并持续发表了一系列论文。今天看来，这一研究主要有两个特点：一是注重探讨刑事和解给传统刑事法理论体系带来的挑战，如对犯罪观、责任观、司法观的冲击。在这种冲击中，实际上蕴含着理论更新与实践发展的契机。二是注重实体与程序互动关系的思考，这在刑事和解领域表现得尤为明显。例如，选择刑事诉讼还是刑事和解，不仅意味着纠纷解决程序的区别，而且意味着纠纷解决实体准据的差异。在刑事诉讼这种正式程序安排中，习惯法等民间规范的作用极为有限；而在刑事和解中，其作用却可能得到极大释放。

正因为在刑事和解的研究中注意到实体与程序间微妙的互动关系，在接下来的学术历程中，我开始关注这一更为基础而宏大的研究领域。在此方向上，我获得了国家社科基金重点项目的资助，对犯罪构成理论的程序向度展开思考。这一研究首先体现为对犯罪构成体系与刑事诉讼证明关系的探索，其次体现为对程序性犯罪构成要素性质的考察。实际上，尽管小野清一郎的著作已对犯罪构成体系之于程序开展的意义加以初步讨论，但对实体判断体系之程序功能的系统化构建，仍然是一个未竟的事业。此外，尽管实体判断体系对程序开展具有指引与限制意义，却不能认为，程序问题的解决完全依附于实体判断，甚至被这种判断宰制。实体判断与程序开展间的互动，应在尊重各自范畴、价值之独特性的基础上，尽可能彼此沟通协调，以实现价值共融。

在不同时期，我的研究兴趣有一定游移。然而，对刑法方法论尤其是类型思维的关注，却可谓始终如一。从 2002 年在《中外法学》发表第一篇关于类型思维的论文，到 2021 年在北京大学出版社出版专著《类型思维与刑法方法》，这一研究历时 20 个年头。我始终认为，尽管刑法学界更青睐概念思维，并试图以此担保刑法的安定性，但类型思维仍具有不可忽视的补充性价值。相比而言，类型思维更为贴近生活事实的实际样态，能明白地诉诸价值评判，广泛承认生活现象间的流动过渡，并分而治之地把握法律素材，凸显体系的意义脉络。这些价值都需要更为充分、细致的梳理，值得我们认真对待。

细心的读者不难发现，无论是对习惯法、刑事和解的探索，还是对刑法与刑事诉讼法的互动关系、类型方法的研究，这些工作始终都游走于刑法学的边缘。于我而言，从既有知识体系的边缘处进行反思性、挑战性的学术思考，似乎已融入血脉、成为习惯。正是基于这种始终被坚持的学术理路，才有了今天呈现在各位读者面前的这本集子——《刑法学的边沿》。如此命名，主要有两点考虑：其一，本书所讨论的主题，并非刑法教义学体系下的基础问题或主要问题，它们恰恰处于刑法知识体系的边沿或外围；其二，本书所作的理论努力，正在于竭力拓展刑法学的理论版图，并突破由主流话语所划定的知识边界。

本书的主要内容，曾陆续发表在《中国社会科学》《中国法学》《法学研究》《中外法学》《现代法学》《法商研究》《比较法研究》《环球法律评论》《法学论坛》《刑事法评论》等刊物。个别文章发表的年代久远,其中涉及的一些法律文件已被废止。在本书中,为尽量保持这些文章的原貌,仅对个别文字进行了细微修改。博士研究生李书潇同学出色地完成了本书的校对工作。

  边缘处的思考是孤独的,也注定是艰难的。它很难获得高被引率,也需要更为执着的学术定力。这里,必须感谢北京大学出版社蒋浩副总编、杨玉洁主任及任翔宇编辑的玉成,让本书有机会面世。同时,必须感谢上述学术刊物及编辑老师们的支持,感谢始终给予我鼓励的学界同人,感谢背后默默付出的家人们。正是因为你们,我才有了坚定前行的动力。

杜　宇

2025 年 2 月 27 日于上海

图书在版编目(CIP)数据

刑法学的边沿 / 杜宇著. -- 北京：北京大学出版社, 2025.7. -- ISBN 978-7-301-36366-9

Ⅰ. D914.01

中国国家版本馆 CIP 数据核字第 2025NH0181 号

书　　　名	刑法学的边沿
	XINGFAXUE DE BIANYAN
著作责任者	杜　宇　著
责 任 编 辑	任翔宇　方尔埼
标 准 书 号	ISBN 978-7-301-36366-9
出 版 发 行	北京大学出版社
地　　　址	北京市海淀区成府路 205 号　100871
网　　　址	http://www.pup.cn　http://www.yandayuanzhao.com
电 子 邮 箱	编辑部 yandayuanzhao@pup.cn　总编室 zpup@pup.cn
新 浪 微 博	@北京大学出版社　@北大出版社燕大元照法律图书
电　　　话	邮购部 010-62752015　发行部 010-62750672
	编辑部 010-62117788
印 刷 者	北京中科印刷有限公司
经 销 者	新华书店
	650 毫米×980 毫米　16 开本　28 印张　424 千字
	2025 年 7 月第 1 版　2025 年 7 月第 1 次印刷
定　　　价	98.00 元

未经许可，不得以任何方式复制或抄袭本书之部分或全部内容。

版权所有，侵权必究

举报电话: 010-62752024　电子邮箱: fd@pup.cn

图书如有印装质量问题，请与出版部联系，电话: 010-62756370